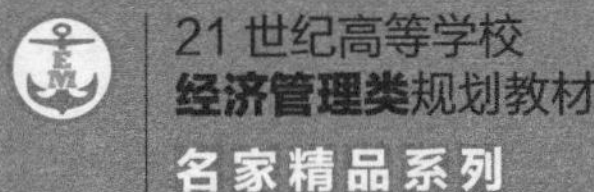

人力资源管理理论、方法、实务系列教材

人员培训与开发

——理论、方法、实务

Employee Training and Development
Theory, Methods, and Practice

赵曙明 赵宜萱 ◎ 主编
张宏远 ◎ 编著

人 民 邮 电 出 版 社
北 京

图书在版编目（CIP）数据

人员培训与开发：理论、方法、实务 / 赵曙明，赵宜萱主编；张宏远编著. -- 北京：人民邮电出版社，2017.1(2024.1重印)
21世纪高等学校经济管理类规划教材. 名家精品系列
ISBN 978-7-115-43484-5

Ⅰ. ①人… Ⅱ. ①赵… ②赵… ③张… Ⅲ. ①企业管理—职工培训—高等学校—教材 Ⅳ. ①F272.921

中国版本图书馆CIP数据核字(2016)第206694号

内容提要

本书共12章，主要内容为培训与开发概述，培训中的学习原理，培训需求分析，培训计划、培训项目管理与培训课程体系设计，内部培训师队伍建设管理，培训外包管理，培训方法与组织实施，培训效果转化与评估管理，培训体系建设与管理，员工开发与职业生涯管理，几种重要的员工培训与开发及互联网时代下的培训。另外，本书配有情景仿真训练，利于读者巩固知识和实践练习。

本书既适合大学本科或相同层次的人力资源管理及相关专业的师生学习和使用，也适合企业经营管理者、人力资源管理人员、咨询师、培训师等阅读和参考。

◆ 主　　编　赵曙明　赵宜萱
编　　著　张宏远
责任编辑　武恩玉
执行编辑　赵　月
责任印制　沈　蓉　彭志环

◆ 人民邮电出版社出版发行　　北京市丰台区成寿寺路11号
邮编　100164　　电子邮件　315@ptpress.com.cn
网址　https://www.ptpress.com.cn
北京盛通印刷股份有限公司印刷

◆ 开本：787×1092　1/16
印张：16.25　　　　2017年1月第1版
字数：435千字　　　2024年1月北京第13次印刷

定价：39.80元

读者服务热线：(010)81055256　印装质量热线：(010)81055316
反盗版热线：(010)81055315

总序 PREFACE

进入 21 世纪以来，创新已成为世界潮流。创新涉及技术、制度、管理等各个方面的协同，但归根到底是人才和人力资源管理的创新，实施创新驱动必须把人才和人力资源作为支撑创新发展的第一资源。任何一个国家欲引领全球创新发展的浪潮，任何一个企业欲赢得可持续竞争的优势，都必须抢占人才和人力资源管理的制高点，把人力资源开发与管理作为战略发展的基点。毫无疑问，人力资源已然成为企业增强创新发展能力的第一内生动力，人力资源管理无疑也是 21 世纪现代企业的核心管理。

伴随着移动互联网、大数据、人工智能、新技术革命时代的到来，经济全球化进程不断加快，我国经济发展进一步转型升级，企业面临着更加激烈的来自国内外的竞争，对人才的吸引、开发、激励和对人力资源需求的变化引发人力资源管理的加快变革，派生了对人力资源管理新知识和专业人才的巨大需求。南京大学商学院开设的“人力资源管理”课程是第一批获得批准的国家精品课程，这门课程的开设可以追溯到 20 世纪 90 年代初。从 1991 年起，赵曙明教授作为课程的负责人开始在南京大学商学院率先开设“人力资源管理与开发”课程，并与国内外众多专家、学者和业界人士一道，共同致力于我国人力资源管理专业学科的建设和企业人力资源管理水平的提高。在引进国外发达国家在人力资源管理方面的先进理念和经验的同时，通过大量的一线教学研究和企业管理咨询，我们逐步加深了对我国人力资源管理实践的理解和认识，总结出了我国人力资源管理相关的实践案例和理论知识，这为本套教材的编撰奠定了很好的基础。

在学科专业建设过程中，教材建设是一项重要的基础性工作。为了适应当前经济发展新形势和现代人力资源管理学科专业发展新趋势，建设一套具有新思维、新内容的人力资源管理系列教材无疑也是一项十分重要的基础性工作。为此，人民邮电出版社约请赵曙明教授和赵宜萱助理研究员与众多专家学者在深入调研和充分讨论的基础上，组织撰写了《人力资源管理——理论、方法、实务》系列丛书。本套教材在编写中遵循了两个基本要求。一是作者教学经验丰富。本套教材的主编及编著者不局限于一所高校，他们都是来自全国各大高校从事人力资源管理教学与研究的一线优秀教师。本套丛书是这些教师长期积累的教学和科研成果的总结，并由他们亲自主笔，保证了教材的质量。二是教材体系构建完整。本丛书由《人力资源管理——理论、方法、实务》《招聘甄选与录用——理论、方法、实务》《人员培训与开发——理论、方法、实务》《绩效考核与管理——理论、方法、实务》《薪酬管理——理论、方法、实务》《人才测评——理论、方法、实务》6 本核心内容组成。整套教材是以现代企业人力资源管理流程为主线，力求反映当前企业运营中最为关注的人力资源管理流程和规律。

本套教材立足于新时期人力资源管理学科发展的新趋势，按照高等学校人力资源专业本科层次人才培养目标、培养方案和课程教学大纲的要求，以科学性、先进性、系统性和实用性为目标进行编写，其特色主要体现在以下几个方面：

（1）强调内容视野开阔。基于全球人力资源管理学科专业发展的大背景，站在企业组织的战略角度阐释人力资源管理问题，确立新思维，扩展新内容，以期达到拓宽学生视野的目的。

（2）突出学术性和创新性。借鉴国内外人力资源管理最新的学术成果，反映了人力资源管理研究的最新进展。在消化吸收成功企业人力资源管理经验的同时，尽可能与中国本土文化衔接起来，并创造性地加以整合，观点新颖，富有创新性。

（3）注重理论与实践相结合。本套教材融理论性与实践性为一体，既介绍了人力资源管理的理论方法，又通过大量案例全面勾勒出人力资源管理实务流程，注重将理论与企业具体人力资源管理实际相对接，并提供可操作的管理技术和技巧，从而将理论、方法、实务、案例等纳入一个完整的体系构架之中。

（4）重视学生能力培养。本套教材以强化学生的自学能力、思维能力、创造性地解决实际问题的能力以及不断自我更新知识的能力为目标，设置模拟训练、情景仿真等模块，注重教材形式的活泼性和内容的可读性，以培养和训练学生的创新思维能力。

此外，本丛书还引入了微信学习（如二维码）等电子化教材方式，使之能满足移动网络时代下教学发展的新需要。

最后，我们要感谢参加本套教材编著和审稿的各位老师所付出的辛勤劳动，也要感谢人民邮电出版社对本套教材的支持和编审工作。由于编写的时间紧、协调难度大，本套教材难免存在着一些不足和问题，我们真诚地欢迎广大读者批评指正。

南京大学商学院名誉院长、特聘教授、博士生导师

赵曙明博士

南京大学商学院助理研究员

赵宜萱博士

2016 年 11 月 9 日

于南京大学商学院

前 言 FOREWORD

近年来，我国的人力资源管理从人事管理到人力资源管理，再到人力资本管理得到了快速发展。作为人力资本管理重要内容的培训与开发，在发展的过程中逐渐成长并趋于科学合理和成熟，同时随着我国高等教育的不断发展，呈现出了勃勃生机，更具有时代性、前瞻性和创新性。

本书努力以“理论”“方法”“实务”为出发点，设计各个模块化的学习内容；以培训与开发理论基础和岗位关键能力培养为核心点，系统化地阐述相关原理以及如何实施等内容，旨在编写一本深得各方好评、理论与实务并重的实用教材。

当前，随着经济全球化的不断深入，国内外组织发展环境发生了巨大变化，特别是新信息技术以及互联网的迅速发展对培训与开发行业提出了新要求，培训与开发的理论、实践都面临全新的挑战，其课程教材的适时性与发展性也是大势所趋。

本书与其他同类教材相比，具有以下特点。

第一，结合全球企业创新发展和我国企业转型升级的时代背景，全面介绍了学习、培训与开发等相关理论，并将近年来形成的关于培训与开发的新理论和新方法编入其中，从而增加本书的理论深度，形成面向 21 世纪现代企业培训与开发教材的新内容体系。

第二，理论与实用并重，这是编写本书的出发点和落脚点。编者在阐述理论的同时本着少而精的原则，重点讲解了培训与开发的实操要点和技巧，并介绍了培训和开发的方法和工具等。

第三，强调教材的逻辑性和层次性，从学生认知规律出发，在编写方法上采用从情境导入（章节引导案例和提出问题）到理论知识铺垫，到各种实务介绍，再到师生互动和总结提高（学练相辅、边学边做、综合训练）的方式，使理论与实践紧密衔接。

第四，加强教材与学生的互动性，这是本书的重要特点。本书汲取建构主义学习理论之精华，书中每章后面都编有“模拟训练”“情景仿真”等实例，使知识关联更为清晰，便于提升学生的实践能力和思维能力。

赵曙明教授和赵宜萱研究员担任人力资源管理系列教材的主编，本书是系列教材中的一本。本书由张宏远老师编著，同时负责全书的框架体系再设计、统稿校对等工作。在本书编写的过程中，得到了匡晓蕾、高扬等老师的大力支持，也要特别感谢南京大学白晓明博士在全书编撰过程中给予的指导和帮助，使本书得以顺利完成。此外，在本书编写过程中，我们参阅了国内多位专家、学者的人力资源管理、培训与开发著作或译著，也参考了同行的相关教材和网络案例资料，在此对他们表示崇高的敬意和衷心的感谢！

编 者

2016 年 4 月

前言

目录 CONTENTS

第1章 培训与开发概述

学习目标

1. 掌握培训与开发的内涵。
2. 了解对培训与开发专业人员的素质要求。
3. 熟悉战略性培训与开发的组织过程。
4. 了解培训与开发的演变过程。

【引导案例】

培训成了时髦的事情

随着知识经济的蓬勃发展，人力资源价值在企业发展和竞争的格局下日益显现，企业在国际国内市场上的竞争不仅仅是实力的较量，更是人才之间的竞争。人力资源是企业最宝贵的资产，对员工的培训已不再是福利，而是企业保持竞争力的意识已被企业广为接受。因此，近几年来培训成了很时髦的事情，“我要培训”的呼声越喊越高。我们确实需要培训，但绝不是为了赶时髦，更不是不得已而为之。培训是投资，这一点已成为企业的共识。统计数据表明：对员工培训投资 1 元，可以创造 50 元的回报[1]。据美国培训与发展年会统计：投资培训的企业，其利润的提升比其他企业的平均值高 37%，人均产值比平均值高 57%，股票市值的提升比平均值高 20%。在过去的 50 年里，国外企业的培训费用一直在稳步增加。美国企业每年在培训上的花费约 300 亿美元，约占雇员平均工资收入的 5%。

目前，已有 1200 多家跨国企业成立了专门的培训学院，如麦当劳开办了管理学院，西门子公司更是于 1997 年 10 月在北京成立了西门子管理学院。此外，各个公司也逐步形成了独具特色的培训风格，如 IBM 的“魔鬼训练营”、微软的“微软风格”打造等。

1．IBM——“魔鬼”训练，为员工描绘学习蓝图，将素质教育日常化

有人称 IBM 的新员工培训是“魔鬼训练营”，因为培训过程非常艰辛。除行政管理类人员只有为期两周的培训外，IBM 所有销售、市场和服务部门的员工全部要经过 3 个月的“魔鬼”训练，内容包括：了解 IBM 内部的工作方式，自己的部门职责，IBM 的产品和服务；专注于销售和市场，采取模拟实践的形式学习，IBM 公司是怎样做生意的，以及如何进行团队工作和沟通技能、表达技巧的提升等。这期间，十几种考试像跨栏一样需要新员工跨越，包括讲演，有关产品性能的笔试，练习扮演客户和销售市场角色等。只有全部考试合格的员工，才可成为 IBM 的一名正式的新员工，才能有自己正式的职务和责任。

2．微软——打磨具有“微软风格”的人，重视技术培训

进入微软公司的第一步是接受为期 1 个月的封闭式培训，培训的目的是把新人转化为真正的微软职业人。员工进入公司之后，除了进行语言、礼仪等方面的培训之外，技术培训也是必不可少的。微软内部实行“终身师傅制”，新员工一进公司就会有一个师傅来带。此外，每一类培训都有系统化的

① 于秀芝. 人力资源管理. 北京：中国社会科学出版社，2006：183-184.

知识传授，仅是关于如何接电话这个问题，微软就有一套培训手册。

3. 宝洁——全方位、全过程的培训

宝洁的培训体系是全方位、全过程的。首先是入职培训，其目的是让新员工了解公司的经营宗旨、企业文化、政策及各部门的职能和运作方式；其次是技能和商业知识培训，如提高管理水平和沟通技巧、领导技能的培训等，公司结合员工个人发展的需要，帮助员工成为合格的人才；第三是语言培训，公司在员工的不同发展阶段，根据员工的实际情况及工作需要，聘请国际知名的英语培训机构设计并教授英语课程；第四是专业技术的在职培训，从新员工进入公司开始，公司便派一名经验丰富的经理悉心对其日常工作加以指导和培训。

无论是世界顶级企业，还是中小型企业，培训已经成为企业管理的常态。通过培训，公司管理层可以看到的结果是员工的素质得到了提高，企业的形象得到了提升，内部管理的成本减少了，管理的效率提高了，企业的效益提升了，这就是培训给企业带来的回报。

（资料来源：根据 http://m.hr.yjbys.com/peixunfazhan/548514.html 提供的素材整理而成。）

案例分析：

1. 此案例反映的企业培训趋势是什么？
2. 企业为什么要培训？企业进行培训的意义是什么？
3. 你了解国内在培训与开发上比较出色的企业吗？它的特点是什么？

近年来，随着全球经济一体化和信息技术的飞速发展，企业面对的国际竞争日益激烈。企业要想适应时代发展的趋势，并在激烈的竞争中保持核心竞争力，就必须不断地创新管理理念，运用现代管理方法，更要注重人力资源的效用，不断提升人力资本，充分发挥人力资源的智力优势。而培训与开发作为企业人力资源管理的重要职能和人才开发的重要手段，不仅注重新思想、新知识、新技术、新工艺、新规范的教育，更注重人才潜能、创造力、团队精神和人文素养的开发。因此，越来越多的企业重视并努力开展员工培训与开发工作。

1.1 培训与开发的内涵

培训与开发作为人力资源管理的重要职能模块之一，在企业人才管理中发挥着至关重要的作用。为了有效地实施培训与开发，首先就应掌握培训与开发的定义、原则、类型和作用等。

1.1.1 培训与开发的定义

培训与开发是一个不断发展的概念。从传统培训的角度来看，培训与开发是两个不同的概念。

（1）培训主要是对员工当前的工作现状与工作要求之间的差距进行分析，通过知识、技能等的传授使员工更好地胜任工作；开发则是对员工潜在的需要，如晋升等，运用人才测评、职业生涯管理、管理开发等手段，挖掘员工潜在的素质和能力，以提高个人和组织应对未来工作需要的能力。

（2）在传统意义上，培训侧重于近期目标，关注的是员工当前工作绩效与工作能力是否匹配，从而对员工进行相关知识、技能、态度等开发；开发侧重于提高管理人员的综合素质，如创新能力、领导能力等，帮助他们为企业的其他职位或者是面向未来职业做好准备，也包括更好地适应由新技术、工作流程、顾客或产品市场带来的变化而进行的培训开发。

（3）培训侧重于提高员工当前的工作绩效，在企业中更带有强制性；开发只是针对高潜能，特别是对具有管理潜能的员工进行的定向培训，其他员工要有参与开发的积极性。

（4）培训的对象是全体员工，而开发的对象主要是管理人员和具有管理潜能的员工。关于培训与开发的具体区别，如表1-1所示[①]。

表1-1 培训与开发的区别

	培 训	开 发
目的	短期的绩效改进	使员工在未来承担更大的责任
关注焦点	目前的工作	未来的工作
与当前公司的相关性	持续时间短，具有集中性和阶段性	具有分散性和长期性
工作经验运用程度	高	低
参与方式	强制要求	自愿参与

但是，随着培训战略地位的凸显，员工培训将越来越重要。从现代培训的角度来看，培训与开发的目的都是通过人力资本投资实现人力资本的价值增值，从而满足组织和员工个人共同发展的需要，从这个意义上来说，培训与开发的定义是一样的，培训与开发的界限已经日益模糊。现在，两者都注重员工与企业当前和未来发展的需要，而且员工与经营者都要接受培训与开发，因此，我们有时把两者统一称为培训。

对现代培训的完整概念，我们认为培训与开发是指围绕组织发展方向，由培训者精心策划的一种有计划、有系统的培养、训练、学习、提高等活动方案，通过激发学员的学习热情使他们的知识、技能、能力、态度、心理等综合素质得到不断改善和提高，从而改进组织绩效，满足员工个人职业发展需求，实现组织和员工个人的共同发展。

培训与开发的含义包括以下基本要义。

（1）培训与开发的根本目的是改进组织绩效，满足员工个人职业发展的需求，实现组织和个人的共同发展[②]。培训必须同时重视组织绩效和个人绩效的双重提高和发展，两者也是相辅相成的。个人绩效的提高会促进组织绩效的改进，而组织绩效的改进又为个人职业发展提供了更多的支撑和保障。另外，在竞争的组织环境中，只有当培训提高了组织和个人的绩效，培训才对组织具有价值。

（2）培训与开发的内容具有多样化和全面性的特点。培训与开发既包括向员工传授知识、技能，又包含向其传授积极的生活和工作态度，培养一种自我发展能力，并提高员工的心理素质，促进员工综合素质的全面发展。

（3）培训与开发是有方向、有计划、有系统的完整体系[③]。培训与开发是有针对性地开展员工学习与成长的系统性工作，由培训需求分析、培训计划制订、培训组织与实施、培训效果转化与评估等活动构成，是一种事先有计划、过程有控制、结果有考评的完整体系。上述所有的培训与开发活动都要结合企业发展实际，紧紧地围绕企业发展方向展开，要能够体现企业战略的要求，并有助于企业战略目标的实现。

1.1.2 培训与开发的原则

培训与开发的原则是指导员工培训与开发工作的基本思想，能够帮助我们在分析培训需求、明确

① 雷蒙德·A.诺伊，约翰·R.霍伦贝克，巴里·格哈特，等. 人力资源管理基础. 刘昕，译. 北京：中国人民大学出版社，2011：260-261.

② 赵曙明，张正堂，程德俊. 人力资源管理与开发. 北京：高等教育出版社，2009：159-160.

③ 袁声莉，刘莹. 培训与开发. 北京：科学出版社，2012：4-5.

培训内容、选择培训方法以及实施培训项目等过程中，把握工作的核心和要点，从而更加有效地实现培训与开发的目标。搞好培训工作，应坚持以下原则。

1．战略导向原则

在 21 世纪经济全球化、信息技术飞速发展的背景下，人力资源管理面临的挑战越来越多，企业人力资源管理已经逐渐从作业性、行政性事务中解放出来，更多地进行战略性人力资源管理①。培训与开发是人力资源管理的重要一环，是实现企业战略目标的支撑系统，必须纳入组织的发展战略之中。因此，在组织员工培训时，必须从组织发展战略的高度去思考，并在培训与开发的全过程中遵循战略导向原则。

2．学以致用原则②

员工培训与普通教育的根本区别在于，前者特别强调针对性、实用性、实践性。企业发展需要什么，员工短板在哪里，我们就培训什么，培训与开发应该具有明确的目的性。培训不仅是观念、理论的培训，对企业来说更重要的是培训的实践。因此，培训过程中要以实践操作来印证、加深培训的具体内容。在传授知识、技能的过程中，要有计划地为受训者提供理论与实践相结合的机会，使他们通过实践提高工作能力。不搞形式主义的培训，要注重实效，学以致用。

3．全员培训和重点提高相结合原则③

全员培训是指有计划和有步骤地培训所有员工，以提高全员素质。培训与开发的对象应该包括企业的所有员工，这是提高整个企业综合竞争力的重要手段。但是，全员培训并不等于平均使用培训资源，仍然要有培训重点。要针对不同的培训对象进行有侧重点的培训，首先要培训和发展管理骨干，特别是中高层管理人员，以加强干部素质，然后再培训基层员工。

4．因人施教原则

组织中的员工各有不同，其素质水平也参差不齐，具体表现在知识、技能、性格、智力、兴趣、经验等方面均存在着差异。因此，企业进行培训时应因人而异，不能采用普通大锅饭式的教育方式进行培训。也就是说，企业要根据不同的培训对象选择不同的培训内容和培训方法，如员工的职业发展规划要针对个人特点制订培训与开发计划。

5．适当激励原则

激励是不可缺少的培训原则。斯金纳的强化理论告诉我们，人的某种行为倾向取决于先前的这种行为与刺激因强化而建立的牢固联系，强化可以使人在学习过程中增强某种反应重复可能性的力量。与此相应，联结学习理论的中心概念是刺激与学习者反应之间的连接，而这种强化则可以使连接得到加强和巩固。因此，在培训与开发活动中，应采取各种激励手段，如考核、奖励、赞赏等，来激发受训者的学习动机，引起其相应的学习行为。此外，要注意对培训效果和结果的反馈和强化，从而巩固学习效果，及时纠正错误和偏差。

1.1.3　培训与开发的类型

培训与开发按照培训对象、培训内容、培训形式等的不同可以划分为不同的类型。

1．按照培训对象分类

按照培训对象不同，可以分为操作人员培训、基层管理人员培训、中层管理人员培训和高层管理

---

① 赵曙明. 人力资源战略与规划. 北京：中国人民大学出版社，2012：3-4.

② 颜世富. 培训与开发. 北京：北京师范大学出版社，2007：10-12.

③ 赵曙明，张正堂，程德俊. 人力资源管理与开发. 北京：高等教育出版社，2009：164-165.

人员培训。

（1）操作人员培训。操作人员是具体任务的执行人员，进行培训的目的是培养他们有一个积极的工作态度，掌握工作方法、技能和原则，提高劳动生产率。培训的主要内容包括员工行为规范、工作安全事故的预防、设备操作等，操作人员培训应注重实用性和实践性。

（2）基层管理人员培训。基层管理人员主要从事一线的管理工作，执行上层领导下达的指示和决策。因此，培训的主要内容应着重于管理工作的技能、技巧等，如团队建设、生产与运作管理、班组管理等。

（3）中层管理人员培训。中层管理人员应对本部门负责的每个业务熟悉、精通，并了解与本部门业务相关的其他部门的工作流程，培训内容应围绕人际关系、解决问题的能力展开，包括如何做卓有成效的领导者、直线部门的人力资源管理等。

（4）高层管理人员培训。高层管理人员的工作重点在于战略决策，因此对他们的培训更趋向于观念、思维等方面，如经营预测、战略决策、领导艺术等。

2. 按照培训内容分类

按照培训内容划分，可以分为知识培训、技能培训、态度培训、思维培训和心理培训。

（1）知识培训。侧重于对受训者掌握的知识进行不断更新，主要目标是通过更新员工的知识使其行动效率更高。

（2）技能培训。侧重于对受训者具备的能力进行提高，开发员工的技能潜力，提高员工的实际操作水平。

（3）态度培训。侧重于培养受训者积极的生活和工作态度，提高员工对企业的认同感和归属感，建立起企业与员工相互信任的态度。

（4）思维培训。侧重于改变受训者的固有思维模式，使其能自发地学习和创新，最终形成良性的、建设性的思维方式。

（5）心理培训。通过对受训者心理的引导和调整，开发和培养他们的观察力、记忆力等智力因素和动机、情绪、意志等非智力因素，从而培养出适合自己工作的能力。

3. 按照培训形式分类

按照培训形式划分，可以分为入职培训、在职培训、脱岗培训和轮岗培训。

（1）入职培训。就是新员工入职培训，其主要任务是帮助新员工熟悉企业的发展概况、文化理念和工作环境等，加快新员工的角色变换，缩短企业磨合期，使其尽快地投入新工作中。

（2）在职培训。就是员工在不脱离工作岗位的情况下参加培训。在职培训是在完成本职工作的基础上开展的培训活动，一般利用员工的工作闲暇时间进行。这类培训的内容重点是补充员工当前岗位、工作或项目、任务所需要的各种知识、技能等。

（3）脱岗培训。就是员工暂时脱离工作岗位参加培训，与在职培训情况相反。在培训期间，员工应以培训为中心，将本职工作放在次要位置。脱岗培训更强调对员工进行全面的培养和开发，重在提高员工的整体综合素质。

（4）轮岗培训。就是员工被安排到企业的其他岗位上，为了开展新工作和任务而需要接受的培训。轮岗培训的最大特点是调离原来的工作岗位，轮换到其他岗位进行工作和学习，存在岗位空间和环境上的变化。

1.1.4 培训与开发的作用

随着企业认识到人力资源是组织发展的第一资源，培训与开发也越来越受到企业的重视。培训与开发不仅可以提高员工的个人能力，还能够提升员工对企业的满意度和归属感，进而减少人员流失，提升企业的经济效益。培训与开发，无论是对员工个人还是对企业发展，都有着积极的作用。

1．培训与开发对员工个人的积极作用

培训与开发需要员工投入一定的时间和精力，而且还面临着学习、生活和工作协调发展的各种挑战。因此，企业中并不是所有员工都能够正确认识和接受培训与开发。有些员工会认为，培训只是对企业有利，对员工来说是一种说教。其实不然，通过培训与开发，不仅可使员工获得不断更新知识、学习新技能的机会，还能培养他们积极健康的人生态度，增强个人适应社会的能力，进而挖掘个人潜力并得到最大限度的释放，为员工的成长打下坚实的基础。培训与开发对员工个人的积极作用主要体现在以下四个方面。

（1）提升员工的自我认知水平[①]。通过培训，员工能够更好地了解自己在工作岗位中的职责和应该承担的责任和义务，通过比较分析，全面客观地了解自身能力、素质等方面的不足，以及未来提升自己的发展方向，提高自我认知水平。

（2）提高员工的知识和技能。通过培训，员工将会汲取大量的知识，技能水平、劳动效率得到提升，进而极大地提高企业的生产效率，为企业创造更多的利润，员工也因此获得更多的收入。

（3）转变员工的态度和观念。通过培训，员工的态度得到转变，如对待企业的态度和责任心问题、与他人相处和团队合作精神以及对技术革新的态度等。此外，员工培训可以让员工转变观念，培养员工树立终身学习的观念等。

（4）营造生活和工作幸福感。当前，企业竞争的加剧导致员工压力较大，处理不当会使员工的情绪/情感受到影响，进而影响其工作态度与绩效[②]。因此，围绕员工情绪/情感等心理健康的问题成为企业培训与开发又一关注的重点。很多企业把拓展训练、心理辅导引入员工培训与开发体系，对改变和调节员工心态和一些消极的认知问题起到了一定程度的矫正作用，培养了员工的阳光心态，这不仅增强了团队的凝聚力，也使员工学会了感恩，并以良好的心态看待生活和工作中的得失，提高了生活和工作的幸福感。

2．培训与开发对企业的积极作用

企业通过对员工的培训与开发，提高了员工的职业素养、工作技能，让员工能有更好的发展平台，满足员工发展和自我实现的需要。培训与开发对企业的整体作用主要体现在以下五个方面。

（1）促进员工个人素质的全面提高。员工的劳动效率和工作质量，直接关系到企业的产品质量和服务质量，最终影响顾客满意度和企业的美誉度。培训与开发能够使员工在最短的时间内掌握工作技能和工作标准，并不断提高工作质量和效率。特别是当前市场顾客需求日益个性化，要求企业和员工不断调整自己以适应动态变化的市场环境。实践证明，企业培训与开发在提高员工职业灵活性、动态适应不断变化的客户需求方面是有效的。

（2）推动企业文化的凝练与完善。企业文化是一个企业的灵魂，是企业创造生产力的精神支柱。通过培训，一方面可以传播企业核心价值观，规范员工的日常工作行为，培养员工良好的工作习惯，从而加强员工对企业核心价值观和战略目标的理解，并逐步接纳企业的文化理念和任务要求，提高和增进员工对企业的认同感和归属感；另一方面可以在加强组织与个人联系方面发挥积极的作用，增强团队的战斗力和组织的凝聚力，进一步推动企业文化的凝练与完善，树立良好的企业形象。

---

① 陈国海．员工培训与开发．北京：清华大学出版社，2012：7-8.

② 赵曙明．人力资源管理与开发研究．南京：南京大学出版社，2011：278-279.

（3）增强组织的应变能力、适应能力和创造能力①。在 21 世纪，企业外部环境不断变化，这就要求组织不断提高应变能力和适应能力，企业发展更依赖于内部创新能力，只有不断创新与变革，企业才能具有长久、旺盛的生命力。培训与开发在培养员工知识和技能的同时，也注重开发员工的潜能，培养员工的创新精神和创新思维，激发员工不断改进工作方法、工作流程，提高企业的学习能力和创新能力，为企业获取持续的竞争优势提供了重要支撑。在当前日益激烈的市场竞争中，唯有不断创新的企业才能立于不败之地，人力资本是企业创新驱动发展的载体，而培训与开发又是获取高质量人力资本的主要途径。

（4）树立良好的企业形象。一方面培训与开发为员工提供了一个完善和自我提升的机会，使员工可以在工作中实现职业生涯规划，增强员工对企业的向心力，帮助企业留住优秀的人才；另一方面企业投资于员工的培训与开发，能够塑造企业学习型形象，对刚毕业的大学生以及优秀人才具有吸引力，在人才市场上产生良好的反响，是建立雇主品牌的重要途径。

（5）给企业带来巨大的经济效益。培训与开发是人力资本积累的根本途径，是人力资本收益的重要决定因素。当前，在信息获得、知识更新、技术复杂等因素的推动下，人力资本投资呈现出边际成本递增的特点。培训的资金是一种最节省的投资，因为通过企业内完整而系统的培训流程，势必能有计划地降低各项成本资源，如时间成本、错误成本等。此外，培训与开发也是一种最有价值的投资，将给企业带来巨大的回报。1996—2000 年，曼彻斯特顾问公司所做的研究表明，公司用于经理人培训项目的投资回报差不多是其支出的 6 倍。世界 500 强公司之一的 Metrix 全球公司的评估研究指出，一个关于领导力发展方面的培训项目的投资回报率为 529%②。

1.1.5 培训与开发的管理和流程

培训与开发的目标是使员工能够更好地胜任工作，提高组织的生产力和竞争力，从而实现组织发展与个人发展的统一。由于培训与开发的侧重点不同，两者的管理重点也是略有不同的。

1. 员工培训管理和流程

员工培训管理一般包括培训需求管理、培训计划管理、培训师管理、培训实施管理和培训评估管理等内容，如图 1-1 所示。其中，培训需求管理是整个培训管理的开端，是制订培训计划的前提，也是获取良好培训效果的基础保障；培训计划管理是培训实施的指导方针和准则，保障了培训的有序进行；培训师管理是保障培训实施效果的关键因素，是提高培训质量的重要抓手；培训实施管理是保证培训有针对性和实用性的重要环节，而培训评估管理是检验培训效果并进行持续改进的依据。培训管理是指在整个培训过程中及时予以引导、控制和反馈，最终形成一个良好的循环，如果培训过程中的前一个模块工作做得很好，则后面模块的实施就会更容易。

为了使企业培训活动有效、规范、顺利地进行，培训过程需要有标准化的实施流程。培训流程主要包括培训需求分析、培训项目设计、培训组织与实施、培训评估和反馈等环节。

（1）培训需求分析。培训需求分析是根据组织战略和发展规划、业务调整、员工工作胜任能力差距或职业规划，采用访谈了解、问卷调查、现场观察、团队讨论等调查方式对培训需求进行调查和分析，以确定培训所要采取的方案。

（2）培训项目设计。根据培训需求调查和分析的结果，确定组织采用的培训方式和方法，是外聘教师培训、外派培训，还是内部讲座；是师傅带徒弟、工作实践法，还是拓展训练、角色扮演等方

① 赵曙明，张正堂，程德俊. 人力资源管理与开发. 北京：高等教育出版社，2009：160-161.

② 袁声莉，刘莹.培训与开发. 北京：科学出版社，2012：9-10.

法；是讲授团队协作、沟通技巧，还是专业技能、营销策划等课程；培训对象是新入职员工、在职员工，还是中高层领导。此外，还要对整个培训过程需要的费用进行预算，如交通费、住宿费、用餐费、授课费、资料教材费、场地租用费等是多少，是否属于企业有序的又合理的支出。

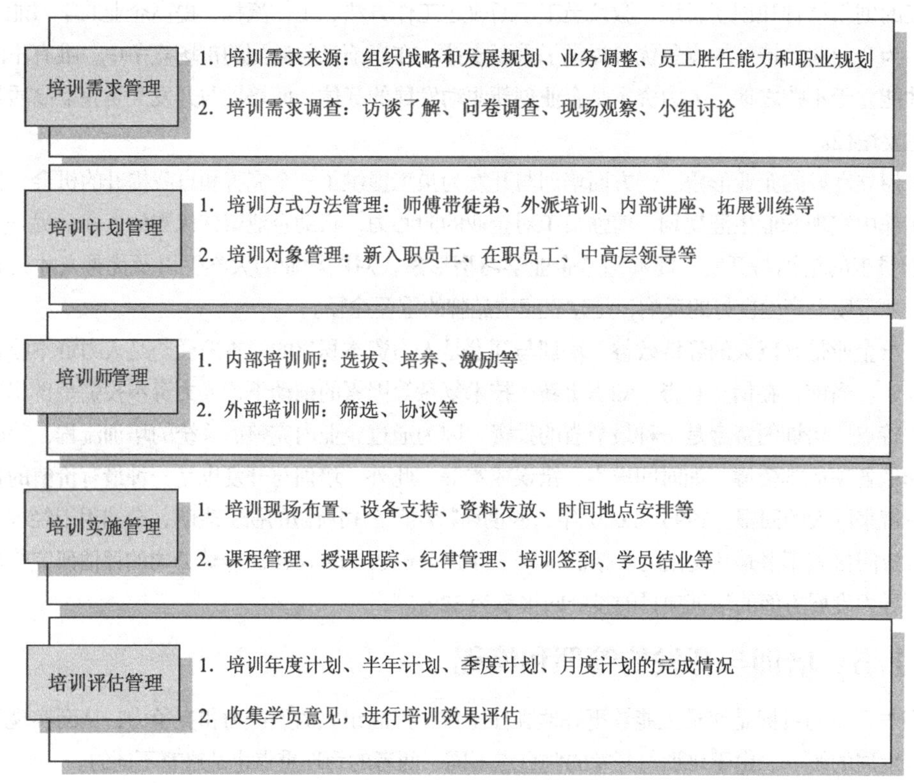

图 1-1　培训管理内容

（3）培训组织与实施。培训管理过程中，培训的组织与实施除了要考虑培训师外，还涉及了培训前、培训中和培训后的组织与实施。例如，培训前的现场布置、教学设备的支持、资料发放、时间地点安排；培训中的讲师授课跟踪、学员培训签到、纪律管理；培训后的学员结业管理等。

（4）培训评估和反馈。培训的年度计划、半年计划、季度计划、月度计划的完成情况和效果怎样，学员的反馈意见怎样，是否满意，下次有哪些地方需要改进，受训者的培训效果如何，是否已经转化为生产力等。

2．员工开发管理和流程

员工开发是企业为了培养高潜能员工，特别是培养管理人员而进行的一种帮助他们成长和提高的计划和管理过程的总称，也叫管理开发。它既包含了针对高潜能员工的职业培训，也包括一些政策和惯例，如绩效评估、工作轮换，职业发展、继任者计划等。其中，绩效评估是通过对员工工作绩效水平的评价发现他们的优势和不足，进而为其制订相应的培训计划、职业发展规划等。工作轮换是一种短期的工作调动，即组织在不同职能领域中为员工做出一系列的工作任务安排，或者在某个单一的职能领域或部门中为员工提供在各种不同工作岗位之间流动的机会，促进员工对组织不同部门的了解，进而对整个组织的运作形成一个完整的概念，有利于提高员工的解决问题能力和决策能力，帮助他们选择更合适的工作，同时也有利于部门之间的了解和合作。职业发展规划是围绕着员工的未来职业发展定位而为其量身定做的在组织整个工作生涯中的职业发展通道和能力提升计划安排。继任者计划是指发现并追踪具有高潜质的雇员的过程，它是为总裁、副总裁、职能部门和业务部门的高层经理等职位寻找并确认具有胜任能力的人员，是为组织储备核心的人力资本。其实施过程要涉及人力资源培训与开发、职业生涯管理和绩效测评等方面。继任者计划的开发流程（见图 1-2）[①]。

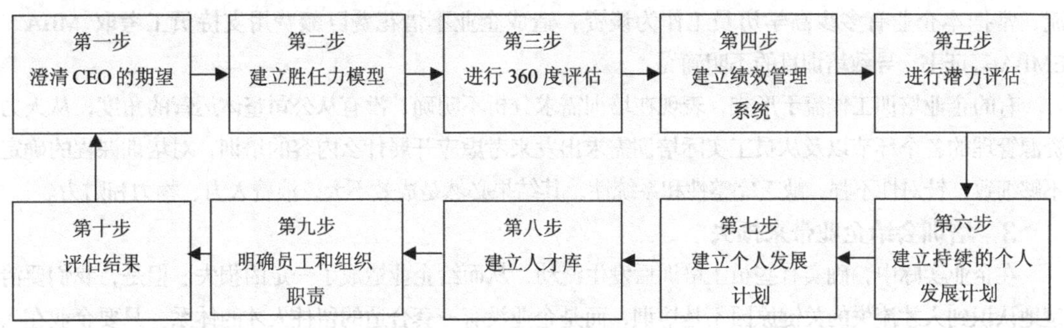

图 1-2　继任者计划开发流程

1.2　培训与开发专业人员的认识误区和素质要求

为了保障培训与开发的实施效果，需要专业人员予以执行，因此，对专业人员要有一定的素质要求，并避免当前一些常见的认识误区。

1.2.1　培训与开发专业人员的认识误区

目前，越来越多的企业认识到了对员工实施培训的重要性，也在员工培训与开发上花费了不少的人力、物力和财力，但是到头来为什么有些企业经营者和培训管理者会困惑：经培训后的员工怎么就跳槽走了，经过培训的员工素质和表现怎么没有大的转变，员工在参加培训的过程中怎么参与性不高，处于应付状态呢？总之，培训与开发的作用为什么不明显呢？这是值得每位企业管理者和培训管理者思考的问题。归根结底，是我们没有真正理解培训工作的长期性、复杂性和适用性，盲目制订培训规划，最终还是收效甚微，导致想做又不敢做，做了又怕做不好的尴尬境地。因此，培训与开发专业人员首先要端正思想，正确地看待培训与开发，避免产生以下五种常见的认识误区。

1. 培训能够解决所有问题

有的企业企图通过培训解决企业管理的所有问题，有的企业对培训急功近利，希望立竿见影。近年来我国企业发展迅速，问题也出现了很多，很多管理者认为培训是万能的，希望通过培训予以解决，其结果往往事与愿违。事实上，企业的很多问题是因为自身经营管理不善或者是企业文化不合时宜导致的。既然明白企业运营出现问题的原因是多元化的，我们就要清楚，开展员工培训只是解决企业管理问题的一种重要途径，而不是唯一的方式。此外，企业急需各种人才，希望员工用很短的时间从素质到精神面貌发生根本变化，把培训工作当作治病良药，药到病除，可立刻为企业创造绩效。但实际上，员工从培训中学到的知识和技能，这仅仅是停留在“知道”的层面上。要做到真正的培训目的，首先员工要经过一个消化吸收的过程，然后再通过有意识的训练和实践，将学到的知识、技能转变为自己的工作行为，最终达到改善工作业绩的效果。这个过程需要时间，不能操之过急。所以，我们判断培训到底有没有效果，不能目光短浅，应该把眼光放长远一点。

① 李飞，赵静．继任计划：透视知名企业人才储备战略．北京：地震出版社，2004：10.

2. 培训追赶潮流，缺乏系统性

一些企业喜欢照搬竞争对手的培训内容，对培训项目选择比较盲目，缺乏针对性。从表面上看，企业培训工作开展得轰轰烈烈，实则无的放矢，效果并不理想。甚至还有一些企业管理者，喜欢赶潮流，常把本企业有多少高学历员工作为谈资，造成企业不惜花费巨额费用支持员工考取 MBA、EMBA 等证书，导致培训目的不明确①。

有的企业培训工作流于形式，表现在培训需求分析不明确，没有从公司整体运营的角度，从人力资源管理的各个环节以及从员工实际培训需求出发来考虑应开展什么内容的培训，对培训课程的确定不够细致，针对性不强，缺乏完整性和系统性，其结果必然是成效不大，浪费人力、物力和财力。

3. 培训会给企业带来损失

在企业实际中，确实有些员工培训后发生流动，从而给企业造成了一定的损失。但是，我们要清楚地认识到人才流失的关键原因不是培训，而是企业没有一套合适的留住人才的体系。只要企业在人才管理上下功夫，是能够留住优秀员工的，即使是少数员工流失了，只要企业事先有防范措施，也不会因为个别人员流失而“伤筋动骨”。但如果长期不培训，员工的成长缓慢，能力得不到提升，无法满足成长的需要，就会有更多的员工离职。

另外，从长期来看，对员工进行培训与开发最大的受益者是企业，首先注重团队的培养会吸引优秀的人才加盟，长期培训可以建立优秀的团队文化，更利于留住人才；其次要完善培训体系建设，可以事先规避一些风险，例如对参加培训的员工，特别是那些费用比较高昂的培训，要对员工提前离职带来的培训补偿建立培训协议管理规范等。

4. 培训不能产生经济利益

一些管理者错误地认为，培训只是一种成本，不能产生经济利益，而作为成本就应该尽量降低。目前，很多企业高层人员比较偏重市场运作，渴望得到立竿见影的效果，但却忽视了见效期较长的培训投资。作为管理者，很自然地会用是否能带来直接经济效益的标准去衡量一项工作的价值。由于培训给企业带来的经济效益是间接的，其效果并非及时、明晰化，让人看得见、摸得着，而培训花钱却有目共睹。所以，很多管理者就认为培训是浪费时间、浪费金钱的事情。但是管理者没有想到，员工因为培训不足，很可能造成工作不熟练、产品不合格率高、顾客不满意等问题，不仅浪费了企业更多的金钱，而且会影响企业的信誉。同时，对于管理者而言，培训不足造成管理干部与最新管理技术相脱节，决策能力低下，企业需为此付出更多的“学费”，远远超过每年的培训预算。结果是企业人才得不到有效的培训、成长和发展，不仅造成人才流失，阻碍企业的发展，甚至会危及企业的生存。

5. 注重“硬”因素而忽视“软”因素培训

目前，很多企业管理者为了追求眼前的利益，希望实施的培训能够及时解决问题，因此，更多的关注知识和技能等“硬”性因素方面的培训。尤其是生产型企业，对技术培训很重视，但对员工的价值观念、工作态度、职业道德等“软”性因素的培养不太关注。但是，员工的价值观念等基本素养的高低会影响团队建设，并影响企业文化的形成。企业忽视员工自身基本素养等“软”性因素方面的培训与开发，将极大地影响企业的长远健康发展。

1.2.2 培训与开发专业人员的素质要求

对于培训与开发专业人员的素质要求，美国的培训与开发协会（ASTD）提出的培训与开发专业人员五角色理论最具有代表性。此协会曾对培训与开发专业人员进行过专项研究。该研究总结出培训

① 陈国海. 员工培训与开发. 北京：清华大学出版社，2012：9-10.

专业人员的五种角色以及所需要的素质能力要求①。

（1）分析/评估角色，主要是研究者、需求分析家、评估者等，他们需要了解行业知识，具备应用计算机能力、数据分析能力和研究能力等。

（2）开发角色，主要是项目设计者、培训教材开发者、评价者等，他们需要了解成人学习与培训的特点，具有信息反馈、协作、应用电子系统和设定目标的能力。

（3）战略角色，主要是管理者、市场营销人员、变革顾问、职业咨询师等，他们需要精通职业生涯设计与发展理论，具有一定的经营理念、管理能力、计算机应用能力。

（4）指导教师/辅助者角色，需要了解成人学习与培训原则，具有一定的讲授、指导、反馈以及应用电子设备和组织团队的能力。

（5）行政管理者角色，他们需要有应用计算机的能力，选择和确定所需设备能力，进行成本—收益分析能力，项目管理、档案管理的能力。

1.3 战略性培训与开发

战略性人力资源管理就是运用战略的观念去管理组织的人力资源，这对组织的持续发展是非常重要的，并已经得到企业界和理论界的共识。这种战略性的思考渗透到了人力资源管理的每一个方面，包括培训与开发。开展培训工作对于企业的发展具有非常重要的意义，但也面临着一系列的问题，并直接关系到企业的战略导向。例如：为什么培训，对谁培训；企业获取高素质的人才是通过外部招聘还是内部培养；如何实现业务与培训的有机结合等。要做好培训工作，必须紧密结合企业的发展战略，重视培训与开发在人力资源管理中的战略作用。

1.3.1 战略性培训与开发的意义

战略性培训与开发的意义主要体现在以下几个方面。

1．培训与开发是企业一项长期的人才发展战略

当前，很多企业将培训与开发看作是解决企业当前问题的短期行为，没有把培训与开发当作一个长期的系统工程。发现执行力不强，就培训一下执行力，发现技能有短板，就培训一下技能。这样的培训仅是把培训看作一个活动，并不是一种形成人力资本的过程，更不是一种战略。要让培训起到效果就必须将培训与开发作为企业一项长期活动来组织，将其作为人才发展战略来推进。伴随着经济全球化的深入和互联网时代的到来，知识创新成为企业持续增长的动力源泉。知识创新的关键是依靠高素质的人才，人才竞争是未来竞争的焦点，企业必须认识到，那种需要什么人才能找什么人才的方法已经不再适用于未来的环境。因此，必须从战略的角度去考虑企业目标的变化和人力资源现状，通过分析制订相应的培训与开发规划，使得企业战略目标更具有预见性②。当前，我国经济发展处于新常态，实施人才强国战略是形势发展的必然要求，这就要求企业必须对人力资源开发进行全面的定位，使培训与开发尽快从“行政事务导向”向“战略业务导向”转变，建立战略培训与开发体系。

2．通过培训与开发能够促进组织变革与发展，使组织更具竞争力

组织在发展和变革中会遇到各种阻力，通过培训可以引导员工对变革的正确认识、对新观念的认

① 徐芳. 培训与开发理论及技术. 上海：复旦大学出版社，2013：21-22.

② 赵曙明. 人力资源战略与规划. 北京：中国人民大学出版社，2012：16-17.

同以及学习新的行为方式和工作技能等。华为在实施国际化发展战略的同时大力推行英语培训运动，海尔在进行多元化发展和并购时，强调"海尔文化"的植入式培训。通过培训可以改变员工对变革的错误或者模糊的认识，降低变革给他们带来的不安全感，让员工认识到变革的重要性，不主动变革，就会被时代所淘汰。经过培训使员工对新观念产生认同感，逐渐产生和培育与市场发展相适应的新观念，如从产品导向到顾客导向的转变等。此外，通过培训与开发也让员工重新发现自己的潜能，增强自信心。

3．通过培训与开发使企业战略和愿景融入员工的日常工作中

企业战略和愿景在提出之初更多的是一种概念、思想，只有把这种抽象化的概念、思想融入到每个员工的日常工作中，才能发挥出企业战略和愿景的导向作用，才能深入人心并影响到员工行为。而实现这一目标就需要相应的培训与开发予以支撑。企业未来的发展目标是什么，需要什么样的人才和技术？我们可以通过培训与开发活动，将愿景分解到每一个员工，使员工真正理解，并指导自身的言行，最终形成强大的合力。

4．通过培训与开发可以提高员工对企业的认同感和归属感

培训与开发，不仅使员工在知识和技能上有所提高，而且能使员工感受到企业对他们成长的关心和重视，从而提高员工满意度，改善企业的产品品质和安全水平。员工只有真正对企业产生强烈的认同感和归属感后，他们的能力和潜能才能得到充分的发挥，工作绩效才能持续地提高。培训与开发也使具有不同价值观、工作作风及习惯的人，和谐地聚集在企业中为实现企业的愿景而努力奋斗。

1.3.2　影响战略性培训与开发的主要因素

以战略性的眼光看待培训与开发，首先就要注意组织中影响培训与开发的因素。

1．组织战略

当前，许多公司将公司战略和人力资源管理战略以及所采取的培训实践整合在一起，具体内容如表1-2所示。

表1-2　公司战略和人力资源管理战略以及采取的培训

战略类型	战略要点	战略要求	关键要素	培训与开发重点
内部成长战略	市场开发；产品开发；技术制度革新；合资	销售现有产品；增加分销渠道；拓展现有市场；调整现有产品；创造新的或不同的产品	创造新的工作任务；技术制度革新	企业文化培训；培养创造性思维和分析能力；培训提高工作的技术能力；对管理者进行的反馈与沟通方面的培训
外部成长战略	兼并	横向联合；纵向联合	整合富余人员；重组	培训开发被兼并公司的人员能力；对被兼并公司人员进行企业文化培训；整合培训系统；团队建设
紧缩型战略	节约开支；转产；剥离；债务清算	降低成本；减少成本；创造利润；重新制定目标；卖掉全部资产	提高效率；裁员与分流	管理变革、时间管理、压力管理的培训；适当控制培训的规模和花费；培养人员新的工作技能

（资料来源：雷蒙德·A.诺伊．雇员培训与开发（第三版）．徐芳，译．北京：中国人民大学出版社，2007：21–22.）

培训与开发负责人要对公司战略和人力资源管理战略及两者之间的关系有着深刻的领会，并在实际实施过程中，争取高层领导的支持，并且与其他资源要进行紧密配合。

2．组织结构

组织的结构性质诸如规模、资源的宽裕程度和复杂性都会影响到组织采取的培训形式。比如，在一些采取集权式管理的组织中，培训一般是由公司总部统一制定和设计的；而在一些分权式管理的组织中，总部下设的分公司和机构可以根据自己的发展需求自行制定培训目标、计划等；还有些组织的做法介于两者之间。在一些规模较大的组织中，更多的是采取最后一种方式。总部负责培训与开发人员的主要职责是为下属分公司和机构提供有关培训与开发的建议，协调各项培训与开发项目并及时将公司总部的战略意图等传达给下属公司，然后由下属分公司和机构去实施这些培训项目。如果总部对下属公司干预太多，下属公司会认为总部过于集权，所提供的培训与开发项目不能满足他们的培训需求，因此较好的方式是由总部和下属公司共同参与制定培训方案。

3．技术因素

目前，信息技术快速发展，创新知识层出不穷，这就要求对员工和管理层进行不断的再培训，一方面通过培训与开发使员工掌握新技术、新方法和新理念，使其尽快地适应时代变化，另一方面由于技术含量的增加使得工作岗位的可替代性变小，有时候企业会发现很难从外部人才市场找到可替代的候补人员，因此只有通过对现有人员的持续培训与开发才能确保企业中有足够的合适的人员承担合适的工作。值得注意的是，当前互联网技术对组织产生了巨大的冲击，进而也会影响到培训与开发系统，培训的方式变革多样化，可以借助多媒体、虚拟现实技术等进行更加丰富化、形象化的培训，也可以通过网络进行在线培训等。

4．人员因素

组织中员工对培训与开发态度的不同，培训与开发的选择也会不同。有的组织有比较积极的态度，把培训与开发作为组织发展的重要因素，并且认为能够从培训与开发项目中收获价值。当然，也有一些组织更加侧重于外部招聘选拔到有经验的员工，因而不太重视培训。组织对待培训与开发的态度，更多地取决于高层领导的态度，也与企业文化、员工职业发展有关。有的组织喜欢内部提拔，高层管理者基本上是从基层一步步成长起来的，这样的企业会重视对现有员工特别是有潜力员工的培训与开发。比如海信集团内部有一个海信学院，承担对整个集团员工的培训。

1.3.3 战略性培训与开发的组织过程

培训与开发不仅要满足企业当前发展的需要，还应着眼于企业的发展战略，形成对企业战略构想的强大人力资源支撑。

1．战略性培训与开发的制订

战略性培训与开发与其他职能规划一样，应该在整体战略中制订和实施。在战略环境分析的基础上，完成具体的战略制订。

（1）管理者界定或者确立培训与开发的使命、愿景及企业的核心价值观，从而为企业的培训与开发战略确定方向。

（2）将上述方向进一步转变为行动方案，包括实现这些目标的计划、项目和程序。

（3）在此基础上确定培训与开发部门和其他职能部门的行动分工和目标，制订相关预算，并根据各项培训活动开展情况来进行资源分配。

（4）各个单位、团队和个人针对具体的绩效目标制订自己的行动计划并予以实施。

2．战略性培训与开发制定中的注意事项

（1）同企业战略的结合[①]。企业的发展要将包括培训与开发在内的人力资源管理战略与企业发展战略相连接和整合，这就要求战略性培训与开发要考虑到企业战略和其他组织因素的影响。

---

① 石金涛．培训与开发．北京：中国人民大学出版社，2009：20.

（2）树立全员培训理念。培训和公司战略的实施紧密相关，管理者有责任担负起人力资源管理中非常重要的一个职能，即对员工进行培训与开发。培训能否以公司战略为导向，培训计划是否实施到位，不单单是人力资源部门的事情，而是需要遵循全员性原则，由高层管理者、人力资源部、直线经理和员工共同实施。

（3）坚持动态的系统过程。战略性培训与开发与组织具体问题相连，是从发现问题、诊断问题、形成培训与开发方案到实施方案和反馈的一个循环过程。此外，战略性培训与开发将组织的培训需求、部门的培训需求以及团队、个人的培训需求有机地结合起来考虑，以确保培训与开发项目的效果。

（4）保持持续不断的学习过程①。战略性培训与开发与传统的培训与开发项目的一个显著区别就是持续性的培训与开发，将组织变为学习型组织。培训与开发已经渗透到组织的日常工作中，企业鼓励学习，并努力塑造学习的氛围，在学习中促进企业的可持续发展。

（5）具有前瞻性和主动性

战略性培训与开发能够主动地分析组织所处的内外环境因素，发现变化并寻找机会、创造机会，从培训与开发的角度为组织未来发展提供价值。

1.3.4 战略性培训与开发的投资分析②

人力资源转化为人力资本，促使企业从战略发展上重视人力资本的战略价值和发展导向。作为人力资本，就是要通过教育、培训等方式促进员工持续学习以实现自身的价值增值，同时给组织带来更多的价值创造。因此，战略性的培训与开发要关注员工培训与开发的经济价值，从财务角度分析它的投资效益。员工培训与一般学校教育相比，其追求经济效益的目的性更明显，也更具有现实性。因此，从人力资源会计的角度，对员工培训的投资平衡分析是具有战略有意义的。

现假定一个企业在没有培训的条件下，劳动与产品市场是完全竞争的，当边际产品等于工资时，也就是说劳动者得到的工资等于其边际生产率时，企业出现了均衡，公式为

$$MP_t=W_t \tag{1}$$

其中，MP_t 为边际生产率（边际产品收益）；W_t 为工资；t 为时间。如果企业开展员工培训，必然会提高现期支付和降低现期收益，但同样会在以后某个时期大幅度提高未来收益和降低未来支付。因此，这里只要求在整个时期收支达到均衡即可。公式为

$$\sum_{t=1}^{n}\frac{MP_t}{(1+r)^t}=\sum_{t=1}^{n}\frac{W_t}{(1+r)^t} \tag{2}$$

其中，MP_t 为某一时刻的收益；r 为市场贴现率；t 为时间；W_t 为某一时刻的支出。

如果只在初期给予培训，那么初期的支出就等于工资加培训费用，其他没有培训的时期，其支出将只等于工资，而所有时期的收益将等于边际产品，因此上述公式左边加 MP_0（员工工作初期的边际产出），右边加上 W_0（员工初期的工资）和 K（企业为员工培训做出的投资）。对于企业来说，培训投资与产出之间只有在有产出剩余（G）的时候，投资行为才会发生。

---

① 石金涛. 培训与开发. 北京：中国人民大学出版社，2009：21.

② 赵曙明，张正堂，程德俊. 人力资源管理与开发. 北京：高等教育出版社，2009：162-163.

$$\sum_{t=1}^{n}\frac{MP_t}{(1+r)^t}-\sum_{t=1}^{n}\frac{W_t}{(1+r)^t}=G \tag{3}$$

则变更后的公式为

$$MP_0+G=W_0+K \tag{4}$$

考虑到机会成本的存在，如工人为培训付出的时间、精力和其他损失以及企业为其培训而失去的工时等。定义 C 为培训的机会成本与实际费用之和，则公式改写为

$$MP_0+G=W_0+C \tag{5}$$

$$G-C=W_0-MP_0 \tag{6}$$

公式（6）揭示：当 G 和 C 相等时，即培训的收益等于培训的成本，员工初期工资与初期边际产出才会相等；当 G 小于 C 时，初期边际产品值就会大于工资；当 G 大于 C 时，初期边际产品值则小于初期工资。由上述分析可知，培训是一种回报率较高的投资。

1.4 培训与开发的演变过程

对员工的培训与开发不是从来就有的，是随着社会经济发展而逐渐演变并形成的。西方国家的员工培训系统形成得比较早，而中国的员工培训因为历史发展的原因，形成的阶段与西方社会有所不同。

1.4.1 西方企业员工培训的演变过程

西方企业员工培训的历史演变经历了 4 个阶段，见图 1-3。

1．18 世纪初的学徒培训

西方企业员工培训，最早开始于 18 世纪初期，那时生产力不够发达，培训方式主要采用学徒培训的方式。当然，随着时代的发展，这种培训在后期越来越完善，演化为师傅带徒弟或导师带徒制等培训计划，并得到很多企业，尤其是需要特定工艺技能行业企业的欢迎。

2．20 世纪初早期的职业教育

到了 20 世纪初期，出现了职业技术教育。例如，1917 年，美国国会通过了史密斯-休斯法案，认可了职业技术教育的价值。可见，职业技术教育已经成为各国公共教育系统中的重要组成部分。末期培训的重点由技能向管理能力转移。

3．工业革命时期的工厂学校

在工业革命时期，由于技术的发展，传统的手工工艺已经很少使用，新技术的广泛应用促使各大工厂开始采用工厂学校的方式对工人进行培训。工厂学校与早期的学徒制培训有所不同，它更偏重于工人能够在较短的时间内掌握某项特点工作所需要的技术。

4．第二次世界大战后期的专业培训机构

第二次世界大战以后，经济社会的快速发展使企业的规模越来越大，一些大型企业和工会开始建立新型的培训计划。美国联邦政府维持建立行业内部培训服务机构来组织和协调这些培训计划，因此，专业的培训服务机构开始涌现，培训变得更加专业，应用也更加广泛。20 世纪 50 年代开始出现了对主管培训开发的需求浪潮。美国出台了一系列法案都与培训开发有着密切关系①。1967 年，那德

① Nadler, L., Nadler, Z., Developing Human Resource. Jossey-Bass, 1989.

勒提出了人力资源开发（Human Resource Development，HRD）这一术语，并开始被学术界接受。20世纪80年代是培训与开发领域发展的黄金时期，这一时期，学术界完成了对该领域的角色、胜任特征的研究。从90年代开始至今，外部竞争环境的日益严峻使企业对人力资源开发与管理给予了更多的期望。被企业界和学术界关注的外部变化如经济全球化、信息技术革命、成本控制、市场变化、知识管理与知识资产的衡量、劳动关系、服务经济的崛起、劳动力结构变动、企业社会责任等①，对人力资源管理特别是培训与开发的影响带来新的思考和新的理念。

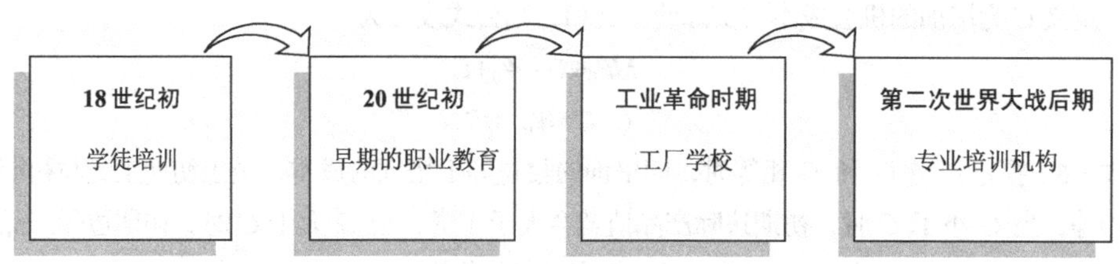

图1-3　西方员工培训的演变

1.4.2　中国企业员工培训的演变过程

中国企业员工培训的历史演变经历了4个阶段，见图1-4。

1．封建社会学徒制

在封建社会，我国培训的方式和西方相似，都是采用学徒制的方式。特别是在明代中叶，随着资本主义萌芽的出现，无论是工种还是规模都有明显的扩大。

2．鸦片战争后学习西方培训

19世纪40年代后期，我国开始向西方国家学习科学的培训方式和方法，一些规模较大的企业学习引进了泰罗的科学管理理论和方法，开始对人员进行比较规范的管理。

3．新中国成立初外派至苏联培训

新中国成立初期，国家派遣大量知识工作者到苏联进行学习和培训，为新中国企业的发展培养了许多技术干部和熟练的技术工人。到了20世纪80年代中期，我国进行改革开放，对传统的人事管理也进行了不断的改革。在员工培训方面，实行先培训，后上岗。大力发展职业教育，培训内容设计思想政治教育、科学文化知识和技术业务。

4．改革开放后培训组织兴起

改革开放以后，市场经济体制改革越来越深化，培训业逐步形成，并遵循市场化的运作机制，许多培训主体在市场上提供了极具专业特色和针对性的培训项目。培训组织也形成了多元化的培训体系，培训机构竞争也逐渐激烈，一些技术进修学校、继续教育机构、专业培训机构等培训组织，如雨后春笋般出现，培训市场日渐成熟。特别是进入21世纪以来②，培训与开发在我国获得了更快的发展。一是培训市场越来越大，已经向专业化和市场细分的方向发展。二是领先企业掀起了一股成立企业大学的热潮。三是培训师认证开始全面启动，并逐步市场化。四是大学开始进行培训与开发更高专业层次的人员培养。五是培训新形式等层出不穷，如E-learning、慕课（Moocs）等培训新趋势正在改变企业的培训形态。具体演变过程如图1-4所示。

---

① 威廉姆·J.罗斯威尔，朱迪斯·A.考伯. 影响美国人力资源开发领域的主要劳动力和工作场所变化趋势.南开管理评论，1995（5）：14-19.

② 谢晋宇. 人力资源开发概论. 北京：清华大学出版社，2006：38-39.

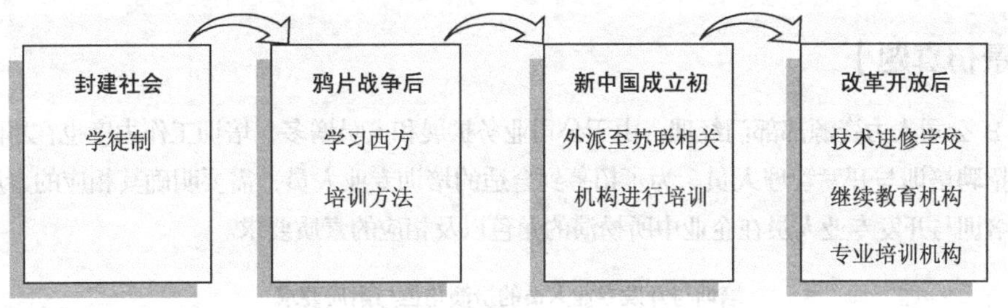

图 1-4　中国员工培训的演变

【启发与思考】

扫一扫→谷歌的持续培训教育已成为谷歌企业文化的一部分

【思考练习题】

1. 培训的定义是什么？如何全面理解培训的内涵？
2. 当代企业管理中常见的问题是什么？培训能解决哪些问题？
3. 要开展好培训工作，需要坚持哪些培训与开发的原则？
4. 实施培训工作，需要做哪些方面的培训管理？
5. 目前对培训与开发一些常见的认识误区是什么？什么原因导致出现这样的误区？
6. 专业的培训与开发人员应该具备哪些素质？为什么？
7. 企业培训与开发为什么应坚持战略性导向？
8. 中国企业员工培训历史演变经历了哪些阶段？具体特征是什么？

【模拟训练题】

A 公司是新成立的高新技术企业，主要从事电子商务类业务。从成立之初公司就重视对人员的培训与开发。为了使公司的培训活动有效、顺利地进行，以达到让员工和公司共同发展的目的，培训过程就需要有标准化的实施流程。如果你是公司人资部的工作人员，请你列出培训的主要管理流程环节，并对每一流程列出其主要内容。

培训主要流程

序号	管理流程	主要内容	备注
1	培训需求管理		
2	培训计划管理		
3	培训师管理		
4	培训实施管理		
5	培训评估管理		

【情景仿真题】

你是 B 公司人力资源部部门经理，由于公司业务扩展和人员增多，培训工作力度也在不断加大，公司准备招聘培训与开发管理人员。为了招募到合适的培训专业人员，需要明确其相应的素质要求，请你列出培训与开发专业人员在企业中所扮演的角色以及相应的素质要求。

培训与开发专业人员的扮演角色与素质要求

序号	扮演角色	素质要求	备注
1	分析/评估角色		
2	开发角色		
3	战略角色		
4	指导教师/辅助者角色		
5	行政管理者角色		

第 2 章 培训中的学习原理

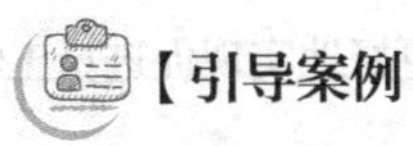

学习目标

1. 掌握学习的基本内涵。
2. 熟悉主要学习理论，并掌握成人学习原理。
3. 掌握培训中的学习准则和途径。

【引导案例】

中粮集团的行动学习

中粮曾经是一家外贸公司，属于完全垄断型企业。20 世纪 90 年代，中粮跟大多数国企一样，什么赚钱投资什么，整个公司的管理复杂而混乱。2005 年，宁高宁加盟中粮集团后，开始将中粮集团向全产业链粮油食品企业转型。这是一个浩大的工程，不仅涉及业务调整，还有整个商业模式、组织架构及管控模式的调整，甚至人的思维方式、企业文化都将面临巨大的转变，要让这样的一艘巨型航母转身，难度巨大。

宁高宁是个有商业思想的人，他最大的优势在于思想引领，落实到方法就是把培训作为推动整个企业转型的最好切入点，以此形成中粮学习的大背景。宁高宁所强调的培训并不是传统意义上的培训，他将培训当成一种工作方法，意在培训团队的决策方法和团队建设的方法。培训工作在统一的逻辑结构和思维框架下，通过激发团队成员的智慧及转变心智模式来达成共识，意在解决团队发展的重大问题，提升团队能力，实现团队融合，塑造团队文化。实际上就是通过团队学习来推动企业的转型。2005 年以来，在宁高宁董事长的引领和亲自带动下，中粮各级团队有序推进了行动学习法（所谓行动学习法培训，其本质为“干中学”，就是透过行动实践学习。即在一个专门以学习为目标的背景环境中，以组织面临的重要问题作载体，学习者通过对实际工作中的问题、任务、项目等进行处理，从而达到开发人力资源和发展组织的目的），取得了很好成效，具体要点包括以下几个方面。

一是强调经理人的培训师作用。中粮没有采用传统意义上请专家来讲课，请领导做报告的培训方式，而是认为经理人就是所在团队的培训师，其作用是把大家的智慧激发、挖掘、归纳和凝炼出来，使行动学习不再是外在工作，而成为经理人的日常工作和职责。中粮规定，所有一把手都是所在单位的培训师，宁高宁也不例外。在团队学习的基础上，中粮建立了一个领导力开发中心——中粮书院。这是一个有中粮文化特色的书院，建立书院的目的是试图在行动学习的基础上，让培训更有体系，更有理论指导。

二是利用组织系统开展行动学习。中粮没有专门建立行动学习小组，而是充分利用现有的组织架构、人员、管控关系和会议制度，运用行动学习的基本理念和方法技能，逐级推动工作开展，由上至下，中粮各级团队一层层、一环环紧密连接，保证从组织系统的角度推动工作开展，促进组织变革。这一工作流程的实质还是从问题出发，集体研讨，制订解决方案，落实方案。中粮还引入一些重要的行动学习的工具，比如头脑风暴、活动挂图法、团队列名法、鱼骨图、结构树、帕累托分析、系统思考等。

三是与企业运营的方法工具紧密结合。行动学习实践中，最容易发生的就是为行动学习而行动学习，只讲行动学习的方法，忽视与企业经营方法的结合。中粮建立了一套特有的团队工作方法：五步组合论、企业管理逻辑系统、结构化会议模式、集体研讨、解决问题六步法、战略制定十步法、流程建设方法、供应链及成本分析方法等，使行动学习在中粮焕发了更强的生命活力。

（资料来源：根据 http://news.hexun.com/2013-03-27/152557029.html 提供的素材整理而成。）

案例分析：

1. 通过这个案例，你认为什么是行动学习？它的特点是什么？
2. 中粮推行行动学习取得成功的关键是什么？
3. 企业管理者在员工学习中扮演着什么角色？

员工培训与开发实质上是受训者的学习过程，通过系统的组织安排来帮助员工发现和获得所需要的知识和能力，使他们更好地完成本职工作。因此，要想更好地实施培训，更好地实现促进员工学习的目的，就要了解人们学习过程的基本特征以及学习规律。

2.1 学习的基本内涵

学习顾名思义为学而习之，以不断提升自身的能力。本小节将给出学习的定义、过程、成果以及影响学习效果的主要心理因素等。

2.1.1 学习的定义

对学习的定义，很多学者从不同的角度给予了定义，一般可以从能力角度和行为角度来划分。从能力角度界定学习，以美国人力资源管理学家加格纳、梅德克和诺伊等为代表，他们认为学习是指相对长久且不属于自然成长过程结果的人的能力的变化。从行为角度界定学习，以西方行为主义学派为代表，他们认为学习是一种获得知识的过程，得到的经历体验导致持续的行为改变。上述关于学习的两种概念虽然界定的侧重点不同，但本质内涵是一致的。一方面为人们外部的学习经历体验，包括智力技能、运动技能、态度和认知策略，是人们对知识的获得过程。另一方面为人类内部的学习经历体验，是人们已经掌握的知识，属于言语信息的学习成果①。

关于学习的定义，我们更认同学者金布尔（G.Kimble）从行为主义立场给出的定义。金布尔认为，学习是由强化练习引起的潜在反应能力的较为持久的改变②。具体包括以下内容。

（1）学习的结果是学习者发生较为持久的改变。通过学习，学习者在知识、技能、行为等方面发生改变，并且这种改变是持久的。那种因为疲劳等引起的临时性变化不属于学习的范畴。

（2）学习是从外到内的变化。学习不仅仅是行为上的改变，也包括内在心理的变化，如学习的思维模式等。

（3）学习需要强化练习。没有强化，就不可能使学习者发生较为持久的改变，而反复练习就是一种强化。桑代克、华生等行为主义者都强调练习对于学习的重要性。

（4）学习是一种活动。学习不是一蹴而就的，它使学习者从不理解一个概念到明白再到实际应用

① 石金涛．培训与开发．北京：中国人民大学出版社，2009：26-27.

② 颜世富．培训与开发．北京：北京师范大学出版社，2007：36-37.

是一个活动过程，在这个过程中使学习者发生改变。

2.1.2 学习的过程

学习过程一般包括动机、知觉、加工存储、保持、恢复、概括、推广、回馈八个阶段。

1. 动机阶段

预期动机是指学习者要控制、支配和掌握他的环境来达到既定目标的自然倾向，比如学习目的、判断学习能够给自己带来的益处等。学习动机阶段的主要任务就是识别学习者的各种动机，并将他们引导到学习目的活动中去。

2. 知觉阶段

知觉是指学习者对从环境当中获取的信息进行组织整理，使其经过加工处理能作为行为指南。在这一阶段要引导注意和指导知觉选择，要将提供给学习者的刺激加以安排。

3. 加工存储阶段

加工存储是指学习过程中，会出现信息的编排和重复，从而使得资料可以被编入记忆中。加工存储受一次能够加工的资料量所限制，当信息被关注、编排和编码后，他们就可以存入长期记忆中了，也就是长期存储。编码是指信息来源的实际编码过程，在此阶段的教学要提供编码的学习指导。

4. 保持阶段

保持阶段强调对经过编码存储的知识加以巩固，增强保持。比如，练习就是一种巩固知识最常用的方法。

5. 恢复阶段

为了应用所学内容，就需要恢复对这些内容的记忆。恢复就是找到存于长期记忆中的学习内容，然后用它来影响绩效。这一过程依赖提示线索，因此，在教学中要设计可供学习者用来恢复的线索。

6. 概括阶段

概括阶段是将所学会的知识和能力迁移到新任务和新情境中去，迁移可以采取横向迁移和纵向迁移两种形式。

7. 推广阶段

推广是学习过程中很重要的一项内容，不仅是应能准确重复学过的内容，而且要能在类似而又不完全相同的环境中应用所学内容。

8. 回馈阶段

整个学习过程的最后阶段就是回馈，是指通过学习者运用所学内容获得的反馈，这种反馈能够使学习者采取更加切实可行的行动，并能提供对工作业绩进行激励或强化的信息。

2.1.3 学习的成果

学习是人们在日常生活和工作中相对持久且不属于自然成长过程结果的人的能力的变化，这些能力与特定的学习成果有关。学习成果可以划分为五类：智力技能学习、言语信息学习、认知策略学习、动作技能学习和态度学习[①]。

1. 智力技能学习

学习者通过学习获得应用可被推广的概念和规则来解决问题并发明新产品的能力，一般包括辨别学习、概念学习、规则学习、高级规则（解决问题）学习四个由低到高不同层次的学习。

---

① Gagne R, Medker K. The condition of Learning. New York: Harcourt-Brace, 1996：34-36.

2．言语信息学习

学习者陈述、复述或描述以前存储在大脑中的信息，一般包括字词知识的学习、简单的陈述性知识的学习和复杂的陈述性知识的学习等。

3．认知策略学习

学习者学会调节自己注意力、学习、记忆与思维过程等认知活动的特殊认知技能，一般包括注意策略、编码策略、记忆策略、检索策略和思维策略等方面的学习。

4．动作技能学习

学习者学会精确并按时执行一种体力活动。例如，打字员练习打字、工作人员组装机器等都属于动作技能。

5．态度学习

学习者学会某种相对稳定的影响个人选择行动的内部状态。

2.1.4 影响学习效果的主要心理因素

影响学习的效果因素很多，主要有心理因素和非心理因素。其中非心理因素主要是指学习者的学习环境，如学习氛围、学习条件等。理论界的研究更多侧重于心理因素，因为心理因素对学习效果的影响起着决定作用。本部分主要介绍心理因素对学习的影响，心理因素可以分为智力因素和非智力因素。其中，智力、动机、兴趣、态度等因素对学习效果的影响较大。

1．智力因素

智力对学习有着较大的影响，可以影响学习者的学习深度、学习速度和学习方式。简而言之，智力水平高的人可以学习得更深一些，学习的速度更快些。在学习方式上，他们往往采取发现学习的方式（发现学习是指学习的主要内容未直接呈现给学习者，只呈现了有关线索或例证。学习者必须经历一个发现的过程，自己得出结论或找到问题的答案[①]）。而智力水平较低的人会采取机械的接受学习方式。总之，智力是搞好学习的基础，它帮助学习者获得知识与形成技能；学习是发展智力的条件，它可以促进人们智力的开发。

2．动机因素

学习动机，就是唤起个体进行学习活动，引导个体行为指向一定的学习目标，并对学习活动加以维持、调节和强化的一种内在历程或内部心理状态。影响学习动机的因素很多，其中自我效能感和成就动机是两个主要因素。自我效能感指的是人们对自己实现特定行为目标所需能力的信心或信念。它能够影响员工的学习行为选择，决定着员工将付出多大的学习努力以及在遇到障碍或挫折时学习行为所坚持的时间，也影响员工的思维模式和情感反应模式。成就动机指的是个人在学习、工作等活动中力求成功的心理倾向，在学习领域则是力求获得学业有成的心理倾向[②]。此外，学习动机存在迁移的规律，即把其他活动动机转移到学习上来，或者把这一课程的学习动机转移到另一课程的学习上。因此，我们在培训中，要善于找出现有学习动机与其他学习动机共同的地方，加以引导实现新的学习。

3．兴趣因素

兴趣是人们积极认识、关心某种事物或积极参与某种活动的心理倾向，从人们一生兴趣的发展来看，往往会集中稳定在一两件事物和活动上，但也并未完全抛开对其他事物的兴趣。因此，对学习者的兴趣应顺其自然地加以引导，切不可随意扼杀。兴趣同动机一样也可以发生迁移，即对这门课程的

① 钟毅平，叶茂林. 认知心理学高级教程. 合肥：安徽人民出版社，2010：152-153.

② 赵曙明，刘洪，李乾文. CEO人力资源管理与开发. 北京：北京大学出版社，2013：82-84.

学习兴趣可以转化为对其他课程的学习兴趣，有时对另一类事物或活动的兴趣也可以转化为积极的学习兴趣。例如，对一个只愿意打游戏的学习者，不能简单地限制或不允许他打游戏，而完全可以引导他把打游戏的兴趣转化为学习兴趣，比如游戏编程、设计等。

4．态度因素

学习态度的好坏，不仅直接影响学习成效，而且直接关系学习者个性与人格的形成与发展。学习态度就是指学习者对待学习比较稳定的具有选择性的反应倾向，是在学习活动中习得的一种内部状态。一个具有积极主动学习态度的人，他对学习意义的认识是明确的，他懂得学习的重要性，在学习中能够通过学习体验到取得进步的喜悦，在学习上遇到困难时他能够主动克服，坚持完成既定学习任务或目标。一个具有消极被动学习态度的人，他认识不到学习的重要意义，在遇到困难时往往会采取逃避或者抱怨的态度，而不是去主动寻求解决办法，学习无法给他带来积极的情感体验。因此，形成积极主动的学习态度对学习者成长与发展是非常重要的。

除此之外，其他一些心理因素，如情感、意志等也会影响学习的效果。学习是有一定困难的，学习者必须有意识地通过克服困难来锻炼自己的意志，这样才可使学习者保持学习进取的信心与学习成功的喜悦。

2.2 学习的相关理论

关于学习，一直受到众多心理学家、行为学家等学者的关注，并提出了许多学习理论。

2.2.1 主要学习理论

在生活和工作中，人们应该如何学习？这一问题长期以来一直有许多理论学者进行关注和研究，许多理论帮助人们不断认识和获得了学习方法和途径。学习理论的源头可以追溯到古代哲学思想。早在心理学分化出来成为一门独立的学科之前，就有不少哲学家、思想家论及学习的问题。自19世纪心理学从哲学和生理学中分化出来成为一门独立的学科开始，一批心理学家对学习的性质、学习的过程、学习的动机、学习的迁移等问题进行了大量的研究，形成了系统的学习理论。在此，我们主要介绍四种学习理论，即行为主义学习理论、认知主义学习理论、建构主义学习理论和人本主义学习理论。

1．行为主义学习理论

（1）巴甫洛夫的经典条件反射理论。俄国著名的生理学家巴普洛夫通过用狗作为实验对象，提出了著名的条件反射理论。其理论主要内容包括如下。

① 保持与消退。巴甫洛夫发现，在动物建立条件反射后继续让铃声与无条件刺激（食物）同时呈现，狗的条件反射行为（唾液分泌）会持续地保持下去。但当多次伴随条件刺激物（铃声）的出现而没有相应的食物时，则狗的唾液分泌量会随着实验次数的增加而自行减少，这便是反应的消退。在培训中，有时教师及时的表扬会促进学生暂时形成某一良好的行为，当教师不再表扬时，这一行为很有可能会随着时间的推移而逐渐消退。

② 泛化与分化。在一定的条件反射形成之后，有机体对与条件反射物相似的其他刺激也做出一定反应的现象叫做泛化。而分化则是有机体对条件刺激物的反应进一步精确化，那就是对目标刺激物进一步保持这种刺激反应，而对非条件刺激物进行消退。在培训中，教师帮助学生对操作动作进行辨识和指导，从而使其动作规范、标准。

（2）桑代克的联结学说。桑代克认为所谓的学习就是动物（包括人）通过不断地尝试形成刺激—反应联结（即S-R联结），从而不断减少错误的过程。他把自己的观点称为试误说。

桑代克研究得出了 3 条主要的学习定律。①准备率。在进入学习活动之前，如果学习者做好了相应的预备性反应，学习者就能够比较自如地掌握学习的内容。②练习律。对于学习者已经形成的某种联结，在实践中正确地重复这种反应会有效地增强这种联结。此外，桑代克也强调了练习中反馈的重要性，告诉学习者练习正确或错误的信息有助于学习者在学习中不断纠正自己的学习内容。③效果律。学习者在学习过程中所得到的各种正或负的反馈意见会加强或减弱学习者在大脑中已经形成的某种联结。效果律是最重要的学习定律。教师应尽量使学生获得感到满意的学习结果，这对学生的学习效果是非常关键的[①]。

（3）斯金纳的强化学说。桑代克侧重于研究学习的 S-R 联结，而学者斯金纳则在桑代克研究的基础上进一步探讨小白鼠乐此不疲地按动操纵杆的原因：小白鼠每次按动操纵杆都会吃到食丸。斯金纳把这种会进一步激发有机体采取某种行动的程序或过程称为强化，凡是能增强有机体反应行为的事件或刺激都叫做强化物，而导致行为发生的概率下降的刺激物叫做惩罚。

行为学家在斯金纳操作条件反射理论的基础上研究行为矫正的具体方法和措施，提出正强化、负强化和惩罚等手段。正强化是指预期行为发生后予以奖励和表彰的反应。负强化是指预期行为发生后消除令人不愉快或烦恼的因素或环境的反应。惩罚是指一种行为发生后给予行为个体不喜欢的东西或者取消行为个体喜欢的东西的反应。

行为主义对可观察的行为进行研究，强调刺激—反应，认为学习是经历体验的结果。我们用过去行为结果及其知识改变、提高和调整我们未来的行为。人们通过发现上一次学习效果的好坏，以及为什么会出现这样的结果，来改进自己的学习计划，以取得未来更好的学习效果。

（4）班杜拉的社会学习理论。美国心理学家班杜拉在反思行为主义所强调的刺激—反应的简单学习模式的基础上，接受了认知学习理论的有关成果，提出学习理论必须研究学习者头脑中发生的反应过程的观点，并形成了综合行为主义和认知心理学有关理论的认知-行为主义的模式，提出了"人在社会中学习"的基本观点。此外，班杜拉提出的观察学习理论，与条件反射学习、认知学习一同被称为三大学习类型。观察学习也称为替代学习，即经由对他人的行为及其强化性结果的观察，一个人获得某些新的反应，或现存的行为反应特点得到矫正[②]。在观察学习中，学习的对象被称为榜样或者示范者，观察学习的主体称为观察者。观察学习的类型包括直接的观察学习、抽象性观察学习和创造性观察学习三种类型。

根据以上行为主义学习理论的观点，并结合企业现行的培训管理工作，我们能够意识到行为是学习者对环境刺激所做出的反应。学习者将环境看成是刺激物，把伴随而来的有机体行为看作是反应，认为所有行为都是习得的。把行为主义学习理论应用在培训实践上，就是要求企业掌握塑造和矫正员工行为的方法，为员工创造一种环境，尽可能在最大程度上强化员工的合适行为，同时消除不合适行为。

2．认知主义学习理论

（1）布鲁纳的认知结构学习理论。布鲁纳主要研究有机体在知觉与思维方面的认知学习，他把认知结构称为有机体感知和概括外部世界的一般方式。布鲁纳认为，学校教育与实验室研究猫、狗、小白鼠受刺激后做出的行为反应是截然不同的两回事，他强调学校教学的主要任务就是要主动地把学习

---

① 高芹．关于学习的探索——评有关学习的几种理论．教育理论与实践，2002(22)：43-44.

② 高申春．论班杜拉社会学习理论的人本主义倾向．心理科学，2000 (1)：16-20.

者旧的认知结构置换成新的认知结构，促成个体能够用新的认知方式来感知周围世界。他提倡有效学习方法、重视学科基本结构的掌握、强调基础学科的早期教学、主张学生去发现学习。此外，布鲁纳认为："学习一门学科看来包含着三个几乎同时发生的过程。"这就是新知识的习得、知识的转化和知识的评价。

（2）奥苏伯尔的认知同化理论。奥苏伯尔是美国认知主义心理学家，他在批判行为主义简单地将动物心理等同于人类心理的基础上，创造性地吸收了皮亚杰、布鲁纳等同时代心理学家的认知同化理论思想，提出了著名的有意义学习、先行组织者等，并将学习论与教学论两者有机地统一起来。奥苏伯尔在提出有意义学习标准的基础上进一步指出了有意义学习的两大条件。一个是内部条件，学习者表现出意义学习的态度倾向，即学习者表现出积极地寻求把新学习的知识与本人认知结构中原有知识联系起来的行为倾向性。另一个是外部条件，所要学习的材料本身要符合逻辑规律，能与学习者本人的认知结构、认知特点相吻合，在学习者的认知视野之内。

（3）加涅的信息加工理论。1974 年，加涅利用计算机模拟的思想，坚持利用当代认知心理学的信息加工观点来解释学习过程。他认为，任何一个教学传播系统都是由"信源"发布"消息"，编码处理后通过"信道"进行传递，再经过译码处理，还原为"消息"，被"信宿"接收。该模型呈现了人类学习的内部结构及每一结构所完成的加工过程，是对影响学习效果的教学资源重新合理配置、调整的一种序列化结构。加涅认为在信息加工学习模式中有三点是值得关注的。一是学习是学习者摄取信息的一种程式。二是学习者自发的控制和积极预期是制约课堂教学有效性的决定因素。三是反馈是检验教学效果的手段。

认知学习理论的主要观点有：人的认知不是由外界刺激直接给予的，而是外界刺激和认知主体内部心理过程相互作用的结果。学习过程不是逐步的尝试与错误的过程，不是依靠试误实现的，而是一个突然领悟和理解的过程。结合当前企业员工培训管理工作，我们应该意识到员工受训学习是员工凭借智力与理解的认知过程，绝对不是盲目的尝试，强化并不是学习产生的必要因素。根据这种观点，员工学习过程可被解释为每个员工根据自己的态度、需要和兴趣并利用过去的知识与经验对当前工作的外界刺激（如培训内容）做出主动的、有选择的信息加工过程。因此，企业培训师的任务并不单纯是向学员灌输知识，而是要首先激发学员的学习兴趣和学习动机，然后将当前的培训内容与学员原有的认知结构有机地联系起来，使得学员不再是外界刺激的被动接受器，而是主动地对外界刺激提供的信息进行选择性加工的主体。

3．建构主义学习理论

（1）皮亚杰的发生认识论。皮亚杰认为，知识既不是客观的东西，也不是主观的东西，而是个体与环境交互作用的过程中逐渐建构的结果。在其理论体系中的一个核心概念是图式。图式是指个体对世界的知觉、理解和思考的方式。图式的形成和变化是认知发展的实质。对于学习，一般从以下几个方面理解：一是学习从属于发展。儿童学到什么，取决于他的发展水平。因此，认知发展作为一种功能系统，制约了儿童学习的范围。二是知觉受制于心理活动。知觉者常常凭借推进的心理活动来感知自己看到的东西。三是学习是一种能动建构的过程。学习并不是个体获得越来越多的外部信息的过程，而是学到越来越多有关他们认识事物的程序，即建构了新的认识图式。四是错误是有意义的学习所必需的。皮亚杰认为，让学生犯些错误是应该的，因为学习本身就是一种通过反复思考招致错误的缘由、逐渐消除错误的过程。错误会引起学生理顺自己的知识结构，把所观察到的结果同化到修正过了的知识结构中去[①]。

---

① 屈林岩．学习理论的发展与学习创新．高等教育研究，2008（1）：70-78.

（2）威特罗克的生成学习理论。威特罗克认为学习过程不是先从感觉经验本身开始的，它是从对该感觉经验的选择性注意开始的。任何学科的学习和理解总是涉及学习者原有的认知结构，学习者总是以其自身的经验，包括正规学习前的非正规学习和科学概念学习前的日常概念，来理解和建构新的知识或信息。建构是对新信息的意义的建构，同时又包含对原有经验的改造和重组。因此，生成学习理论更关注如何以原有的经验、心理结构和信念为基础建构知识，更强调学习的主动性、社会性和情境性。此外，威特罗克提出生成学习模式，包括三个方面，其一，这一模式的中心因素是长时间记忆贮存系统。其二，动机这种促进建构意义，并使之与感觉经验和长时间记忆的结构作对照的动力，在发展学习者的生成意义方面很重要。其三，意义的建构线路即学习的过程不是从感觉经验本身开始的，而是从对该感觉经验的选择性注意开始[①]。

（3）维果茨基的社会建构主义。苏联著名心理学家维果茨基有关人的心理发展的研究对于理解建构主义学习理论也是十分重要的。他尖锐地批判了心理学研究中无视动物行为和人的心理活动存在本质差异的纯生物学观点和自然主义倾向，突出强调了个体心理发展的社会文化历史背景，提出了理解人的意识形成和心理发展的文化历史原则，要求从历史的观点而不是抽象的观点，在社会环境之中，在与社会环境作用的相互联系中去研究意识与心理发展。此外，他认为，学习是人所特有的高级心理结构与机能，这种机能不是从内部自发产生的，而只能产生于人们的协同活动和人与人之间的交往中。这种高级心理机能最初形成于人的外部活动中，并在活动中逐渐内化，成为人的内部的各种复杂心理过程和结构。因此，人的心理发展既是个体的又是社会的，个体的知识建构过程和社会共享的理解过程是不可分离的[②]。

（4）凯利的个人建构学说。他指出："第一，个人建构是不断发展、变化和完善的，可推陈出新，不断提高。第二，个人建构因人而异，在凯利看来，现实是个人所理解和知觉到的现实，面对同一现实，不同的人会有不同的反应。第三，在研究人格的整体结构的同时，不能将其组成部分弃于一端，而应努力做到整体与部分、形式与内容的有机统一。第四，当人们总用已有的建构去预期未来事件时，不可避免地要遇到一些困难和麻烦，新的信息和元素需要加入到原有的建构之中。第五，一个人要获得一种同现实十分一致的建构体系绝非轻而易举，要经过大量的探索和试误过程。"

总之，建构主义学习理论强调以学员为中心，要求学员由被动的接受者变成信息加工的主体，知识意义的主动建构者。基于这样的思想，企业培训应围绕"自主学习策略、协作学习策略、学习环境"来设计，以促进学员主动建构知识意义。建构主义学习理论强调学习过程中学员的主动性、建构性、探究性、创造性，认为知识并不是通过培训师传授给学员的，而是学员在一定的情境（如社会文化）背景下，通过学习以及相关的资料和建构方式来获取的。根据建构主义学习理论，培训师应由知识的传授者、灌输者转变为学员主动建构意义的帮助者、促进者，且在培训过程中采用全新的授课思路和授课模式。

4．人本主义学习理论

人本主义学习理论立足于人本主义人性观，旨在强调充分发挥人的学习潜能和价值，探索怎样使一个人成为具有完美人格的人。人本主义学者认为，学习的实质就是形成与获得经验，学习的过程实际上就是经验的过程。

美国心理学家罗杰斯所倡导的学习的核心是让学生自由地学习，这样就会在学习过程中形成自己的风格和方法。这种学习理论突出了以人为本的理念，重视学习者学习过程中的主动性和自由性，强

---

① 颜世富．培训与开发．北京：北京师范大学出版社，2007：56-57.

② 屈林岩．学习理论的发展与学习创新．高等教育研究，2008（1）：70-78.

调学习内容的实践意义。罗杰斯提倡的学习为意义学习①。所谓意义学习，不是指那种仅仅涉及事实积累的学习，而是指一种使个体的行为、态度、个性以及在未来选择行动方针时发生重大变化的学习。罗杰斯认为意义学习有四个要素：学习具有个人参与的性质，即整个人都投入到学习之中；学习是自我发起的，即有外界的学习刺激，但学习活动的产生还是发生在学习者内部；学习是渗透性的，即学习者通过学习可以改变自己的行为、态度，甚至个性；学习是学习者自我评价的，因为只有学习者自己才真正地清楚这种学习是否真正地满足了自己的需要，自己的知识是否有了增长。另外，他详细地总结了十个学习原则，包括人生来就有学习的潜力；学习者觉察到材料有意义而且学习内容与自己的目的相关时，意义学习就发生了；设计改变自我组织的学习具有危险性，往往受到抵制；对自我的威胁很小时，学习者就会用辨别的方式来知觉经验；大多数意义学习都是从中学开始。涉及学习者整个人的自发学习才是最持久、最深刻的；在现代社会中，最有用的学习是了解学习过程、对经验持开放态度，并将自己结合进变化过程的学习。

2.2.2 成人学习理论

由于企业员工都是成人，具有成人学习的一般特征，所以研究和掌握成人学习的心理特点，学习关于成人学习理论，并合理地加以利用，对提高员工培训的效果是大有裨益的。

1．成人学习者的特点

成人学习是一种目的性极强的学习过程。针对员工培训，企业须考虑员工具有成人学习的这一特性，因为这决定着员工培训是否能够有效开展。成人学习的特点主要包括以下三个方面。

（1）成人学习的社会性较强，以自己的生活和工作为中心开展学习活动。成人作为社会的一员，对许多事物都有亲身的体验或间接的经历，这些社会经验是成人学习者的学习背景，直接影响着成人学习活动的有效开展。①成人学习的延续性。成人的学习，是在已有知识经验的基础上的再学习、再教育，具有延展性、继续性。②成人学习的职业性。成人学员的学习同个人的职业相联系，怀着个人的需求、问题、感觉与希望。③成人学习的从属性。成人学员是社会中的劳动成员，他们对科学文化技术的需要，实质上是社会的需要。

（2）成人学习的能力较为突出，与青少年、儿童有较大差异。虽然有研究表明学习能力会随年龄的增长而下降，但绝不至于影响到成人对知识的接受和学习。成人的学习目标明确。而明确的学习目标，有助于员工形成恒定的学习动力。具体表现为：①成人的自制力较强。自制力强，有助于员工排除各种干扰，稳定学习情绪，形成对学习的专一性和持久性。②成人的理解能力较强。理解能力强，有助于员工对知识的理解和掌握。③成人学习的应用性强。应用性强，有助于员工理论联系实际，促进创造能力的迅速提高。④成人的学习能力较强。经过学习实践，尤其是后天的种种教育和训练使成人的实际学习能力要比青少年强得多，他们在生活和工作中可以积累较为成功的学习经验。

（3）成人学习的心理特征明显，具有较强的自主性和独立性。成人学习者和青少年儿童在学习上的心理特征差异是非常显著的，前者有自己的认知需求，学习的主动性明显；后者的学习往往是被动的，依赖于教师的教学活动和教学计划。成人学习的心理特征表现为：①具有清楚的自我概念，具备自己选择学习内容的能力。②表达的需求强，成人有发表自己见解的心理需求。③自尊心强，有独立的基于自身社会经验得到的观点。④学习的自信心不足，认为自己过了学习的年龄，对超出自身范围的知识信心不足。

① 陈国海．员工培训与开发．北京：清华大学出版社，2012：154-155.

2．成人学习理论

成人自身特点对其学习是有显著影响的，相关的一些理论主要包括麦克卢斯的余力理论、诺克斯的熟练理论和麦基罗的知觉转换理论等，其观点及内容见表 2-1。

表 2-1　影响成人学习的一些理论观点及理论内容

理论观点	理　论　内　容
麦克卢斯与余力理论	麦克卢斯所提出的生活余力是指生活能力与生活负担之差，即生活的能力剩余。生活余力可因能力增加或负担减少而增加，也可因负担增加或能力减少而减少，成年个体的需要在能量需要与实现需要的可能性之间寻求生长变化的平衡
诺克斯与熟练理论	诺克斯认为，成人的社会角色以及周围环境因素的作用，要求成人必须努力缩小现有熟练水平与期望熟练水平之间的差距。当个体由低一级熟练发展到高一级熟练之后，其自身的角色及社会环境又会产生更高水平的熟练要求，个体必须继续做出新的努力去实现新的熟练[①]
麦基罗与知觉转换理论	麦基罗发现当知觉转换发生时，成人的生活将出现危机，这种危机主要是一种意识的产生，是由于成人已经认识到自身与环境之间存在着严重的不和谐因素，在这种危机意识作用下，成人总是努力寻找摆脱危机的途径。而最主要最有效的途径就是参加学习

综上所述，在影响成人学习的理论解读视角下，员工培训应主张回归员工成人的身份，注重员工的自我概念和个体经验以及员工基于现实需求的内部动机，使其立足于工作实践场域中，扎根于日常性的、真实的问题情境，通过学习共同体等社会性的形式和途径，不断提升员工学习效率，这对培训项目的开发十分重要。另外，成人学习理论对培训启示中一个最基本的要求就是互动性，也就是受训者和培训师都要参与到培训的学习过程中（见表 2-2）。成人具有显著的学习特征，他们善于理论的灵活运用，强调知识的可操作性和实践性，追求学习内容能够指导自己的工作。同时，成人具有自己的人生阅历和经验，并形成了相对固定的思维模式和见解，这就使得对成人的培训相对较为复杂，需要采用多种形式的互动教学方法来提高成人的学习效果。

表 2-2　成人学习理论对培训的启示

项　目	启　示
自我观念	相互启发和合作指导
经验	将受训者的经验作为范例和应用材料
准备	根据受训者的兴趣和能力进行开发指导
时间	立即应用培训内容
学习定位	以问题为中心而不是以培训主题为中心

3．成人学习原理

美国管理学家汤姆 · W.戈特博士在其所著的《第一次做培训者》一书中，总结了关于成人学习的 16 条原理。这些原理被很多企业所采用，并取得了有效的培训结果。具体原理包括如下。

（1）成人是通过干中学的。实践经验告诉我们，通过边动手边学习的效果是非常好的，亲自动手达成的学习效果能给学生留下深刻的认识。

（2）运用实际案例。成人习惯于利用自己熟悉的案例来促进自己的学习。因此在培训中应该采用大量与学员工作有关的真实案例，吸引学生的注意力，激发学习兴趣。

（3）成人是通过与原有知识的联系、比较来学习的。成人丰富的经验对其学习过程会有较大影

① 王海东. 美国当代成人学习理论述评. 中国成人教育，2007（1）：126-128.

响，他们习惯于将新东西与他们已经知道的东西加以比较，并倾向于注意他们了解最多的东西。

（4）在非正式的环境氛围中培训效果更好。成人的学习有别于青少年，他们更喜欢在一种自由、轻松、有趣的环境中学习，因此提醒培训组织者要设法使学员在心情轻松的环境下接受训练，避免过于严肃呆板。

（5）增添多样性。在培训中通过灵活多样的培训方式等帮助学员增加学习兴趣，以便取得良好的培训效果。

（6）消除恐惧心理。成人学习的自信心不足，且有时会担心学习成绩与个人前途直接联系，因此要给予学员学习信息反馈，鼓励他们学到更多的知识。

（7）做一个推动学习的促进者。成人学习要避免单向讲授，他们更喜欢在学习中发表自己的观点、看法等，通过讨论、互动等方式更能引导学员高效学习的激情。

（8）明确学习目标。成人学习的目的性较强，必须在一开始就能够清楚地知道学习本课程的目的是什么，用于解决什么问题。

（9）反复实践。实践是帮助学员完成学习目标的有效手段，通过实践，可以将理论转化为学员实际工作中能运用自如的工具。

（10）引导启发式的学习。通过启发式学习，使成人自己找出结果，并完成所期望的任务，一方面提高了学员学习热情和主动性。另一方面也提高了学员实践能力，加深记忆。

（11）给予信息反馈。及时不断的学习信息反馈，能够使学员准确知道自己的进步和不足，为下一步学习目标的确立提供依据。

（12）循序渐进，交叉训练。学习过程的每一部分都建立在另一部分的基础上，因此学习要有阶段性，并加强各个阶段学习内容的衔接和匹配。

（13）培训活动应紧扣学习目标。培训内容要紧紧围绕学习目标展开，在整个培训过程中，学习目标要被学员了解和认同，并在学习过程中予以反复强调。

（14）良好的初始印象能吸引学员的注意力。培训准备工作要充分，要引起学员对培训的充分重视，从而影响学习效果。

（15）要有激情。培训师的表现对学习氛围具有决定性的影响，充满激情的培训师总能引起学员的共鸣，并投入到学习角色中。

（16）重复学习，加深记忆。通过不同的方式重复学习有关内容，使重复学习变得更加有趣与富有吸引力，以此来反复加深记忆。

2.3 现代学习理论在培训中的应用

为了优化培训效果，使企业的培训投入获得最大的产出，需要在培训实施过程中根据学员的成人特点有效运用学习基本理论，以使企业员工培训与开发能够达到事半功倍的效果。

2.3.1 培训中的学习准则

通过对成人学习理论的归纳和总结，在企业培训实践中，我们应该遵循以下学习准则。

1. 目标订立

培训目标设定得太难和太容易都会失去培训的价值。因此，培训目标设置要合理、适度，同时与每个学员的具体工作相联系，使接受培训的学员感到目标是来自工作中，又高于工作实际，能够促进自己不断发展。

2．重点原则和注意原则

学员第一个学习的要点将是掌握最好的，因此教师应该把重点环节和内容安排在学员的第一印象和第一则信息中。另外，要不断强调培训中所学东西一定会有利于员工今后的工作和职业发展，同时不断强化培训内容有助于员工端正态度，积极参与。

3．互动学习

培训应该是双向的互动交流，而不是单向的传授，任何一种形式的沟通都应该是双向的，教师要注意学员的互动反应。因此，在培训设计过程中必须考虑学习情境和教师的引导，必须给员工以示范操作、参与讲授、进行体验式操练、角色扮演、游戏等多种方法对培训内容进行理解和记忆，加强教师与学员的互动，调动员工的积极性。

4．反馈原则

教师应不间断地对学员的反应给予及时反馈，使每个学员都可以准确地知道自己学习已经取得了哪些进展，还需要在哪些方面做出努力，反馈的信息越及时、准确，培训的效果就越好。

5．练习与强化

成人通过“做”来学习。因此，在培训期间，训练内容越真实，身体力行的内容越多，培训效果就越好。要将培训内容与员工的工作、生活实践结合起来，使学习过程和工作过程相互促进，形成一个良性循环。另外，培训结束后，企业要能够在工作实际安排中尽早让学员接触培训内容，做到学以致用，增强培训的实效性。

2.3.2　培训中的学习途径

要想确保员工在培训中获得相关的知识和技能，并能够将培训中学到的内容应用到实际的工作当中，在组织和实施培训时就要充分考虑让员工进行有效学习的途径和方法有哪些（见表 2-3）。总之，有效的培训会清楚地告诉学员的学习目标是什么，如何去学习以及帮助学员将培训所学内容与实际工作紧密结合起来。

表 2-3　培训能够帮助受训者学习的各种途径

培训活动	提供培训活动的途径
沟通学习目标	展示预期绩效 举例说明培训可以回答的问题
运用独特的并容易引起注意的信息	强调关键点 运用图片而不仅仅是文字
限定学习的内容	将长篇幅的培训资料划分为几大块 提供所学课程资料的视觉信息 提供重复以及练习材料的机会
在受训者学习时提供指导	用文字提醒受训者关于各种活动的先后顺序 用文字和图片将各个概念以及它们的背景联系起来
突出主题	在不同的环境和场景中展示培训资料 将新的思想与此前学习过的概念联系起来 在各种不同的环境和场景中进行练习
提供记忆线索	就记忆技巧提供帮助 运用熟悉的声音或节奏作为记忆的线索

续表

培训活动	提供培训活动的途径
将培训内容转化到工作场所	设计出与实际工作场所有共性的学习环境 要求学习者制定出将培训内容应用到实际工作中的行动计划 用文字将培训内容与工作场所之间建立联系
提供绩效反馈	告知受训者运用新技能的精确度和速度 告知受训者达成培训目标的程度

[资料来源：Adapted from R. M. Gagne, "Learning Processes and Instruction," Training Research Journall（1995/96），pp.17–28. 转引自：雷蒙德·A.诺伊，约翰·R.霍伦贝克，巴里·格哈特，等. 人力资源管理基础. 刘昕，译. 北京：中国人民大学出版社，2011：210.]

2.3.3 培训中的学习效果迁移

1. 培训迁移的含义

培训迁移是指受训者将培训所学知识和技能有效地、持续地运用于工作之中。其基本要义包括：（1）员工必须能够消化吸收在培训中学习的知识、技能等；（2）员工能够将所学到的知识、技能、态度等运用到实际工作中去；（3）学习成果运用到工作能够维持一段时间。培训学习效果迁移的内涵是企业进行提高绩效培训的根本目的。

在培训迁移的过程中，主要经历四个阶段：培训前动机（趋向于掌握培训课程的有意努力）、培训学习（掌握培训课程内容的过程）、培训绩效（对在培训中所学内容的测量）和迁移结果（受训者接受培训后在实际工作中的表现），这样完整的四个阶段，正好符合 PDCA 循环，在其任何环节出现问题都可能导致培训效果打折扣。另外，影响迁移的三种自变量：个体变量、动机变量和环境变量。其中个体变量中有控制源、自我功效两个因素；动机变量中有职业生涯/工作态度、组织承诺、培训决策/反应、培训后干预四个因素；环境变量中有组织的支持、持续学习文化和任务限制 3 个因素。

2. 培训迁移的分类

（1）按照培训迁移内容的变化程度，可以分为近迁移和远迁移。

① 近迁移。就是将学习运用于相似的情境，近迁移的理论依据是等同因素理论，是培训可以通过改进与实际情境相对应的刺激、反应和条件等因素的程度来提高培训效果，这就需要实战派的经验分享和课程中的演练。

② 远迁移。就是通过培训掌握原理以便能够解决新情境中的问题，培养举一反三的能力，远迁移的理论依据是原理理论是培训应该关注解决问题所必要的一般原理，以帮助学员在迁移环境中运用原理解决问题。

（2）按照培训迁移的方向，可以分为顺向迁移和逆向迁移。

① 顺向迁移。就是指先学习的知识、技能等对后学习的知识、技能等的影响。

② 逆向迁移。就是指后学习的知识、技能等对先学习的知识、技能等的影响。

（3）按照培训迁移的效果，可以分为正迁移、零迁移和负迁移[①]。

① 正迁移。就是指一种学习对另一种学习起到促进作用。

② 零迁移。就是指一种学习与另一种学习之间没有任何关系。

③ 负迁移。就是指一种学习对另一种学习起到负面作用。

---

① 袁声莉，刘莹.培训与开发. 北京：科学出版社，2012：50-51.

（4）按照培训迁移的内容，可以分为特殊性迁移和一般性迁移。

① 特殊性迁移。就是指学习某一内容后对相似材料有特殊适应性。动作技能的迁移一般属于特殊性迁移。

② 一般性迁移。就是指原理的迁移，学习了普遍的原理后可以作为认知其他类似原理的基础，这是更重要的迁移。

3．培训迁移模型

培训迁移，即培训中的学习效果迁移不仅涉及培训者和受训者，也涉及更加广泛的范围，那些与受训者有关的各个方面都应该纳入进来。当然，最主要的是受训员工的直接上级和同事，以及企业的高层领导。企业应该力图创造有利于培训迁移的环境，从而提高迁移效果。Timothy Baldwin 和 Kevin Ford 提出了一个培训迁移模型，具体见图 2-1。这个模型揭示了影响培训迁移效果的主要因素，如从输入端的受训者特征、培训设计和工作环境都会影响学习、保存、推广和维持。因此，我们应在培训中结合上述思想采取多种激励等方法以及在工作环境中加强对培训迁移的支持程度。

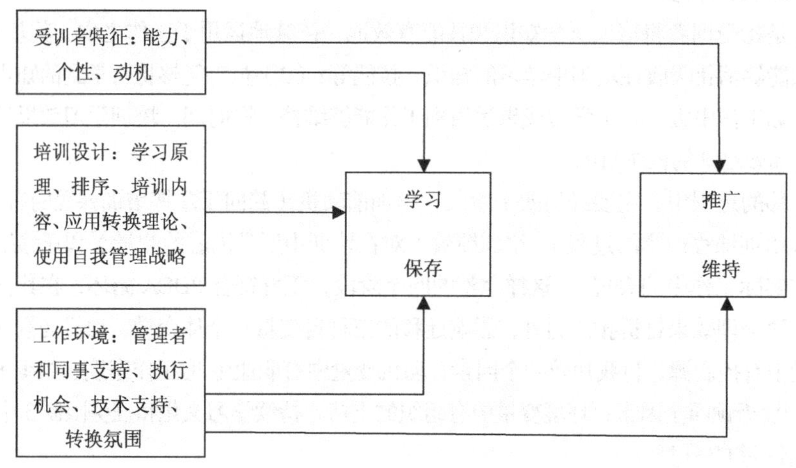

图 2-1　培训迁移模型

［资料来源：Adapted from T.T. Baldwin and J.K. Ford “Transfer of Training: A Review and Direction for Future Research”, Personnel Psychology 41（1998）:63-103. 转引自：谢晋宇．人力资源开发概论．北京：清华大学出版社，2006：102-103.］

4．提高培训迁移效果的几点建议

（1）学会自我控制。在培训中要强化员工主动学习、思考的意识，让他们学会自行控制已经学过的新知识、新技能以及如何运用特定行为方式，增加员工自我管理的空间。实践表明，学会自我控制的员工的迁移水平要比自我控制较差的员工的迁移水平高。

（2）激发受训者的学习动机。行为由动机激发，动机是个体为追求满足自身需求而产生的。当个体认为他的迁移行为有可能使自己的工作达到某个期望的绩效水平时，而且这个绩效将满足他的需求时，个体就会为了达到这个绩效而努力。不同的员工有不同的培训需求，希望培训能够满足自己的期望。因此，我们在培训时要善于发现和理解员工的培训需求，激发他们的学习动机，只有这样才能提高培训迁移的效果。假设一个售后服务人员很苦恼自己如何和客户进行有效的沟通，以提高自己的服务水平时，我们却让他来参加职业生涯规划的培训，那么可以预见这样的培训对他来说是没有培训迁移效果的。

（3）以问题定位学习，并立即应用所学内容。企业组织员工培训的目的，在于通过培训让员工掌握必要的知识和技能，来完成任务和工作，最终帮助企业实现经济价值。因此，培训内容必须是员工当前以及不远的未来所能应用的知识、技能等。这就要求我们在培训项目实施中，注重实效，把培训内容和培训后的使用紧密衔接起来，要努力纠正脱离实际、向学历教育靠拢的倾向，不搞形式主义的培训。

（4）营造学习环境。培训也需要一定的学习环境，否则员工的学习积极性就不能充分调动起来。彼得·圣吉的《第五项修炼》告诉我们，提高自我学习能力需要构建持续性的学习型组织，持续学习是组织学习环境中最突出的特征。研究表明，具有这种特征的学习环境有利于员工的培训迁移效果。特雷西、泰伦堡和卡瓦诺等开发的组织持续学习文化问卷调查显示：支持性、持续发展性、持续竞争性是企业持续学习氛围的外在表现形式，只要注意营造较好的学习氛围，就能显著提高培训迁移的效果。

【启发与思考】

扫一扫→如何进行高效学习

【思考练习题】

1. 学习的定义及分类是什么？
2. 学习的成果有哪几种类型？
3. 简述行为主义学习理论、认知主义学习理论、建构主义学习理论和人本主义学习理论的主要观点。
4. 成人学习的特点以及成人学习理论在企业培训中应该遵循的学习准则有哪些？
5. 谈一谈你对汤姆·W.戈特博士所提出的成人学习16条原理的理解及运用。
6. 结合学习理论相关知识，讲述如何在培训中提高学习效果。
7. 简述培训迁移的内涵。
8. 如何提高培训迁移的效果？

【模拟训练题】

你是A公司的培训主管，正在开展对公司内部培训师的培训，介绍和传授一些如何做好培训的技巧。其中，你强调我们受训者都是成人，为了提高培训效果，便于学员学习，必须了解成人学习的特点。你在下表中列出相关的特点和行为表现。

成人学习特点

序号	学习特点	行为表现
1	……	
2	……	
……		

【情景仿真题】

你是 B 公司人力资源部主管培训的工作人员，充分认识到培训就是学习。因此，你强调在培训中要贯彻一些学习理论和原理，只有这样才能提高培训和学习的效果。为此，你研究了一些便于企业实施和采用的学习原理，并在下表中列出了它们具体的可操作方法。

适合企业员工培训与学习的原理及操作方法

序号	学习原理	可操作方法
1	……	
2	……	
……		

第3章 培训需求分析

学习目标

1. 掌握培训需求分析的基本内涵。
2. 掌握 Goldstein 培训需求分析模型，了解改进型、绩效型等模型。
3. 熟悉培训需求分析的调查方法。
4. 掌握培训需求分析的组织过程，并了解培训需求分析报告的编制。

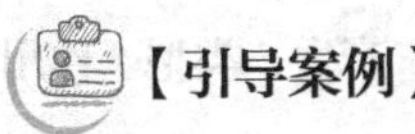

【引导案例】

英特尔的高级经理培训

英特尔公司是全球最大的个人计算机零件和 CPU 制造商，它成立于 1968 年，具有 47 年产品创新和市场领导的历史。1971 年，英特尔推出了全球第一个微处理器。微处理器所带来的计算机和互联网革命，改变了整个世界。在 2015 年世界五百强中排在第 182 位。英特尔自 1985 年进入中国以来，一直致力于支持中国 IT 产业的发展，与中国共成长。迄今为止，英特尔已经在中国大陆设立了 16 个分公司和办事处，拥有本地员工 6000 多人，在中国直接投资接近 45 亿美元，中国已成为英特尔在美国以外投资最大、机构设置最全的区域市场。

英特尔作为一家全球领先的高新技术企业，一直重视对人才的开发和管理，英特尔中国公司拥有完整的培训体系，除了有针对新员工的培训和一般经理的培训外，英特尔还有专门为高级经理安排的高级培训。这种高级培训在英特尔被称为“经理加速项目”，主要是针对未来领导的人，这是英特尔中国在本地员工中培养下一代领导人的特殊培训项目。如果一位担任要职的经理工作业绩突出，那么他就会进入英特尔的经理加速项目中，参加培训的人是 6～8 位比较杰出的经理。

英特尔 CEO 及其他高层管理人员，对英特尔的领导力提出了一系列要求。这些要求包括战略思想，商务执行能力，个人对公司的忠诚度，全球性的领导力，也就是说他们能够领导分布在全球各地的业务以及不同文化背景的员工。围绕上述要求，英特尔首先会找到并确定一些关键的岗位，这些岗位上的人员就是要重点培养的对象。然后对那些正在担任要职的经理的发展情况进行跟踪，看现在他是什么水平，他未来如果担任某个职位，他可能需要什么水平，英特尔怎样通过培训将他们提升到这个水平。最后，就要为这些候选人提供一系列的培训计划。培训课程与形式都是围绕着英特尔所提出的领导力要求展开的，例如：如何成为全球的领导者，如何管理全球性的组织，怎样成为一个战略性的伙伴等。另外，英特尔还会为他们量身定做一些开发计划，例如：送他们去读 MBA；让他们去海外工作；专门有更加高级的管理人员做这些接班人的师傅，带领他们工作；给他们安排一些与公司高管的特别对话活动，来训练他们的领导才能，还会设置一些特殊项目开发，主要是针对集团战略管理的。这些人接受了这样的培训，不出意外，他们基本上会是公司高层领导者未来的接班人。

（资料来源：根据 http://www.diyifanwen.com/fanwen/peixunxindetihui/115211937252365.htm 提供的素材整理而成。）

案例分析：

1. 通过这个案例，你认为英特尔为什么对高级经理的培训花费这么多精力？其成功的根源在哪里？
2. 结合英特尔，你认为培训需求分析对于企业培训的重要意义在哪里？
3. 案例中，英特尔人力资源部是从哪个角度进行培训需求分析的？还可以从什么角度开展呢？

培训需求分析既是确定培训目标、设计培训计划的前提，也是进行培训评估的基础。企业只有明确培训需求，进行培训需求分析，才能使培训活动的效益最大化。培训需求分析是培训活动的首要环节。

3.1 培训需求分析的基本内涵

培训需求分析是培训工作的第一步，本小节将介绍培训需求分析的定义、产生、类型、作用、维度以及流程等。

3.1.1 培训需求分析的定义

关于培训需求分析的定义，国外很多学者给予了阐述。如斯蒂芬等认为培训需求分析主要是寻找理想的绩效标准与实际绩效水平之间的差距，它是人力资源开发与管理的基础工作，是进行有效培训的前提条件。切斯特等认为培训需求分析就是寻找和发现企业中哪些员工需要学习什么，以帮助他们更好地完成任务和进行有效的工作，从而有助于提高企业绩效，并排列出培训需求的优先顺序。卡夫曼强调培训需求分析要始终保持对企业绩效的关注，要尽量避免将注意力全部集中在个人的绩效差距上，单一地采集“软信息”或者“硬信息”，培训要通过问卷调查，看大家需要什么等。

通过上述分析和总结，我们认为培训需求分析是指通过收集组织及其员工现有绩效的相关信息，采取一定的方法和技术，明确其实际绩效表现与理想绩效水平的差距，从而找出组织及其员工在知识、能力等方面之间的距离，以确定是否需要培训和培训内容的过程。培训需求是培训计划中的一个必要环节，它回答的问题是培训活动要达到的目标是什么。

培训需求分析需要对不同的培训主体进行分析，涵盖了高层管理者、人力资源部、各级管理者和员工等。只有全方位调动组织的各方面人员的积极性，使他们参与培训需求分析，才能保证需求分析的真实性、全面性和有效性。同时，培训需求分析是通过对组织及其成员的目标、知识、技能、态度、行为方式等的分析，来确定组织现有情况与理想情况的差距，员工实际工作表现与应有绩效标准的差距以及预测组织及其成员未来任务的需求[①]。

3.1.2 培训需求分析的产生

当员工个人或组织意识到其能力、绩效表现与组织的发展、理想化的需求之间存在一定差距时，所谓的“培训需求”就产生了。对培训需求产生的原因进行客观分析将直接关系到培训的针对性和实效性。培训需求分析产生的主要原因包括以下几个方面。

1．企业及员工工作内容发生改变

企业处在不断变化和发展的环境之中，不同岗位的工作内容也会相应地发生变化，为了适应这种变化，培训需求随之产生。也就是说，岗位职责有调整，任务内容有变动，方法方式需要改变时等需

① 徐芳．培训与开发理论及技术．上海：复旦大学出版社，2013：106.

要进行再培训。

2．工作领域及环境发生改变

无论员工原来从事何种工作，只要他们进入到新的企业、行业，踏入新的工作领域，为了尽快进入工作状态，参加培训都是必要的选择。无论员工原来的绩效如何，只要引入了新的生产线、新的设备装置，采用了新的技术，那么为了维持或提升绩效就需要进行相应的培训。

3．组织及员工绩效目标发生改变

实现既定的或者更优异的绩效目标是企业所希望的，但是部分员工因能力方面的原因，达成既定的目标有些困难，由此产生了相应的培训需求。即使员工现在的绩效是令人满意的，为了满足培训的前瞻性，开发员工潜能，也需要进行系统的培训设计。

一般情况下，企业确定被培训人员的计划如图3-1所示。

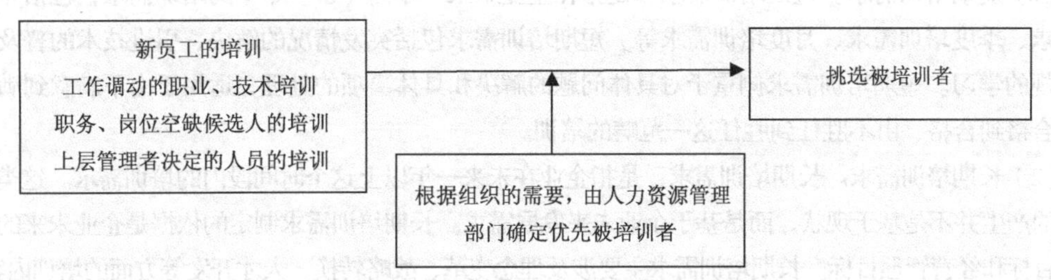

图3-1　确定被培训人员计划

（资料来源：赵曙明，张正堂．人力资源管理与开发．北京：高等教育出版社，2009：171.）

3.1.3　培训需求分析的类型

培训需求分析按照不同的角度，可以有不同的分类。

1．按照培训对象的范围，可划分为全员培训需求和个别培训需求

（1）全员培训需求。全员培训需求是指全体人员共同的培训需求，包括职业素养、通用管理技能、个人发展等培训需求，还包括专业知识、专业技能等培训需求。全员培训需求的具体内容如图3-2所示。

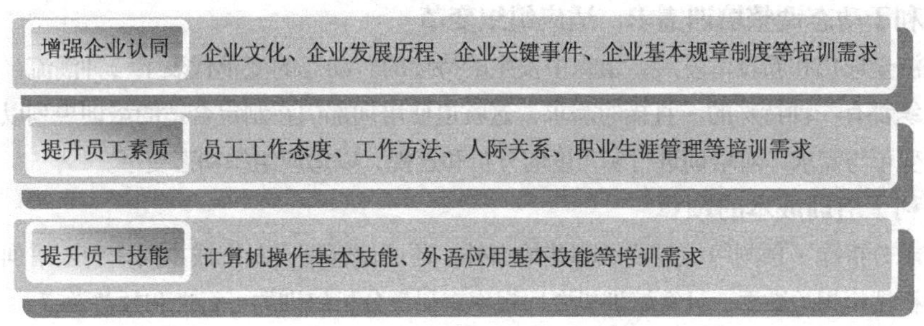

图3-2　全员培训需求的分类及内容

（2）个别培训需求。个别培训需求是指由于部门不同、层级不同、岗位不同、资历不同而产生的部分人员或个别人员的培训需求。各种专业技能培训就属于个别培训需求。个别培训需求的具体内容如图3-3所示。

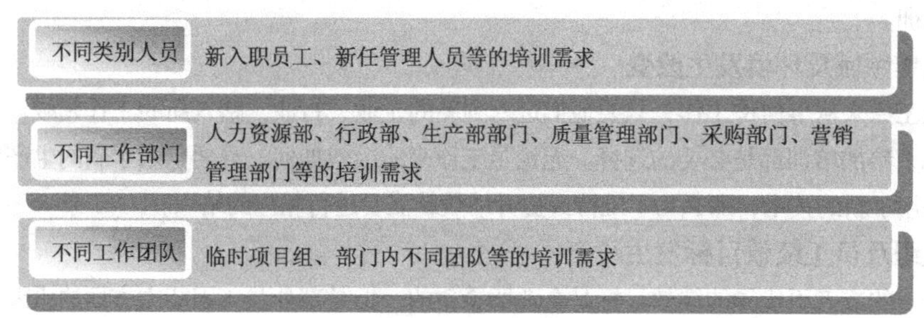

图3-3　个别培训需求的分类及内容

2．按照培训时间的长短，可划分为短期培训需求和长期培训需求

（1）短期培训需求。短期培训需求，是指在企业未来一年内（含一年）的培训需求，包括年度培训需求、季度培训需求、月度培训需求等。短期培训需求包括突发情况的解决、引进技术的普及、政策法规的学习。短期培训需求侧重于对具体问题的解决和具体事项的处理，适用于由不满意到满意、由不合格到合格、由不胜任到胜任这一范畴的培训。

（2）长期培训需求。长期培训需求，是指企业在未来一年以上这个时间段内的培训需求。这类培训需求的产生并不是基于现状，而是基于企业未来发展需求。长期培训需求制定的依据是企业未来的发展战略目标和经营管理目标。长期培训需求主要涉及理念变革、战略转换、人才开发等方面的培训内容。

3.1.4　培训需求分析的作用

培训与开发是一项系统工作，它从培训需求分析开始，然后是确定培训目标，设计培训方案，组织实施培训，最后到培训效果的转化与评估，形成一个由组织各个单元相互联系的学习网络。其中，培训需求分析是首要和必经环节，是其他培训活动的前提和基础，在现代培训活动中具有极其重要的作用，主要体现为以下六个方面。

1．有利于找出差异、确认培训目标

培训需求分析的根本目的就是确认差异，即确认绩效的预期状况与现有状况之间的差距，也就是实际的绩效与理想的、标准的或预期的绩效间的差距。绩效差异的确认，有助于找出影响绩效问题的真正根源，从而寻找出解决绩效问题的有效方法。

2．有利于动态调整培训需求，适应组织变革

当前经济全球化和新技术发展，组织中发生的持续的、动态的变革代表了一种潮流，当组织发生变革时，组织都有一种特殊的、直接的需求，这就迫使培训部门在制定合适的培训规划以前，迅速地把握住这种变革与需求，对培训进行多角度的分析和透视，以适应组织动态变革。

3．有利于培训成本的预算

培训需求分析除了预测组织需要做哪些培训外，还可使管理人员把成本因素引入培训需求分析中去。通过分析搜集相关数据，计算培训投资回报率来科学分析培训的可行性和效益效率。

4．有利于获得内部与外部的支持

培训工作只有获得组织内外部的共同支持，才能够有效地进行。一般来说，员工通常会支持建立在需求分析基础之上的培训规划，特别是当员工参与了培训需求分析过程时，其个人意愿和想法会在培训需求分析中体现，提高了员工自主权。让员工参与培训需求的分析和培训规划的制定，这实际就为培训活动获得各方面的支持提供了保障。

5．建立信息资料库，为培训效果评估做准备

在培训需求分析过程中，会通过各种方法技术收集与培训有关的各种信息资料，并建立一个人力资源管理与开发的信息资料库。在为培训项目设计提供支撑来源的同时，也为后面的培训效果评估提供了标准和依据，保证了培训评估的准确性和有效性。

6．提供可供选择的问题解决方法

培训需求分析是查找组织及其成员出现问题的原因，并提出相应的解决方案。解决方案的分析也并非仅从培训考虑，而是从各个角度验证是否需要培训以及培训是否能够真正解决问题。例如，人力资源部门预测本组织需要一批营销专家，经过培训需求分析可以出现以下几种解决方法的选择：一是对已经工作的营销人员进行再培训；二是雇用已经获得高薪的、资历较深的营销专家；三是雇用一些低薪的、缺乏资格的人员，然后对他们进行大规模的培训。由此可见对这一问题及其解决方案的分析和选择，就为组织提供了三种方法和途径。

3.1.5 培训需求分析的维度

培训需求是由当前企业的发展阶段、面临现状以及各方面原因综合引发的，对培训需求的分析和确认应做到系统化、全面化。一般地，培训需求分析的维度可以从组织战略、工作任务、个人差距和企业文化四个方面来考虑，具体如图 3-4 所示。

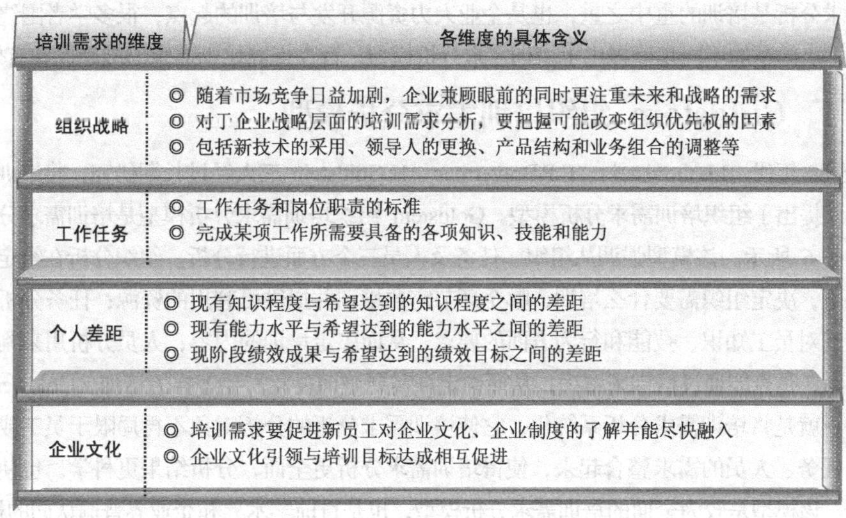

图 3-4 培训需求分析的维度

3.1.6 培训需求分析的流程

培训需求分析要有序推进，其主要分为四个流程，如图 3-5 所示。

1．培训需求分析的准备

在培训需求分析调查之前，应向公司全员阐明培训需求分析的意义。只有得到高层管理者、各级管理人员和员工的支持和配合，培训需求分析才能顺利进行，并且获得真实的数据资料。另外，要准备培训需求分析过程中相关的工具，如访谈提纲、调查问卷等。

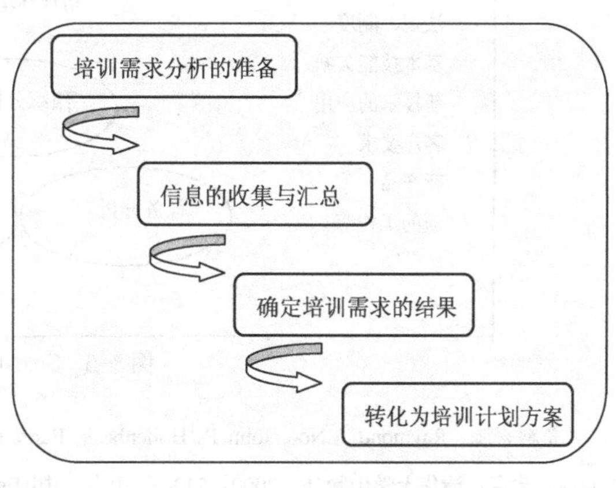

图 3-5 培训需求分析的流程

2．培训需求信息的收集与汇总

人力资源部需要和各部门就培训需求分析进行沟通，要通过访谈、问卷调查等方法收集各部门员工的培训需求，也要与各级管理人员进行调查，从多个角度全面深入了解培训需求，确保培训需求的可靠性。

3．确定培训需求的结果

通过调研得到各个部门、各个岗位培训需求的第一手资料后，得出企业员工培训需求分析报告，并由公司各级管理者对培训需求分析结果进行确认，确保没有出现遗漏或者出错的情况。

4．转化为培训计划和方案

人力资源部根据员工实际的培训需求制订有针对性的培训计划和方案，明确培训的目标、内容、形式以及方法，从而加强培训的针对性，提高培训的成效。

3.2 培训需求分析的主要技术模型

培训需求分析是培训的重中之重，也是企业人力资源开发与培训的起点，很多学者围绕组织的不同层面以及解决问题的不同角度提出了培训需求分析模型，旨在提高培训需求的准确性和有效性。

3.2.1 Goldstein 组织培训需求分析模型

20 世纪 80 年代，I.L.Goldstein、E.P.Braverman、H.Goldstein 三人经过长期研究，将培训需求分析方法系统化，提出了组织培训需求分析模型。Goldstein 组织培训需求分析模型是培训需求分析的经典模型，如图 3-6 所示。该模型强调从组织、任务及人员三个方面进行分析。组织分析在给定的公司经营战略条件下，决定组织需要什么培训，哪个环节需要培训并提供可利用的资源；任务分析应明确任务的职责及其对员工知识、技能和行为方面的要求，从而决定培训的内容；人员分析用来判断造成绩效不佳的原因、是否能通过培训来解决，从而确定谁需要培训以及需要怎样的培训。Goldstein 分析模型最大的特点就是将培训需求分析系统化，它使培训需求分析的分析对象不再局限于员工或组织，而是将组织、任务、人员的需求整合起来，使得培训需求分析更全面，分析结果更科学，也使培训计划更具针对性。该模型是较为全面的培训需求分析模型，也是目前学术界和企业界普遍认同的模型。

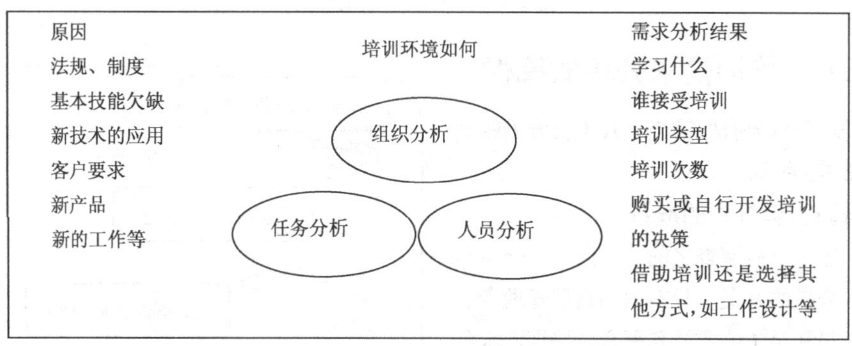

图 3-6　Goldstein 分析模型

（资料来源：Raymond A.Noe, John R. Hollenbeck, Barry Gerhart, Patrick M. Wright. Human Resource Management. 3rd Edition. 北京：清华大学出版社，2000：212. 转引自：中国就业培训技术指导中心．企业人力资源管理师．北京：中国劳动社会保障出版社，2014：132.）

3.2.2 改进型培训需求分析模型

改进型培训需求分析模型是目前在实践中最为流行的培训需求分析模型。在 Goldstein 分析模型上，多了组织环境分析这一要素，将企业组织放在其所处的环境中加以考察，包括组织面对的法律、社会、经济、政治等因素对培训需求的影响。例如，每当国家和政府颁布与劳动相关的法律法规，组织就有必要进行相关的遵守法律的培训。对组织、任务和人员的分析进行分层，组织需要被放在首位，任务分析次之，最后是人员分析，依据其范围和重要性大小层层剖析。

3.2.3 培训需求的绩效差距模型

美国学者汤姆·W.戈特提出了培训需求绩效差距模型。该模型通过分析“理想技能水平”和“现有技能水平”之间的关系来确认组织的培训需求。“理想状态”与“现实状态”之间总会有一定的差距，这主要表现在知识程度、能力水平、认识与态度水平、绩效水平、劳动者素质以及目标等方面的差距。因此，实施培训活动的目的就是为了消除或缩小这种差距。该模型的核心思想是造成绩效差距的原因是缺少完成此项任务的知识或技能，而不是其他与工作行为相关的原因，如奖惩等。培训需求绩效差距模型的优点是实现了任务目标与理想岗位绩效行为间的联系，员工的培训需求被严格置于“组织整体战略—部门业务目标—员工个人绩效”的架构中，并得到系统的评估。

3.2.4 培训需求循环评估模型

培训需求循环评估模型是对员工的培训需求提供一个连续的带有反馈信息的循环评估培训需求。在每一次循环中都需要从组织层面、作业层面和个人层面进行评估分析，如图 3-7 所示。其中，组织层面的分析强调的是在组织范围内的培训需求，以保证培训计划符合组织的战略方向和经营目标。在这一过程中需要对组织的内外部环境进行分析，从而发现组织目标与培训需求之间的联系，此外，组织高层领导的重视和投入是培训计划成功与否的重要决定因素。作业层面的分析主要是确定培训的内容，即员工要达到理想的绩效水平应该具备的技术和能力。因此，收集员工工作信息，包括工作分析、绩效评价、顾客反馈等对作业分析是非常重要的。员工个人层面的分析是将员工当前的工作绩效与企业员工绩效标准进行比较或者与企业预期未来的绩效标准进行比较，发现两者是否存在差距，并形成培训需求。该模型最大的优点是提供了循环方案，使培训需求工作成为企业的定期任务，形成长期性制度。

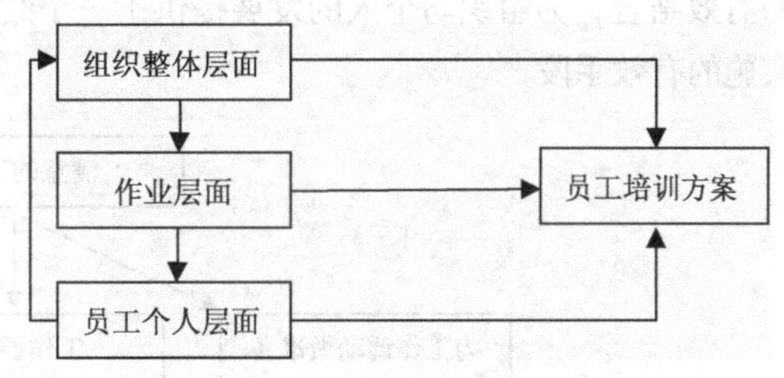

图 3-7 培训需求循环评估模型

（资料来源：中国就业培训技术指导中心. 企业人力资源管理师. 北京：中国劳动社会保障出版社，2014：133.）

3.2.5 基于胜任力的培训需求分析模型

确定岗位的胜任力是培训需求分析的新趋势之一。胜任力这一概念是麦克利兰于 1973 年提出的，是指能将某一工作（或组织、文化）中表现优异者与表现平庸者区分开来的个人表层特征与深层特征。就好比水面漂浮的一座冰山，即胜任力的冰山模型，其中水上部分为表层特征，水下部分为深层特征，它包括知识、技能、社会角色、自我概念、特质和动机等可通过测量或计数来区分优秀绩效和一般绩效的个体特征[①]。基于胜任力的培训需求分析是以胜任力为基本框架，通过对组织环境、组织变量与表现优异者的关键特征来确定胜任岗位的培训需求，是一种战略导向型分析方法。该模型的优点是：首先，在培训需求分析中，导入胜任力使需求分析过程更标准、更具体。麦克利兰所提出的胜任力，如人际理解和判断技能、建立和管理人际关系的技能、发展下属的技能、指挥技能等，这些对于改进培训需求分析的内容结构设计有重要的价值。其次，该模型较好地弥补了经典模型在任务分析方面操作性不强的缺陷，它不仅能通过任务所需的行为表现来确定员工现有的素质特征，还能发现员工未来需要学习和发展的技能。模型中明确的能力标准，也使组织的绩效评估更便捷。最后，胜任力模型也使员工更容易理解组织对岗位胜任的要求，引导员工进行行动导向学习。

3.2.6 前瞻性培训需求分析模型

前瞻性培训需求分析模型是由美国学者 Terry. L. leap 和 Michael D. Crino 提出的。该模型将“前瞻性”思想运用在培训需求分析中，如图 3-8 所示。随着技术的不断进步和员工在组织中个人成长的需要，即使员工目前的工作绩效是令人满意的，也可能会因为工作调动、为晋升等做准备或者适应工作内容的变化等提出培训需求。前瞻性培训需求分析模型为此提供了良好的分析框架，在确定员工任职能力和个人职业发展方面极具实用价值。该模型建立在未来需求的基点上，使培训工作变被动为主动，更具有战略意义。另外，充分考虑企业发展目标与个人职业发展规划的有效结合，为组织与个人的发展提供了一个结合点，这是开发与激励员工以及培养员工组织所实施的有效手段。

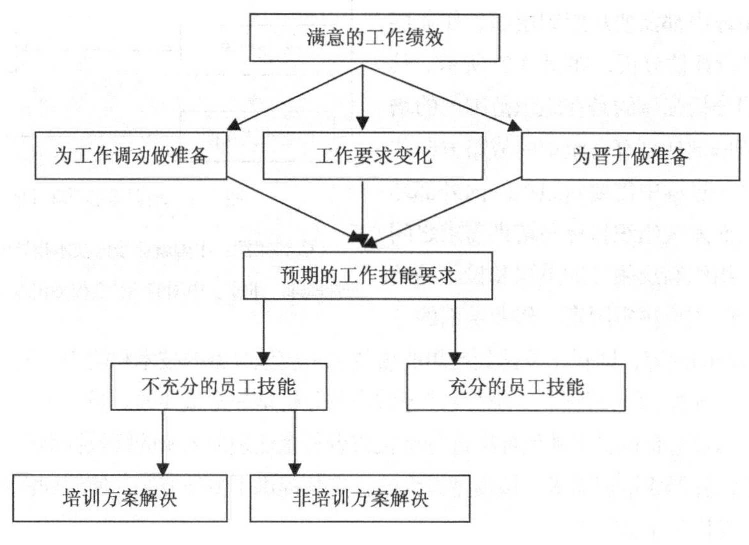

图 3-8 前瞻性培训需求分析模型

（资料来源：中国就业培训技术指导中心．企业人力资源管理师．北京：中国劳动社会保障出版社，2014：134.）

综上所述，培训需求分析的技术模型从不同的角度对组织培训需求进行了阐述，在实际的运用中往往是多个模型的综合运用，表 3-1 是对各个模型优缺点及适用范围的简要对比。

① 赵曙明．我国管理者职业化胜任素质研究．北京：北京大学出版社，2008：43-44.

表 3-1 培训需求分析主要技术模型的对比

模型	优点	缺点	适用范围
Goldstein 组织培训需求分析模型	从组织、任务和人员三个层面进行，分析系统化，能够全面诊断组织培训需求	工作量大，同时需要全员共同参与	所有组织类型
改进型培训需求分析	在 Goldstein 组织培训需求分析模型基础上，增加了组织环境分析，提高培训对外部环境的响应	工作量大，同时需要全员共同参与	所有组织类型
培训需求的绩效差距模型	能够有效诊断员工完成某项任务的知识或技能短板，针对性强	主要重视当前问题，忽视了组织长期发展	适用于团队发展
培训需求循环评估模型	形成定期的培训需求分析，注重培训发展的长期性	工作量大，需要专门人员定期进行，同时需要全员参与	适用大中型企业的长期发展
基于胜任力培训需求分析模型	操作性强，并且通过建立员工胜任力素质模型，为员工未来发展提供学习和开发路径	构建胜任力模型难度较大，需要专业人士进行开发，且工作量大	适用于员工开发和职业发展
前瞻性培训需求分析模型	为未来发展做准备，使培训与开发更具有战略意义；促进企业发展目标与个人职业发展的有效结合，提高员工对组织的归属感	由于建立在未来的预测基础上，有时会出现偏差	适用于企业未来需要的高层管理与技术人才

3.3 培训需求分析的调查方法

通过培训需求分析，能够找到符合企业实际发展的培训诉求点。为了保障这种培训需求诉求点的有效性，在进行需求分析时应采用科学的合理的方法进行调查。

3.3.1 观察法

观察法，是指培训管理者在一段时间内，从多种角度、多个层面在一些典型意义的时间和地点进行细致观察，进而得出培训需求结论的调查方法。观察法是了解员工工作表现的最佳方式，通过观察所获得的资料能够更准确地反映实际培训需求，能够发现员工工作中存在的具体问题，调查结果偏差较小。

采用观察法调查时，不能妨碍被观察对象的正常工作及其肢体活动。观察者需要对被观察者所从事的工作程序和工作内容十分熟悉，只有这样才能做好本项工作。值得注意的是，当被观察者对观察者的观察行为有所察觉时，很可能会故意做出假象，致使观察结果产生偏差。

培训管理者在运用观察法调查培训需求时，应注意以下事项。

（1）观察者必须对被观察的员工所进行的工作有深刻的了解，明确观察岗位的行为标准。

（2）观察者进行现场观察时不能干扰被观察者的正常工作，如能够不让被观察者觉察效果会更好。

（3）观察法的适用范围有限，一般适用于易被直接观察和了解的工作，不适用于技术要求较高的复杂性工作。

（4）观察者可以采用摄像或录像技术记录员工表现，然后观看录像，从而发现问题。

3.3.2 访谈法

访谈法，是指培训者或访谈者根据与受访人面对面的交谈，从受访人的表述中发现问题，进而判断出培训需求的调查方法。访谈法可分为结构化和非结构化两种。结构化访谈是指访谈者以标准的模式向所有的受访者提出相同的问题的面谈方式。非结构化访谈是指访谈者针对不同的受访人提出不同的开放式问题以获取所需信息的面谈方式。

1．访谈法的优缺点

访谈法有自身的优缺点以及适用范围，企业在实际开展培训需求调查时，可根据各方法的优缺点组合使用。

访谈的优点是可以收集到较为全面、真实的资料，能够了解问题核心，有效性较强，得到启发性的回答并且能够控制非言语行为。如果开展团体访谈，还可以节省时间。

访谈法的缺点是需要投入较多人力、物力和时间，涉及的样本容量较小，并且受访者容易受到访谈者的影响，给受访者带来不便。

2．开展访谈的流程

通过访谈法收集培训需求分析信息时，应该按照下述的流程执行，如图 3-9 所示。

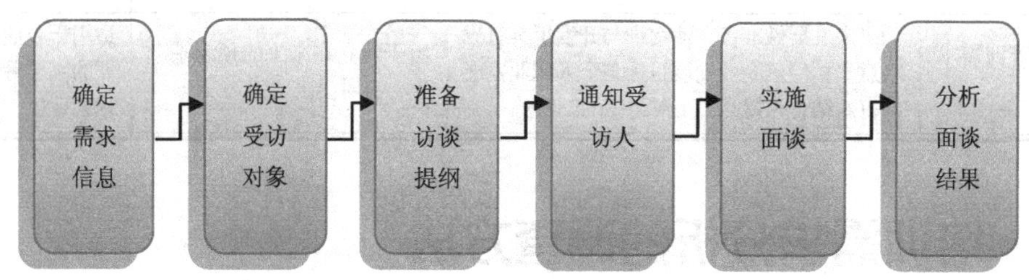

图 3-9　开展访谈的流程

3．针对不同层级员工实施访谈法的关键点

组织中不同层级的员工由于岗位内容和自身发展层次的不同，其培训需求侧重点也是不同的。因此，企业在针对新员工、专员、主管、经理等层级的员工进行需求调查时，应结合各自特点和要求选择访谈内容，访谈法实施的关键点如图 3-10 所示。

新员工	访谈组织文化、规章制度、职业化心态等内容
专员	访谈岗位技能、专业技能等内容
主管级员工	访谈职业化、管理技能等内容
经理级员工	访谈管理技能、领导力提升等内容

图 3-10　访谈法实施的关键点

3.3.3　讨论法

讨论法，是指从培训对象中选出一部分有代表性且熟悉问题的员工作为讨论代表，通过小组讨论的形式调查培训需求信息。讨论法的形式比较灵活，可以是正式的，也可以是非正式的。在小组讨论开始之前，会议的组织者或主持人要事先确定讨论的形式和内容，以便有效地控制讨论的方向和进度。

1. 讨论法的优缺点

讨论法的优点在于能够在讨论现场集中表现不同的观点，缩短决策的时间，尽快达成一致意见。

讨论法的缺点是组织成本较高，要花费较多时间、财力和物力。如果有一部分人在公开场合不愿表达自己的看法和观点，就可能导致无法全面收集到不同的观点。

2. 讨论法的实施流程

（1）在开展培训前，培训管理者应根据培训内容和要求选拔部分讨论代表，并召集小组讨论成员，说明组织或员工的现实情况及存在的问题。

（2）小组成员对员工出现的问题、产生原因或相关情况进行讨论，寻找解决办法或视情况进行界定、分析。

（3）小组成员汇总讨论的结果，最终判断培训是否为解决问题或改变现状的有效方法。

此外，在开展讨论时，讨论小组可以采用头脑风暴法、组织对照法、刺激法、塑造法等多种方法，以增强效果。

3.3.4 问卷法

问卷法，是指培训管理者以标准化的问卷形式列出一组问题，要求调查对象就问题进行打分或是非选择，然后展开分析。当需要进行培训需求分析的人较多，并且时间较为紧急时，培训管理者可以精心准备一份问卷，以电子邮件、微信、传真或直接发放的方式让员工填写。也可以在进行面谈和电话访谈时由调查人填写。

1. 问卷法的优缺点

问卷法的优点在于问卷开展的费用低，并且规模不受限制，另外，问题是自己设计的，所以收集的信息会比较全面。

问卷法的缺点在于问卷调查持续时间较长，问卷回收率不一定很高，并且一些开放性问题得不到满意的回答。

2. 问卷形式分类

问卷形式包括开放式、探究式和封闭式三种。

（1）开放式问卷，往往没有统一的回答，主要采用“什么”“如何”“为什么”或“请”等进行提问，被调查人回答时不能用“是”或“否”来简单应对，例如，“你为什么参加此类培训”。此种问卷的作用主要表现在可以发掘被调查人的想法和观点。

（2）探究式问卷，此种问卷更加具体化，采用“多少”“多久”“谁”“哪里”“何时”等提问，例如，“你希望这样的培训多久举行一次”。探究式问卷可以在一定程度上缩小收集信息的范围。

（3）封闭式问卷，问题的设置更多是选择题或者判断题，例如，“你认为公司现在的培训能够满足你的需要吗”，回答只能用“是”或“否”。封闭式问卷的作用体现在可以限制收集信息的范围。

3. 问卷法的实施流程

为了提高问卷法的使用效果，其实施流程应遵循以下步骤：列出清单、问题转化、设计问卷、编辑问卷、讨论完善、模拟测试、正式问卷、调查实施，具体如图3-11所示。

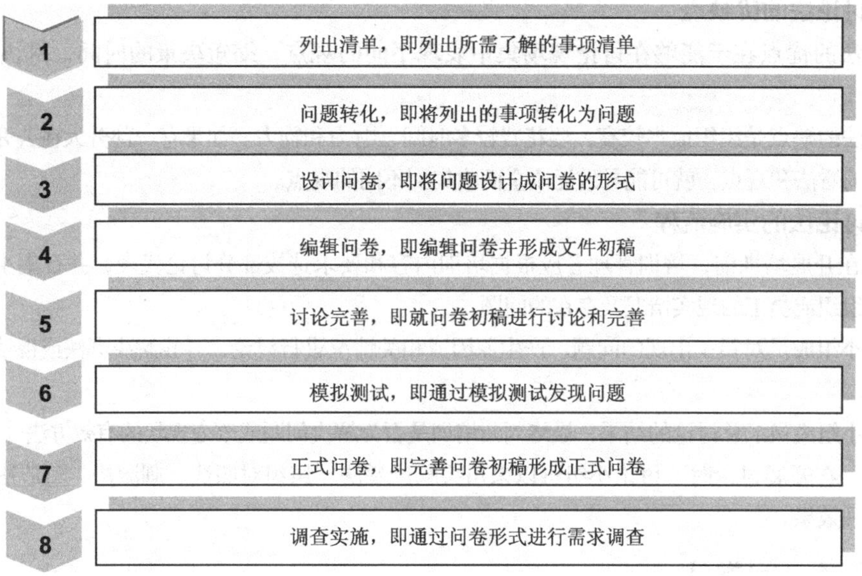

1 列出清单，即列出所需了解的事项清单

2 问题转化，即将列出的事项转化为问题

3 设计问卷，即将问题设计成问卷的形式

4 编辑问卷，即编辑问卷并形成文件初稿

5 讨论完善，即就问卷初稿进行讨论和完善

6 模拟测试，即通过模拟测试发现问题

7 正式问卷，即完善问卷初稿形成正式问卷

8 调查实施，即通过问卷形式进行需求调查

图 3-11 问卷法的实施流程

3.3.5 关键事件法

关键事件是指那些对组织目标起到关键性积极或消极作用的事件。确定重大事件的原则是工作过程中发生的对企业绩效有重大影响的特定事件，如系统故障、获取重大客户、重要客户流失、产品出现事故等。关键事件的记录为培训项目分析提供了便捷而有意义的信息来源。关键事件法要求管理人员记录员工工作行为过程中的关键事件，包括导致事件发生的原因和背景，关键行为的后果等，然后明确这些事件中员工的能力或知识方面的缺陷以确定培训需求。

关键事件法的优点主要是帮助培训管理者甄别培训需求与其他需求；针对性较强，特别是能够有效地与组织发展中的关注要点紧密结合等。关键事件法的缺点主要是由于事件发生的偶然性，不可作为常态方法来使用；如果培训管理者了解情况不全面，很容易以偏概全等。

3.4 培训需求分析的具体过程

培训需求分析有一个系统的过程，除了从组织战略、任务、人员层面外，还可以从胜任要求、企业文化层面上进行分析。

3.4.1 从组织战略上分析

1. 组织战略层面分析的内涵

组织战略，是指组织为了实现未来一段时间内的目标而采取的一系列对策和措施。组织战略在很大程度上影响着培训的类型、数量及所需要的各种资源等。组织战略层面的培训需求分析是指通过对组织经营发展战略的分析，确定组织发展所需要的培训，并为培训提供相应的资源以及管理者和全体员工对培训与开发活动的支持。其基本内涵包括以下几个。

（1）组织战略与培训规划是紧密联系的。培训对实现组织的战略影响深远，那些培训投资大、训练频率高的组织的战略实现程度，高于随意进行培训活动和缺乏战略考虑的组织。同时，组织战略也影响着培训活动的频率和组织培训职能部门的组建方式。

（2）组织培训的侧重点因组织战略而不同。从组织战略角度出发考虑培训时，应根据不同的战略类型选取不同的培训重点。例如，企业实行集中战略，则相对应的培训需求是团队建设、交叉培训等巩固自身竞争力的方面；实施内部成长战略，则需要对管理者冲突处理及调和、沟通和反馈技能的培训；实施外部成长战略，则需要强调的是人员合并程序的培训；实施紧缩战略，更强调的是时间管理、压力管理和沟通技能的培训等。此外，如果培训侧重于寻找新工作、革新培训，企业的竞争力就会被削弱，这就和企业的战略模式相背离。再如，如果组织强调利用培训来支持战略的实施，组织就会倾向于将这个职能独立出来，以培训部、人力资源部或企业大学的形式组建这一职能的部门。

（3）组织战略决定个体培训的重心。组织战略及目标对员工知识和技能的提升有约束作用，可以帮助更好地确立培训的目标，使我们明确组织要实现目标所必需的知识、技能和能力，以及组织现有的知识、技能和能力状况。同时，通过对组织战略及目标的分析，也可以看组织在哪些领域做得较好，这些做得较好的领域就会成为其他领域提高自己的标杆，由此可以分析出那些做得不好的领域应该如何向标杆领域学习了。

（4）培训提高了组织竞争力。培训也可以通过帮助保留员工来提高组织竞争力。理想的情况是，管理者将培训视为核心能力来构建，并持续提供智力资源。图 3-12 显示了从组织战略层次上如何进行培训。

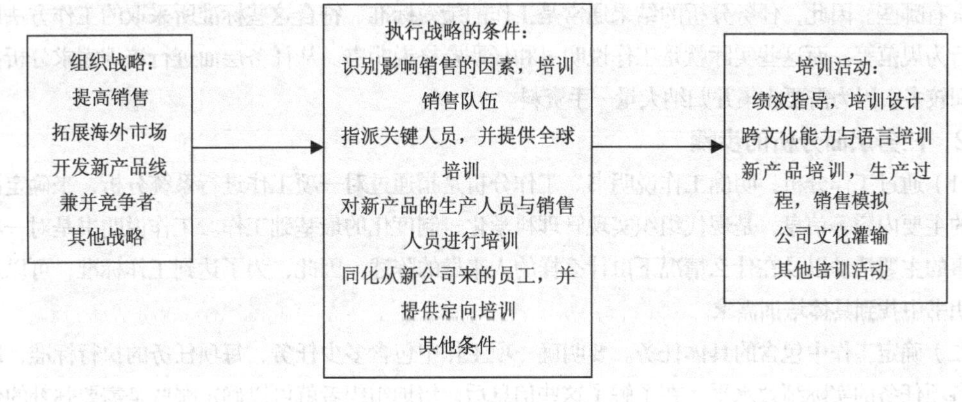

图 3-12　组织战略与培训

［资料来源：罗伯特.马希斯，约翰.杰克逊. 人力资源管理（第 13 版）. 赵曙明，周路路，译. 北京：电子工业出版社，2014：155.］

2．组织战略层面分析的步骤

（1）明确组织目标。在培训需求分析之前，必须充分清楚组织目标和战略规划，那些已经实现了组织目标的领域可以进行较少的培训关注，但仍需进行监控。那些没有达到组织目标的领域要进行深入的调研和分析，并采取相应的培训与开发计划进行改善。

（2）了解组织资源。组织现有的可利用的各种资源是影响组织进行培训与开发活动的重要因素。组织拥有的知识资源，比如专业技术人员会影响组织内部培训师队伍的建设。物质资源，比如有没有教室和会议室，会影响到培训与开发活动的日程和场地安排，相应地培训成本也会受到影响。

（3）明确组织环境。组织环境特别是组织氛围会影响到整个组织的学习氛围，进而对培训与开发活动有着很大的影响。如果组织氛围不利于培训与开发，相关项目的实施就会遇到很大的困难。比如一些直线部门与人资部意见不统一，可能会抵制培训或不予全面的合作，从而大大降低培训的成效。研究表明组织氛围将影响员工的培训成果转化，即培训中所获得的知识、技能、态度等在实际工作中的迁移。

（4）考虑外部环境的影响。组织培训的外部环境包括法律、社会、政治、经济等因素，这些外部因素会影响某些培训的需求。例如，劳动合同法、带薪休假等法律法规的出台，就要对组织员工关系管理进行必要的培训。激烈的市场竞争要求企业要不断节约成本，特别是节约人工成本，这就要不断加强员工职业知识、技能的培训等。

3．从组织战略上分析培训需求的信息来源

培训需求从组织战略上分析应该根据不同的组织而采取不同的方法。同时要收集与组织战略相关的各种信息，主要来源包括组织目标信息、人力资源储备信息、技能储备信息、组织氛围指数（缺勤率、离职率、生产率）等。

3.4.2 从任务层面上分析

1．任务层面分析的内涵

任务层面的培训需求分析是指系统地收集有关某项工作或任务信息，为了达到最优的工作绩效或高质量的完成任务，确定该项工作、任务以及从事该项工作、任务的员工需要学习的内容。从任务层面进行培训需求分析要把握三个重点，一是审核什么样的工作和任务适合员工并且需要其执行。二是分析执行此项工作和任务的员工需要具备什么知识、技能、态度等。三是分析影响员工工作绩效的阻碍因素有哪些。因此，任务分析的结果通常是工作的绩效标准、符合这些标准所采取的工作方法以及员工行为规范等。而这些实际就是工作说明书和任职资格说明书。从任务层面进行培训需求分析占用的时间较多，因为需要收集并归纳大量一手资料。

2．任务层面分析的步骤

（1）通过工作分析，明确工作说明书。工作分析是指通过对一项工作进行系统分析，来确定该项工作的主要内容等信息，是现代组织实现管理科学化、制度化的最基础工作。工作说明书是对一项工作从事的主要活动以及在什么情况下由什么样的人来做的陈述。因此，为了达到工作标准，可以从工作说明书中找到具体培训需求。

（2）确定工作中包含的具体任务。要明确一项工作中包含多少任务，每项任务的执行标准，以及执行各项任务的实际绩效水平。在了解了这些信息后，培训组织者就可以确定哪些是需要弥补的作业缺陷以及受训者在培训结束时应该达到的水平。

（3）明确员工的任职资格条件。要达到良好的工作绩效，员工必须具备与之相适应的知识、技能、态度、思维、行为方式等。因此，培训组织者要确定每项工作的任职资格条件，并对照员工现有的素质层级，制订相应的培训计划和发展阶梯。

另外，一些管理者将任务分析记录表作为对工作说明书和任职资格说明书的一种补充，对于确定培训需求很有帮助，见表 3-2。

表 3-2 任务分析记录表样本

任务列表	操作时间以及操作频率	工作数量和质量	操作环境	技能和知识要求	最好的学习方式
1.操作切纸机	每天 4 次		嘈杂的印刷室；噪音		
1.1 开机					
1.2 设置裁剪边距		不超过 0.007 英寸		读标尺	在职培训

续表

任务列表	操作时间以及操作频率	工作数量和质量	操作环境	技能和知识要求	最好的学习方式
1.3 把纸放在切纸台上		必须完全放平纸张以防止裁剪不整齐		正确放置纸张	在职培训
1.4 把纸推进切纸机				必须平整	在职培训
1.5 左手握紧安全释放器		为安全起见，要等待全部过程完成		保证安全	在职培训，首次练习要在无干扰环境中进行
1.6 右手握紧切刀释放器				一定要把双手都放在释放器上直到切刀缩回	在职培训，首次练习要在无干扰环境中进行
1.7 用右手拉动切刀释放器，同时用左手拉动安全释放器					
1.8 等待切刀缩回	为安全起见，要等到全部过程完成			一定要把双手都放在释放器上	在职培训，首次练习要在无干扰环境中进行
1.9 取回纸张				等待切刀缩回	在职培训，首次练习要在无干扰环境中进行
1.10 关机		为安全起见，要等到全部过程完成			在职培训，首次练习要在无干扰环境中进行
2.操作印刷机					

［资料来源：加里.德斯勒. 人力资源管理（第12版）. 刘昕路，译. 北京：中国人民大学出版社，2012：298-299.］

（4）对培训需求进行排序。在决定培训哪些内容时，要考虑工作的重要性、时间成本、工作所需的知识、技能等、学习的难度等方面并进行评定等级。在进行培训项目开发时，应该优先考虑在综合评定中排名靠前的任务和知识、技能等，同时注意各项目的平衡。例如，如果一项任务在重要性上得分很低，也就是说它对作业绩效的影响不大，就可以采用低成本的方式进行培训而不是投入大量的人力和物力来组织。

3．从任务层面分析培训需求的信息来源

有关任务分析的信息资料可以从工作说明书、任职资格说明书、任务分析记录表、绩效标准、具体工作任务书、相关文献资料、访谈、问卷等调查材料以及分析工作中出现的问题等方式中获得培训需求分析信息。

3.4.3 从人员层面上分析

1．人员层面分析的内涵

在完成了组织战略分析和任务分析之后，下一步的重点是放在分析员工是否需要培训以及培训什么样的内容。人员层面分析是指对完成工作和任务的员工进行评估，如果希望进一步改善员工的绩效情况，就必须分析他所具备的知识、技能等是否足够，并形成相应的培训计划和方案。人员层面分析

的目的是明确个别员工的培训需求，其焦点在于组织成员怎样才能将其工作和任务完成好。从人员层面进行培训需求分析往往由能直接观察到该员工的人进行，比如该员工的直接上级、与个人业绩相关的人，包括客户、同事等。

2．人员层面分析的对象

通过对人员的能力素质和技能的分析，以及对员工当前工作绩效的评价，通常有三种人员需要培训。

（1）可以改进目前工作的人，目的是使他们能更加熟悉自己的工作和技术。

（2）有能力而且组织要求他们掌握另一门技术的人，并考虑在培训后，安排他们到更重要、更复杂的岗位上。

（3）有潜力的人，组织期望他们掌握各种不同的管理和技能，或更复杂的技术，目的是让他们进入更高层次的岗位。

3．人员层面分析的步骤

（1）查找绩效差距。培训需求分析应从绩效差距入手，从绩效差距中找出员工当前素质能力短板，即企业需要的员工能力与员工实际能力之间的差距，从而确定能否通过培训手段消除差距，提高员工生产率。

（2）分析绩效差距的原因。发现了绩效差距并找出产生差距的原因，才能确定通过什么办法去消除它。值得注意的是，若绩效差距来自环境、设备或激励制度等方面，则培训不会起什么作用；若绩效差距来自员工个人个性或其所具备的知识、技术或态度，培训才是必要的。

（3）设计针对性解决方案。找出差距原因后，确定是采取培训还是非培训方法去消除差距，并设计解决方案。

3.4.4 从胜任要求上分析

通过分析组织内部不同岗位胜任要求的不同，可以找到区分绩效优秀的员工和一般员工的特征，但是要使现有人员符合岗位的胜任要求，就必须借助一定的培训与能力开发。从胜任要求上分析培训需求，建立胜任素质模型是关键。

1．胜任素质模型

胜任素质（Competency）又称能力素质，在组织管理中是指驱动员工取得卓越绩效的一系列综合素质，是员工通过不同方式表现出来的知识、技能和能力、职业素养、自我认知、特质等素质的集合。构建胜任素质模型的流程一般包括以下八个步骤。

（1）确认组织战略目的和目标[①]。组织的发展战略目标是建立胜任素质模型总的指导方针。分析影响战略目标实现的关键因素，研究组织面临的竞争和挑战，据此提炼出组织要求员工具有的胜任素质，从而构建符合组织文化及环境的胜任素质模型。

（2）选定所要研究的目标岗位。组织战略计划的实施往往与组织中的关键岗位密切相关，在建立胜任素质模型时，应首先选择那些对组织战略目标的实现发挥关键作用的核心岗位作为目标岗位。分析目标岗位所要求员工应该具备的胜任力特征，从而构建符合岗位特征的胜任素质模型。

（3）界定目标岗位绩优标准。完善的绩效考核体系是界定绩优标准的基础。通过对目标岗位的各项构成要素进行全面绩效评估，区分员工在目标岗位绩效优秀、一般和绩效较差的行为表现，再将界定好的绩优标准分解细化到各个具体的任务要项，从而识别任职者产生优秀绩效的行为特征。

---

① 赵曙明．我国管理者职业化胜任素质研究．北京：北京大学出版社，2008：94-95.

（4）选取样本组。根据目标岗位的胜任特征要求，在从事该岗位工作的员工中随机抽取绩效优秀员工（3~6名）和绩效一般员工（2~4名）作为样本组。

（5）收集整理数据信息。收集整理数据信息是构建胜任素质模型的核心工作，一般通过行为事件访谈法、专家数据库、问卷调查法、个人访谈法、小组座谈法等方法来获取样本组有关胜任特征的数据资料，并将获得的信息与资料进行归类和整理。

（6）定义岗位胜任素质。根据归纳整理的目标岗位数据资料重点对实际工作中员工关键行为、特征、对思想和感受有显著影响的行为过程或片段进行分析，发掘绩优员工与绩效一般员工在处理类似事件时的反应及行为表现之间的差异，识别关键行为及其结果并具有显著区分性的能力素质，并对识别到的胜任素质做出规范定义。

（7）划分胜任素质等级。定义了目标岗位胜任素质的所有项目后，应对各个素质项目进行等级划分，并对不同的素质等级做出行为描述，初步建立胜任素质模型。

（8）建立胜任素质模型。结合组织发展战略、经营环境及目标岗位在组织中的地位，将初步建立的胜任素质模型与组织、岗位、员工三者进行匹配和平衡，构建并不断完善胜任素质模型。

2．分析步骤

在按照上述要求建立胜任素质模型基础上，首先进行岗位能力分析。在构建了岗位的胜任素质模型后，组织需要针对每位在岗人员，对其能力进行测评，以发现岗位应有能力与在岗人员实际能力的差距。组织可采用一些通用的测评工具对在岗人员进行能力分析。测评的范围主要包括智力测评、人格测评、职业兴趣测评、一般能力测评和特殊能力测评等。此外，组织还可以根据自身的实际情况，通过设计开放式问题、封闭式问题以及其他形式对岗位胜任能力进行测定。经过测定评估后，进一步明确当前需要培训的内容有哪些。图3-13对基于胜任要求的培训需求分析过程中各个环节给予了进一步解释说明。

图3-13　满足胜任要求的培训需求内容

企业根据胜任力模型来寻找员工实际胜任力水平和理想胜任力的差距，从而确定培训需求并进行相应的员工胜任力开发，使企业的培训与开发工作具有更强的针对性。当然，建立企业胜任力模型是一个非常困难的过程，不仅需要外部专家的介入，还需要企业自上而下，全体员工共同努力并经过不断修正，才能构建出科学实用的胜任力模型。

3.4.5 从企业文化上分析

近年来，企业国际化竞争越演越烈，文化对企业的竞争发展影响越来越大。人们都说，21 世纪超一流的企业是做“文化”的企业。企业文化是组织在长期的生存发展中形成的，为组织多数成员共同遵循的基本信念、价值标准和行为规范。因此，进行企业文化相关的培训与开发是势在必行的。在分析企业文化时应注意：组织文化中是否出现了需要在员工中大力推广的新元素；员工，尤其是新员工，对组织文化的认识与认同程度如何；是否需要开展规模较大的培训教育等。

结合企业文化层面的培训需求调查结果，从理念认同、制度规范、管理艺术、沟通渠道和员工个人发展的需求量等方面对相应的培训需求进行预测。从企业文化上进行培训需求分析，可参考一般培训需求分析的方法，一般包括以下几种方法。

（1）业务分析（Business Analysis）。通过探讨公司未来几年内业务发展方向及变革计划，确定业务重点，并配合公司整体发展策略，运用前瞻性的观点，将新开发的业务所配套的文化管理事先纳入培训范畴。

（2）组织分析（Organization Analysis）。培训的必要性和适当性，以及与组织文化的配合是极其重要的前提，否则，如果培训造成公司内产生更大的认知差异，就得不偿失了。其次，对于组织结构、组织目标及组织优劣等也应该加以分析，以确定训练的范围与重点。

（3）工作分析（Job Analysis）。培训的目的之一在于提高工作质量，以工作说明书和工作规范表为依据，确定职位工作条件、职责及负责人员素质所依托的组织文化需求，从而界定培训的内涵。

（4）调查分析（Opinion Survey）。对各级主管和承办人员进行面谈或者进行问卷调查，询问其工作文化需求，并据实说明文化训练的主题或应宣传的理念是什么。

（5）绩效考评（Performance Appraisal）。合理而公平的绩效考核可以显示员工能力缺陷，在期末绩效考核完成后，反映员工在绩效结果中所暴露的“软”问题，以及如何通过文化解决这些“软”问题，因此绩效考核将是确定文化层面培训需求的重要来源。

（6）评价中心（Assessment Center）。员工提升过程中，为了确保选择人选的适当性，利用评价中心测定候选人的能力是一种有效的方法，且可以兼而测知员工培训需求的重点。

3.5 培训需求分析报告的撰写

按照上述过程，得出培训需求的相关数据和信息，经确认后最终形成培训需求分析报告。

3.5.1 培训需求确认

1. 确认结果

培训部门对通过各种调查方法所获得的培训需求信息进行汇总、分类后，形成企业或员工的初步培训需求。组织一般对于前面的一些培训需求控制过程都能做得相对较好，但在实际执行过程中还是会出现偏差，原因是没有进行纠偏控制。在进行培训需求纠偏时，应掌握原确定的培训需求、目前的实际情况以及采取的纠偏措施等一手资料。为了最终形成良好的培训需求分析结构，应重点注意以下几个方面。

（1）确认差距。培训需求分析的基本目的就是确认差距，即确认绩效的应有状况同现有状况之间的差距，有助于找出影响绩效问题的真正根源，从而找出哪些是可以通过培训解决绩效问题的有效方法。

（2）提供可供选择的问题解决方法。进行培训需求分析的一个重要原因，还在于它能为问题的解决提供一些可供选择的方法。正如前文所述，培训需求分析不仅仅是从培训角度分析，还会从企业其他管理方面进行综合分析，来评判各种解决问题的方法有效性。

毋庸置疑，当员工的工作绩效出现问题时，很多时候的确是因为缺乏培训。但是，组织中导致绩效下降的原因是多方面的，如组织结构设置、内部流程方面的问题，工作地布置不合理、工作环境恶劣的问题，再比如，与新任经理的关系不够融洽，不满意新任主管的领导方式，自己没有晋升的机会等。培训需求分析就是要在确认差距的基础上，明确提供可供选择的多种问题解决方法。

（3）决定培训的价值和成本。好的培训需求分析还可使管理人员把成本因素引入到培训需求分析中去。即考虑“不进行培训的损失与进行培训的成本之差是多少”，如果不进行培训的损失大于进行培训的成本，那么培训就是必需的，也是可行的。

（4）形成一个研究基础。一个好的需求分析能够确定培训需要和培训内容，并指出有效的培训实施策略等。同时，在培训之前，通过研究这些资料，还能够建立起一个标准，并依此标准评估培训项目及其培训结果的有效性，从而形成了对培训需求标准和项目进行衡量的研究基础。

（5）能够获得内部与外部的支持。当企业能够使组织信息和技能被工作人员系统地接受和掌握，那么在企业发展和变革中就可能避免或减少许多不必要的麻烦。一般来说，工作人员通常会支持建立在有效的需求分析基础之上的培训规划，特别是当他们参与了培训需求分析过程时，因此，让工作人员也参与到培训需求分析和培训规划制定的过程中，这为培训活动获得各方面的支持提供了保障。

2．确认方法

为了使培训切合企业或员工的实际培训需求，需要进行培训需求的确认工作。培训需求确认的方法主要包括以下三种。

（1）绩效面谈确认。绩效面谈确认是针对某一个体的绩效考核结果和培训需求，同培训对象面对面地进行交流，听取培训对象的意见、要求，确认差距，并在此基础上对培训需求进行确认的方法。

（2）主题会议确认。主题会议确认，往往针对某一普遍培训需求而实施。它通过就某一培训需求主题进行会议讨论，了解参会人员的意见或者建议，进而完善培训需求，确保培训需求的普遍性和真实性，为培训决策和培训计划的制定提供有力的信息支持。

（3）正式文件确认。在对培训需求达成共识后，为了便于以后各部门培训的组织实施，减少推诿或扯皮，需要以一份正式文件对培训需求进行确认，并由有关人员和部门签字。具体实施形式，如表3-3 所示。

表 3-3　培训需求确认会签表

培训需求确认会签表					
注：经部门需求调查和分析以及培训需求讨论会议通过，本部门员工培训需求情况如下					
普遍培训需求					
个别培训需求					
短期培训需求					
长期培训需求					
目前培训需求					
未来培训需求					
员工代表		部门经理		培训部	
地点			时间		

3.5.2 培训需求分析报告的编制

在完成了员工培训需求的调查和确认后，需将培训需求调查分析结果撰写成正式的书面报告，即《培训需求分析报告》。培训需求分析报告没有固定的格式，培训需求报告的编制要点如图 3-14 所示。

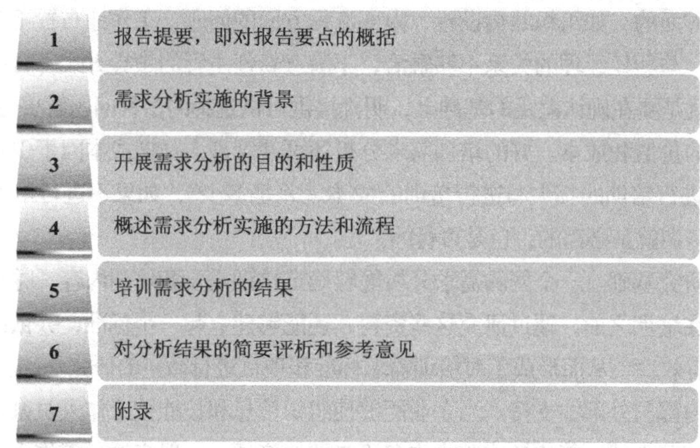

图 3-14 培训需求报告的编制要点

其中附录，主要是记录进行培训调查时用到的相关图表、调查问卷、访谈录音、原始资料等，目的在于保证收集和分析相关资料和信息时所采用的方法是科学、合理的。

【启发与思考】

扫一扫→某公司 2016 年培训需求调查分析报告

【思考练习题】

1. 培训需求分析的定义是怎样的？培训需求分析有什么作用？
2. 培训需求是如何产生的？有哪些种类？
3. 结合具体案例，说明培训需求分析的流程是什么。
4. 主要的培训需求分析模型有哪些？其核心内容是什么？
5. 培训需求分析的方法有哪些？优缺点有哪些？
6. 培训需求可以从哪些层面进行分析？各自分析的要点是什么？
7. 培训需求分析很重要，但实际上很多企业都不做，造成这种现象的原因是什么？
8. 撰写培训需求分析报告的要点有哪些？

【模拟训练题】

A 集团成立于 2001 年，是中国大型综合性软件与信息服务企业，提供 IT 咨询服务、IT 技术服务、IT 外包服务，涉及政府、制造、金融、电信与高科技等主要信息技术行业。

当前公司需要对技术研发人员做培训需求调查，但是不知道应该采用哪种方法比较好，请你列出常用的培训需求调查方法，说明各自的优缺点和适用范围，并建议公司采用何种方法并说明原因。

培训需求调查方法比较表

序号	调查方法	优点	缺点	适用范围
1	观察法			
2	面谈法			
3	讨论法			
4	问卷法			
……	……			

建议方法：

选用原因：

调查人：

【情景仿真题】

你是B公司人力资源部的培训专员，目前公司打算给各个部门和员工做培训，人力资源部门经理要求你用问卷的方式调查各个部门和员工的培训需求。经理告诉你目前公司有一套调查问卷，主要包括员工基本情况、对以往培训的感知、员工感兴趣的培训方式、对未来培训的建议和想法等内容。但经理认为还存在一些问题，你答应他用两周的时间重新修订和设计一份比较详实、有效的培训需求调查问卷。

员工培训需求调查问卷

调查说明：为了更好地提升员工的职业技能，计划近期对部分岗位的员工开展培训，请您结合实际填写此调查问卷，谢谢合作！

一、基本情况

姓名		性别		年　　龄	
部门		职务		入职时间	
教育背景（最高）	时间	（　　　）		（　　　）	学历
培训经历	（　　　）	培训机构		培训内容	所获证书

二、对以往培训的感知（可复选）

1. 以往培训形式	□课堂讲授式　□角色扮演式　□案例分析
2. 以往参加的培训	□自己要求　□领导指派　□企业要求　□自费学习
3. 是否做过受训需求调查	□是　□否

续表

4. 培训后技能、绩效提升	□明显提升 □基本无效 □不了解
5. 受训结果是否与个人绩效关联过	□是 □否
6. 目前工作中遇到的困难	
7.（ ）	
三、你对哪种培训方式感兴趣	
内部培训	□课堂讲授式 □案例分析 □会议 □其他
外部培训	□专业机构培训 □院校合作 □全脱产 □其他
四、对未来培训的建议和想法（请在方框内填写数字 1 ~ 5 以表示您的选择顺序）	
1. 您最喜欢、最有效、最理想的培训方式排序是	□小组讨论式 □头脑风暴法 □户外拓展训练 □案例分析 □游戏训练
2. 最能接受的培训时间排序是	□上班时间 □休息日 □下班后 □无所谓
3. 最想要接受的培训课题排序是	□专业技术知识 □沟通技巧 □销售技巧 □管理技能
4. 合适的培训频率排序是	□每月一次 □每两个月一次 □每季度一次 □每半年一次
5. 以上未提及，但您目前急需的其他培训项目、知识、技能，请列明	
6.（ ）	

填写说明：

1. 请按照实际情况填写此表。
2. 请于____月____日前，以部门为单位交到人力资源部，以便安排____年培训计划。

建议在问卷中增加的内容：______________________________

增加这些内容的原因：______________________________

第4章 培训计划、培训项目管理与培训课程体系设计

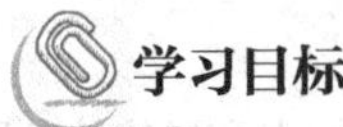

学习目标

1. 掌握培训计划制订的步骤。
2. 了解培训项目与培训计划的区别。
3. 掌握培训项目管理的主要内容。
4. 熟悉培训课程开发的流程和内容。

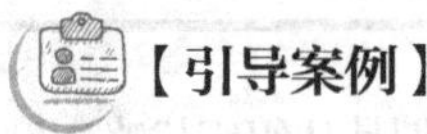

【引导案例】

肯德基的员工培训计划

肯德基自 1987 年进入中国以来，不仅仅带来了异国风味的炸鸡，还带来了全新的国际标准的人员管理和系统的培训体系。肯德基的培训体系在培训目标、培训内容、培训人员等方面均有明确的规划。

一、目标规划：传播肯德基理念

在肯德基，学员学到的最重要的东西就是团队合作精神和注重细节的习惯。这是肯德基理念的精髓，也将对学员的思想产生深层次的影响。这样使得肯德基理念获得了更广泛的认可，让肯德基品牌的核心竞争力得到了提升。因此，肯德基非常重视内部沟通和交流，例如为了密切公司内部员工关系，肯德基举行不定期的餐厅竞赛和员工活动，加强内部纵向交流。

二、组织规划：贴身设计，结合实际

肯德基在中国特别建有适用于当地餐厅管理的专业训练系统及教育基地——教育发展中心。这个中心专为餐厅管理人员设立，每年为来自各地的学员提供上千次的培训课程。中心大约每两年会对原有教材进行重新审定和编写。培训课程包括品质管理、产品品质评估、服务沟通、有效管理时间、领导风格、人力成本管理和团队精神等。

在管理人员的培训规划中就会有如何同心协力做好工作、基本管理、绩效管理、项目管理、7 个好习惯、谈判与技巧等培训内容。另外，肯德基教材的审定和重新编写主要是补充一线员工在实践中获得的新知识、新方法等。

三、课程规划：分门别类、有的放矢

肯德基的内部培训体系分为职能部门专业培训、餐厅员工岗位基础培训以及餐厅管理技能培训。职能部门专业培训主要是新员工的入职实习七天培训。对于接受相应的管理工作的职员，公司还开设了传递公司企业文化的培训课程。餐厅员工岗位基础培训主要是新进员工接受公司安排平均近 200 个工作小时的培训。通过考试取得结业证书。另外，从见习助理、二级助理、餐厅经理到地区经理，随后每一段的晋升都要进入这里修习五天的课程。餐厅管理技能培训主要是培养管理人员。开始一个员工要学习进入肯德基每个工作站所需要的基本操作技能、常识以及必要的人际关系的管理技巧和智

慧，随着他管理能力的提升和职位的升迁，公司会再次给他提供不同的培训课程。

制定培训规划是培训实施的前提条件，它将组织培训工作的方针、思路、设想等一一落实为可执行的操作方案，其质量的高低将直接影响到培训效果，所以培训规划是培训组织管理中的重要环节。

（资料来源：根据“颜世富.培训与开发.北京：北京师范大学出版社，2007：142-143.”提供的素材整理而成。）

案例分析：

1. 通过这个案例，你认为肯德基培训体系的优势在哪里？
2. 明确培训计划，加强培训项目管理的重要意义是什么？
3. 在肯德基内部培训体系划分多种类别，在课程体系设计等方面有什么不同？

培训计划、项目管理如同道路指南一样，有了它，企业才能够知道培训的起始点和最终的落脚点在哪里。所以，培训计划与培训项目的确立，是企业整个培训活动链条中非常重要的一环。

4.1 培训计划的制订

培训与开发要有效地实施，首先需要制订一份良好的培训计划，培训计划是从组织战略出发，在全面、客观的培训需求分析基础上做出系统性的规划和方案，使得培训有计划有序地进行和实施。

4.1.1 培训计划的概述

培训计划，是指按照一定的逻辑顺序排列的记录，它是从组织战略出发，在全面、客观的培训需求分析基础上做出的对培训时间（When）、培训地点（Where）、培训者与培训对象（Who）、培训方式（How）和培训内容（What）等的预先性的系统化设计。

培训计划应满足组织和员工两方面的需求，兼顾组织资源条件及员工素质基础，并充分考虑人才培养的超前性及其培训结果的不确定性。

同时，一个单独的培训计划应符合每一课程部分的培训，因为它们都有各自不同的目标，所以每一课程部分的培训都要求有独立的计划。一般来讲，我们要求只有在达到培训课程目标后，才能进入下一个培训课程。

4.1.2 培训计划的类型

很多成功的企业针对不同层次的要求，制订一系列的培训计划，有根据本企业的战略目标设计的长期培训计划，有每年制订的年度培训计划，也有按照项目要求制订的项目培训计划，以及具体到每一个课程的课程培训计划。

1. 按照培训计划的实施层级

按照培训计划的实施层级，可以分为组织级培训计划、部门级培训计划和个人培训计划三个层面。

（1）组织级培训计划。组织级培训计划可以保障组织内部的整体培训目标和培训战略的贯彻，它是组织的整体发展计划。组织级培训计划主要包括岗前管理培训、岗前技术培训、质量管理培训、组织管理培训等培训计划内容。

培训管理者在制订组织级培训计划时要有具体、多样的培训主题，涵盖各个部门、各个层级的员工，同时，注意组织的短期利益和长期利益相结合。

（2）部门级培训计划。部门级培训计划是根据部门的实际培训需求制订的。部门级培训计划主要包括：研发部门可进行技术管理培训、应用技术培训等；技术支持部门可进行应用技术培训、产品知识培训、工程管理培训和网络认证培训等；销售部可进行产品知识培训、销售策略培训和商务知识培训等；市场部可进行产品知识培训、市场知识培训、市场策略培训等；信息管理部以网络技术培训为主。

部门级培训计划制订完以后，培训部应与各部门经理进行沟通，并对各部门经理可能提出的增加培训内容和培训预算的请求进行协商，其中培训预算要严格控制。考虑到部门级培训内容，应以内训为主。此外，为了提高培训效果，培训部应向各部门经理明确说明，部门级培训须由部门经理协助进行，否则在培训实施过程中容易出现管理纠纷。

（3）个人培训计划。个人培训计划，既有利于个人的发展和提高，也是顺利实现组织级培训计划和部门级培训计划的基础手段，个人培训计划应该将整体、宏观的计划或培训目标分解开来，具体地落实到员工个人身上。

2．按照培训计划的时间跨度

按照培训计划的时间跨度，可以分为长期培训计划、中期培训计划和短期培训计划三种类型。这三者是一种从属的包含关系，中期培训计划是长期培训计划的进一步细化，短期培训计划则是中期培训计划的进一步细化。

（1）长期培训计划。长期培训计划一般指时间跨度为 3～5 年以上的培训计划。其重要性在于明确组织培训的方向性、目标与现实之间的差距和资源的配置，此三项是影响培训最终结果的关键性因素。

（2）中期培训计划。中期培训计划是指时间跨度为 1～3 年的培训计划。它在组织整体培训规划中起到了承上启下的作用，是长期培训计划的进一步细化，同时又为短期培训计划提供了参考。

（3）短期培训计划。短期培训计划，是指时间跨度在 1 年以内的培训计划。在制订短期培训计划时要着重考虑其可操作性和效果。

4.1.3 培训计划的内容

一个完整的培训计划应包括目标、内容、时间、地点、人物、结果的评估等。具体的培训计划由以下九个方面构成，如图 4-1 所示。

前言	介绍制订培训计划的背景和制订本计划的依据和理由
培训内容	列明培训名称，说明培训目的，简要介绍培训课程的内容
培训对象	对参训者的参训资格和参训人数进行具体规定，避免发生对不适宜人群进行不适宜培训的情况
时间、地点	明确培训具体的时间、期限和地点的安排信息
培训师	简要介绍培训师的教育背景和阅历
培训方式	培训方式有讲授、研讨、角色扮演等方式，说明为配合某一培训方式需要参训者所做的准备工作
培训预算	实施培训计划需要的费用总额，主要包括培训教材费，聘请培训师的费用，参训者交通、住宿、餐食费用，培训场地租用费等各项开支
培训评估	对培训评估手段和评估人进行简要说明，以便衡量培训评估的效果
培训计划表	“组织级培训计划”汇总“部门级培训计划”后，形成组织年度培训计划表

图 4-1　培训计划内容的构成

4.1.4 培训计划制订的原则

组织在制订培训计划时，应遵循以下四项原则：

（1）培训计划制订须从组织发展战略出发，并以各部门的工作计划为依据。

（2）培训计划制订须以培训需求调查为依据，并鼓励员工参与培训计划的制订。

（3）培训计划制订要以可掌控的资源（如培训时间）为依据，并考虑设计不同的学习方式来适应员工的需要和个体差异。

（4）培训计划制订应着重注意培训细节。

4.1.5 培训计划制订的依据

培训计划制订的依据，主要包括以下五个方面的内容。

（1）以企业发展战略为依据。企业发展战略是实施企业培训计划的指导思想和方向所在。

（2）以企业中长期发展规划为依据。培训项目制定以企业中长期发展规划为根本依据。

（3）以培训需求调查为依据。培训计划的制订不能凭空想象和主观假设，要以客观事实为基础。

（4）以企业培训台账为依据。根据培训台账记载的培训记录进行有序的培训安排。

（5）以培训项目总结报告书为依据。以总结报告书中反馈的目标完成情况、方法适合度以及其他培训相关事项的总结评估为依据，来进一步制订和完善培训计划。

4.1.6 培训计划编制的要求

培训计划编制时，要做好以下六项工作。

（1）明确计划制订机构。培训计划的制订不仅仅是人资部或培训部的事情，它涉及组织内部的各个部门和各个层级，是一项系统性工程。因此，组织应明确计划制订机构的职责，以便协调各个部门进行培训计划的制订。

（2）进行调查研究。调查研究的内容主要包括：预测组织短、中期内的生产和技术的发展情况；预测组织在短、中期计划内对各种人员的需求数量；做好组织员工素质方面的普查，切实了解员工在政治思想、行为表现、文化、技术和管理等方面的现有水平；明确员工个人对培训与发展的要求；调查组织在培训方面的条件，如培训师资、培训资料及教材、培训设备及培训经费等。

（3）做好综合平衡。在制订培训计划时应做好综合平衡，注意员工发展与师资来源的平衡，培训与组织生产、经营正常运转的平衡，组织培训需求与受训者要求的平衡，培训发展与培训投资的平衡等。

（4）实现可操作性。制订的培训计划应有可操作性，制订各分段目标或具体分项目标培训计划的实施细节，主要包括总体计划及各分项目标计划实施的过程、时间跨度、阶段、步骤、方法、措施、具体要求和评估方法等。

（5）广泛征求意见。经过充分的讨论和集中修改，经组织的最高管理层审核批准后，下达到有关的基层单位实施。

（6）保障灵活性。灵活运用制订培训计划的步骤，不能绝对统一，要根据各分项培训目标的轻重缓急分配资源，以保证各项目标都有相应的人力、物力和财力作为支持。同时，各个步骤之间也会有交错进行的情况，既要注意向别人学习、借鉴别人的经验，也绝对不能盲目照抄照搬，一定要结合本组织的实际情况来进行。

4.1.7　培训计划制订的步骤

任何一项计划的制订都有其流程和步骤，培训计划的制订步骤包括做好计划准备、培训需求调查、培训目标确立等环节。

1．做好计划准备

对以往培训计划（主要是上年度培训计划）的实施情况进行总结分析，并以此为基础找出改进问题作为完善方向。对培训计划制订的时间点进行规划，结合公司中层干部会议宣贯年度培训计划制订的方向及进程，为接下来的培训需求调查的开展及计划的制订做好铺垫。

2．培训需求调查

培训管理者应依据培训的不同目的，开展培训需求调查，如图 4-2 所示。

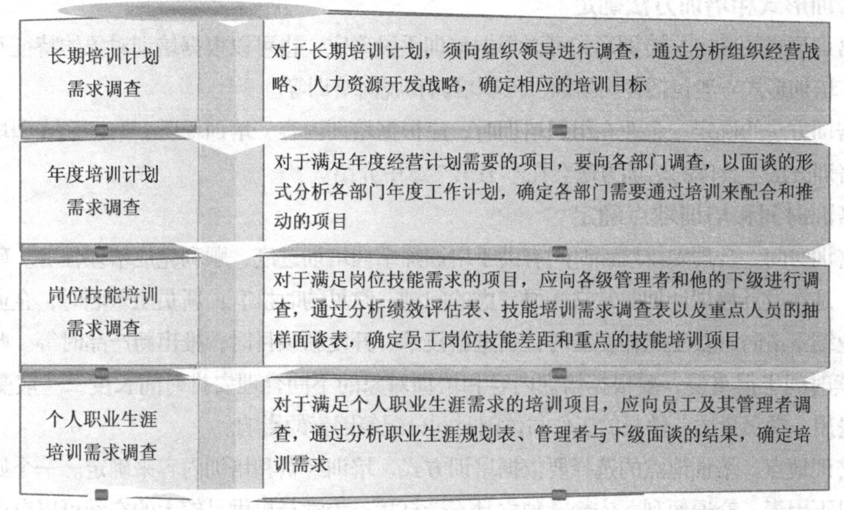

图 4-2　培训需求调查

3．培训目标确立

确定培训目标的重要意义在于明确培训要达到的结果，以及为培训效果评估提供现实可行的标准。目标的描述是培训的结果，而不是培训的过程，明确培训目标可以增强学员学习的动力，也为考核提供标准。确立培训目标的依据主要包括以下两个方面。

（1）组织的实际需要。培训管理者通过对各部门的工作进行分析，确定哪些环节需要通过培训来获得改进，或者通过分析工作中的关键事件以及员工应对关键事件的能力，确定最需要培训的地方，或者依据考核结果中出现的问题，确定培训目标。

（2）员工的素质情况。培训管理者明确员工距离工作的需要存在哪些差距，在这些差距中，哪些是因为缺乏知识，哪些是因为缺乏技能，哪些是因为态度不端正，哪些是经过培训可以改善的，哪些是经过培训也不能解决而必须进行岗位调换的，哪些是本组织无法解决的等。

4．培训对象确定

培训管理者根据培训需求调查分析的结果，结合组织的发展战略，确定需要接受培训的人员范围。

5．培训内容及课程设置

不同的培训对象，培训内容是不一样的，同一个培训对象在不同的阶段，其培训内容也是不同的。例如，新员工入职培训与在岗培训的培训内容就要分别设置，见表 4-1。

表 4-1 入职培训与在岗培训的培训内容设置

培训类别	培训对象	培训内容
岗前培训	新员工、新岗位任职人员	企业文化、组织发展状况、规章制度、职业素养、职业礼仪等
专业技能提升培训	在职人员	生产、营销、研发、人力等专业知识和技能
管理能力培训	基层、中层和高层管理人员	管理能力提升类内容，如沟通、授权、激励、执行力、领导力、时间管理、团队建设等

6．培训负责人和培训师选择

培训工作的组织者为人力资源部或者独立的培训部门。培训师的选择要考虑选择标准、培训师来源和培训师管理等方面的问题，具体内容会在后面章节予以详述。

7．培训形式和培训方法确定

（1）培训形式的确定。培训形式可以根据培训手段确定，也可以根据培训对象的特征及兴趣、动机等确定。培训形式一般包括在岗培训、入职培训和脱岗培训等。

（2）培训方法的确定。企业在组织培训时，应根据培训内容、培训场所、培训形式和培训对象选择合适的培训方法。具体的培训方法会在本书第 7 章中介绍。

8．培训时间和培训地点确定

（1）培训时间。合理安排培训时间有助于培训师掌握培训进度，顺利完成培训任务。确定恰当的培训时机，是在设计培训计划时常常需要考虑的问题。常见的时机有：新员工入职时；企业技术革新时；销售业绩下滑时；员工工作变动时；引进新技术、开发新项目时；推出新产品时等。此外，决定培训的持续时间也很重要，要根据培训内容和培训对象的不同合理安排时间长度，一般受到培训内容、培训费用、学员素质、学员的工作与休闲时间分配等因素的影响。

（2）培训地点。培训地点的选择要依据培训方式、培训经费和培训内容来确定。一个好的培训场地应包括以下因素：交通便利；安静、独立且不受打扰；为学员提供足够大的空间可以自由活动，让他们能够清楚地看到培训空间中的东西，如幻灯片、图表、视频等。

9．培训效果评估方法确定

确定培训效果评估的方法，以便及时跟踪培训效果。培训效果评估的方式一般包括受训者考试、受训者的意见反馈、受训者的行为变化、培训工作的投入产出分析等。具体的评估方法会在本书第 8 章中阐述。

10．培训费用预算编制

培训费用预算的编制主要是由组织的人力资源发展战略、组织的行业特点、销售业绩和员工整体水平等诸多因素决定的。

11．培训计划书编写

培训部门根据上述内容，采用组织规定的培训计划书模板，编写培训计划书，并经相关领导审批后发布执行。

4.1.8 培训风险的防范

任何一项管理工作都会有不确定性，都会存在管理风险。常见的培训风险主要包括培训效果不佳风险、人才流失风险、专有技术泄密风险、为竞争对手培养人才风险、知识更新及战略风险等。针对这些风险，组织要采取有针对性的风险防范策略。

（1）为了防范培训效果不佳风险，组织需要做好培训需求分析，合理制订员工培训计划，选择或培养合适的培训师，做好培训的转化工作，做好培训效果评估工作，建立绩效考核制度。

（2）为了防范人才流失风险，组织应做好考核选拔，谨慎选择培训对象，明确权利与义务，并签订培训合同等。对企业经营影响重大的关键人物（如企业经营者、掌握重要客户的营销人员）和掌握企业商业秘密的员工，要根据国家有关规定签订协议，约定员工离开企业后不得泄露本企业商业秘密，在一定期限内（不超过三年）不得到生产同类产品或经营相同业务且有竞争关系的其他企业就职。

（3）为了防范专有技术泄密风险，组织在培训前，首先应对拟定的培训对象进行深入的考察，选择对企业忠诚度高、品行好的员工进行培训。其次要与培训对象签订保密协议。一旦出现员工侵害企业利益的行为，企业便可运用法律来维护自身的利益。

（4）为了防范知识更新及战略风险，员工培训不仅要与当前企业生产经营实际紧密相联，还要具有前瞻性。具体来说，在培训活动实施前，企业要根据企业战略规划和企业相关的知识更新培训计划，目的是支持企业战略规划的实现。

4.2 培训项目管理

一个培训项目涉及方方面面，是一项系统化的工作任务，这就需要用项目管理的思想予以实施，以便达到培训预期目的。

4.2.1 培训项目与培训计划的区别

培训项目是指对具有明确培训目标的一次培训活动的设计，而培训计划（如年度培训计划）侧重于年度内所有培训项目的概要计划呈现。具体区别见表4-2。

表4-2 培训项目与年度培训计划的区别

区别项目	培 训 项 目	年度培训计划
范围	某一次培训活动的具体计划	对年度内所有培训项目的概要描述、安排等
权限	培训项目实施的指南，指导、协调、检查和考核培训项目计划以及实施	年度培训计划的实施计划，有时可以对年度培训计划的某些内容进行调整
制定者	可以是培训工作人员，也可以是培训对象所在的组织负责人	企业培训工作人员
原则	注重实施中的必要性与可行性	注重计划制订的原则，要紧扣企业总体发展目标和培训发展目标
培训目标	描述具体的培训目标	对培训目标进行一般性的概述，不做更深层次的细化
计划内容	只涉及要实施的培训项目的内容	除了培训项目的内容概要外，还包括整体上的制度设计、费用管理、师资队伍建设等内容

4.2.2 培训项目目标规划

培训项目的目标是指对某一个或少数几个培训需求要点的细化，它反映了组织对该培训项目的基本意图与期望。

1．培训项目目标的构成要素

一个完整的培训项目目标包括三个基本的构成要素：行为（能力）表现、行为发生的环境条件以及行为（绩效标准）。

在规划培训项目目标的时候，一方面要明确指出受训者在接受培训之后所应掌握的知识与技能，另一方面应该指明受训者在接受培训之后，在特定的环境条件下，能够表现出来某种特定的行为，并产出组织期望的业绩，这是至关重要的。

2．培训项目目标的设定标准

培训项目目标设定的标准包括作业表现、环境条件、评价指标三个方面的内容。

（1）作业表现。一个培训项目目标通常应该指出为了胜任某项工作，受训者需要具备的能力或能够提供的产出，例如，“为新产品撰写产品说明”。

（2）环境条件。一个培训项目目标的明确阐述，应具体说明是在什么内外部环境和相应条件要求的前提下来实现。例如，“在掌握了某个产品所有的工程信息的情况下，受训者能够撰写一份产品说明书”。这个培训项目目标的表述就比“完成培训后受训者能够撰写一份产品说明书”的表述要好。

（3）评价指标。如果可能的话，一个培训项目目标应指出可接受的受训者的作业水平。例如，“受训者必须在产品说明书中介绍产品所有适应市场需要的商业特征，其中至少要说明它的3种用途。”

3．编写培训项目目标的操作指南

（1）培训目标是文字、符号、图画或图表的组合，它指出了受训者应该从培训中取得的成果。

（2）培训目标应从组织和受训者两个层面表达出培训意图：从组织来看，组织希望受训者能够做什么；组织希望他们在哪些特定的情况下表现出这些行为；组织希望他们的作业水平达到什么标准。从受训者来看，受训者在掌握了需要学习的东西后应该表现出什么样的行为；受训者学会的行为应该在哪些情况下表现出来；评价学习成果的标准是什么。

（3）逐条写出组织期望受训者取得的每一个培训效果，通过尽可能列举来充分表达培训目标。

4.2.3 培训项目运营计划

培训项目运营计划，指的是一个培训项目向正常目标推进过程中需要制订的有预见性的进程性计划。通过运营计划的认真落实，培训项目才能达到预期的效果。培训项目运营计划主要包括以下内容。

1．运营方案的制定

项目的运营，其运营方案是不可缺少的，有了具体合理的运营方案，才能有条理、有计划地进行。制定的运营方案主要有战略性的方案和战术性的方案。

2．计划的运营时间

按照培训项目运营计划的时间，可以分为近期计划、中期计划和长期计划。

① 近期计划，可以制定在1个月到1年之内，以更好地观察运营的效果。

② 中期计划，可以在1～3年的期限内。

③ 长期计划，一般是3年以上，根据公司目标来具体制定。

4.2.4 培训项目费用预算

培训项目是组织中一项重要的效益活动，应考虑其投入成本与产出。以下是培训项目中可能产生的费用项目，如表4-3所示。

表 4-3　培训项目可能产生的费用项目

基本流程	具体流程	可能产生的费用项目
培训前期工作	培训需求调查	问卷设计、印刷、调查实施产生的费用（面谈、电话调查等）
	培训课程开发	课程开发费用
	培训提案	提案制作费、提案印刷费
培训准备	培训人员调查	学习风格测试费、管理风格测试费、性格倾向测试费
	场地、器材	场地租赁费、必要器材购买费用、易耗品购买费用
	教案与教材准备	讲义制作费用、视频教材费用
	其他	笔记本、记录笔、MARK 笔
培训实施	讲师与助手费用	差旅住宿费用、讲课费用
	学员费用	交通费、住宿费
	其他必要开支	餐饮费、礼品费
培训后期工作	培训评估	后期培训效果追踪与工作指导产生的费用

在进行培训项目费用预算时，应注意以下事项。

（1）明确所有的费用项目。培训项目的费用得明确费用项目、单项费用金额（是否含税）、费用支付方式、费用支付日期等。

（2）综合考虑各种因素影响。在制定培训预算时要考虑多种因素，如公司业绩发展情况，过去培训费用、人均培训费用等，一般是在以往经验的基础上根据培训工作的进展情况予以增加或者缩减。

（3）预留必要费用用于突发性事件的应急处理。突发事件可能有很多，如因学员增加不得不增加的餐饮费，因无法在规定的时间内完成培训而不得不支付的额外的场地租赁费等。制订项目计划时，培训师或培训经理需要考虑设立相关紧急联络人。紧急联络人通常是除了讲师与其助手之外的第三人，来处理培训项目的应急性事务性工作。

4.2.5　培训项目课程开发

培训项目课程开发是培训项目管理中的核心内容，其课程开发质量决定了整个培训项目的实施效果，具体包括课程内容的呈现、课程的导入、课程脚本的设计、课程视频的开发、课程故事的开发和课程互动环节的设计六个环节。

1．课程内容的呈现

课程内容的呈现要能充分调动受训者的兴趣，对课程内容进行情节化和故事化设计是调动受训者兴趣的有效做法，应用情景和情境设计是体现情节化和故事化的基础。以下是情景和情境的比较，如表 4-4 所示。

表 4-4　情景和情境的比较

项目	特征描述	培训应用特点	举例展示
情景	相对单一的情形，侧重静态展示，没有主体人物	较短的时间跨度，较小的活动空间，难度低，涉及要素较少，学习主体被动感受，以激发学习兴趣	自然风景、布景、环境展示，适用于某一节课或某个具体授课问题的展示
情境	多个单一情形的整合，侧重动态过程，具有主体人物	较长的时间跨度，较大的活动空间，难度高，涉及要素较多，学习主体主动体验，强调学习动机的激发	愤怒、失望等相互关联而存在的复合场景，适用于整体课程设计、单元课程的设计

2．课程的导入

为了提高培训效果，在培训课程的开展过程中，可以采用表 4-5 中的九种内容导入方式，并结合受训者的心理特征。

表 4-5　课程内容的主要导入方式

导入方式	导　入　说　明
面临危机	“外部和内部的变化使我们必须做出改变”
恰逢机会	“这样一种新的观念可以突破性地提高工作效率，我们没有理由不去学习”
需要改变	“事实说明我们已经落后很多，如果不跟上，我们将自取灭亡”
实现梦想	“我们都有梦想，并不断为梦想去努力奋斗，为了实现梦想，无论付出多少都是值得的”
困惑彷徨	“站在十字路口，不清楚往哪个方向迈步，这种情境谁都会遇到，关键在于我们需要借助什么去做出正确的选择”
失望悲观	“真正的失望是想有选择却没有选择，从这个角度看，做一种错误的选择其实也是幸福的，因为至少还有选择，所以，只要有选择，就会有希望”
兴奋自豪	“我们已经取得了骄人的业绩，回头望向落后者的身影，我们除了感到骄傲，更应当勇往直前，走得更远”
被迫抵触	“被动接受和执行会让自己不快乐，但既然已经明确你不得不这样做，那就要尝试改变心态，并借此作为磨炼自己的机会”
存在差距	“现在我们不强调明确的进取观，但是差距是必然存在的，存在差距并不可怕，可怕的是我们自甘于差距的存在却不思改变”

3．课程脚本的设计

课程脚本设计是制作课件的一个重要环节，它被越来越多地应用于多媒体课程开发中。课程脚本类似于影视剧本，课程脚本包括六项内容，如表 4-6 所示。

表 4-6　课程脚本的主要内容构成

主要内容	具　体　解　释
选择课程内容	课程要阐述的内容，课程结构布局，课程章节顺序等
设定人物形象	在概述中注明脚本出场人物，一般包括人物姓名、性别、身份、个性特征等，描述人物时，语言要简练
进行场景描述	描述场景特点和场景的具体呈现方式，如需特殊道具，也应当特别指出
撰写解说词	包括在画面上出现的文字和配音内容，配音内容即以音频形式出现的内容，如旁白、对白等
设计音响和配乐	包括背景音乐、导入音乐、切换音乐、按钮声音等
收集培训机构的参考案例	收集一些著名培训机构的课程体系等资料，作为参考范例

4．课程视频的开发

课程视频主要是指可以通过视频播放软件播放的授课内容。组织可以通过三种方式开发视频内容。

（1）直接剪辑。来自电视剧和电影的部分内容的剪辑。

（2）直接引用。来自电视媒体和网络媒体的热点视频、新闻视频等的引用。

（3）自主研发。由组织自身进行情节设计并进行拍摄，借助视频编辑软件进行处理后作为课程的组成部分。

目前，常用的视频编辑软件有 Cyberlink 公司的威力导演、友立公司的会声会影、索尼公司的 Vegas、Adobe 公司的 Premiere、品尼高公司的 Studio、微软公司的 Movie Maker 等。

5．课程故事的开发

故事是保证课程生动、富有吸引力的一个必备因素。无论是课程导入、课程内容，还是课程结束，都可以通过恰当的故事讲解达到加深记忆、引人思考、强化效果的目的。开发课程故事的步骤如下。

（1）明确主题。主题是故事要表达的中心含义，是想要通过故事中的材料和表现形式表达的基本思想。具备明确的主题，才能编写出针对性强、符合需求的课程故事。

（2）寻找创意。创意是一种想法，是确保故事质量的关键。好的创意应当包括怎样开头、怎样结尾、怎样过渡、怎样设置悬念、怎样进行扩展、怎样提炼重点。

（3）设定情节。情节是故事的具体内容。要编写一个引人入胜的故事，最重要的是要有扣人心弦的故事情节。

（4）组织语言。语言组织能力是编写故事所需的最基本能力。故事语言面向大众，因此故事语言要通俗流畅，富有吸引力。

6．课程互动环节的设计

课程互动环节设计的直接作用就是增加培训师与受训者之间的交流和沟通，活跃课堂气氛，引发学习兴趣，提高培训效果。课程常用的互动包括情感互动和行为互动。

为了适应课程传授方法多样化的需求和满足持续改善培训效果的要求，在授课过程中强调将互动环节作为课程的重要组成部分，进而增加了受训者参与课程的机会，突出了受训者在培训过程中的主导性。例如，面授可以采用问题或课题的问答互动、情景模拟互动、小组讨论互动的方式。E-Learning 可以设定受训者参与程序，具体表现为留出一定时间让受训者进行思考，并通过点击鼠标进行远程参与。一般可以通过选择认为正确的问题答案参与互动，也可以通过参与同课程内容有关的游戏进行互动。

4.2.6 培训项目师资选择

培训项目师资的选择，首先要明确培训师资应该具备的职业素质和技能要求，然后鉴别不同水平的培训师，从而选择最适合于组织和学员特点的培训师资。

1．培训师资的素质要求

一名合格的培训师，其素质要求应体现以下五点：

① 灵活性。在短时间内有能力调整方向，并知道应该做什么。

② 鼓励性。具有能够感染他人的热情。

③ 幽默感。不要让自己和气氛变得很严肃。

④ 真实性。尊重客观实际，讲解知识坦诚。

⑤ 成熟性。当认为问题不需要回答的时候可以不回答。

2．培训师资的技巧要求

① 控制能力。有能力使每个人以及整个团队朝着目标努力。

② 创新能力。能够运用现有的思维模式提出有别于常规的见解，或利用现有的知识和物质，在特定的环境中，改进或创造新的方法、路径、环境等。

③ 评估能力。知道什么样的信息和反馈对于整个团队的发展是至关重要的。

④ 转换能力。能够帮助他人把现场的经验应用于对能力的提高上。

⑤ 沟通能力。具有高度的敏感性和理解能力，能够传达准确的意思。

组织应大力提倡和促进内部优秀员工、骨干员工担任培训师，并制定切实可行的内部培训师选拔与培养制度，明确内部培训师的选拔对象、选拔流程、选拔标准、上岗认证、任职资格管理、培训与开发以及激励与约束机制等具体工作，使每项工作内容都具体化、可操作化。在确定内部培训师候选人后，应对他们进行专业培训，使之按照优质水平的培训标准执行组织的各个培训项目。

组织对于外部培训师的选择应严格按照申请、资格认证、试讲、评价、聘请的程序进行管控，以便提高外部培训师选择的针对性、适用性和高效性。

4.2.7 培训项目运营评估

一个完整的培训项目运营评估可以分为培训前、培训中和培训后的运营评估。

1．培训前运营评估

培训前运营评估的重点是对受训者自身的能力水平和行为进行评估，主要包括评估受训者能力与企业战略需求、岗位需求、他人认知之间的差距。

培训前运营评估的主要方法包括观察法、面谈法、案例测验法、资料分析法、实操测试法和问卷调查法等。

2．培训中运营评估

培训中运营评估是指在培训实施过程中进行的评估。培训中运营评估能够帮助培训管理人员控制培训实施的有效程度。

以下是培训中运营评估的主要内容，如图 4-3 所示。

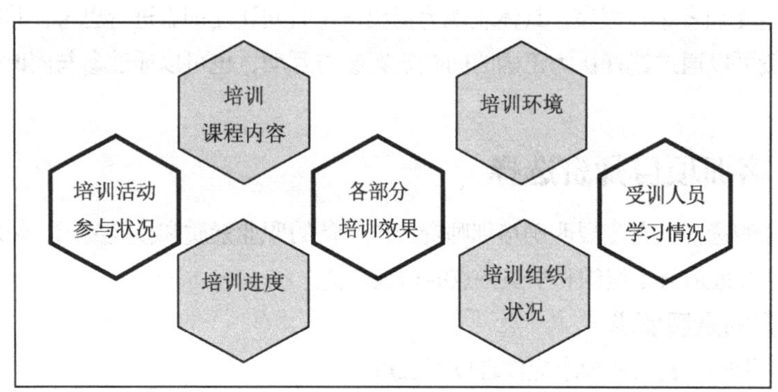

图 4-3 培训中运营评估的主要内容

培训中运营评估常用的工具是“学员课程评估表”，它通过了解受训者对课程的感受，可以比较准确地判断课程组织得成功与否。

3．培训后运营评估

培训后运营评估是对培训的最终效果进行评价，目的在于使企业管理者能够明确培训项目选择和实施的优劣，了解培训预期目标的完成程度，为后续的培训计划、培训项目的制定与实施等提供参考和指导。培训后运营评估的主要内容包括培训目标的达成情况、培训相关人员的工作绩效以及培训的综合效果等。

培训后运营评估的主要方法有定量评估和问卷评估两种。

（1）定量评估。定量评估是通过将与培训相关的成本、收益等信息和数据进行量化，从而对培训的效果进行衡量的一种评估方法。常用的定量评估工具有两种，具体如表 4-7 所示。

表 4-7 常用的定量评估工具

评估工具	工具说明	计算公式
舍贝克和科恩的效用公式	对受训者在培训前后工作效益的差别进行计算	培训效益=（E_2−E_1）×P×Y×V − C×P E_1 表示培训前每位受训者一年产生的效益； E_2 表示培训后每位受训者一年产生的效益； P 表示受训者的人数； Y 表示培训效益可持续的年限； V 表示工作价值，即对工作成绩的货币计算； C 表示为每位受训者花费的培训费用
收益分析公式	计算培训前后受训者与未受训者的工作差异	培训效益 =（Y×P）（Dt×SDy）（1+V）（1 − Tax）−（N×C）（1 − Tax） Y 表示培训产生收益的时间期限； P 表示在考虑的时间范围内，最终留在企业的受训者人数； Dt 表示受训者和未受训者工作成绩的差异； SDy 表示未受训者工作成绩的标准偏差； （1+V）和（1 − Tax）分别表示用来调整易变的培训花费和企业税率的影响，这可以用会计的方法计算得出； C 表示每位受训者培训中所用花费，包括所有直接成本和间接成本； N 表示受训者人数，连同最终培训成绩不符合标准的或者中间退出的受训者，都应包括在内

（2）问卷评估。问卷评估是通过选取评估指标并以发放问卷的方式，向评估对象直接了解培训效果。问卷评估是目前应用非常普遍的一种方法。

问卷评估实施的关键在于设计出一份合理有效的问卷，一般需要符合以下要求：与培训目标紧密相连；与受训者的培训内容有关；包含培训的主要因素和主要环节；评价结果易量化；能鼓励受训者真实反映结果。

4.2.8 培训项目总结

培训项目总结主要是从对培训实施的目的和性质、培训项目实施过程、培训项目评估结果等方面进行的阐述说明，并力求客观、公正。表 4-8 所示为某公司关于团队管理的培训项目总结报告表。

表 4-8 某公司关于团队管理的培训项目总结报告表

一、培训项目基本情况			
培训项目名称		培训对象	
培训师		培训机构	
主办单位		受训人数	
培训日期		培训地点	
培训项目实施背景	（略）		

续表

二、出勤情况

序号	参训部门	培训执行率	缺勤情况	
			无故缺席	请假
1	技术中心	100%	—	—
2	项目管理部	100%	—	—
3	技术研发部	100%	—	—
4	销售部	100%	—	—

参加人数	50	实际参加人数	50	出勤率	100%

三、培训项目反馈结果综合分析

本次培训共收回 46 份 有效培训项目反馈表	
学员综合评分分布情况见右图	
本次培训的综合平均满意度为 92.26 分	

四、反馈意见及分析回复

学员意见		分析回复
对培训组织评价	1. 内容较多，可设专题 2. 下午上课时间太长	回复 1. 此次培训旨在让大家学习较多的理论知识，培训组织仓促，在设计课程时没有把课程内容进行模块细化 回复 2. 为了让大家掌握更多的知识和技能，下午的授课占用了较多时间，敬请谅解
对培训师评价	1. 讲师互动较少 2. 课程增加案例分析和讨论	回复：此次培训注重理论知识的传授，而由于讲师的特色，没有较多地运用案例分析、讨论和互动环节

五、培训总结

1. 此次培训在各方面的共同努力下，顺利完成预期的培训目标。
2. 培训结束后，通过测试，发现学员对培训内容的掌握比较到位。
3. 培训结束后一个月内，部分学员的工作质量和业绩有一定的提高。

附："学员培训成绩汇总表"和培训结束后"学员工作绩效考核明细"等。

4.3 培训课程体系的设计与开发

培训课程的设计与开发是对整个培训课程的计划和管理，它包括确定课程目标、选择和组织课程内容、实施课程和评价课程等阶段。一般从需求分析输入，从时间、内容、方法、材料等输出，对培训课程实施效果起着决定性的作用。

4.3.1 培训课程体系的概念

培训课程体系，是指构建一门课程的形式和结构，由一系列具有内在逻辑性和一定关联性的培训课程相互作用、相互联系而形成的有机整体。

培训课程体系可以分为基于广义层次和具体层次的两种课程编制体系。广义层次主要是指课程体系基本的价值选择，即培训课程体系的开发设计与培训目标活动相关联。具体层次主要是指技术上的安排与课程要素的实施。培训课程体系由既相互联系又相对独立的课程科目组成，并具有合理的课程结构安排。

4.3.2 培训课程体系的内容

培训课程体系的内容包括课程目标、课程内容、课程教材、培训模式、培训策略、课程评价、课程组织、课程时间、课程空间、培训师、培训对象等。

（1）课程目标。课程目标是指学习的方向和学习过程中各个阶段应达到的标准，应根据环境的需求来确定。在课程体系的设计过程中，课程目标是基于课程内容，用特定的行为术语做出目标表述，并对完成目标做出界定。

（2）课程内容。课程内容可以是学科领域中的概念、原理、方法和技能技巧，也可以是过程、程序、步骤、规范和标准。课程内容的组织就是确定课程内容的范围和顺序。

（3）课程教材。课程教材是将学习的内容呈现给学员的载体，既包括精心编写的教学大纲，也包括报刊上的相关论文与案例，以及配套的音响教材、参考读物、学习指导、辅导教材等。

（4）培训模式。培训模式是指学习活动的安排和培训方法的选择，它与课程目标直接相关。好的培训模式能有效地体现课程内容，并采用配套的组织与教学方法，激发学员的学习动机，提高学习效率。

（5）培训策略。培训策略是指培训程序的选择和培训资源的利用，它与学习活动密切相关，是学习活动的一个组成部分。

（6）课程评价。课程评价是用来评估学员对学习内容掌握的广度和深度，以及课程目标完成的程度。课程评价的方法有定性和定量两种，评价的重点应该放在定量的测定上。

（7）课程组织。课程组织的主要形式包括面向学员的班级授课制和分组式授课制。

（8）课程时间。提高时间的利用率，课程设计者要巧妙地配置有限的课程时间，培训师要使学员在整个课程执行期间积极地参与培训活动，并积极地安排课后作业。

（9）课程空间。课程空间指的是培训教室，以及其他可以利用的场所，如会议室、生产车间、报告厅等。

（10）培训师。培训师根据培训课程的目标和内容要求而定，是培训课程的执行者。培训师能力要求广泛，能驾驭课堂和学员，引导学员达到课程目标。

（11）培训对象。学员是培训课程的主体，他们不但是课程的接受者，也是一种可利用的学习资源。组织应该全面考察学员的学习背景和学习能力，并在培训过程中充分调动学员参与培训课程学习的积极性，以使培训效果最大化。

4.3.3 培训课程体系的作用

培训课程体系设计的主要作用就是构建整体课程的形式和结构，并能够满足培训需求、有序开展培训、提升员工能力、实现岗位胜任等。具体如图4-4所示。

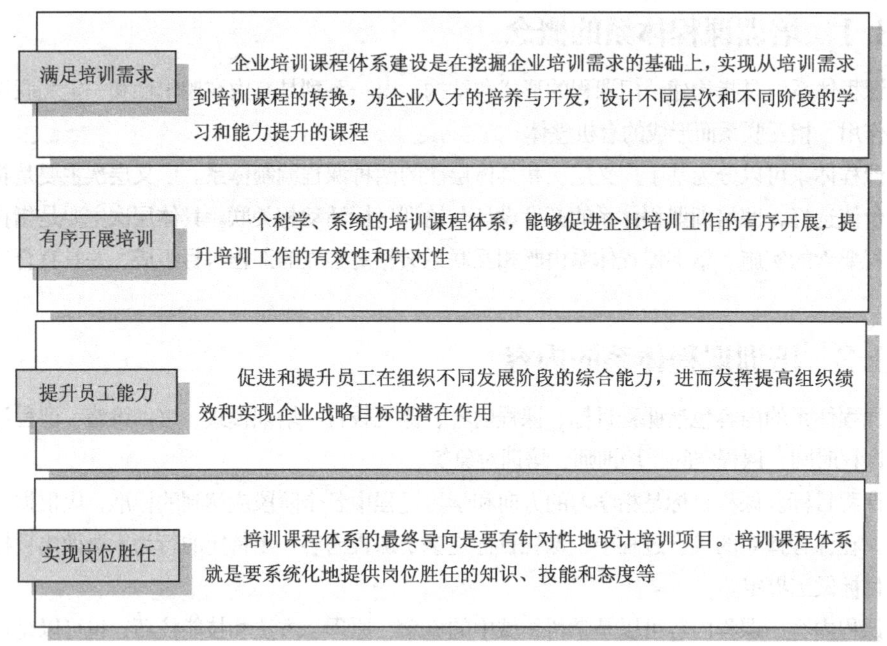

图 4-4　培训课程体系的作用

4.3.4　培训课程设计与开发的常用模型

1. ISD 模型

（1）ISD 模型的涵义。ISD（Instructional System Design）模型，即教学系统化设计模型，是以传播理论、学习理论、教学理论为基础，运用系统理论的观点和知识，分析教学中的问题和需求并从中找出最佳答案的一种理论和方法。

（2）ISD 模型的操作步骤及内容

按照 ISD 模型操作时，应从分析、设计、开发、实施、评估五个方面展开。

① 分析。对教学内容、学习内容、学习者特征的分析。

② 设计。对学习资源、学习情景、认知工具、自主学习策略、管理与服务进行设计。

③ 开发。根据设计内容进行课程开发。

④ 实施。根据课程开发的成果实施培训。

⑤ 评估。对开发的课程进行评估并形成评估报告。

（3）组织 ISD 模型设计示例。

以下是 ISD 模型在组织培训中应用的模型示例，如图 4-5 所示。

2. DACUM 模型

DACUM 模型是通过职务分析或任务分析从而确定某一职业所要求的各种综合能力及相应专项技能的系统方法。

DACUM 表是由某一职务所要求的各种综合能力（任务领域）以及相应的专业技能（单项任务）所组成的二维图表（见表 4-9），描述了专业课程开发的目标和从事该项职务必须满足的各种要求。其中，行代表专项技能，列代表综合能力。

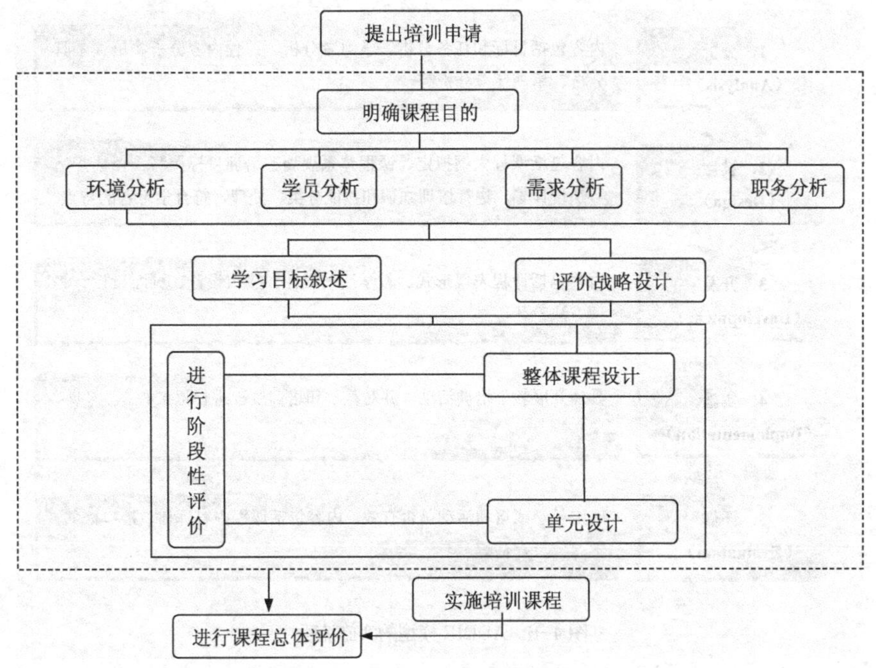

图4-5 组织ISD模型设计示例

（资料来源：张俊娟，韩伟静．企业培训体系设计全案．北京：人民邮电出版社，2014:129.）

表4-9 DACUM二维表

A	A1	A2	A3	……
B	B1	B2	B3	……
C	C1	C2	C3	……
D	D1	D2	D3	……
……	……	……	……	……

（资料来源：张俊娟，韩伟静．企业培训体系设计全案．北京：人民邮电出版社，2014:133.）

DACUM包括名称、任务领域、单项任务和任务完成评定标准四项内容。用DACUM进行工作任务分析的流程包括前提准备，确定单项任务，检查与完善各个任务领域与单项任务及其表述方式的准确度，将各个任务领域和单项任务按照其重要性、使用频率进行排序。

DACUM方法适用于在活动过程中呈现出固定性程序和重复性特征的再生性技能，如钻孔工序等。但对于需要具备一定理论基础开展的活动，以及同时呈现灵活性和变通性的创造性技能，如解决工艺问题等，该方法具有一定的局限性。

3．ADDIE模型

ADDIE模型，是从分析（Analysis）、设计（Design）、发展（Develop）、执行（Implement）到评估（Evaluate）的一套系统化的教学方法。培训课程开发人员利用此模型需要掌握较广泛的知识面，一般包括学习理论、传播理论、接口设计、应用软件、信息系统以及人力资源发展等。

ADDIE模型包含三个方面的内容，即要学什么（学习目标的制定）、如何去学（学习策略的应用）、如何去判断学习者已达到学习效果（学习考评实施）。

ADDIE模型的实施流程如图4-6所示。

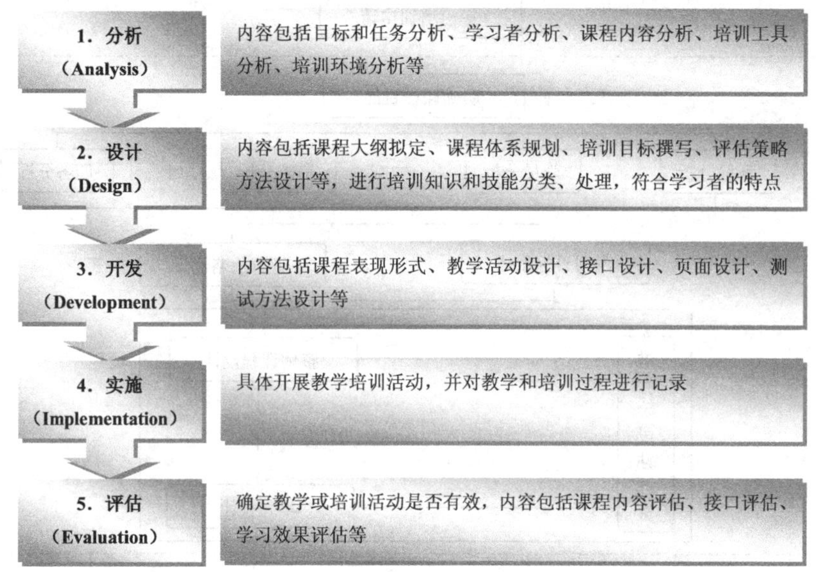

图 4-6　ADDIE 模型的实施流程

（资料来源：张俊娟，韩伟静. 企业培训体系设计全案. 北京：人民邮电出版社，2014：132.）

4.3.5　培训课程库的建立

培训课程体系的核心内容是建立一个适合企业发展实际的培训课程库。这是一项长期性的系统化工程，特别是在课程库建立的初期，涉及各个岗位各个层级，需要协调企业各方资源共同完成。培训课程库的建立，主要包括知识素材的盘点、课程模式的建立以及其他辅助工具的收集等。

1. 课程制作模板库的建立

（1）PPT 制作模板库的内容分类。一般从母板、元素、图片和图形四个方面展开，其中，母版可以按照色系、风格或母版展示内容的取向进行划分。元素指制作 PPT 过程中需要的辅助元素，如箭头、圆形、方形等。图片可以按用途划分为背景图片库、插图库，也可以按图片内容划分为卡通、人物、活动、场景等。图形可以按照图形展示的内容关系划分为递进式、并列式、对比式等，也可以按图形展示内容的数量划分。

（2）PPT 制作模板库建设体系。一般包括素材层、素材管理层、素材应用层三个方面。其中 PPT 制作素材层建设指具体的母版、元素、图片、图形等素材内容及其分类管理。PPT 制作素材管理层建设包括 PPT 制作素材系统与权限管理，PPT 制作素材填充与废弃管理，PPT 制作素材发布管理和 PPT 制作素材检索与浏览管理。PPT 制作素材应用层建设涵盖基于 PPT 制作素材的 PPT 模板制作管理，PPT 制作素材建设与应用评价，PPT 制作素材应用分析与个性化服务，基于 PPT 制作素材的研究性学习平台应用等方面。

2. 课程开发案例库的建立

（1）课程开发案例的收集。企业中常用的收集方法有三种，一是网络资料整合，是指通过互联网寻找课程开发相关案例资料并对资料进行整合，整理出完整、符合要求的案例。二是外部购买，即购买更为专业的案例资料，此种方式省时、省力，但是需要花费较多的资金。三是实际调研开发，是指通过实地调研、考察收集资料，但需要耗费较多的人力、物力。

（2）课程开发案例的整理。首先是对课程开发案例资源进行筛选。根据组织课程开发案例库的要求，依据特定的标准进行，一般在建库初期，所有课程开发的案例资源均收录入库。然后是对课程开发案例资源进行分类，即根据既定的划分标准，如行业、内容、地点等对课程开发案例资源进行归类。

3．课程开发故事库的建立

（1）故事的归类。要将故事进行合理归类，依据“有效区分、方便寻找”的标准进行划分，并归于不同的文件夹之中。故事的划分标准主要包括故事用途、主人公的知名度、所用语言、发生地点、适用对象、故事作用、故事属性等。

（2）故事库的有效管理。故事库的管理是为了保证所建立的流程开发故事在应用过程中的安全性、可靠性、应用快捷性。课程开发故事库应具备可以收录、预览、下载、审核、搜索、定制、删除、记录和评论等功能。

4．课程开发图片库的建立

（1）图片的来源。主要是组织内拍摄的图片，报纸、杂志图片，网络图片，广告图片，征集图片以及通过其他渠道购买的图片等。

（2）图片的分类。图片可以根据其展示的内容进行分类，如图片的内容体现为时政、重大事件、重点工程、财经、科技、教育、卫生、文化、社会、民族风俗、法制、城市建设、交通运输、自然风光、名胜古迹、会议、人物和环境保护等。在进行图片分类时，应注意采用统一的格式处理和存储图片，同时，图片库中的分类文件夹及具体图片标题的命名要满足多种搜索需求，体现多种搜索属性，如同时包含数量、色系风格等属性。

5．课程开发图形库的建立

（1）课程开发图形库应满足系统维护和管理简单，有一定的权限设置，图形种类齐全、分类合理，可以自行增加图形，能够进行方便、快捷的图形检索等条件。

（2）图形的分类可以按照图形的存储形式、图形的展现形式、图形所展示的内容进行划分。其中按图形的存储形式可以分为 PPT 形式、Word 形式、图片形式等；按图形的展现形式可以分为平面图形、立体图形等；按图形所展示的内容可以分为饼状图、线形图、表格图、条形图、流程图、数量关系图、组织结构图、柱形图和面积图等。

6．课程开发大纲库的建立

课程开发大纲库是收录课程大纲并对其进行归纳、整理，为课程开发提供课程大纲资料和建议的一种资料库。

（1）课程开发大纲的分类。按照企业运营职能可以分为财务管理类、个人发展类、文化管理类、客户服务类、企业战略类、人力资源管理类、生产管理类、市场营销类、物流管理类、项目管理类等。

（2）课程开发大纲库的建立。课程开发大纲库的建立包括收集、整理、维持和显示四个阶段构成，具体如图 4-7 所示。

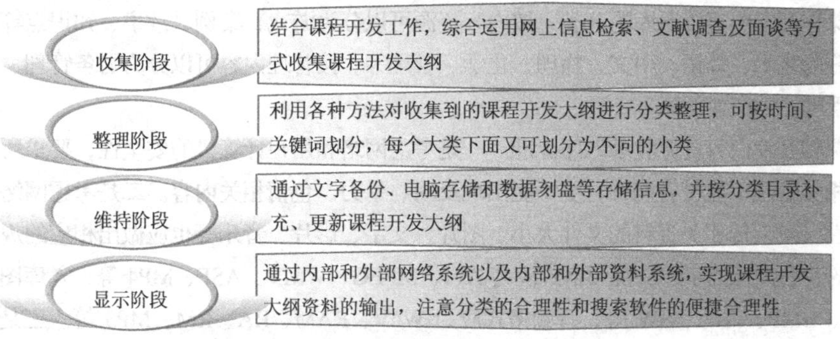

图 4-7　课程开发大纲库的建立阶段

7. 课程开发游戏库的建立

在课程实施过程中，为了调动成人的学习兴趣，需要配套一定的课程游戏。课程开发游戏库就是课程开发中所涉及的游戏资料汇集。

（1）课程开发游戏库的特点。课程开发游戏库的建立要把握以下六个特点。客观性，即游戏内容、说明及评论不反映游戏库资料整理人员的个人观点、倾向等。有序性，即对游戏库资料进行有序智能管理，方便使用人查询和使用。整合性，即将有关一定主题的、原本分散的各个单独的游戏集中起来使其成为整体。独立性，即课程开发游戏库各部分是可以单独分开的，各个游戏资料可被单独调用。服务性，即为使用者提供适当的游戏资料，作为课程开发人员进行决策、研究等活动的出发点，帮助其进行课程开发。开放性，即课程开发游戏库需要不断更新，补充游戏相关的信息。

（2）课程开发游戏库的分类。根据培训内容的不同，课程开发游戏库可以分为领导能力培训类、沟通能力培训类、执行能力培训类、激励能力培训类、团队建设培训类、创新能力培训类、绩效管理培训类、教练能力培训类、问题解决能力培训类等。

8. 课程开发视频库的建立

课程开发视频库中视频的存储格式，主要包括 AVI 格式，在 PC 平台上使用；Quick Time 格式，Apple 系列使用；MPEG 格式，主要在单独欣赏较大规模素材时使用；流式媒体格式，如 MP4，在互联网和移动网络上实时传输，供实时教学使用。

9. 课程开发测评库的建立

（1）内容规划。确定课程开发测评库建设的具体内容。

（2）确定标准。根据组织相关的规定确定测评库建立的标准，必须细化到对课程开发测评资源每个属性的具体要求上，以便操作。

（3）编制评价指标。编制课程开发测评资源的评价指标主要是作为后期对征集资源进行审查、分类的依据。明确评价指标有利于保证课程开发测评库的质量。

（4）建库培训。对课程开发测评库建立的有关人员进行培训，使其掌握工作的技术细节，明确课程开发测评库建立的目的、任务和整体实施计划等。

（5）资源征集。分配资源征集任务，并向各个负责人下发，不断完善课程开发测评资源征集。

（6）资源审核。组织相关专家及部分使用人员按照已经编制的“评价指标”对征集的资源进行审核、筛选、优化和整合。

（7）资源入库。利用计算机网络技术，将课程开发测评资源批量或单个存入数据库中，在入库时要对资源的所有属性进行校验，确保资源库中数据的精确程度。

10. 课程开发内容资源库的建立

（1）课程开发内容资源库的分类。按内容资源可以分为游戏、案例、故事、知识点等。按知识点内容可以分为艺术、外语、中文、物理、化学、管理等。按管理内容可以分为财务管理、人力资源管理、销售管理、生产管理等。

（2）课程开发内容资源收录入库标准。一是考虑网络和用户计算机的安全性，要求所有上传课程开发内容相关资源不能带有病毒，更不能出现反动、暴力、色情相关内容。二是考虑网络的容量、网速和兼容性，对上传相关资料的文件大小、图片、文字、影片、音乐等也应做出相应的规定，如文字使用通用的符合国标的字体，视频格式应为 AVI、MPEG、WMV、ASF、MP4 等，入库图片格式应为 JPG、GIF、BMP、PNG、SW 等，音频格式应为 WAV、RAM、RA、RM、MP3 等。三是考虑用户查看对象的清晰度、舒适度和完整度，入库作品界面应清晰精美，超级链接不能出现错误，入库文档排版格式要符合规范，尽量避免出现错别字。

4.3.6 培训课程开发流程

1．确定课程开发目的

明确课程开发目的是说明员工为什么要进行培训，一般企业培训课程的目的主要包括以下几个方面。

（1）优化人岗匹配。以岗择人、人岗相适是企业配置人员的基本原则，但是随着企业的不断发展，很多员工都会出现不同程度地达不到岗位要求。因此，企业需要通过培训使员工更好地胜任本职工作。

（2）提高员工的能力和技术水平。随着市场的变化，将对员工能力和技术提出新的要求，因此，需要通过培训来提升员工的能力和技术水平。

（3）提高员工的综合素质。员工的综合素质包括思想素质、知识素质、能力素质、心理素质等，它们直接关系到公司的长远发展。提高员工的综合素质是企业培训的基本目的。

（4）有效沟通、团结合作。在培训中，企业各部门之间及员工之间能够有效地进行思想、观念、情感的交流，增进彼此的了解，从而形成构建出关系和谐的高效工作团队。

2．进行课程需求分析

课程需求分析是课程设计者开展培训课程开发的第一步。进行课程需求分析的目的是以满足组织和组织成员的需要为出发点，从组织环境、个人、职务等各个层面上进行调查和分析，从而判断组织和个人是否存在需求以及存在哪些需求。

企业在进行课程需求分析时，可以采用以下三种方法，如图 4-8 所示。

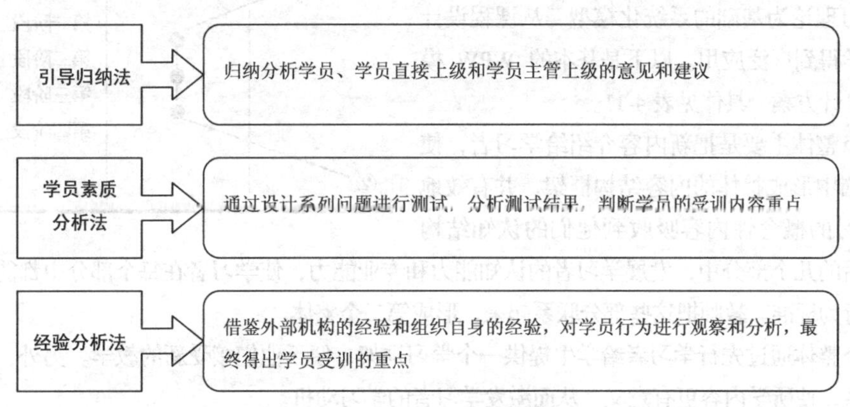

图 4-8　课程需求分析的三种方法

3．确定授课目标

授课目标是制定课程大纲的依据，授课目标根据环境的需求而确定，它提供了学习的方向和要达到的标准。授课目标的表达可以引用 ABCD 法，即 Audience（培训对象）、Behavior（行为）、Condition（环境）、Degree（标准），也就是“在什么样的环境下表现出什么样的行为可以达到什么样的水平”。

制定授课目标时要考虑课程类型、课程的具体内容、课时长度、学员的理解与操作能力。此外，不同课程内容的授课目标描述的侧重点应不同，例如：理论与知识类，主要是记忆、理解、简单应用、综合应用、创新应用。技能类，主要是理解、模仿、简单应用、熟练应用。观念态度类，主要是转变、接受、行为转化、内化为价值观。

在设计授课目标时，可利用如表 4-10 所示的指导表作为辅助工具。

表 4-10 培训目标设计指导表

目　标	目标内容	操作说明
目标一	动词描述	以动词开头
	绩　效	学员将知道是什么或做什么
	标　准	绩效应该达到什么程度
	条　件	学员展开该行为时所需要的设备或其他资源
目标二	动词描述	以动词开头
	绩　效	学员将知道是什么或做什么
	标　准	绩效应该达到什么程度
	条　件	学员展开该行为时所需要的设备或其他资源

注：1. 在第一行中描述工作任务或课程内容，目标制定将以此作为基础。
2. 动词描述、绩效、标准和条件的组合形成一个完善的课程目标。

4. 课程整体设计

课程整体设计是针对某一专题或某一类人的培训需求所开发的课程架构。对于培训课程的设计，课程结构是首要考虑的因素。美国学者查德·斯旺森（Richard A.Swanson）等提出的 WPW（Whole-Part-Whole）学习模型，是以行为主义学习理论和认知主义学习理论为基础的系统化模型，从课程设计到具体教学得到广泛应用。以下是基本的 WPW 模型的课程设计方案，具体见表 4-11。

表 4-11 基本的 WPW 模型

整体（Whole）	部分（Part）	学习活动阶段
①		
	●	第一阶段
	●	第二阶段
	●	第三阶段
		第四阶段
②		

第一个整体主要是把新内容介绍给学习者，使学习者头脑中形成整体的内容结构框架，并有效地将所要学习的概念性内容吸收到他们的认知结构中。在以后的几个部分中，发展学习者的认知能力和专业能力，使学习者在每个部分中都能成功地达到相应的行为标准。教师把这些部分联系起来，形成第二个整体。

第一个整体通过先行学习者给学生提供一个学习框架，便于他们接受新的教学。另外，通过与学习者相联系，使所学内容更有意义，从而激发学习者的学习动机。

第二个整体是主要部分，主要是为了让学习者完成对教学内容的完整掌握。第二个整体把单个的每一部分结合起来，使学习者不仅仅能更好地掌握每一部分的内容，而且通过“整体”使各部分有机联系起来，增强对内容的完整理解。

只有从课程的整体出发，才能建立内容各部分之间的相互联系，才能保证教学的完整性。因此，教师需要形成整体性教学，如用完善概念、完整定义来回顾和强化课程内容的培训结果。

5. 课程单元设计

课程单元设计是在完成课程大纲的基础上，确定每一单元的具体授课内容、授课方法和授课材料的过程。课程单元设计直接影响培训效果和学员对课程的评估等级。

在培训课程设计过程中，相对独立的课程单元不应在时间上被分割开。课程单元设计的具体内容，如图 4-9 所示。

组织在进行课程单元设计时，可以根据学习对象和学习需求的不同，设定核心单元、必修单元和选修单元，在开展学习时搭配不同的学习单元形成适合学习对象和满足个性化学习需求的课程。

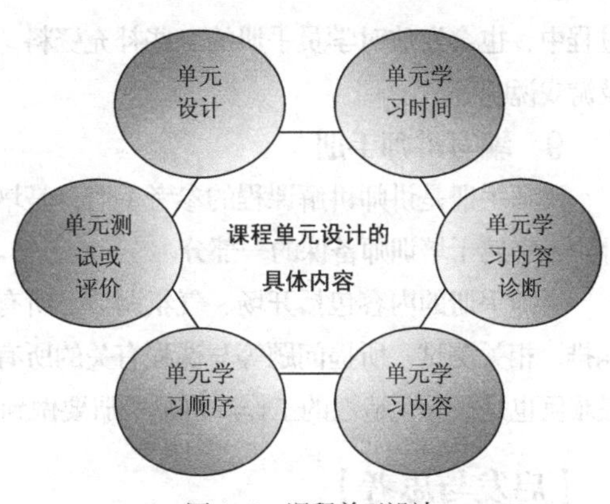

图 4-9　课程单元设计

6．课程辅助工具设计

课程辅助工具设计，是培训管理者或培训师在培训中使用或在培训课程结束后发给受训者的辅助学习工具，以帮助受训者更好地记住和掌握所学的内容。

课程辅助工具主要包括黑（白）板、夹板、投影机、幻灯机、录像机、磁带、讲义、图片、产品说明书、操作手册、员工手册等。

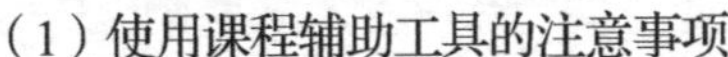

（1）使用课程辅助工具的注意事项

① 课前应精心准备相关的辅助工具。

② 选择适当的时机使用这些辅助工具，以便取得最佳效果。

③ 按时间顺序排列辅助工具，必要时标注序号或页码。

④ 避免辅助工具干扰受训者的注意力，用完之后应立即收起来。

⑤ 运用辅助工具的数量要有一个度，并非越多越好，避免适得其反。

⑥ 培训讲义应留有空白，以便受训者有空间做课程笔记。

⑦ 必须能够熟练操作投影机、幻灯片等辅助仪器，并确保其无故障。

（2）板书要领

培训师在使用黑（白）板时，最好不要边说边写，因为受训者可能听不到你在说什么。

（3）视觉教具

视觉教具一般是指投影仪、电视机、录像机、幻灯机、悬挂式放映机等。在使用视觉教具时，应注意以下方面：不要过度使用视觉教具；一个视觉教具强调一个关键点；后使用视觉教具图形；注意颜色的搭配；多使用图表资料；图片或图表要使人容易看懂；不使用不必要的视觉教具等。

7．课程试讲和修订

课程试讲和修订的目的在于对所设计课程内容进行实操性的演练，以判断课程设计是否达到了预计的课程目标，从而提高课程的实施效果。课程试讲和修订的具体内容，如表 4-12 所示。

表 4-12　课程试讲和修订的具体内容

实施事项	事　项　说　明
采用形式	小规模内部试讲，按照正式授课的要求开展试讲和研讨
参加人员	内部培训师、被培训人员代表、外请课程专家、培训管理人员等
关注内容	授课风格是否恰当、授课逻辑是否严谨、课程模板是否适用、课程时间是否合理、课程内容选择是否合理等
研讨实施	课程试讲完毕后，由参加试讲的人员根据对试讲的感受提出改进意见，由试讲人员汇总意见后实施课程改进，在听取课程意见时，要有选择地倾听培训对象的意见，并充分考虑组织对培训的要求
说明	若授课对象包含不同层级、不同部门的人员，则可以针对不同的学员安排多次试讲

8．编写学员手册

学员手册是学员参加培训时得到的培训资料，包括学员需要或者被要求掌握的所有知识要点。它可以是一本外购的图书，也可以是自编的一套教材。就自编而言，一般表现为 PPT 形式。在培训开展过程中，也会发放对学员手册的一些补充资料，如参考文献、讲义、案例分析材料、角色扮演材料以及游戏说明等。

9．编写讲师手册

讲师手册是讲师讲解课程的参考手册，是培训师在上课培训课时的顺序、内容的指引，在课程设计中，它属于培训师备课的一部分。

讲师手册的内容包括开场、气氛调节、所有授课的主要理论和技能、培训方式、案例分析、游戏编排、相关测试、所提问题等与课程有关的所有内容。因此，编辑讲师手册是整个培训时备课过程中最艰巨也是最具创造性的工作。讲师手册要做到图文并茂，便于讲师据此操作。

【启发与思考】

扫一扫→培训课件制作的新宠儿——Prezi

【思考练习题】

1. 什么是培训计划？如何对其进行分类？
2. 培训计划的内容有哪些？编制的要求是什么？
3. 如何制订培训计划？有哪些步骤？每一步有哪些需要注意的事项？
4. 培训项目与培训计划的区别有哪些？
5. 一个完整的培训项目包括哪些内容？
6. 结合具体案例，说明培训项目的实施流程和注意要点。
7. 如何建设培训体系课程库？建设过程中应该注意哪些问题？
8. 培训课程开发需要哪些步骤？每一步的内容要点是什么？

【模拟训练题一】

A 公司是一家实力雄厚的会展企业，在广州、成都、武汉有自己的分支机构。公司以灵活、快捷、周密的运作方式承办各类展览、展厅、会议及其他团体展示活动，广泛服务于国内外旅游界、工商贸易界与文化交流机构。

由于公司规模的扩展，引进了大量新人，涉及销售、会务接待等岗位，公司现在需要对新进的员工进行系统化培训，因此需要首先制定一份新员工培训计划表，假如你是公司的培训主管，请你为该公司拟定一份新员工培训计划表。在下面的新员工培训计划表中，部分项目已经填写完毕，请你把括号中没有完成的项目填写完整。

A 公司新员工培训计划表

编号： 制表人： 制表时间： 年 月 日

培训名称				培训对象/人数				
培训目标				培训期限				
培训课程	培训内容	培训地点	培训时间	培训师	培训方式	预期效果	费用预算	备注

续表

<table>
<tr><th>培训课程</th><th>培训内容</th><th>培训地点</th><th>培训时间</th><th>培训师</th><th>培训方式</th><th>预期效果</th><th>费用预算</th><th>备注</th></tr>
<tr><td></td><td></td><td></td><td></td><td></td><td></td><td></td><td></td><td></td></tr>
<tr><td></td><td></td><td></td><td></td><td></td><td></td><td></td><td></td><td></td></tr>
<tr><td rowspan="4">具体参加人员名单</td><td colspan="3">姓　名</td><td colspan="3">职　位</td><td colspan="2">（　）</td></tr>
<tr><td colspan="3"></td><td colspan="3"></td><td colspan="2"></td></tr>
<tr><td colspan="3"></td><td colspan="3"></td><td colspan="2"></td></tr>
<tr><td colspan="3"></td><td colspan="3"></td><td colspan="2"></td></tr>
<tr><td colspan="4">人力资源部门经理：</td><td colspan="5">总经理：</td></tr>
</table>

填写说明：

1. 培训师可以是内部培训师，也可以是外部机构和外部培训师。
2. 培训方式分为课堂授课、视频教学、团体讨论、实地观摩、军训和拓展训练等。
3. 新员工培训计划表需报人力资源部经理和总经理审批。

【模拟训练题二】

A 公司人力资源部开发了一门《商务礼仪》培训课程，为了提升该课程质量，人力资源部经理打算让你在原有的培训课程质量评分表（见下表）的基础上重新修订和设计一份完整的培训课程质量改进分析表，并建议该分析表除了包含课程质量评分相关信息外，还应重点包括课程质量分析与评价、培训课程中存在的问题、解决与改进措施等项目。你在两周时间内予以完善。

培训课程质量评分表

填表人：　　所属部门：　　填表时间：

<table>
<tr><th>一级指标（分值）</th><th>二级指标（分值）</th><th>三级指标（分值）</th><th>评　分</th></tr>
<tr><td rowspan="6">教学内容（30）</td><td rowspan="2">科学性规范性（10）</td><td>科学性（5）</td><td></td></tr>
<tr><td>规范性（5）</td><td></td></tr>
<tr><td rowspan="2">知识体系（16）</td><td>知识覆盖（6）</td><td></td></tr>
<tr><td>体系结构（10）</td><td></td></tr>
<tr><td rowspan="2">资源扩展（4）</td><td>资源形式（2）</td><td></td></tr>
<tr><td>资源引用（2）</td><td></td></tr>
<tr><td rowspan="3">教学设计（15）</td><td rowspan="2">目标组织（10）</td><td>目标设计（5）</td><td></td></tr>
<tr><td>内容组织（5）</td><td></td></tr>
<tr><td>学习环境（5）</td><td>教学互动（5）</td><td></td></tr>
<tr><td rowspan="5">技术性（25）</td><td rowspan="2">运行状况（10）</td><td>运行环境（5）</td><td></td></tr>
<tr><td>操作情况（5）</td><td></td></tr>
<tr><td rowspan="3">设计效果（15）</td><td>软件使用（5）</td><td></td></tr>
<tr><td>设计水平（5）</td><td></td></tr>
<tr><td>媒体应用（5）</td><td></td></tr>
<tr><td rowspan="4">艺术性（20）</td><td rowspan="2">界面设计（10）</td><td>界面效果（5）</td><td></td></tr>
<tr><td>美工效果（5）</td><td></td></tr>
<tr><td rowspan="2">媒体效果（10）</td><td>媒体选择（5）</td><td></td></tr>
<tr><td>媒体设计（5）</td><td></td></tr>
<tr><td rowspan="2">其他（10）</td><td colspan="2">整体效果（5）</td><td></td></tr>
<tr><td colspan="2">创新创意（5）</td><td></td></tr>
</table>

培训课程质量改进分析表

填表人：　　　　　　　　　所属部门：　　　　　　　　　　　　　　填表时间：

【情景仿真题一】

你是 B 公司人力资源部的工作人员，为了做好公司培训项目的费用预算和相关经费统计工作，人力资源部经理要求你做一个培训项目费用预算表，你有两周的时间完成任务。下面的预算表中已经给出了部分费用预算项目，请把其他的项目填写完整。

培训项目费用预算表

编号：　　　　　　　　　　　　　　填表日期：　　　　　　　　　　　　填表人：

培训名称			培训时间	
培训地点			培训机构	
培训对象及人数			培训师	
序号	项目名称		预计成本（元）	备注
1	用餐、差旅和住宿费用			
2	办公用品开支			
3	培训资料与用品费用			
4	(　　　　　　　)			
5	(　　　　　　　)			
6	(　　　　　　　)			
7	(　　　　　　　)			
8	……			
合计				
人力资源部经理：		财务部负责人：	总经理：	

填写说明：

1. 培训机构可以是人力资源部或培训部，也可以是外部专业培训企业。
2. 培训师可以是内部培训师，也可以是外部培训师。
3. 培训项目费用预算表需报人力资源部经理、财务部负责人和总经理审批。

【情景仿真题二】

你是 B 公司人力资源部门负责培训的工作人员，现在公司需要对销售人员进行课程设计，但是需要先做培训需求调查。人力资源部经理委任你去制作一份销售人员的培训课程需求分析表，其中课程类别主要设定为基础知识、销售技巧、团队管理、个人素养四个方面。你有两周的时间去完成这个任务。在下表中，基础知识课程类别的课程内容已经填写完成，请完成其他三项课程类别包含的课程内容。

销售人员课程需求分析表

填表人： 所属部门： 岗位： 填表时间：

课程类别	课程内容	需求程度			
基础知识	市场营销	很需要□	比较需要□	一般需要□	不需要□
	营销心理学	很需要□	比较需要□	一般需要□	不需要□
	统计学	很需要□	比较需要□	一般需要□	不需要□
	市场调查与预测	很需要□	比较需要□	一般需要□	不需要□
销售技巧		很需要□	比较需要□	一般需要□	不需要□
		很需要□	比较需要□	一般需要□	不需要□
	……	很需要□	比较需要□	一般需要□	不需要□

第 5 章　内部培训师队伍建设管理

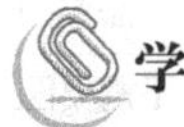

学习目标

1. 掌握优秀培训师的基本素质要求。
2. 了解培训师的主要类型。
3. 掌握内部培训师的选拔、开发和管理。

【引导案例】

国网陕西公司的内部培训师建设

国网陕西省电力公司是国家电网公司的全资子公司，是陕西省电力建设、输送、销售的独立法人，是全省电网规划、建设和运营的公用事业企业，承担着为陕西经济社会发展和城乡广大电力客户提供安全可靠电力供应的重要职责。公司内设 24 个部门，辖有直属单位 22 个，管辖县级供电企业 28 个，2014 年售电量 879 亿千瓦时。截至 2014 年年底，公司员工 2.31 万人，资产总额 498 亿元。

国网陕西公司在全国电力行业中，其培训工作一直走在前列，特别是在培训师资队伍建设方面。公司在培训师资队伍建设上，一直以培养内部培训师为重点，以培训资源“五统筹”和实现培训管理“五统一”为目标要求，组织指导培训中心积极开展培训需求调研，编制《师资队伍建设三年规划》和《培训事故等级认定和处理办法》，明确师资队伍建设目标，加强师资队伍管理，并按照测评认证引领、目标考核激励、技能竞赛提升、专题座谈交流和“请进来、送出去”培养等方法步骤，促进教师角色转变和转型发展，扎实推进专、兼职培训师综合能力建设。

公司采取了多样化的培养与开发手段，建立起一支高素质、专业化的培训师队伍。其具体措施有：组织培训师参加国家培训师资格培训、考试和认证；选派培训师到新加坡进行职业教育师资培训；邀请江苏公司技能中心专家与培训师进行座谈辅导和交流；安排培训师赴国网技术学院学习调研；组织培训师到企业一线和实训基地实习；以“师带徒”方式加强对实训基地教师的培训；以周期制、项目制及合同聘用方式；充分调动和激发培训师在教材建设、实训基地建设、师资队伍建设以及全面深化全员教育培训中的重要作用。

2013 年 12 月 18 日，从国网技术学院传来喜讯，国网陕西省电力公司培训中心 6 名培训师在该学院组织的第六届培训师教学技能大赛中全部获奖，其中三等奖 2 人、优秀奖 4 人。本次参加国网技术学院大赛并获奖，是国网陕西公司近一个时期以来以赛促学、以赛促建，持续提升培训师综合能力素质的成果体现。通过长期的培训师队伍建设，培训师教学环节准备、教学目标选取、教学内容设计以及教学方法使用等方面取得了长足进步，为适应国网公司“两个转变”和“一强三优”现代公司建设需要，服务公司发展和员工队伍建设，奠定了良好基础。

（资料来源：根据 http://www.sn.sgcc.com.cn/提供的素材整理而成。）

案例分析：

1. 通过此案例，你得到了哪些启示？

2. 你认为内部培训师队伍建设的重要意义是什么？

3. 从案例介绍中，你认为公司内部培训师队伍建设的重点是什么？应该如何对培训师进行激励？

为了提高培训效果，企业必须重视培训师资队伍建设。培训师是企业培训活动的关键环节，培训师资水平的高低直接影响到具体培训活动的实施效果，对于建设学习型企业也有重要作用。因此，重视培训师建设，就要在培训师的选拔、培训上下功夫，同时为了提高教学质量，也一定要对培训师建立一套行之有效的考核、激励机制。

5.1 培训师资队伍的建立

随着我国市场经济的不断深化，企业之间的竞争已经成为企业员工素质及技能水平的竞争，员工业务能力必须适应快速发展的市场环境。因此，很多企业提出全员培训规划，使得企业培训工作逐步制度化、标准化、系统化。但是随之而来的师资力量不足成为制约企业培训与开发的首要问题。培训师作为教学环节的主要力量，培训师资队伍的素质将直接影响教学质量的高低，建立一支综合实力强大的培训师资队伍已经成为员工培训与开发的关键。因此，我们要明确优秀培训师的素质要求，并从选拔、培养、激励、考核等方面加强培训师资队伍的建设和管理。

5.1.1 培训师资队伍建立的目的

建立优秀的培训师资队伍是企业培训的基石和可再生力量，其主要目的包括以下几点。

（1）提高培训工作绩效，切实保障公司各类专业培训的针对性、及时性和延续性。

（2）更好地营造学习与发展型组织的氛围。

（3）充分挖掘公司内部教育训练讲师资源，提高内部培训师队伍的整体素质，激励讲师的授课热情，完善公司内部培训师管理体系，规范讲师作业流程。

（4）通过充分利用公司内部智力资源，积极培养和建设内部培训师队伍，发挥内部培训师在公司整体培训教育体系中的核心作用。

（5）通过合理安排外聘讲师，弥补公司内部培训人员的不足，促进培训工作发展。

（6）保证公司教育训练部培训体系的顺利实施，激励员工参与培训工作。

（7）建立、健全公司的培训体系，充分利用公司人才资源，建立一支适应企业文化、符合战略发展方向的培训师队伍。

5.1.2 优秀培训师的基本素质要求

优秀的培训师能够有效地开展课程，并取得较好的培训效果。一位优秀的培训师应具备以下基本素质。

1．深厚的理论知识和丰富的行业管理经验

首先，培训师要有能力回答学员提出的各种各样的问题，所以培训师必须是一个学识丰富的人。其次，在资历上培训师应有丰富的相关工作背景，对企业的人事、市场、财务管理、生产管理等经验丰富和具有独到的成功经验。

2．正直的品行和人格的魅力

培训师在培训过程中的一言一行都将会对学员产生影响，他在传授知识的同时，也在传达他的道

德标准。正直的培训师不能单以追求学员满意度而放弃培训质量，也不能没有原则地迎合学员而放弃自身行为准则。更为重要的是，培训师在培训中应充分展现自己的人格魅力，人格魅力是其综合素质的集中体现，要围绕着道德行为规范、个人修养、兴趣、礼仪等方面打造自己积极向上的人生态度和正确的价值观。

3．良好的人际沟通和建立关系能力

培训师应具有广泛的人际交往和沟通能力，要能够聆听学员提出的任何问题，理解学员的价值观、并做出清晰的、直接的反馈。重要的是，培训师应该与学员进行平等的沟通与交流，并能够坦诚地向学员传授知识、技能等。通过培训建立起一种亦师亦友的关系，不但融洽课堂气氛，还能够促进对学员课后的跟踪辅导。

4．具有灵活性，并能够适当激励学员

培训师能够根据培训环境和培训学员需求的变化及时地调整自己的培训课程，在短时间内就能调整方向，并清楚地知道自己应该做什么。此外，培训师能够意识到学员的发展需求并激励他们。优秀的培训师激发学员的内在动机，而不仅仅是靠培训制度等外部压力促使学员学习。

5.1.3 培训师的角色定位

培训师在企业培训中除了是一名教师外，还扮演着演员、教练和咨询顾问的角色。

1．教师

培训师最基本的角色就是教师，因此培训师应具备教师的专业知识和授课技巧，一方面能够教授学员如何成功做人，另一方面教授人事、市场、管理、财务、生产等方面知识。培训师应和教师一样，具备课程的编写能力，制作教案、编制案例、布置并批改作业等。同时，还应具备教师的课堂讲解能力，能够把一个观点一个问题深入浅出地剖析清楚，无论深奥还是浅显都能让学员理解培训师所阐发的观点意图。

2．演员①

培训师除了传授知识外，还能够让学员将自己传授的知识理解、记忆并掌握，这就要求培训师做一个好演员。一是能够像演员一样始终吸引受训者的注意力，可以采用幅度较大的动作，丰富甚至夸张的表情，通过表演的方式始终吸引学员的注意，让学员全身心地投入到对课程的理解和体会上来。二是将课程用表演的方式演绎出来，可以给讲授的知识加上华丽的包装，让原本一些朴素的知识或道理由不起眼变成“金玉良言”，通过培训师的演绎，让受训者感觉到是“如此重要”以至于在今后的实际工作中会牢牢地记住，从而达到培训的目的。

3．教练

培训师包含除了教授知识以外更为重要的角色就是教练角色，对学员的培养和训练体现在整个培训过程中，例如拓展训练，体验式教学、游戏教学都是对学员能力的训练。需要培训师对学员进行辅助、引导，让学员身体力行地参与到培训项目中来。培训师对一些知识、技能要体现教练的示范性，在示范中让学员学习如何解决问题。当然，优秀的培训师要对每一个学员负责，对于那些掌握知识较慢的学员，培训师也要主动予以指导，一次次辅导学员准确运用技巧，直到每个成员都通过训练。

4．咨询顾问

优秀的培训师也是企业的咨询顾问，可以根据企业情况提出培训课程及培训重点的建议。培训师大多有自己擅长的领域，例如教授销售课程的培训师以前必然有不错的销售业绩，在销售领域有着丰

① 陈国海. 员工培训与开发. 北京：清华大学出版社，2012：104.

富的实践和理论基础，所以他能有自己独特的课程和行销技巧。在咨询中，培训师应具有顾问级的专业知识和丰富经验，具备咨询顾问的诊断、咨询水平。另外，很多课程开展前，培训师只有先诊断出对方企业或学员的问题所在，才能提出相应针对性的课程建议及培训方案。

5.1.4 培训师的主要类型

按照培训师的来源渠道，可以划分为内部培训师和外部培训师。内部培训师，指的是来自于企业内部的员工，做本企业的兼职培训师，主要负责专业知识、技能、企业文化等方面的培训。外部培训师，指的是来自于企业外部的人员，可以是专职培训师、大学教授、政府官员等，主要负责新理念、新思想的培训。外部培训师可以是到企业内部讲课，也可以是企业员工参加外部培训，关于外部培训师的详细内容见本书第 6 章。

外部培训师和内部培训师各有自身的优缺点，其对比具体见表 5-1。

表 5-1 外部培训师和内部培训师的优缺点对比

类 型	优 点	缺 点
外部培训师	• 选择范围较大，培训师专业化，具有丰富的培训经验 • 不受企业固有理念的影响，能够带来新观点、新思想，创新性较强 • 培训技巧丰富，能够营造良好的学习氛围，提高培训效果	• 培训成本较高 • 对企业不熟悉，培训内容的针对性和适用性不够强 • 后续培训跟踪不强，偏重于理论知识，对员工实际操作和企业文化的长期培养不够
内部培训师	• 培训成本低 • 对企业实际情况熟悉，培训具有针对性、可操作性 • 可以和学员进行有效的沟通 • 培训责任心较强，并能够进行长期的培训跟踪	• 选择范围较小，权威性不高 • 培训方式单一，不能有效激发学员的学习热情 • 易受到企业现状的影响，缺少新观点、新思想等，创新性不足

（资料来源：袁声莉，刘莹. 培训与开发. 北京：科学出版社，2012：135.）

5.1.5 培训师的主要作用

培训师是培训体系中最重要的组成部分，在企业中起着非常重要的作用。

1．传道、授业、解惑的作用

传道就是传播企业精神，洗涤员工的心灵。老师，在中国的传统文化中，一直都是人们敬仰和学习的模范。培训师是一个道德高尚、知识渊博的群体，他们将职业精神溶入到自己开发的课程中，并在讲课过程中尽情地展示，让所有听课的学员都能被其对企业的忠诚、奉献精神所感染，让所有听课的学员都能体会到其开发和讲授课程所表现出的拼搏、创新精神。而授业就是讲解知识、传授技能。企业培训师将自己拥有的知识和技能通过专业的技巧转化为标准化的课程传授给企业需要的员工。解惑就是解答疑难。培训师通过培训和工作中的现场指导和辅导，为企业员工解答各类的疑难问题。

2．推动管理变革的作用

在企业变革中，从观念变革到新方法、新方案实施的整个过程中，培训作为一种管理手段，一直受到青睐。而培训师也就自然成为企业变革中的主要推动者之一，他们将在企业变革中承担起宣传变革新观念、传授新方法、新技术实施技巧等方面的职责。

3．促进部门间沟通的作用

部门间不能进行很好沟通的一个很重要的原因就是部门间对彼此工作的不理解和不了解。由于大多数培训师是其所在部门或所在技术或管理领域的专家，可以将自身所在部门的工作制度、流程及其他有关本部门的基本知识向其他关联部门的员工进行宣传培训，以便关联部门理解自己所在部门的工作，为部门间沟通奠定基础。

4．缔造学习气氛，引导创建学习型组织的作用

建立学习型组织是所有培训人员的终极目标。创建学习型组织的一个必备前提是组织中要有学习的氛围。在学习氛围的营造过程中，培训师首先要通过自己不断学习的精神感染企业员工，成为企业学习的标兵。其次要将学习的理念和价值观与学员进行沟通和交流，不断向学员推荐好书、好课，鼓励学员不断学习。最后通过与受训者的积极互动，带动企业员工积极参与学习活动。

5.2　内部培训师的选拔

企业培训师师资队伍的建设应以内部培训师为主体。内部培训师能够以企业喜欢的语言和熟悉的案例故事诠释培训的内容，能够用身边的案例、经验和成果进行知识的传递和共享，进而引起学员的共鸣。同时，鼓励内部培训师队伍建设也是对员工个人成就的一种激励方式，为员工的职业发展开辟了更广阔的空间。因此，企业要大力提倡和促进内部优秀员工、干部担任培训师，要重视内部培训师的选拔，明确选拔对象、选拔标准、选拔流程及选拔制度等。

5.2.1　选拔范围

建立内部培训师队伍，首先要明确内部培训师的选拔范围，主要从入职时间、学历和培训对象三个方面评定。

表 5-2 是以新员工为培训对象的内部培训师选拔案例，介绍了内部培训师选拔的具体范围及要求。

表 5-2　以新员工为培训对象的内部培训师选拔范围

培训项目	内部培训师选拔范围
企业文化培训	（1）公司人力资源部经理及经理级以上人员 （2）必须在公司服务至少 5 年，深刻理解企业文化 （3）有企业文化培训相关经验
基本素养培训	（1）至少连续 2 年获得优秀员工称号，在基本素养方面表现优秀的员工 （2）具有 3 年以上工作经验，熟悉职场基本素养要求 （3）有基本素养培训相关经验
专业素养培训	（1）部门经理及以上人员 （2）在该岗位工作至少 3 年，熟悉岗位内容和要求 （3）有给新员工进行培训的经验
工作态度培训	（1）至少具有 3 年该方面培训经验的专职培训师或是具有相关新员工培训经验的部门经理及以上人员 （2）至少工作 7 年以上，具有丰富的工作经验
自我发展培训	（1）人力资源部经理、培训部经理及以上人员 （2）在自我发展方面有成功经验 （3）有给新员工进行相关培训的经验

5.2.2 选拔标准

选拔内部培训师时，需要明确适合本组织的选拔标准。一般地，内部培训师选拔标准应体现以下方面：对培训工作有浓厚的兴趣；热爱本职工作，具有积极的心态；具备丰富、扎实的专业知识；具有幽默、自信的性格特征；具有健康的身体和健全的心理；具有一定的实践经验和相关阅历；具有较强的语言表达能力，善于沟通；具有较高的业务能力和职业素质；具有良好的工作态度和高尚的职业道德；坚持“以受训者为中心”的服务理念等。

5.2.3 选拔流程

选拔流程包括发布广告、提出申请、进行筛选、进行培训、试讲与评估、确定合格人员六个环节，如图 5-1 所示。

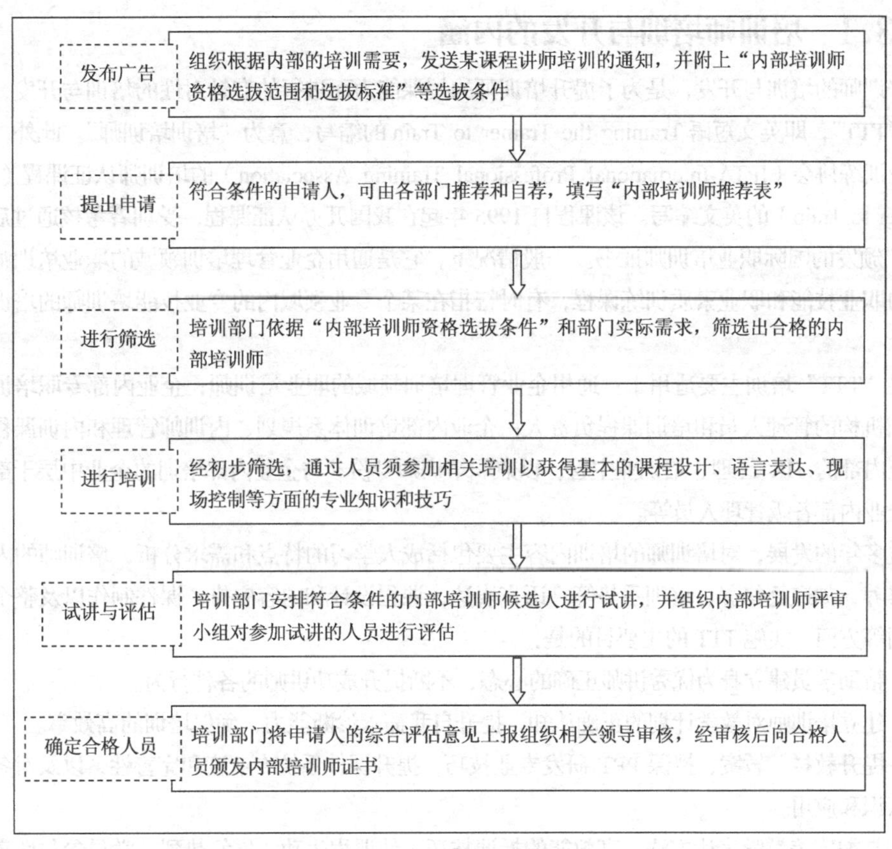

图 5-1　内部培训师的选拔流程

5.2.4 选拔制度

内部培训师选拔制度是指对组织的内部培训师选拔工作如何进行规范化运作的规定，以保证内部培训师选拔的公正性和公平性。内部培训师选拔制度规范主要涵盖以下五个方面。

（1）组织部门。明确哪个部门负责内部培训师的选拔工作，明确相关人员的工作职责。

（2）选拔标准。制定内部培训师选拔的标准，作为各部门推荐人选或自己申请时参考的依据。

（3）选拔程序。设计内部培训师的选拔程序，明确各步骤操作标准和要求，确保选拔过程的公正、公平。

（4）评审事项。内部培训师的选拔必须通过评审小组进行全面评估，评审小组应讨论并确定评估的标准和细则。

（5）确定培训师。内部培训师的选定须经过正规的审核审批程序，明确组织内部培训师的最终决策人员及相应的职责。

5.3 内部培训师的培训与开发

内部培训师同员工一样，为了提升其知识和能力，也需要进行培训与开发。培训与开发的流程可分为培训需求的调查、培训课程的开发、培训计划的实施、培训效果的评估。

5.3.1 培训师培训与开发的内涵

对培训师的培训与开发，是为了提升培训师的授课能力而进行的有针对性的培训与开发，在国际上称为“TTT”，即英文短语 Training the Trainer to Train 的缩写，意为“培训培训师”。此外，TTT 是国际职业训练协会（IPTA-International Professional Training Association）的培训师认证课程（Training the Trainer to Train）的英文缩写。该课程自 1995 年起在我国开办认证课程，受训者考核通过后可获得由 IPTA 颁发的国际职业培训师证书。一般情况下，它是通用企业管理培训领域的职业培训师、企业内训师的职业技能和职业素质训练课程，有时特指在某个专业领域内的专业技能培训师的培训技能训练课程。

开展“TTT”培训主要适用于：通用企业管理培训领域的职业培训师；企业内部专职培训讲师；专业培训机构的管理人员和培训课程负责人；企业内部培训体系规划、内训师管理和内训课程开发人员；企业内部的 HR 经理、培训业主管；以兼职培训师身份参与企业内部培训的企业中层干部、业务骨干；企业内部各级管理人员等。

经过多年的发展，对培训师的培训内容主要包括成人学习的特点和需求分析，培训师的内在修养和外在修养，如道德修养、培训手势等，语言表达，课程设计和内容安排，课件制作以及整个培训过程的控制等方面。实施 TTT 的主要目的是：

（1）帮助学员建立身为优秀讲师正确的心态，不断提升成功讲师的各种行为。

（2）建立培训师对教学计划的正确认知，提升自我需求诊断能力，确保培训的高效率。

（3）提升教材、教案、授课 PPT 研发专业技巧，提升课件系统专业度和完善性，以及对各种培训器材的认识和应用。

（4）掌握完美教学表达方法，高效能的授课技巧，使课程生动、气氛热烈、学员参与性高，同时能够灵活应对突发状况等。

5.3.2 培训师的培训需求界定

对培训师的培训需求调查，主要是针对培训师的素质要求，并整合企业培训需求分析，确定培训师学习需求之间的优先顺序，明确培训师资队伍建设的关注重点。

对培训师的学习需求进行调查时，可对他们的培训需求进行重要性分析，即确定哪些培训需求是至关重要的，一般通过重要性矩阵进行分析，如图 5-2 所示。

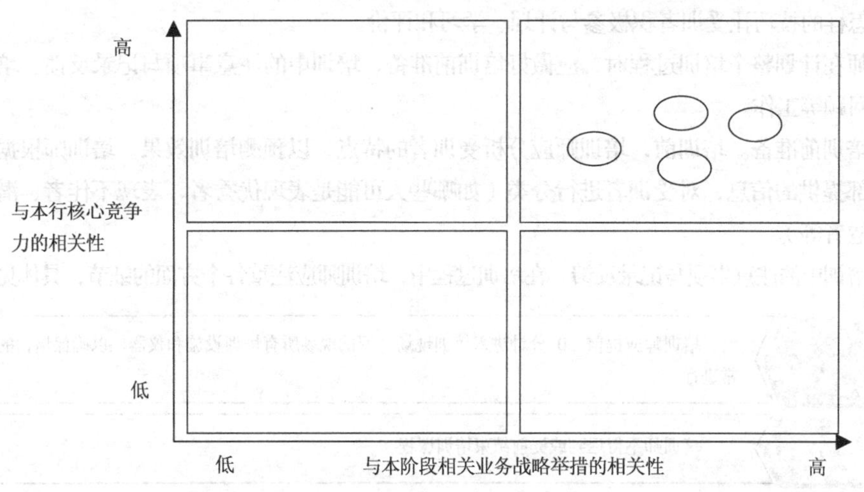

图 5-2　重要性矩阵分析

首先，通过以上重要性矩阵分析，处于右上象限的培训需求就是需要重点关注的培训需求。其次，基于以上重要性分析，针对同一培训对象的培训需求，进行相互比较。进行横向比较时，如果某培训需求比其他培训需求重要，给予 2 分；如果同样重要，给予 1 分；如果重要性低于其他培训需求，给予零分。最后，最右列得分的高低就明确了。

5.3.3　培训师的课程开发培训

培训师课程的开发应基于培训师的职业特点，以提升培训师授课质量为目标，进行系列课程设计。课程开发要不断提醒培训师应注意的一些重要事项，使培训师的教学能够较好地符合培训要求。一般地，培训师的课程开发主要包括知识传授型课程、问题解决型课程、创造价值型课程等。

培训师课程开发流程包括调查课程需求、制定课程大纲、准备各项课程资源、编写课程资料、试讲与课程评估、课程修订与确认六个步骤，具体内容如下：

（1）调查课程需求。确认问题、确认原因及解决方法、分析并确认技能标准、培训对象技能评估与差距分析、确认培训方向。

（2）制定课程大纲。确定课程目标、确定课程内容、选择培训方法与技巧、确定培训资源、编写课程大纲等。

（3）准备各项课程资源。确认目标、制定备选方案、评估并选择、制作所需要的课程资料、试讲或试用、修改确认等。

（4）编写课程资料。课程大纲、练习手册、演示文件、讲师手册、学员手册、课程评估内容和评估方式等。

（5）试讲与课程评估。邀请相关专家和试听学员进行评估；培训课程结束后，全面收集反馈信息，汇总数据，提出改进意见。

（6）课程修订与确认。根据试讲意见修改课程之后再进行确定，定期组织讲师修正所讲授的课程。

5.3.4　培训师的计划实施指导

培训师除了需要掌握授课技能外，还应该熟悉整个培训计划的实施过程，并掌握相关知识和要点。其中，培训计划应详细描述培训师用什么方法来培训，用什么方式来营造一种有利于成人学习的氛围，用怎样的技巧让受训者积极参与计划、学习和评价。

培训师在计划整个培训过程时，应做好培训前准备、培训中的注意事项与记录反馈、培训结束时的总结与回顾等工作。

（1）培训前准备。培训前，培训师应分析受训者的特点，以预测培训效果。培训师根据事先了解或组织内部提供的信息，对受训者进行分类（如哪些人可能是表现优秀者、表现不佳者、潜在支持者或问题制造者等）。

（2）培训中的注意事项与记录反馈。在培训过程中，培训师应注重各个方面的细节，具体见图 5-3。

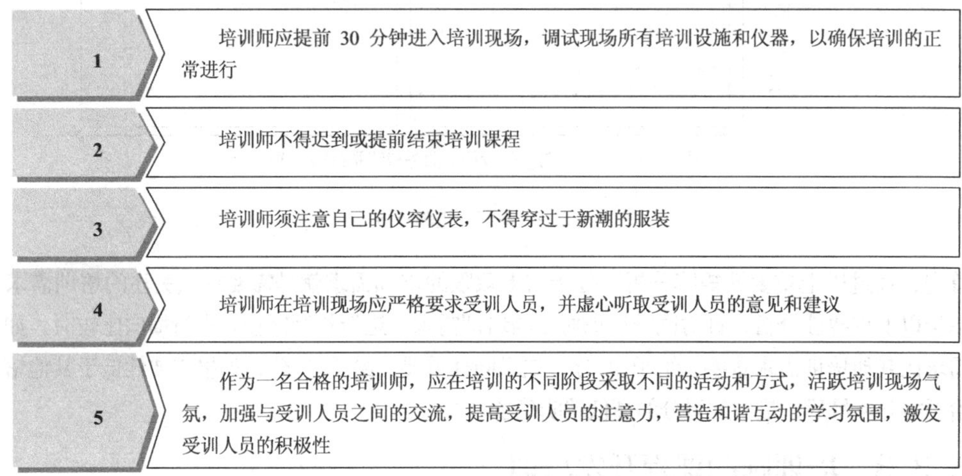

图 5-3 培训师在培训中的注意事项

此外，培训师要认真做好随堂记录，把主要观点、概念、活动、游戏、故事、案例、表格和图形等记录下来，并对培训全过程以及在培训授课中的表现进行自我总结。培训中的反馈是很多培训师容易忽略的环节。培训师应听取各种意见，在认真聆听时找出症结所在，体会受训者的坦诚，以合适的方式表达意见。此外，在提出反馈意见时，培训师要做到不评价、不重复、不建议、不质疑，避免谈无关的事情。

（3）培训结束时的总结与回顾。培训结束时，培训师需做培训总结。培训总结主要分为培训引导式总结和学员参与式总结两种。培训师引导式总结有利于学员在学习之后及时整理内容与感受，但这种总结是单向的，学员有时候很难做到感同身受。学员参与式总结是把学员发动起来，全体互动，产生共鸣。具体的操作方式是在课程结束时，全体学员每人做一个简短的发言。

此外，可以邀请专门的对培训师进行培训的讲师为他们传授经验，或是安排他们外出参加一些经过精心选择的、授课技巧比较好的教师组织的公开课，让他们研究、揣摩和学习其他教师的授课方法，例如，可以参加“TTT”培训。许多专业团体、学院和咨询顾问都有这样的培训项目，提供从单一的培训技术培训到培训项目设计这样的综合培训。

5.3.5 培训师的培训效果评估与跟踪

人力资源部或培训部是内部培训师培训管理的归口部门。为了不断提高内部培训师的授课水平和培训质量，培训部门需要对内部培训师进行评估，并根据评估结果对其进行培训开发，如开展不定期的培训和确定培训频次等。内部培训师的培训效果评估表（培训前使用）主要是帮助培训师判断对下列项目的掌握程度，如表 5-3 所示。

表 5-3　内部培训师的培训效果评估表

评估项目	完全不了解——完全了解									
	1	2	3	4	5	6	7	8	9	10
培训师的角色和条件										
实施培训的步骤										
讲义设计应注意的要点										
多样化培训方法的运用										
塑造培训师魅力的技巧										
声音表达的正确方式										
运用非口语语言的表达技巧										
教学投影制作要领掌握程度										
处理现场质疑与异议的技巧										
意外事件的处理										
备注	请您依据目前的实际情况，在适当的分值下打“√”									

一般，对内部培训师的培训效果进行评估和跟踪，其数据来源于“内部培训师培训效果评估表”。在培训开始时由接受培训的培训师进行前测，在培训结束后再进行后测，并根据两次结果对比找到差异点，如表 5-4 所示。

表 5-4　内部培训师培训效果评估结果

序号	题　目	前测平均值	后测平均值	前、后测差异
1	培训师的角色和条件			
2	实施培训的步骤			
3	讲义设计应注意的要点			
4	多样化培训方法的运用			
5	塑造培训师魅力的技巧			
6	声音表达的正确方式			
7	运用非口语语言的表达技巧			
8	教学投影制作要领的掌握程度			
9	处理现场质疑与异议的技巧			
10	意外事件的处理情况			
	总计			
备注	依题次分别加总再除以总人数后得到平均值，取小数点后两位，并计算前后差异			

5.4　内部培训师的管理

为了提高内部培训师资队伍的工作绩效，营造组织氛围，充分挖掘企业内部智力资源，建立健全公司培训体系，企业需要对内部培训师进行有效的管理。

5.4.1 培训师的日常管理

由于内部培训师既是讲师，同时也是企业的员工，如何处理好本职工作和讲师工作成为培训师日常管理的重点。

（1）人力资源部应与讲师所在部门及直接上级沟通妥当，以保证内部培训师在培训工作和本职工作的时间平衡。

（2）建立企业培训师资格等级评选制度，形成高、中、初级培训师体系，加强等级考核与评估，并给予配套的激励。

（3）明确培训师的职责，制定相关标准，加强内部监督。同时保持培训师开发实施培训的独立性，在课程开发、课程编写和培训活动策划上给予协助。

（4）加强对培训师的培养，鼓励更多的优秀员工加入进来，建立讲师储备库。

（5）注重培训师的培训课程体系的开发，收集和建立培训课程库并要求培训师定期及时更新，以保证课程的有效性。

5.4.2 培训师的考核管理

1．考核方式

对企业内部培训师的考核主要涉及培训项目考核和年终考核。培训项目考核是指培训师在每一个培训项目结束后对其整个授课过程的考核，包括培训项目的效果、教材设计、授课风格、学员收益等进行考核评估。年终考核是指年度结束时由人力资源部或培训部门对培训师全年的授课过程进行综合评定，其评定结果作为取消讲师资格或者是晋升讲师等级以及培训奖金发放的依据。

2．考核主体

对培训师的考核主体涉及受训者、培训主管部门，其中受训者处于主体地位。其中，每个培训项目考核由受训者和培训部门共同进行，年终考核则由人力资源部或者培训部门来实施。

3．考核依据

对内部培训师的考核依据主要有学员培训满意度和培训部门评价两个方面，其中学员满意度是学员对讲师授课过程、内容和效果的整体评价。培训部门评价是对培训师的教学质量、教学效果、工作态度、授课技巧、课程内容的熟练程度等的综合评价。

5.4.3 培训师的激励管理

为了激发内部培训师的积极性和主动性，应采取一定的激励措施给予鼓励，如颁发资格证书、提高薪酬、增加福利、扩展职位晋升空间以及提供更多培训的机会等。表 5-5 为某公司的培训师激励制度示例。

表 5-5 某公司的培训师激励制度

<table>
<tr><td rowspan="2">制度名称</td><td colspan="3" rowspan="2">某公司培训师激励制度</td><td>编号</td><td></td></tr>
<tr><td>受控状态</td><td></td></tr>
<tr><td>执行部门</td><td></td><td>监督部门</td><td></td><td>考证部门</td><td></td></tr>
</table>

第1章 总 则

第1条 目的

为了调动公司培训师的工作积极性，提高培训效果，特制定本制度。

第2条 适用范围

续表

本制度适用于公司所有培训师的激励管理。

第2章　授课津贴激励

第3条　内部培训师的授课津贴标准如下表所示。

级别	津贴标准	
	工作时间培训	业余时间培训
助理培训师	15元/课时	20元/课时
初级培训师	25元/课时	35元/课时
中级培训师	60元/课时	80元/课时
高级培训师	200元/课时	250元/课时

第4条　授课津贴只针对培训部统一安排并考核合格的培训项目。津贴以现金形式发放，发放的时间为课程后期跟踪、总结完成后一个月内。

第5条　对于无法界定是否发放授课津贴的课程，统一由公司培训部最终界定。

第6条　各部门培训师的授课津贴统一申报至培训部，由培训部复核并报总经理审批后方可发放。

第3章　培训师晋级激励

第7条　培训师晋级基本要求

1. 助理培训师，符合候选人标准，并取得内部培训师资格证书。
2. 初级培训师，具备助理培训师资格，累计授课时数达到50小时。
3. 中级培训师，具备初级培训师资格，累计授课时数达到80小时。
4. 高级培训师，具备中级培训师资格，累计授课时数达到120小时。

第8条　公司每年____月公布本年度内部培训师晋级评审方案。

第9条　公司内部培训师可根据本人条件，按照晋级申报条件和基本要求向培训部提出书面晋级申请，并填写“内部培训师晋级申报表”。

第10条　成立评审小组，对初审合格的申请人进行综合考评，按照从高分到低分的顺序择优确定晋级内部培训师名单。

第11条　评审结束后，晋级内部培训师名单在本公司进行公示，____日内无异议，则报人力资源总监审批。

第12条　审批通过后，由主管部门为晋级人员办理相关手续。

第13条　评审小组要按照一定的晋级比例，确定最终晋级内部培训师。

第14条　晋级讲师可以享受一定的福利待遇，具体参考公司培训师管理制度。

第4章　其他激励办法

第15条　资料购置费、带薪年假和外部培训等激励措施。

1. 培训师的资料购置费、带薪年假和外部培训等激励措施的明确规定如下表所示。

级别	资料购置费报销	带薪年假	外派培训激励
助理培训师	200元/年	无	无
初级培训师	1000元/年	3天/年	外派培训或参观考察等活动，费用总额为2500元/年
中级培训师	2000元/年	5天/年	外派培训或参观考察等活动，费用总额为6000元/年
高级培训师	3000元/年	7天/年	外派培训或参观考察等活动，费用总额为10000元/年

2. 购置的学习资料或外派培训获得的证书在公司备案后归个人所有。
3. 带薪年假照常发放工资，但不报销差旅费用。

第16条　培训师授课的业绩作为本人年度业绩考核和晋升的参考标准，同等条件下的薪资调整、评优、升职等机会优先考虑培训师。

第17条　公司每年进行一次优秀培训师的评选活动，授予“公司优秀培训师”的荣誉称号并进行物质奖励。

续表

第5章 附 则					
第18条 本制度由公司培训部起草解释修订。					
第19条 本制度经由公司总经理审批后自发布之日起实施。					
编制日期		审核日期		批准日期	
修改标记		修改数量		修改日期	

5.4.4 培训师管理制度的建立

培训师的管理制度一般包括培训师的评聘制度、考核制度、培训制度、激励制度等。表 5-6 为某公司的培训师管理制度示例，具体介绍了培训师管理的相关制度。

表 5-6 某公司培训师的管理制度之一

制度名称	某公司培训师管理制度			编号	
				受控状态	
执行部门		监督部门		考证部门	

第1章 总则

第1条 目的

1. 更好地营造学习与发展型组织的氛围。

2. 发现和培养高素质的培训讲师队伍，提高培训讲师的整体素质水平。

3. 通过充分利用公司内部智力资源，积极培养和建设内部培训师队伍，发挥内部培训师在公司整体培训教育体系中的核心作用。

4. 通过合理安排外聘讲师，弥补公司内部培训人员的不足，促进培训工作发展。

第2条 适用范围

本办法适用于公司所有内部培训师、外聘讲师的管理工作。

第3条 管理职责

1. 公司培训部负责所有内部培训师选拔、定级、考核，以及外聘讲师评聘，培训供应商选择等事项。

2. 各部门须做好培训讲师需求上报、内部培训师推荐等相关工作。

第4条 术语解释

1. 内部培训师，是指从公司内部选拔和培养的，负责公司培训工作的内部员工。

2. 外聘讲师，是指非本公司员工，接受本公司聘请，专长于某一专业领域，为本公司提供培训的讲师。

第5条 培训讲师设置原则

本公司所有内部培训师评选、外聘讲师的评选和担任，均须参照公司业务需要和人才选拔需要确立。

第2章 培训师的评聘管理

第6条 培训师类别划分

公司培训师分为储备培训师和正式培训师两类，培训师除了可以获得授课薪酬之外，还可以获得公司组织的“培训师培训”。公司培训讲师划分为 4 个等级，分别为：助理培训师、初级培训师、中级培训师、高级培训师。详情如下表所示。

培训师等级	授课时间	培养人员	培训人次
助理培训师	符合候选人标准，并取得培训讲师资格证书	无	___人次
初级培训师	具备见习培训讲师资格，累计授课达到__小时/年	助理培训师	___人次
中级培训师	具备初级培训讲师资格，累计授课达到__小时/年	初级培训师	___人次
高级培训师	具备中级培训讲师资格，累计授课达到__小时/年	中级培训师	___人次

第7条 培训师的评选条件

1. 具有认真负责的工作态度和高度的敬业精神，能够确保公司培训工作的开展。

2. 在某一岗位专业技能上有较高的理论知识和实际工作经验。

3. 具有较强的书面和口头表达能力，以及一定的培训演说能力。

4. 具备编写讲义、教材、测试题的能力。

第8条 内部培训师评聘程序

1. 自行推荐申请的员工填写“内部培训师自荐申请表”交所在部门签署意见后，报公司培训部。部门推荐的（原则上，各部门每年应推荐 1～2 名优秀员工）须由部门负责人员填写“内部培训师推荐申请表”，由部门经理签署意见后，交公司培训部。

2. 培训部对照内部培训师选拔要求，对申请人员进行资格审定。

3. 资格审定合格后，由申请人员试讲培训课程，公司培训部从各部门抽调专业人员来评定试讲成绩。

4. 培训部对申请人员的试讲成绩进行排名，择优确定，并及时公布内部培训师资格和名单。

第9条 外聘讲师评聘程序

公司根据培训需求状况，可聘请外部培训师为本公司员工进行培训。经培训部评审合格后，也可聘请外聘讲师长期担任公司培训讲师。外聘讲师的评聘程序如下。

1. 各业务部门可根据业务发展的需要，就某一项目、某一课题等向培训部推荐优秀的外部培训师。

2. 培训部在收到各部门的推荐后，须及时对外部培训师展开背景了解和调查工作。

3. 培训部确认外部培训师资格条件和培训课程费用在本公司要求范围内后，可以向人力资源总监提出申请，经审批后签订聘用合同。

第10条 培训师资格的取消

1. 培训讲师资格取消的条件

（1）本人自愿要求取消培训讲师资格。

（2）在培训期间违反法律法规规定，违反公司相关管理规章制度。

（3）个人行为严重损害公司利益，经过培训部工作人员劝导后仍然不予改正的。

2. 培训讲师资格取消的程序

（1）自愿申请取消资格的，由本人填写“培训讲师资格取消申请表”，经培训经理签署初步意见后，提交总经理批准。

（2）经总经理批准后，收缴所有证书，停止一切培训业务。

（3）因第1款第2、3项所列原因被取消培训讲师资格的，由培训部负责书面通知其本人，然后收缴其所有证书，停止一切培训业务。

第3章 讲师的培训、考核、课酬

第11条 培训师的培训内容

为提高培训的成效，凡新担任公司培训讲师的人员，必须接受的培训包括学习原理、成人学习特点、企业培训与员工发展、教材设计与制作、培训技能训练。

第12条 培训讲师考核

1. 培训学员和培训部负责对培训教材设计、授课风格、学员收益等进行评估。

2. 培训部负责对培训讲师的年终考核进行综合评定，考核结果由总经理审核，对考核结果不合格或者受到学员两次以上重大投诉的讲师，公司将取消其讲师资格；培训讲师因正常工作或个人原因，不能按原计划授课时，应及时通知培训部，由培训部另行安排。

3. 公司根据考核结果，每年度从讲师队伍中评选出部分优秀讲师，并给予一定物质奖励和精神奖励。

第13条 讲师培训课酬

见习培训讲师 50 元/学时，初级培训讲师 150 元/学时，中级培训讲师 200 元/学时，高级培训讲师 300 元/学时。

第4章 附则

第14条 本办法由培训部制订，经总经办审批后通过。

第15条 本办法自公告之日起生效。

编制日期		审核日期		批准日期	
修改标记		修改数量		修改日期	

【启发与思考】

扫一扫→培训师之父——拿破仑·希尔

【思考练习题】

1. 培训师在培训中扮演了哪几种角色？各有什么特点？
2. 培训师资队伍如何建立？建立的途径有哪些？
3. 内部培训师和外部培训师的优缺点各是什么？
4. 为什么很多企业鼓励以内部培训师为主？选拔内部培训师的要点有哪些？
5. 根据培训师的素质要求，谈谈如何培训培训师。
6. 培训师的激励制度、管理制度、更新制度是怎样的？制度中通常包含哪些要素？
7. 结合一个企业案例，阐述该企业培训师管理的成功之处是什么。
8. 结合自身对培训师的理解，说说如何成为一名优秀的培训师。

【模拟训练题】

A 集团于 1980 年创立于美国，业务遍及全球近 48 个市场，集团拥有符合世界抗老化潮流的个人保健品和营养补品两大产品线，为消费者提供最先进和高品质的产品。

集团一直以来重视人力资源管理和培训工作，现在已经从集团内部各个部门选拔了一些骨干人员作为内部培训师，并开始要求他们将自己的知识和经验共享。集团内部培训师队伍已经初具规模，涵盖了销售、生产、管理、技术等培训领域，但是现有的内部培训师还没有接受过系统的关于如何做培训师的专业训练，现在人力资源部需要对培训师师资队伍进行培训，但不知道如何着手，请你制作出师资队伍的培训流程并说明操作要点及其注意事项。以下表格已经给出部分内容，请完成其余部分。

对培训师资队伍培训的操作指南

序号	培训流程	操作要点	操作注意事项
1	培训需求的调查	1. ________ 2. ________ 3. ________	1. ________ 2. ________ 3. ________
2	培训课程的开发	1. ________ 2. ________ 3. ________	1. ________ 2. ________ 3. ________
3	培训计划的实施	1. ________ 2. ________ 3. ________	1. ________ 2. ________ 3. ________
4		1. ________ 2. ________ 3. ________	1. ________ 2. ________ 3. ________
……	……		

【情景仿真题】

你是 B 公司人力资源管理部培训部的负责人，为了做好培训师资队伍建设管理工作，公司需要制定一个比较完善的培训师管理制度，你打算用三周时间完成。请根据下列培训师管理制度的框架，并从培训师的日常管理、培训实施、激励考核等方面完成其余部分。

培训师管理制度

制度	培训师管理制度			受控状态	
				编号	
执行部门		监督部门		考证部门	

第 1 章　总则

第 1 条　目的

为了有效开发培训师的内在潜能，提高培训师的利用效率，使培训师掌握完成本岗位所需的专业知识，促进培训师的职业发展，特制定本制度。

第 2 条　适用范围

凡本企业所属培训师及相关事项均按本制度办理。

第 2 章

第 3 条　……

第 3 章

……

第 4 章

……

第 n–1 章　附则

……

编制日期		审核日期		审核部门		修改日期

第6章 培训外包管理

学习目标

1. 了解什么是培训外包以及培训外包的类型。
2. 掌握培训外包的实施流程。
3. 熟悉如何选拔外部培训师。

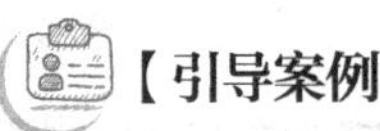

【引导案例】

宝洁与IBM的合作策略

宝洁公司始创于1837年，是世界上最大的日用消费品公司之一。公司拥有众多深受信赖的优质、领先品牌，包括帮宝适、汰渍、碧浪、护舒宝、潘婷、飘柔、海飞丝、佳洁士、舒肤佳、Olay、SK-II、欧乐B、吉列、博朗等，公司在全球大约70个国家和地区开展业务。

IBM（国际商业机器公司），简称IBM（International Business Machines Corporation），总公司在纽约州阿蒙克市，1911年托马斯·沃森创立于美国，是全球最大的信息技术和业务解决方案公司，拥有全球雇员30多万人，业务遍及160多个国家和地区。

一个消费品行业，一个IT技术行业，两个分属不同行业的公司因为人力资源外包服务走到了一起。

要么去IBM，要么就彻底离开宝洁——2004年1月1日前，近800名宝洁公司人力资源部员工面临“最后的抉择”。这都源于宝洁与IBM签署的一份协议：IBM将为宝洁公司提供人力资源业务转型外包服务，为大约70个国家和地区的近9.8万名宝洁员工提供支持。提供的服务包括工资管理、津贴管理、费用管理、培训计划以及人力资源数据管理等，还将利用宝洁公司现有的处于领先地位的全球SAP系统和员工门户网站，为宝洁公司的人力资源系统提供应用开发和管理服务。

IBM为宝洁公司的员工服务带来了丰富的业务流程知识、深入的技术专家知识和一个灵活、快速响应的业务模式。IBM将双方的长处结合在一起，给宝洁和IBM以及未来的客户带来双赢的效果，很多员工也将能够从更大的未来事业潜力中受益。

对于宝洁公司而言，不涉及公司的核心竞争力，也不产生最大效益的业务，不如干脆外包给专业公司更省事。通过外包，往往能够实现资源共享与集约化管理，从而产生效率和利益的最大化。而对IBM来说，这一协议显著增强了他们的全球人力资源业务转型外包服务的能力，巩固了他们的领先地位，打造了一幅双赢的蓝图。该案例讲述了宝洁与IBM的外包服务合作策略，通过外包，两个公司实现了资源共享，从而实现了双赢。

（资料来源：根据“陈国海.员工培训与开发.北京：清华大学出版社，2012：345.”提供的素材整理而成。）

案例分析：

1. 通过这个案例，你认为选择培训外包有哪些弊与利。
2. 在此案例中，宝洁公司选择IBM作为其专业的培训外包机构的依据是什么？
3. 企业应当如何开展培训外包？具体实施步骤有哪些？如何准确评估培训外包的效果？

培训外包，是当代企业人力资源管理的一个重要发展趋势。企业导入培训外包服务就是根据企业实际需要，为企业量身打造适合企业的培训课程，并根据企业发展的各个阶段，为企业设计企业发展中的整体解决方案。但是，培训外包是放手而非放任，企业需要结合需求和目标对培训外包服务进行科学的监督、评估与管理。

6.1 培训外包的概述

外包（Outsourcing）是由 Gray Hamel 和 C.K. Prahalad 于 1990 年首先提出的，外包的核心理念是“做自己做得最好的，其余的让别人去做”。培训外包往往是战略导向型的，战略导向包括为部门树立明确的目标和方向，建立一些以顾客为中心、满足顾客需要的培训方案并不断加以改进培训项目。

6.1.1 培训外包的定义

在市场激烈竞争的压力下，培训外包有助于企业减少培训成本，增强培训的专业性，同时集中企业的内部资源以专注于战略性业务，争取竞争优势。然而，将企业的培训业务外包也面临着一些风险，如何在培训外包时规避可能出现的风险，是企业管理者面临的一大难题。

我们认为，培训外包是指组织将本来由内部人力资源培训部门行使的部分或者全部培训与开发职能，以委托和代理的形式交给组织外部的专业机构来完成，从而达到培训工作的专业化，培训效率的高效化。

外部的培训专业机构具有更加专业化的服务能力，其行使培训与开发职能的成本要低于企业。此外，外包往往集中在企业非核心能力的职能上，通过对这些职能的外包，会使企业将其精力和资源集中于那些帮助企业获取竞争优势的人力资源职能上。

当前，培训外包不单单是聘用外部培训师来企业内部授课，也不仅仅是出资派员工脱产去参加外部的培训班、研讨会，还体现将企业的一些培训职能外包出去，可以选择的一些核心外包的职能和项目，主要包括制订培训计划、办理报到注册、提供后勤支持、设计课程内容、选择讲师、确定时间表、进行设施管理、进行课程评价等。通过与服务外包商的合作并建立伙伴关系，可以节省大量经费，并获得较高质量的、专门适用于特定业务战略的培训项目。

6.1.2 培训外包的产生

20 世纪 70 年代，由于遭受到 OPEC（Organization of the Petroleum Exporting Countries，石油输出国组织）石油危机的并发冲击，北美企业的外部营运环境顿时变得复杂起来。为了使企业有限的资源用于企业核心能力的建设，业务外包随之出现。外包（Outsourcing）是由 Gray Hamel 和 C.K. Prahalad 于 1990 年首先提出的，外包的核心理念是“做自己做得最好的，其余的让别人去做”。此外，由于社会不断进步引致法律法规的不断完善，企业迫于对政府福利保障制度实施的压力，不得不比从前更加关注于员工的安全与健康，这样一来，企业事务性的人事行政工作变得越来越繁杂了。为了应对外部变革的环境变迁，企业可以寻求两种选择，一是将这些事务性的人力资源工作划分给不同的岗位，让负责该岗位的主体去实施、处理；另一种是通过将这些新兴人力资源业务予以外包，选择让专业性的人力资源服务公司来完成这些事务性的工作。培训成为企业人力资源管理职能中最先外包的业务。有一项对美国公司的调查显示，超过半数的公司都将培训课程的讲授外包出去了。有四成的公司报告说它们采用外部专家来开发一些定制培训内容（见图 6-1）。

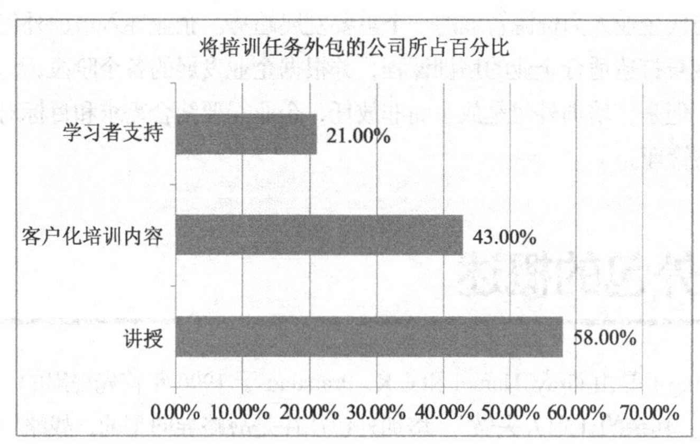

图 6-1　将培训任务外包的公司所占百分比

（资料来源：雷蒙德·A.诺伊，约翰·R.霍伦贝克，巴里·格哈特，等．人力资源管理基础．刘昕，译．北京：中国人民大学出版社，2011：200.）

6.1.3　培训外包的类型

1．按照培训业务的外包范围

按照培训业务的外包范围，可以分为完全外包与部分外包。

（1）完全外包。是指企业将整个培训业务（包括制订培训计划、设计课程内容、确定培训时间、提供后勤支持、设施管理、选择讲师以及课程评价等）全部交给企业外的培训机构。

（2）部分外包。是指只是将部分培训任务，比如具体一门课程的讲授交给培训机构去做。

2．按照培训内容的外包程度

按照培训内容的外部程度，可以分为主题式培训外包和年度式培训外包。

（1）主题式培训外包。是指按照企业需求，围绕培训目的（主题），紧密结合企业的实际情况，为企业度身定制个性化的培训解决方案，通过组织和调度各类培训资源，为企业提供更具针对性、实效性的管理培训服务，解决具体问题，满足企业需要。通过系统的企业需求研究，从专业的角度为企业针对性的课题规划并协助推动实施，指导企业化解矛盾、规避风险、提升绩效、解决问题。

主题可根据企业的实际情况确定，如基础管理年、成本管理月、质量管理月、文化管理年等；也可根据企业存在的主要瓶颈问题进行专题设计突破，如现场管理改善、服务水平提升、领导团队建设、销售能力提升、员工满意度提升、执行力塑造提升、主管技能提升等。

（2）年度式培训外包。是根据培训需求分析，结合客户战略目标及人力资源战略，拟订培训战略规划，并拟订经济、有效的年度培训计划。作为专业的企业管理咨询机构，培训机构将以其专业知识和集团采购的优势，协助客户以低成本组织实施其内部师资无法完成的培训课程，保证培训计划的实现。

6.1.4　培训外包的影响因素

外部培训机构的专业性、系统性、完整性较好，但是，外购项目也会存在一些比较突出的问题，如价格昂贵、适用性差等。企业在做出决策的时候应该权衡利弊，综合考虑，具体从培训成本、培训内容、师资队伍、受训对象的特点与数量和外包风险五个方面进行培训项目外包或自行培训的决策。

培训外包的基本原则应该是在保证质量的前提下，尽可能降低外包成本。由于当前我国培训市场日益繁荣，培训机构层出不穷，所以企业在选择外部机构时往往处于主导地位，要在谈判中力争主动权。成本固然是影响企业决策的重要因素，但是，影响企业进行外包还是内部自行开展的最直接原因在于培训内容。如果企业内部人员对于培训内容不熟悉，或者是对新技术、新方法、新理念等需求，而这一培训项目又非常重要，那么除了外包就没有别的选择。另外，我们也要考虑企业的师资力量。如果企业内部培训师能够讲授这些课程，但是需要他们放下本职工作专门进行培训项目开发，获得的价值可能会小于所付出的代价，这时就可以考虑将课程设计环节外包，然后由内部培训师进行学习、消化、加工和改编之后，再给学员讲解。再有，受训对象的特点特别是人数是影响企业项目决策的一个重要因素。如果人数较少，则可考虑安排外派培训，外派培训也是外包的一种重要形式。

值得注意的是，在培训业务外包的过程中，由于参与双方的信息不对称和环境制约，企业很难对服务商的背景、资质准确了解，导致一定风险的存在。例如，由于行业起点低、运营成本较低、利润高等特点，培训机构层出不穷，培训队伍良莠不齐，培训活动五花八门，培训广告铺天盖地，有些机构会用一些非正当的手段来获取业务，培训效果不尽如人意，专项投资得不到应有的回报，甚至还可能出现在外包培训项目时泄露本企业的信息与机密等不良情况。再加上国内培训外包市场不成熟等原因，往往容易产生逆向选择风险和道德风险，甚至出现"劣商驱逐良商"的现象。因此，我们在选择培训外包时要充分分析外包风险。

6.1.5 培训外包的决策分析

是否采用培训外包，需要考虑多方面因素，同时，还应遵循决策的规范和技巧。

1. 培训外包的四象限决策模型

根据四象限法理论，可以选择市场成熟度与收益成本比作为判断标准。如果供应商有较高水平的培训能力、专业培训师有较好的声誉，则其成熟度高；反之，成熟度低。收益成本比，则是界定培训效果范围，显然要有高的培训效益，企业才会选择培训。

以培训市场成熟度为横坐标，以培训效果收益成本比为纵坐标，构建培训外包抉择的二维结构模型，如图 6-2 所示。

第Ⅰ象限，由于培训供应商有较高水平的培训能力，采用企业自主培训，势必要投入大量资金和精力，增加企业负担，并且在培训后有些培训资源未必可以循环利用，致使资源浪费。因此，培训外包将成为企业首选，为企业核心技术奠定基础。

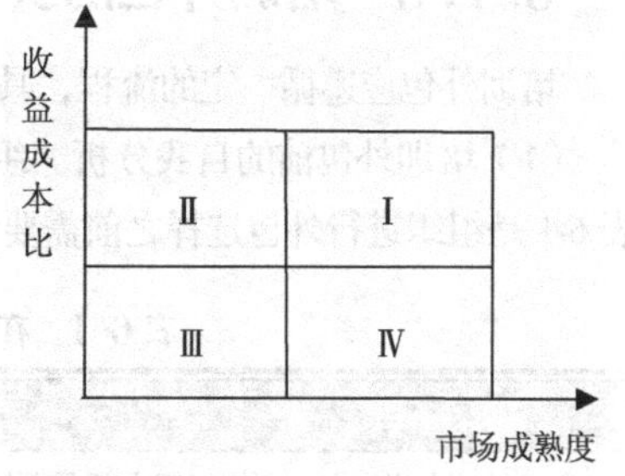

图 6-2　培训外包决策二维结构模型

第Ⅱ象限，由于培训供应商技术能力上的制约，培训外包将会有很大的风险，培训的收效存在很大的不确定性。此时可以采用内部培训或外聘专家进行培训，主要针对企业内部的专业技能或核心技术。

第Ⅲ象限，由于培训收效很小，难以提高企业核心能力，且可能带有很大的运行风险，不宜培训，须重新做培训需求分析。

第Ⅳ象限，此时由于培训市场较为成熟，可以把培训交给供应商，但要注意控制外包的成本，提升与外包服务供应商讨价还价的能力，在其成本降至合理范围内时予以外包，才能确保取得良好的培训收益。

2．内部培训与外包培训的比较分析模型

在明确培训需求后，应确认企业内部是否具备自主实施培训资源（物质资源和人力资源）。若缺乏某一项资源，可以选择购入。如果购入资源、自主实施培训成本较低，则采取内部培训。如果较高，可选择培训外包。以下是内部培训与外包培训的成本比较，如图 6-3 所示。

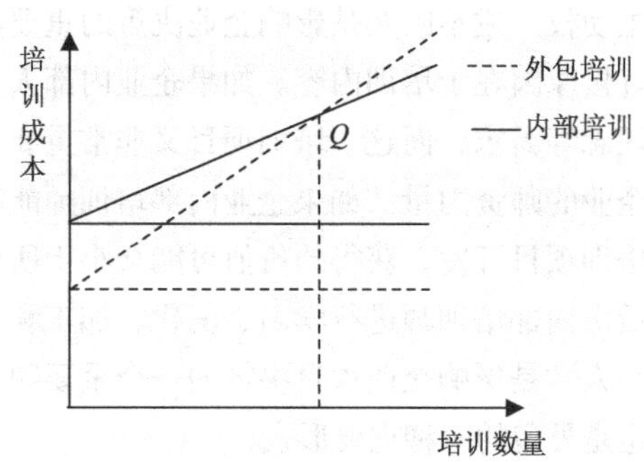

图 6-3　内部培训与外包培训的成本比较

内部培训由于要搜集培训资料、购置相应设施、聘请专业人员等费用支出，所以其固定成本高于外包模式。培训外包，企业只需投入少量的资金就可以分享专业培训公司全面开放的专业培训经验，从而大大节约培训管理的成本，但随着企业规模的扩大，企业培训人次逐渐增多，相应的员工培训费用也将上升。图 6-3 中 Q 点是规模效应的转折点。可见，培训外包活动比较适合中小型企业。

3．部分外包和完全外包的决策模型

当内部培训成本较高时，可选择外包。在外包时，不仅要考虑成本的因素，也要将风险规避作为决策的主要依据。对于资质高、信誉好的外包商，可以考虑实施完全培训外包；稍逊一些的外包商，可以实施部分外包。

假设企业为规避风险所耗费的成本为 C，购入培训价格为 P。当企业采取完全的培训外包模式时，购入培训价格和风险成本分别为 P_1、C_1；企业采取部分外包模式时，购入培训价格和风险成本为 P_2、C_2。若 $P_1+C_1> P_2+C_2$，企业应以部分外包方式进行培训。主要是那些实施费用低，收益比较大或企业核心技术等活动，或在培训的花费高却收效甚微时，有可能部分借助外部资源实施的培训活动。

若 $P_1+C_1< P_2+C_2$，企业将以完全外包方式进行培训。针对热门、热点课题的培训，或者涉及新思想、新技术、新领域的培训，在自身内部资源缺乏或花费较大时，企业可完全借助于外部力量来完成培训工作。

6.1.6　培训外包的实施流程

培训外包应遵循一定的流程，具体包括以下九个环节。

（1）培训外包前的自我分析。组织在选择培训项目外包机构之前需要对自身情况进行综合分析，表 6-1 是组织进行外包选择之前需要考虑的因素。

表 6-1　在选择培训项目外包机构之前需要考虑的因素

项　目	考　虑　因　素
专业知识	组织内部是否缺乏设计、实施人力资源开发项目的技术、知识和能力
时机	现在是否是聘请外界专业机构的最适当时机
受训者人数	在通常情况下，受训者人数越多，组织自行设计培训项目的可能性越大。因此，如果接受培训的人数较少，组织可以考虑将他们外派出去参加培训
课程内容	如果课程内容涉及企业核心机密或专有技术的话，那么企业应尽可能用内部培训师进行内部培训
成本	培训部门一般会考虑成本问题，并且会将成本与其他问题结合起来综合考虑

续表

项　目	考　虑　因　素
培训与开发部门的规模	培训与开发部门的规模在很大程度上反映了组织自身具备的设计、实施培训项目的能力
其他因素	一些其他的外部在因素使借助于外界结构进行培训更加有效

［资料来源：A. P. Carnevale, L. J. Cainer, J. Villet, & S. L. Holland（1990） Training Partnership: Linking Employers and Providers. Alexandria, VA: American Society for Training and Development,6. 转引自：徐芳.培训与开发理论及技术. 上海：复旦大学出版社，2013：391.］

（2）进行培训需求分析。在做出培训外包决定之前，还应当首先完成培训需求分析。然后，考察一下培训外包的成本，之后再决定是否需要由外部机构进行培训。

（3）做出培训外包决定。外包决定应根据现有工作人员的能力以及特定培训计划的成本而定，并结合一定的决策模型做出合理选择。

（4）起草培训项目计划书。在做出外包培训决定之后，应当为服务商起草一份项目计划书。此项目计划书中应具体说明所需培训的类型水平、将参加培训的员工，并提出一些有关技能培训的特殊问题。项目计划书起草应征求多方意见，争取符合企业培训的要求。

（5）选择合适的服务商并寄送培训项目计划书。起草完培训项目计划书后，需寻找合适的外包服务商，并将培训项目计划书发给合适的服务商，由其针对性地提供外包培训方案。公司将人力资源开发（培训）的职责外包，意味着公司与外部服务商成为合作伙伴，并认可服务商的专业能力、文化兼容性等。外包活动双方的高度匹配性能确保有效对接、合理成本，提高外包质量。

（6）考察并选择明确服务商。对候选培训服务商，可以通过专业组织或从事外包培训活动的专业人员进行摸底了解，并考察服务商信誉的相关证明材料，经综合比较选定一家适合本企业的服务商。

（7）外包合同的签订。与培训服务商签订合同是外包中至关重要的环节。对合同中的法律条款、财务费用规定等进行约定；合同中必须注明赔偿或补偿条款，如培训效果不佳或不符合企业的要求等。

（8）及时有效地与外包培训服务商进行沟通。为了提高培训外包效果，必须让员工和人力资源部及时了解外包情况，这是保证培训外包活动效率的关键。在外包期间，企业应及时与外包机构、员工进行沟通，并对员工等关于外包培训计划质量评估给予反馈。

（9）建立培训外包跟踪机制。培训外包活动结束后，要定期对服务商进行评估，建立有关培训服务、相关费用等跟踪机制，不断提升外包培训效果。

6.2　培训外包的运营管理

培训外包的运营管理是从培训机构的选择、培训方案确定、培训合同签订及培训实施执行四个方面进行。四个方面环环相扣，任何环节出错，都可能降低培训外包效果。

6.2.1　培训外包机构的选择

企业在选择培训外包机构时，一般要遵循十项标准，具体内容如图 6-4 所示。

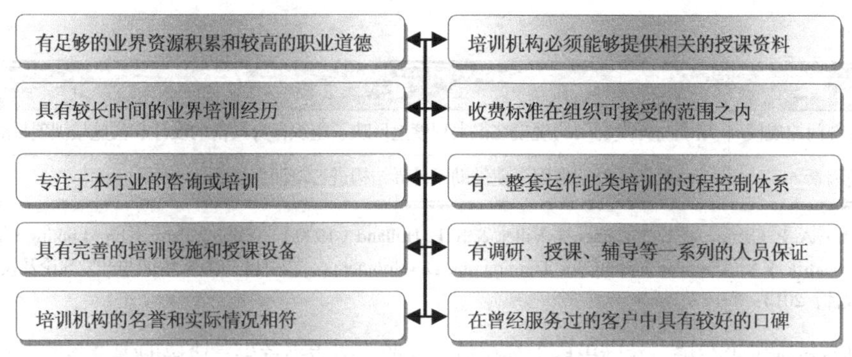

图 6-4　培训机构的选择标准

培训机构选择应当按照以下步骤进行。

1．收集培训机构信息

培训部门负责收集培训外包机构的资料、分门归类，并建立培训机构档案。收集对象主要包括管理咨询公司、大学、培训公司和管理顾问等。收集信息渠道主要包括专业报纸、杂志、网络和他人推荐等。收集信息内容，主要有培训机构简介、培训机构的信誉、培训课程种类、培训师资构成、收费标准、已接受过该培训机构服务的客户的评价等。

2．发出询价邀请函

根据培训计划确定哪些课程需要由外部培训机构提供。培训部门与培训机构初步联系，发出询价函，并要求其提供相关课程的方案。大型培训项目可以采取培训招标的形式来选择培训机构。

3．确定候选机构

培训部门负责对有合作意向的培训机构进行资格审查，选择 2~3 家候选机构。在选择候选培训机构时，应注意以下六个问题。

（1）培训教材。检查培训机构教材的资料来源、版权以及需要的语言水平，检查教材的内容是否符合培训项目所针对的知识和技能。

（2）培训师。了解负责授课的培训师是哪些人，以及他们的教育背景、工作经历和培训授课经验，检查其是否具有培训资格证书。

（3）培训时间表。培训机构必须制定详细的课程时间表，包括课程准备、培训材料撰写、培训课程的时间安排及课后总结的时间。

（4）硬件设施。考虑培训地点，并了解包括食宿、交通、教室、教学设备等在内的一切可能影响培训效果的因素。

（5）培训费用。明确培训价格及支付方式等。

（6）已受训者反馈。对已受训者或受训单位进行访谈，了解培训机构的课程种类及水平，例如，培训课程有什么独特的经验，该课程对员工的绩效表现有没有提高等。

4．评估候选机构的综合能力

培训部门应组织成立培训机构评审小组，由人力资源部、受训部门及高层领导等相关人员参与。评审小组负责对候选的培训机构进行能力评价，评价的内容主要包括培训机构的规模、企业文化、师资能力、培训服务能力等。

5．签订培训外包协议

培训部门负责与候选培训机构进行谈判，并签订外包协议。

6.2.2 培训外包方案的确定

企业在培训外包机构确定以后，首要的问题就是按照何种方案进行培训，考虑到外包机构并不能完全了解企业内部情况，因此，明确的培训方案实施内容，更显得尤为重要。外包方案内容如表 6-2 所示。

表 6-2 培训外包方案的内容

培训外包决策内容	培训外包流程内容
1. 培训内容的战略重要性及独特性 2. 培训资源的充分性 3. 收益成本分析	1. 确定培训外包的内容与范围 2. 选择外包服务商 3. 签订培训外包合同 4. 培训实施 5. 培训评估与反馈

6.2.3 培训外包合同的签订

市场经济中合同是保护双方权益的有力工具，完善的合同条款可以有效地减少企业外包的不确定性风险。合同中对双方的权利与义务描述得越详细，越能规避一些法律风险的产生。完善的外包合同是企业与外包商双赢的基础，因此企业需要与外包商就培训项目的各个环节进行充分的讨论协商。

参与讨论协商的不仅包括人力资源部人员、外包商，还应包括受训者、接受培训的部门管理者等。只有这样，才能进一步保证外包培训方向不会偏离企业需要。

培训外包合同一般需要明确以下内容：外包培训的内容与方式；服务款项及交付时间、方式；合同期间双方的职责权限；合作的期限；培训的进度及阶段考核措施；预期效果；信息安全保密条款；双方因违反合同规定而应做出的赔偿等。

6.2.4 培训外包实施的跟踪

在外包培训实施阶段，企业需要预先建立培训的跟踪管理机制，定期对服务费用、成本以及培训计划的质量等项目进行监督。派专人每日对培训情况进行记录、分析并上报，对出现的问题和建议，在与上级和培训外包商沟通后及时纠偏。例如，培训的出勤率、受训者的反映、课堂气氛、与培训有关的各项支出、应完成任务与实际完成任务之间是否存在时间差等指标。

此外，需要明确人力资源部在整个外包培训过程中的角色定位。在外包培训项目中，人力资源部已不再是培训任务的主要承担者，但仍需要积极参与培训项目的各个环节。人力资源部作为外包培训的推动者，需要从最初的外包环境考察调研，到培训方案的制订以及运转和评估，再到培训项目计划实施等环节给予关注和配合。同时，人力资源部作为企业与外包商之间沟通联络的纽带，负责跟踪和监督整个培训项目的运行，收集处理来自各方面的意见与反馈以保证培训计划的有效实施。更为重要的是，人力资源部还应向外包服务商学习如何培训，将外包服务商的外部知识内化为企业内部知识，实现知识的积累和沉淀。

6.3 外部培训师的选拔与管理

培训外包中的培训师就是外部培训师。外部培训师来源途径主要包括从大中专业院校聘请教师、聘请专职培训师、从培训机构聘请培训顾问、聘请本行业的专家学者或在网络上查找并联系培训师等。

6.3.1 外部培训师的选拔

外部培训的选拔面临着双重选拔，即培训外包机构和外部培训师。两者选拔用人的角度不同，前者的选拔更侧重于长期雇佣关系，后者的选拔主要是针对本次培训课程。值得注意的是，很多企业往往只重视培训机构的选择，而忽视外部培训师的挑选，将培训师的选拔完全委托给培训外包机构，认为这是培训机构的事情，它们会推荐优秀的培训师给企业，而培训机构有时由于本位主义思想，推荐的培训师往往不适合本企业，造成培训效果大打折扣。因此，无论是培训外包机构，还是接受外包服务的企业都应做好外部培训师的选拔。如果外包双方建立了长期合作关系，企业可以有选择地将部分选拔工作交由培训机构来做，但是也要参与其中。

1．选择标准

（1）丰富的实战经验。培训师必须具备丰富的实战经验，全方位融合理论知识与管理实践，能够真正帮助企业解决实际问题。

（2）独立开发课程的能力。培训师必须具有独立的课程开发能力，能够根据组织的实际需要开发并完善课程，使所传授的知识和技能保持实用性和先进性。

（3）相关领域的持续研究。培训师必须持续关注相关领域的最新发展，并不断地学习和研究。

（4）良好的授课效果。培训师必须深刻理解成人学习的过程，灵活运用多种培训方式，善于把握和控制课堂气氛，使培训效果最大化。

（5）较强的授课能力。培训师应具有良好的表达和演绎能力，以及问题解答和辅导能力。

（6）良好的客户反馈。通过对接受过该培训师培训的组织进行调查，全面了解培训师所授课程的实用性、授课风格、互动效果等，只有得到客户认可的培训师方可列入培训师候选名单。

2．内部决策流程

培训师自身的水平高低对培训效果有着直接的影响，因此，组织在开展员工培训时都希望选择优秀的培训师。选择优秀的培训师需要经过缜密的内部决策流程，具体流程如下。

（1）收集培训师信息。培训部门通过网络、专业报刊和杂志及他人推荐等渠道收集外部培训师的资历、经验等信息。

（2）进行初步筛选。培训部门根据组织的培训需要、培训目标、培训对象的层次以及培训经费进行初步筛选，暂定培训师名单。

（3）进行资质审查。培训部门对培训师候选人进行资质审查，审查未通过的，一律不得聘用。

（4）组织试讲与评估。培训部门与培训师取得联系，组织其进行试讲，并对其试讲效果进行评估。

（5）拟定培训师名单。培训部门依据组织的实际情况，结合试讲评估结果，拟定培训师聘用名单，提交相关领导审核。

（6）确定培训师名单。经组织领导审核批准后，培训部门与培训机构或培训师签订合作协议，并对培训师涉及的相关事项予以明确。

6.3.2 建立访谈试讲制度

访谈试讲制度是为了提高外部培训效率，对外部培训师进行访谈和组织试讲的相关事宜，以确保选择优秀的外部培训师，具体包括如下内容。

（1）负责培训部门与有合作意向的培训师进行访谈，可以是电话访谈也可是面对面访谈，并安排培训师进行试讲。

（2）明确规定访谈目的、访谈对象、访谈内容以及访谈过程中的注意事项。

（3）规范试讲的对象、试讲的日期和时间、试讲的内容、试讲的形式以及试讲的程序等方面的要求。

（4）明确试讲评估的人员、内容以及评估结果的运用等方面的要求。

但是，企业或培训机构在实际外聘培训师时，有时考虑到便捷性，可以选择试听代替试讲。即试听培训师给其他企业进行的有关培训课程，以判断其培训项目是否适合本企业。当然，如果条件允许的话还是以试讲为最佳选择方法。

6.3.3 外部培训师的评估

对外部培训师的评估也主要从学员满意度和培训部门评价两个方面进行。其中，学员满意度，指培训师授课结束后，学员通过填写问卷调查对培训师进行评价。培训部门评价，主要包括对教学质量、教学效果、工作态度、授课技巧、对课程内容的熟练程度等的评价。

针对外部培训师的评估，企业一般先会采取问卷调查的方式对受训对象进行统计，对问卷进行分析。同时，在培训结束一段时间后，企业会对受训者的工作绩效和企业运营情况进行总结，以观察培训效果，并对该外部培训师进行持续评估。

6.4 培训外包的效果评估

培训作为企业内部人才培养的重要方面，对吸引、保留与激励员工具有举足轻重的作用。由于培训外包成本相对较高，为了保障培训外包的效果，应建立培训外包的效果评估机制，从而了解企业和培训机构在员工外包培训方面所采取的策略、方法、手段及实施效果，并深入剖析企业在培训外包中存在的主要问题，以利于寻求更佳、更有效的解决方案。

6.4.1 培训外包的评估内容

1．评估主体

培训外包是由企业人力资源部或者培训与开发部门开展的对外项目合作，因此，在评估时应由企业人力资源部或者培训与开发部对整个培训外包项目展开评价。

2．评估内容

培训外包的评估分析主要包含以下内容。

（1）培训外包机构的评估分析。主要评估分析培训机构的资质、服务以及培训师资队伍建设管理情况。另外，可以根据对培训机构的评估结果，结合企业发展需求，针对各个培训机构授课优势，建立评级制度。

（2）培训内容的评估分析。主要评估与分析到底哪些员工应该接受哪些外部培训，接受培训后所产生的效果如何。针对外包培训内容的评估，主要是了解培训课程的内容是否与企业和员工的需求相匹配。从培训机构来讲，培训外包机构要结合企业现存的问题和培训需求进行分析，观察和研究培训内容是否对解决企业问题和促进企业发展提供了助力。从企业方面来讲，企业的培训管理者要结合员工对培训需求进行分析，观察和研究此次外包培训的内容是否对员工技能的提升提供了帮助。

（3）培训方式与方法的评估分析。针对企业所属的行业特性和企业现实情况来评价培训方式和方法的选择是否合理。在培训方法上，是否采用了演讲法、案例研讨法、导师制、教练制、情境模拟、行动学习法等传统的培训方法和新兴的培训方法相结合的形式。

（4）外部培训师资的评估分析。从外部培训师资来源看，他们是否为本行业资深专家、专职培训师、实战经验丰富的学院派培训师等。同时，培训师资是否专业知识扎实、授课形式多样、能够激发受训者的学习热情与潜能，并且态度亲和、语言幽默、勤勉尽责。

（5）培训效果的评估分析。培训效果是被调查者做出培训选择的最重要的决定性因素，也是企业选择外包培训最为看重的结果。外包培训的效果，企业必须采取多角度、广范围的形式开展培训效果的分析，其中成本分析是效果评估的基础。

6.4.2 培训外包的效果调研

为了做好评估，需要采用科学的调研方法收集相关信息，一般采用问卷调查和实地访谈相结合、定量与定性分析相结合的方法，力求全面、系统地分析企业外包培训效果。

1. 问卷调查与实地访谈

问卷调查应兼顾不同企业性质、公司规模、职位层级、教育背景、年龄结构与性别特征的人员对企业培训的看法与期望。在进行问卷收集时，培训管理者应该多了解被调查者的信息，以利于分层次统计分析。调查内容主要有企业从业人员对所接受的外包培训的频度、培训内容、培训方法、培训效果的意见和从业人员对培训现状的看法及其对未来的期望等。

实地访谈是对外包培训中的相关人员进行面谈调查，具体访谈内容包括培训需求分析方法、培训内容、培训方法、培训实施、培训效果评估等方面。实地访谈一般采用结构化访谈方式，即以标准化的访谈提纲为基准，针对特质性问题进行深入访谈。

2. 定量分析与定性分析

定量分析主要是根据培训目的制定一系列的培训效果测评指标，对参与培训的人员和外包服务商进行考核。定性分析是对无法进行量化的内容进行分析，例如，培训态度、受训者的反馈意见等，需要以描述性语言进行分析。

【启发与思考】

扫一扫→致力于管理实践的研究型与实践型大学——美国克莱蒙特德鲁克研究生院

【思考练习题】

1. 什么是人力资源外包？从战略的角度谈谈为什么企业要进行业务外包？
2. 什么是培训外包？培训外包有哪些益处和风险？

3. 培训外包的主要类型有哪些？各有什么区别？

4. 培训外包的实施流程是什么？

5. 培训外包运营管理的主要内容有哪些？每一步骤应该注意哪些问题？

6. 外部培训师的优缺点有哪些？如何选择外部培训师？

7. 培训外包效果的调研方法有哪些？具体从哪几方面进行评估与分析？

8. 列举一些比较成功的培训外包机构，并分析它们的优势在哪里。

【模拟训练题】

多年来，A 公司将部分培训课程实行外包，其目的是更多地吸收外部新鲜知识，借助外脑给公司员工更多的启发。过去公司很少对培训外包效果进行评估，自从上次培训外包后部分员工反映授课效果一般，因此，人力资源部决定让你设计一份培训外包效果调查问卷，以便对外包机构和外部培训师进行综合评价，提高培训外包效率和效益。下列给出的培训外包效果调查问卷中，已经设计了部分内容，请你根据调查评估目的补充完成其余内容。

培训外包效果调查问卷

编号：　　　　　　　　　　　　　　培训时间：

员工姓名		所属部门及岗位				
培训课程名称		培训讲师				
评估项目	评分标准	得分				
		很好	较好	好	一般	差
本课程的总体评价	讲师准备充分，讲课精彩，容易理解	□5	□4	□3	□2	□1
教学内容评价	内容有针对性，和主题联系紧密	□5	□4	□3	□2	□1
讲师语言表达	口齿清晰，发音标准，语言流畅	□5	□4	□3	□2	□1
（　　　　）		□5	□4	□3	□2	□1
（　　　　）		□5	□4	□3	□2	□1
（　　　　）		□5	□4	□3	□2	□1
……	……	□5	□4	□3	□2	□1
您学完本课程最大的收获						
（　　　　）						
（　　　　）						

【情景仿真题】

你是 B 公司人力资源部负责培训的工作人员，公司打算对部分培训采用外包的培训方式，但不知道哪家培训机构好，人力资源部经理委任你去做市场调查，你有两周的时间完成任务。

培训外包机构调查表

序号	机构名称	成立时间	办公地址	优势	劣势	其他资质	备注
1							
2							
3							
……	……						

说明：在优势和劣势中要明晰各个培训机构的主打课程、社会评价、价格费用等。

选择关键点：

选择的理由：

调查人：

日　期：

第 7 章 培训方法与组织实施

学习目标

1. 了解培训的主要类型与方式。
2. 熟悉传统的培训方法和新技术方法以及它们各自的优缺点。
3. 掌握各种培训方法的适用范围。
4. 熟悉培训前、培训中和培训后的组织实施要点。

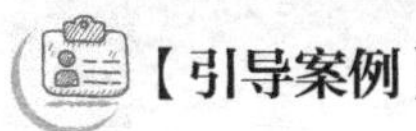

【引导案例】

农夫山泉的培训方法

农夫山泉一直重视人力资源开发，通过基层内部轮训和拓展训练培养员工的创造性，鼓励变革，激励员工不断完善自我，营造并保持了一种积极向上的企业培训文化。

1．基层内部轮训

在农夫山泉的销售队伍中，逐渐形成了一种独具特色的基层内部轮训制度。也就是说，在各个销售大区，城市经理给业务主管培训，业务主管给业务员培训，通过这样的基层培训，吸收好的经验，选拔发现优秀的基层培训师和培训教案在全国推广。

“农夫”的培训理念认为，培训部的主要职责是建立行之有效的培训体系，而不是主讲。作为公司，每一块工作均有不同的需求，有不同的培训目的和要求，而在这些岗位上不乏优秀的人才，他们是这一方面的专家，通过他们给相关岗位的员工进行培训指导，效果肯定比培训师更为明显。

据悉，在今后几年，内部轮训模式将在农夫山泉公司各个职能部门大力推广。因为内部轮训的培训模式既可以督促各岗位上的优秀人才对自己熟悉的工作去总结归纳，又能够使受训员工根据实际需求获得操作性强的指导，这样既是对管理者的绩效考核，也有利于公司形成良好的学习氛围。

2．拓展培训

农夫山泉比较钟情于这一体验式的拓展培训，已经先后与北京、杭州几家拓展培训公司建立了业务联系。

近几年来，野外拓展培训在我国流行起来，但主要集中在知识密集型的高科技企业和大型外资企业，本土饮料企业当中全面开展拓展培训的还是比较少的。

农夫山泉公司率先全面引进拓展培训，在新员工的入职培训中，拓展培训是不可或缺的一环；另外对于高层管理人员，公司也时常通过拓展培训加强团队凝聚力。这位“农夫”认为，户外拓展培训课程应该成为企业改善员工心理素质，树立团队合作意识的培训方法之一，将一些户外冒险性活动引入到公司的培训课程中，可以使员工挑战户外体验项目，确立信心，发挥自我潜能，并培养团队合作精神。通过向员工全面开展拓展培训，也能够提升企业的活力和创造力，提高管理人员的整体作战能力，并让员工之间相互更加了解，提高工作效率，从而达到提升企业生产力的目的。

一个合适的、恰当的培训方法对培训项目的实施起着举足轻重的作用。在完善的培训体系运用中，对组织的员工培训方式方法进行分类，可以为组织针对不同的对象，不同的目标，不同的培训要求选择不同的培训方式方法提供依据和参考，这是十分必要也是非常实用的。

[资料来源：根据“世界商业评论. 农夫山泉的几种经典培训模式.中国高新技术企业，2005（5）：85.”提供的素材整理而成。]

案例分析：

1. 农夫山泉采用的两种培训方法，各有什么优缺点？
2. 除了农夫山泉公司采用的培训方式和方法外，还有哪些培训方式和方法？
3. 如果你是农夫山泉公司的培训部主管，你将如何根据不同的培训目标采用不同的培训方法？

选择恰当的培训方法和技术，并充分合理运用，是培训设计和培训实施环节的重要任务。现代培训方法和技术多种多样，并各有优缺点，培训组织者和培训师要全面了解每种方法和技术的使用特点，并结合具体培训项目做出合适的选择。培训的组织与实施是培训与开发工作的主要阶段，是具体实施培训与开发计划、落实培训与开发目标的过程。高效地组织和实施培训将会使培训成效得以实现。

7.1 培训的类型与方式

培训的分类有多种，可以按照培训对象的不同划分，也可以按照培训体系的不同划分，不同类型的培训，其相应的培训方式、方法也不同。

7.1.1 培训的主要类型与方式

1. 按照培训对象分类

按照培训对象是否在岗，可以分为岗前培训、在岗培训和脱岗培训。

（1）岗前培训（Pre-post Training），是指受训者在正式上岗前，对其进行有关组织规章制度、组织文化、相关业务等内容的培训。岗前培训的对象主要包括组织从外部新招聘的人员，组织内部轮岗、轮换及晋升人员，以及由于新技术、新标准、新产品引进而需要接受培训的人员。

① 培训重点。岗前培训的重点主要是组织历史、组织使命和远景规划、组织业务、岗位工作介绍和业务知识、组织的自然环境、组织机构、经营方式、员工组成和工作流程、组织管理规则、经营哲学等方面的内容。

② 培训方法、内容及培训师。岗前培训常用的方法、内容及其对应的培训师，如表 7-1 所示。

表 7-1 岗前培训的方法、内容及培训师

岗前培训的方法	培训内容	培训师
讲座、案例研究	组织文化	组织高层管理者
	规章制度	人力资源部人员
	岗位职责	部门主管
观察法、练习法、体验法	生产工序	生产部门人员
	设备操作	设备操作人员
户外运动、拓展训练	团队协作、信任	外部培训机构

③ 培训作用。一是岗前培训能帮助员工了解组织的价值观和发展目标，使员工更快、更融洽地

融入组织；二是组织可以通过岗前培训更好地识别人才，将适当的人才放在合适的岗位上；三是帮助员工尽快掌握干好本职工作所需的方法和程序，减少犯错的概率，并有利于加深员工对工作和组织的好感，降低员工流失率。

（2）在岗培训（On the Job Training，OJT），也称在职培训，是指员工不脱离岗位，利用业余时间和部分工作时间参加的培训。在岗培训具有不耽误工作时间、节约培训费用、建立上级与员工之间的沟通渠道、更有针对性等优势。

① 培训方法和内容。在岗培训主要是结合工作现场业务，通过上级或优秀员工的培训、指导及员工的自我学习，不断提升员工工作胜任力的一种培训方式，其方式主要有工作辅导、企业内训、内部会议等。在岗培训内容主要是工作中所需的知识、技能及态度等。

② 在岗培训的实施步骤。在岗培训的具体实施步骤，如图7-1所示。

图7-1 在岗培训的实施步骤

在岗培训效果的好坏取决于培训项目是否具有切实可行的培训计划、经验丰富且合适的培训讲师、正确的培训材料和培训方法，以及准确的培训记录和跟踪等。

③ 在岗培训实施计划表。在岗培训可以分为集体培训和一对一培训两种。表7-2和表7-3为某公司销售人员在岗培训实施计划表。

表7-2 某公司销售人员在岗培训实施计划表（一）

实施日期	年__月__日—__年__月__日			
培训方式	培训内容	培训讲师	培训日期	跟进人员
集体培训	激发客户需求的面谈技术	销售总监	__年__月__日	培训专员××
	电话沟通技巧	外聘讲师	__年__月__日	
	销售人员礼仪	外聘讲师	__年__月__日	

表7-3 某公司销售人员在岗培训实施计划表（二）

实施日期	年__月__日—__年__月__日				
培训方式	受训者	培训讲师	跟进人员	培训内容	培训时间
一对一培训	××	××	××	销售技巧 订单谈判技巧 价格谈判技巧	每项课程累计培训时间不得少于__小时，具体时间由培训双方协商安排
	××	××	××		
	××	××	××		

（3）脱岗培训（Off the Job training，OFF-JT），相对于在岗培训而言，它是指受训者不在工作现场接受培训的一种方式。脱岗培训由于要离开工作岗位，很多企业并不愿意实施此类培训，但是在以下条件下需要实施脱岗培训。一是为满足当前工作的需要。员工当前的能力已经不能胜任该岗位，如不改进或提升会严重影响工作进程，而在岗培训不能满足当前的培训需要，因此需要进行脱岗培训。二是为满足今后工作的需要。虽然员工当前的能力能够满足岗位要求，但是为了更好地适应今后发展的需要和提升员工自身的能力而进行脱岗培训。

① 培训特点。脱岗培训的特点，主要体现为以下五点：一是受训人数较多，覆盖面较广。二是培训方式由公司或部门统一决策、安排。三是受训时间较长，会占用较多的工作时间。四是培训内容涉及知识、技能、业务、态度等方面。五是由于接受专业的培训，培训费用较多。

② 培训流程。脱岗培训的工作流程，具体如图 7-2 所示。

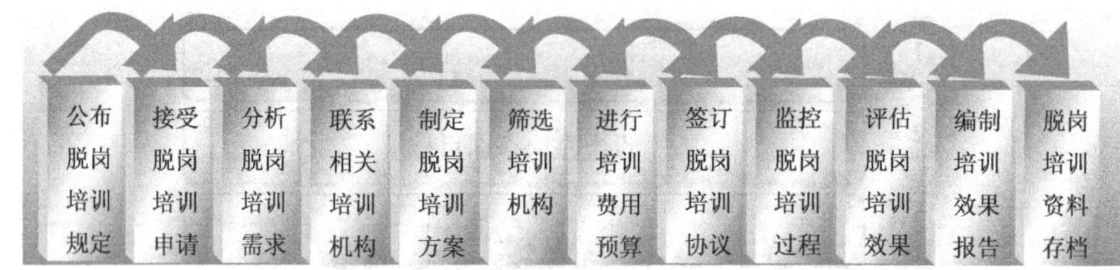

图 7-2 脱岗培训的工作流程

2．按照培训实施环境分类

按照培训是否在企业内部实施，可以分为内部培训和外部培训。

（1）内部培训。企业内部培训是指将培训放在企业内部进行，培训师以内部培训师为主。培训方法主要包括专题讲授、角色情景演练、案例培训、训练式培训、主题学习会议、工作现场即时性培训等。

① 专题讲授。专题讲授知识体系较系统，集中学习，信息量大，这是目前企业培训采用最多的一种培训方式，但这种培训方式类似于填鸭式教学，学员很难在短时间内全盘掌握学习内容，需要通过培训需求分析、培训管理、培训评估、培训效果落实等系统的工作提升培训效果。

② 角色情景演练。进入角色实施培训，身临其境，可亲身体验所处角色的特点，加深学习印象，提高培训主动性，可与实际工作进行很好的结合，但耗时较长，如果设计不合理，过程管理不当，培训效果也将大打折扣。此种培训方式可独立进行，也可与其他培训方式相结合。

③ 案例培训。通过案例讲解、分析，学习到知识、方法等，增强分析问题、解决问题的能力，以及系统思考的能力。目前很多培训师在培训时所引用的案例大多来源于企业外部。通过案例培训，可达到统一企业理念、判断标准和行为流程，提升实战能力的效果。

④ 训练式培训。这种培训方式更适合一些技能方面的培训，如礼仪培训、公文写作、销售技巧等，学员亲身实践，印象深刻，在训练中掌握所学内容并有所提升。

⑤ 主题学习会议。就企业某一阶段所关注的专题，召开专题学习会议，参会人员通过相互学习交流，得出学习成果或心得，统一认识，共同提升。

⑥ 工作现场即时性培训。工作学习化，学习工作化，工作现场即培训现场，工作问题出现时或有提议时，在工作现场即时进行培训交流，集思广益、解决问题，是企业内部最有效的培训、学习方式，尤其对于解决问题、避免问题重复发生极为有效，目前这种培训方式已普遍应用于不少企业。

（2）外部培训。企业外部培训是指将员工外派到企业外部参加培训，培训师为外部培训师。培训方式主要有公开课、拓展训练、沙盘模拟、脱产教育等。

① 公开课。公开课可开阔眼界，参训灵活度高，可增加与外界交流的机会，适合不能在企业内进行集中培训的内容的学习。

② 拓展训练。体验式培训，更适合于增强团队精神、锻炼个人意志、挑战自我等方面，学员参与度高。

③ 沙盘模拟。体验式培训，将实际的工作微观模拟在沙盘上，通过模拟学习知识的同时，可系统锻炼工作中的思维方式和行为方式，对于解决实际工作中的相关问题有很好的效果，参与性强，弥补了成人学习的不足。

④ 脱产教育。通过阶段性的集中学习，可以更系统地掌握内容，外界的学习环境有利于缓解非短期学习带来的压力。

7.1.2 企业中常见的培训类型与方式选择

关于如何选择企业培训的类型与方式，很多人从狭义的角度理解培训，似乎只有课堂教学才是培训，其实不然。广义的培训有多种类型与方式，不同的形式适用于不同的员工和不同的问题，产生的效果、花费的成本也各不相同。结合目前趋势，本书给出几种常见的企业培训类型与方式选择。

1．外聘培训师的企业内训方式

有的企业会从外面聘请有企业实战经验的培训师进行企业内训。这种培训方式的优点是可以针对影响公司绩效的关键问题进行“量身定做”式培训。“他山之石，可以攻玉”，外聘培训师可以给企业带来解决问题的新思维、新方法，可以讨论企业的一些保密性的敏感问题，互动性强、训练强度高、技能提升快，目前已经越来越受到企业的欢迎。此外，有的企业通过外部培训师传达企业高层领导的敏感理念，会收到不一样的效果。

一般来讲，对于 10 人以上的培训，企业内训的性能价格比是最优的。企业内训成败的关键在于培训师的实战经验与讲授技巧。但是，当前培训市场培训师鱼龙混杂，找到理论和实践经验都很丰富的培训师是非常不容易的。

2．参加企业外部的公开课培训方式

以往一些管理顾问公司会向广大企业推出公开课，场面宏大，但效果甚微，当前已经日渐势微，留下的更多是面向员工职场转化的公开课。究其原因是在公开课上一般不可能讨论深层次的问题，因为人数较多，只能泛泛地讲讲一般性的问题，授课内容浮于表面层面，授课效果的好坏完全取决于培训师的态度。当然，也有一些公开课培训师兢兢业业，对学员认真负责，试图把企业实际运作过程中遇到的问题和相应的解决方法，传授给学员。

3．企业内部培训师的内部培训方式

企业目前内部培训师一般有两种，一种是在企业的培训部门设专职的内部培训师，另一种是由企业内部某一方面的专家或权威来做临时的内部培训师。

（1）专职的内部培训师。很多企业会派专职内部培训师去外面参加各种公开课，然后回到企业将所学知识转授给企业内部人员，达到了知识共享的目的，但是要注意外部公开课的质量。另外，考虑到任何一名员工的时间都是有限的，作为企业内部的专职培训师往往没有更多精力积累市场营销、销售、客户服务、管理等方面的深厚知识和实战经验，在讲授时会面临学员各种实际问题的挑战。因此，企业内部专职培训师讲解产品方案或讲授与其实践经验相关的课程，效果会更好。

（2）临时的内部培训师。临时培训师由于是企业某一领域的专家，其实践经验丰富，克服了专职培训师面临的困难。但是，为了保障授课效果，这些临时的培训师也要注意以下两方面的事项：一方面，要向内部专家强调认真对待培训课程，积极准备并有效实施此项工作。另一方面，对企业内部专

家围绕教材准备、教学工具、测试表格、案例选择、授课技巧等方面进行培训。相对而言，企业内部专家是内部培训师更好的选择。惠普、康柏等公司非常注重培养和选择合适的企业内部专家作为兼职培训师，并取得了较好的效果。

4．MBA、大学课程等培训方式

目前，采用这种培训方式的企业比较多。由于高等院校、研究所的专家学者能够全面系统地研究前沿的理论和知识，学院派的教授在理论层面上比实战派的培训师在理论、思想和理念等方面更具创新性。此外，MBA 和大学课程的知识传授更注重系统性和体系化，能够结合大量的企业案例，适合对企业经营管理等方面的知识培训。

5．网上自学培训方式

随着互联网技术的快速发展和迅速普及，网络各种学习资源日益丰富且获取容易，通过网络学习已经成为企业员工日常自学的重要途径。当然，这种培训方式适合自觉性、自制力和理解力高的员工。美国麻省理工学院的 David Kolb 教授将人的学习风格分为四种类型，指出具有很好的自觉性和自制力的人较适合在网上学习。

6．工作中学习的培训方式

工作中学习（On Job Training）是国外企业非常提倡的一种学习方法，它是员工取得事业成功的必经之路。对任何理论学习、知识教学，只有在实践中应用才会有更深的领悟和体会，并转化为自觉的行为习惯。员工在工作中遇到问题，向他人请教或者查找资料学习，这种结合工作实践并努力获得解决问题的培训方式，进一步促进了知识与经验的积累和升华。

当然，管理者可以通过有意识地给员工一些具有挑战性的工作，锻炼下属解决问题的能力，我们通常所说的“下基层锻炼”就属于此范畴。很多外资企业通过短期出国工作的形式，使中高层经理更深地理解跨文化管理的重要性和特点；通过委派跨部门的临时项目，可以提升中层干部的跨部门沟通和项目管理能力。

7．内部导师辅导培训方式

内部导师的日常辅导是非常重要的一种培训方式。企业中的导师更多的是员工的直接上级。通过导师的辅导可以使员工，特别是新员工快速地融入到组织中，及时发现员工的问题并给予指导。另外，通过导师能够向员工传递企业文化和价值观念，提高员工对企业的认同度和忠诚度。

有些企业还常常实行非直接上级的导师制。因为不是直接领导，很多敏感话题则能够相互交流。在这一过程中，一方面，导师的领导能力不断提高，教育他人的心理满足感和实实在在的额外收入得以满足；另一方面，学生得到的是一对一的教练辅导和实实在在的能力提升。目前，国内一些企业，如华为、海信、海尔等，可以在没有部门和个人利益冲突的范围内实施跨部门选择导师。

7.2 培训方法的选择与应用

在培训过程中，选择合适的培训方法对培训效果的实现至关重要。目前，培训方法有许多种。一方面，不同的培训方法存在各自的优点和缺点，另一方面，不同的培训方法的适用范围不同，所培训的对象也不同。而且随着新兴技术的发展，一些借助信息技术的培训方法也在不断涌现。所以，组织应综合考虑具体的培训需求、受训者的特点、培训内容等来选择最恰当的培训方法。

7.2.1 培训方法的内涵

培训方法，是指为了达到培训预期效果，培训师在培训过程中所应用的授课形式和工具等。培训方法有很多，但其最终目的都是为了取得较好的培训效果，满足企业和员工的培训需求。

培训方法具有针对性、多样性和灵活性的特点。其中，培训的针对性表现为每一种培训方法都是有其一定的侧重点，培训对象、目标、时间和投入的不同决定了培训方法的不同。培训的多样性表现为培训员工的方法种类繁多，有企业常用的传统培训方法，如讲授法、案例分析法等，也有随着新技术的发展涌现的现代新技术培训方法，如虚拟现实培训、互联网培训等。培训方法的多样性要求培训部门在确定培训方案时，应该对培训方法的适用范围、对象、经费等有一定的了解，以便做到有的放矢。培训的灵活性表现为培训方法的选择并不是一成不变的，企业可以根据特定的需求或目标灵活整合不同的培训方法或者对某个培训方法做出适当的调整。

7.2.2 培训方法的类型

1. 按照培训的载体分类

按照培训载体的不同，可以分为传统培训方法和新技术培训方法。

（1）传统培训方法。是指以培训师直接面对学员为主要形式的培训方式，一般不需要借助新技术传递信息。它具有直观、生动、形象、成本低、便于面对面交流等特点，是目前员工培训中普遍采用的一种培训方式。然而，传统的培训方法也有其固有的缺陷，如使用的工具简单，无法展示出复杂的内容，略显单调；传统模式如授课法，容易使学员感到枯燥，培训效果较差。

（2）新技术培训方法。是指通过网络、电子信息传递技术等现代通信技术培训员工的一种方式。这类培训方法以技术为支持基础，使培训和教育超越了传统课堂的限制，以学员为中心，为学员提供更多自我探索和自我学习的机会。

2. 按照培训师与学员之间的关系分类

按照培训师与学员之间关系的不同，可以分为单向讲授方法和双向互动方法。

（1）单向讲授方法。是指培训师在培训过程中与学员保持单向沟通的培训方法。这种方法比较简单，容易操作，讲授的对象为全体成员，没有针对个别学员，且缺乏针对性和互动性。

（2）双向互动方法。是指培训师在培训过程中与学员保持双向沟通的培训方法。一般采用启发式教学模式，鼓励员工积极参与培训与学习，有利于提高学员的学习积极性和学习效率，但是该方法对培训师的要求较高，需要培训师具备较强的课堂控制能力和沟通能力。

7.2.3 培训方法的发展

随着信息技术和互联网的发展，培训方法也出现了新的发展趋势。

1. 多种培训方法的组合

培训内容决定培训方法，培训方法为培训内容服务。当前，培训内容的多元化，决定了培训方法的多样性。仅靠单一的某种培训方法，很难适应多项内容培训的需要。因此，针对培训需求多层次、培训内容多元化的特性，培训方式的选择也应该具有多样性。当前值得注意的一个现象是，多种培训方法出现了相互融通的趋势。例如，合作式培训结合了课堂培训与在职培训两种类型。这种培训具有多种形式，一种形式被称为从“学校到工作的过渡”[①]，往往通过高校来进行。还有一种合作式培训

---

① 罗伯特·马希斯，约翰·杰克逊.人力资源管理（第 13 版）. 赵曙明，周路路，译. 北京：电子工业出版社，2014：168-169.

方式是很多企业普遍采用的，即学徒式训练，为员工提供了在具有特定技能的员工指导下获取工作经验的机会。合作式培训的另一种方式是实习，它将工作培训与来自学校的课堂教学结合了起来。

2．新技术的运用

新技术的应用主要体现在互联网技术和多媒体技术应用。多媒体等先进技术作为培训的媒介和教学手段，增加了培训的多样性，提高了学员学习的生动性、积极性和主动性。因此，那种传统的以培训师直接面对受训者进行讲授的过程中，现在常常需要借助电子设备、多媒体技术作为重要辅助手段。视听培训通过投影仪、便携式电子设备等向学员展示更加丰富形象化的学习资料，以提高学员的学习积极性。而互联网技术的发展推动了在线学习、慕课等新型培训方式的产生，增加了培训时间和内容的灵活性，极大地增强了培训效果。今天大约 30%的学习时间都是基于技术支持的，据 ASTD 报道，30 岁以下的员工更偏好网络培训[①]。移动式学习（即时学习），是指学习者在有学习时间和学习愿望的情况下，可以随时随地通过手机、笔记本电脑和 IPhone 手机等移动设备学习的情况。例如，美国多明诺公司（Dominnknow）的 IPod touch and IPhone-optimized Touch 学习中心门户，学习者可以随时登录进行在线学习[②]。

3．与职业发展的融合

当前，员工的职业发展规划成为提高员工满意度和忠诚度的重要手段，而在职业发展的不同阶段涉及员工培训与开发的多种形式，这就要求企业结合员工职业发展规划设计不同的培训方法与之相适应，以提高职业规划的有效性。例如，当一名员工入职时，应进行角色转换的入职培训；当员工晋升到管理岗位时，要给予管理开发培训；当员工成为高层领导接班人时，为其制订继任者计划等。

7.2.4　传统的培训方法

传统的培训方法已经成为员工发展的必要组成部分，目前有以下几种典型的方式：讲授法、研讨法、学徒制培训、工作指导法、案例分析法、角色扮演法、拓展训练等。

1．讲授法

讲授法，是指由培训师通过语言表达，系统地向学员传授知识的过程。它适用于各类员工对知识、理论的系统了解以及受训者较多的情况。讲授法主要有灌输式讲授、启发式讲授等讲授方式，培训师是讲授法成败的关键因素。当前，在讲授法中会配合使用一些视听资料，如幻灯片、图表、阅读材料等，这种形式能够进一步让学员理解理论、概念、程序。

讲授法的实施要点要注意两个方面。一是做好讲课前的准备。包括主题不要过于分散，重点要突出；内容要系统，条理要清晰；要配套素材、案例等资料，结合多媒体形式展示。二是增强讲课技巧，如声音要抑扬顿挫；要能够激发学员的兴趣；与学员多进行互动，注重学员对授课内容的反馈等。

讲授法的优点有：有利于学员系统地学习知识；有利于理解难度较大的知识内容；授课对象较多，适合对群体性的学员。

讲授法的缺点有：沟通具有单向性，容易引发学员消极的行为，比如被动学习和厌倦；学习效果受到培训师讲授水平的影响；学员之间不能讨论，不利于促进理解和知识的巩固。

2．研讨法

研讨法，是指通过多向沟通以及学员的积极参与，使学员在培训过程中获得反馈、解释答疑、交

---

① 罗伯特 · 马希斯，约翰 · 杰克逊. 人力资源管理（第 13 版）. 赵曙明，周路路，译. 北京：电子工业出版社，2014：168-169.

② 加里 · 德斯勒. 刘昕译. 人力资源管理（第 12 版）. 北京：中国人民大学出版社，2012：312.

流思想的一种培训方式。

研讨法可以分为以教师为中心的研讨和以学生为中心的研讨。以教师为中心的研讨从头到尾由教师组织，教师提出问题，引导学生回答。以学生为中心的研讨常常采用分组讨论的形式，教师可以为每个小组提出问题或任务进行讨论，也可以就共同的议题进行自由讨论等。研讨法还可以分为任务取向的研讨与过程取向的研讨。前者着眼于达到某种目标，即通过讨论弄清某个问题，例如“经济新常态下的我国企业人力资源管理变革”；后者往往是强调讨论过程中学生之间的相互影响，相互启迪，通过讨论这个过程增进学生了解，并启发学员思考、创新等。

研讨法的效果取决于培训者提问的方式，因此选题很重要。题目要具有代表性、启发性，难度要适当并提前发给学生进行预习。

研讨法的优点有：重视员工的积极参与，鼓励员工进行思考，表达个人的感受，有利于激发员工的学习兴趣和提高学习能力；通过讲师与员工，以及员工与员工的互动交流，增加了员工之间的人际关系，提高学员工作态度和责任感的转变；受训者集思广益，共享集体的经验与意见，有助于团队建设。

研讨法的缺点有：对培训讲师的要求较高，需要具备很强的课程把控能力。同时，学员自身知识水平也会影响培训效果；研讨主题的选择直接影响了培训效果，如果选择的题目较为简单，讨论无法引起共鸣，培训效果会大打折扣；讨论的题目一般是集中于几个问题，因此不便于培训学员系统地掌握知识和技能。

3．学徒制培训

学徒制培训，也称为师傅带徒弟式的培训，主要是由一名经验丰富的员工作作为师傅，带一名或几名新员工。在手工艺领域中通常使用这种培训，如水电工、理发师、木工、机械师等。许多组织采取学徒制培训的方式来提高工人的岗位技能，使员工在某个类型的技能行业中获得资格证书。

学徒制培训的优点有：能够很好地培养接班人，当师傅离开岗位时徒弟可以接替；有利于形成良好的人际关系，形成以师傅为核心的合作团队，利于工作的开展。

学徒制培训的缺点有：由于存在“带会徒弟饿死师傅”的传统消极观念影响，在一定程度上影响了技能的传授。另外，考虑到师傅的权威性，技术的传承往往不容徒弟质疑，所以创新性的学习和再创新较少。

4．工作指导法

工作指导法，也称教练法、实习法。这种方法一般由一个有经验的工人或者直接主管人员在工作岗位上对学员进行培训。在工作中，员工可以通过向同事或是指导者学习来获得技能的提高，这些指导者是教练，通常是在企业中属于地位比较高的人，但一般不会是受训者的直接上司。在工作指导培训中，指导者与学员更多的是指导者和被指导者的关系，并不像学徒制培训中的师傅与徒弟的隶属关系。

工作指导法的优点有：应用广泛，可以用于基层生产工人，如让学员通过观察指导者的工作和操作方法，掌握具体操作的技能。也可以用于管理人员培训，让管理人员对学员进行现场示范和指导。

工作指导法的缺点有：对教练要求较高，要有较强的专业技能，也要有耐心和较好的沟通能力等；由于工作指导会占用教练的工作时间，时间的有限性可能会影响到指导效果。

5．案例分析法

案例分析法，也称案例讨论法或个案分析法，是指围绕一定的培训目的，把在企业实际运作过程中如何处理出现的典型问题进行书面描述，形成供学员思考分析和决断的案例，从而提出解决问题的建议和方案的培训方法。哈佛商学院首先把案例运用于管理教学中，目前这一方法已经广泛应用于企业管理人员的培训。

案例分析法是一种体验式培训方法，在实施过程中一是要注重它的真实性。内容应是真实的，不允许虚构，只有真实的内容才能在培训过程中与实际较好地结合；二是要注重问题导向。教学中应包含一定的管理问题，要能够引人思考，案例内容要使学员能够充分发挥主观能动性；三是要注重目的导向。教学案例的编写和使用要围绕教学目的服务，必须在案例中体现出明确的教学目标，否则是无效的案例。

案例分析法的优点有：参与性强，通过集中分析的活动使学员由被动变主动，更好地发挥案例分析的优势；通过案例的分析使学员掌握一些有关管理的知识、方法和原则，扩充了实际管理知识面；依靠生动具体的学习方式，使学员之间既加强了相互交流，又提高了学员掌握实际解决问题的能力。

案例分析法的缺点有：案例质量是该方法的关键，因此对质量要求很高，有时难以选择合适的案例；每个案例都是为特定的教学目的服务的，缺乏普遍性；案例的准备时间较长，对培训师和学员的要求都比较高；无效的案例会浪费培训对象的时间和精力；案例无论多么真实，学员在分析时都无法完全融入案例中当事人的角色，不可避免地存在失真性。

6．角色扮演法

角色扮演法，是指在一个模拟实际工作的培训环境中，由受训者扮演某个角色，借助角色的演练来理解角色的工作内容，并通过处理相关工作事务来提高解决问题的能力。这是一种典型的模拟训练方式，主要用于人际关系的培训，也可以在访谈、决策、管理技能等培训中使用。

角色扮演法的实施要点：一是要确保每一扮演事项都成为一种不同技巧和培训计划中所教导行为的练习。二是要要排除参加者的心理障碍，鼓励他们积极参与，告知角色扮演的重要意义，减轻心理压力。三是要围绕问题写出脚本，同时培训师要对整个过程加以指导和控制，包括让学员学习和接受有关角色的知识，记录下扮演者的行为并引导大家进行讨论和点评。此外，要准备一些必要的场景工具，这有助于激发学员的兴趣和对角色的融入。

角色扮演法的优点有：学员参与性强，学员与教师之间的互动较多，变被动学习为主动学习，提高了学习积极性；在特定的环境下模拟角色有助于学员对基本技能的理解和训练，针对性强，摆脱了传统培训泛泛而谈的缺点；通过扮演和观察角色，可以提高学员的观察能力、发现问题和解决问题的能力；通过学员之间的交流，促进大家相互学习，取长补短；具有高度的灵活性，培训师可以根据培训的需要改变角色，调整培训内容。

角色扮演法的缺点有：角色扮演的场景是人为设计的，如果没有搭建较好的场景平台，受训者便得不到真正的角色锻炼；具有较强的主观因素，效果的好坏取决于培训师对整个角色扮演活动的设计质量；由于每个学员的能力不同和限制，并不是每次扮演都能成功，失败的表演有可能导致学员自信心不足；不同的学员对待角色的理解不同，容易引发矛盾，需要培训师具有较强的协调能力。

7．敏感性训练法

敏感性训练法，也叫 T 小组训练法（Sensitivity Training，简称 ST 法），是由美国社会心理学家勒温等人于 1946 年创造。敏感性训练是使我们更多地认识自己及自己对他人影响的一种技术。它的特点是选定一个特征组（经常被称为训练组或 t 组），其中没有预定的议程和中心。训练人的作用仅仅是在这种非结构化环境中起促进作用。t 组鼓励参加者认识他们自己和组中的其他人。敏感性训练是以提高以下几方面的能力作为其目标：对参加者行为及其在社会关系中的意义的自我意识和洞察；对他人行为的敏感性；对促进或约束群体功能发挥的过程类型及不同群体间的相互作用的认识和理解；对社会、人与人之间及不同群体间情况的判断能力；参加者成功地干涉群体间或群体内的情况，提高成员的满足感和工作效率；参加者不断分析其人际交往行为，以获得更有效、更满意的人际关系的能力等。

敏感性训练法适用于组织发展训练；晋升前的人际关系训练；管理人员的人格塑造训练；新进人

员的集体组织训练；外派工作人员的跨文化训练等。

8．管理人员训练法

管理人员训练法（Management Training Program，MTP），是产业界最普及的管理人员训练计划，其目的是以最大范围的综合研究方式，学习基本的管理知识，进而提高管理人员的管理能力。管理人员训练法，是由美国空军在第二次世界大战期间发展的，20 世纪 50 年代引入日本，后经日本产业界有系统的推广，成为目前世界最普及、最有系统与内容的中阶管理人员训练课程。

管理人员训练法一般采用专家授课、学员间研讨的培训方式。实施要领包括加强管理原则与工作现场实际状况的联系与沟通；改善对研习人员咨询的态度；消化理论知识；讲课内容简洁；提高教学效率，刺激研习人员兴奋程度等。

9．行动学习法

行动学习法是一种团队建设的培训方式，在培训中团队或工作小组会拿到一个需要解决的实际难题，他们要设法解决这一问题，制订出行动计划，并且负责实施这项计划。参加行动学习法的人数一般是 6～30 人，有时候在参与者中还可能包括客户和分销商，也可以是将分散在各个职能部门中、受同一问题困扰的员工组织在一起。行动学习法通过实际行动解决困难，不仅能够使员工大量学习，而且使他们很容易将培训成果转化到他们的工作当中。另外，行动学习法还有利于团队发现那些可能会阻碍问题得到解决的不良行为[①]。

10．其他培训方法

除了上述常用的培训方法外，还有很多其他方法也被企业广泛使用，如学员自学、考察培训法、游戏模仿法、视听法、拓展训练等。

（1）学员自学。根据业余时间员工围绕自己的学习内容自行安排。自学的灵活性大，投入少，可作为补充性学习、制度学习等。但是，自学对员工本身要求较高，要有很强的自治性和计划性。

（2）考察培训法。组织员工到优秀企业或者本企业内的成功部门参观访问，借鉴优秀企业或成功部门好的做法。在某种程度上可使企业少走弯路，在感悟中学习，印象深刻。

（3）游戏模仿法。通过在培训中做游戏的方式体会相关知识，寓教于乐，使学员印象深刻。常见的游戏有创新类游戏、团队协作游戏、领导力游戏、沟通游戏、企业文化游戏等。采用游戏模仿法时要给予重视，因为该方法对场地的要求较高，占用时间也较多，同课程主题有时会连接不密切等，容易造成培训游戏较难掌控。在设计时要有一定的深度和结局，并且能启发员工思考。

（4）视听法。围绕某一特定的议题，利用现代视听技术，如视频、音频、多媒体等对员工进行培训。视听材料结束后要让学员围绕着视听的内容进行讨论、分析。视听法的优点是形象生动，示范作用强，容易被学员记忆和感受；缺点是制作的难度大，对培训师的点评要求较高。一般视听法常常与讲授法结合使用。

（5）拓展训练。学员通过拓展训练旨在培养他们的团队合作、责任心、开拓创新、积极进取等精神。一般分为场地拓展训练和户外拓展训练。场地拓展训练项目有信任背摔、穿越电网、毕业墙等，户外拓展训练主要是漂流、野营、登山、攀岩等。拓展训练能激发学员兴趣，训练效果好，目前被很多企业所采用。但是，大部分拓展训练都是由专门的培训机构实施，所以培训成本包括时间和费用等都较高，存在一定的危险因素。

7.2.5 新技术培训方法

传统的培训手段已经成为员工开发的必要组成工具，而随着信息技术的日益发展，新兴的培训技

① 雷蒙德·A.诺伊．雇员培训与开发．北京：中国人民大学出版社，2015：211.

术和方法不断出现。目前，企业采用的新技术培训方法主要包括以下几种类型。

1．电子通信培训技术与方法

（1）电视教学。通过电视传媒的方式完成整个培训过程，可以使不同地点的人同时参加某个培训项目，如某些企业或高校开设远程教学课程等。

（2）远程会议培训。企业可以借助先进的电子通信技术，使身处不同地区的人员同时参加培训。目前，越来越多的企业开始使用此种培训技术，尤其在一些规模较大的跨国公司得到了广泛的运用，如 IBM、AT&T、微软、Google 公司等。远程会议培训技术不仅能够为企业节约一定的培训成本，而且能够使员工迅速地接触和掌握与工作相关的新信息、新技术。

2．多媒体培训技术与方法

多媒体培训技术可以利用各种媒介来生动地展现培训资料的内容，让受训者更易接受和领会培训内容，一般分为静态和动态两种。

（1）静态多媒体技术与方法。使用一些精致的文字和图像材料，如印刷材料、幻灯片和投影仪等。印刷材料是指一些分发的图册、指南、参考书目或教材等，受训者可以保留这些材料，以便在培训前后或培训过程当中参阅。幻灯片是借助电脑和投影仪将图像投影到一个大屏幕上，可以清晰简要地展示培训内容。投影仪使用比较灵活，培训者可以随时在白板上书写内容，并由投影仪投射在屏幕上，这样屏幕就像白板一样，可以随时书写。

（2）动态多媒体技术与方法。可以动态呈现系列实践的技术或者媒介，如录音带、CD、电影、录像带和视盘。动态媒体的制作是一个复杂的过程，前后涉及一系列的工作，包括内容构思、前期制作工作（安排日程、编排角色、选择剧组成员和设备、准备布景）、正式拍摄、后期制作工作（剪辑和声音混响处理）和发行。如果公司内部不能制作培训影片和录像，可以聘请外部专业人士。

3．计算机辅助培训技术与方法

计算机辅助培训技术的形式主要包括电子版业务手册、电脑反复练习系统、借助光盘演示培训项目等。计算机辅助培训技术覆盖的内容很广，简单的有基本的报表制作、打字技能等，复杂的有高度技术性的科研工程和设备维护等学习主题。同时，计算机辅助培训技术的成本也比较低廉，培训效果可以从组织生产率和利润上的变化进行评价。但是，计算机辅助培训技术不适合于那些主动性较差的受训者，因为对他们来说，如果没有培训者的协助，是很难完成培训目标的。

4．网络培训技术与方法

（1）基于互联网的培训技术与方法。目前，计算机的使用可以通过调制解调器、电话电缆线、超导传输线路（ISDN）以及因特网实现相互的衔接。基于因特网进行的培训可以分为五个独立的层次，包括一般性的沟通和交流、在线资料检索、培训需求分析、培训管理和测验，以计算机为平台的培训项目的传播和多媒体信息的传播。基于互联网的培训技术可以通过防火墙、加密技术等手段来保护培训数据和培训资源的安全。目前，随着互联网技术的发展，特别是移动互联网时代的到来，学习获取变得更加容易，学习移动化、碎片化、及时化成为当前学习的特点，一些学习门户网站大量出现，无论是收费还是免费的网络在线培训，如 E-Learning、慕课、微信发送学习等正在改变企业和员工的学习方式。E-Learning 是一种信息化带来的新型学习方式，可利用企业网络随时随地学习，灵活度大，时效性强，经济实惠。而慕课从大学发起，在欧美国家蓬勃发展，我国大学教育也正在推行慕课教育。微信推送方便快捷，可以在任何时间学习知识，例如，你在上班坐公交途中就可以学习相关知识。

（2）基于组织内部网的培训技术与方法。基于组织内部网的培训技术是指利用公司的内部网络平台来展开培训。内部网是组织内部的网络，它利用因特网和万维网、工具软件以及传输协议来搜寻、管理、创造、传递信息。华为公司搭建的内部学习网成为企业员工日常学习的重要渠道。基于组织内部网的培训技术有以下几项优势，一是假设信息存储在某一个地点，那么可以根据接收端的培训需求，有选择性地通过公司内部网来传送培训内容。二是网络培训可以轻松地更新内容，提高目标群体对培训的接受程度。三是降低了培训的差旅费用。四是接受和实施培训的及时性。五是受训者在接收培训信息的基础上，还能拓展性地学习相关知识。六是便于在培训项目中的信息和想法的共享。七是通过自动记录培训表现并进行统计分析，从而方便全方位的培训管理。

5. 虚拟现实培训技术与方法

虚拟现实培训技术是通过模拟环境使受训者能够看到他们在工作中可能遇到的任何情境，受训者通过接触、观看以及进行操作演练得到知识、技能的提升。虚拟现实培训技术有以下几项优势，一是仿真性。学员在虚拟的环境中操作的设备及其操作方法与真实的设备及其操作方法一样。二是超时空性。它可以将过去世界、现在世界、未来世界、微观世界、宏观世界等拥有的物体有机结合到一起。三是自主性。学员能够自主地选择或组合虚拟培训场地或设施，并可以重复训练。四是安全性。虚拟现实培训技术使学员脱离了在现实环境中的危险。

6. 培训技术与方法的选择

由于新兴的培训技术与方法有利于创造积极的学习环境，因此越来越多的企业开始选择使用新兴技术服务于自己的培训活动。但由于新兴培训技术与方法的复杂性和较高的成本，企业在选择新技术培训方法时，应同时考虑培训项目的目标、可利用资源以及受训者的特点等因素，并结合培训技术的特点择优选用。一般选择新兴培训技术的条件和时机可以分为以下情况：企业有雄厚的资金来研发某项技术；受训对象分布于不同地域，以往培训负担的交通费用较高；受训对象乐于接受新兴的培训技术；广泛使用新兴的培训技术是公司战略之一；员工的工作时间与培训日程安排发生冲突；现有的培训方法对实践、反馈和评估的实施时间有所限制；培训组织者已熟练掌握培训技术的使用方法等。

7.2.6 培训方法的选择

1. 选择的程序

（1）确定培训活动领域。要根据企业培训的目的形成培训目标，确定培训可能产生的培训成果，在具体实施培训活动时要划定培训领域，并把它们与培训课程相对照，研究合适的培训方法，以适应培训目标所设定的领域。另外，结合开发和使用已选择培训方法的成本，以及组织的培训预算成本做出最佳选择，最大限度地保证培训成果的转化。

（2）分析培训方法的适用性。培训方法是为了有效地实现培训目标而挑选出的手段和技巧，它必须与培训需求、培训目标、培训内容相适应，同时也要根据受训者的不同特点来决定需要的培训方法。如果在培训方法上不分出层次，针对不同员工进行的培训效果也不会好。

（3）根据培训要求优选培训方法。每一种培训方法都有其适用性，也有着各自的优点和缺点，选择最优的培训方法就是要根据本次培训特点选出最合适的培训方法，因此应考虑以下几点要求。

① 培训师选择方法应与组织自身特点相适应，与一定的培训内容相适应。

② 选择的前提是企业具备相应的培训资源，并且可以执行培训后的评估工作。

③ 充分考虑培训对象的自身特点，包括学员的职务特征、技术心理成熟度和学员个性特征。同时，也要考虑学员的工作可离度。如果学员工作可离度低，进行集中培训会影响他的工作开展。当然有时工作压力也会影响培训方法。例如企业竞争加剧，员工工作压力加大，为了留在企业，员工自己会进行自学以提升自己的能力。

2. 各种培训方法的具体适用性

在选择培训方法时，一方面根据不同培训方法的优缺点和适用范围来选择，另一方面可以根据培训对象和培训内容来确定，见表 7-4。

表 7-4　根据培训对象和工作内容选择培训方法

划分标准		工作性质	适用的培训方法
职位层次	基层员工	负责一线的具体操作，其工作性质要求其接受的培训内容具体且实用性强	角色扮演法、“师带徒”方法、游戏模仿法等
	基层管理者	在一线负责管理工作，其工作性质要求其与一线工作人员和上层管理者进行有效沟通	讲授法、案例分析法等
	高层管理者	负责审批计划，进行控制、决策和领导，其工作性质要求其接受新观念和新理念、制定战略和应对环境变化等	讲授法、研讨法和户外训练法等
培训内容	知识培训	—	讲授法、小组讨论法、辩论、自由发言、视听法、观摩等
	技能培训	—	身体语言、角色扮演法、反复练习
	态度培训	—	调查问卷、户外训练、角色扮演法、研讨法、游戏模仿法、经验练习等

目前，企业中一些常见的培训项目已经有了比较合适的培训方法，见表 7-5。

表 7-5　常见的训项目所适用的培训方法

培训内容	适用的培训方法
事实和概念培训	讲义、项目指导、讲座、研讨、参观
解决问题的能力培训	案例、文件筐、课题研究、商务游戏
创造能力培训	头脑风暴、形象训练
综合能力培训	自学、案例研究、事件处理、模拟、角色扮演
操作性技能培训	行为示范、在职培训、师徒制、实习、岗位轮换、特别指导、个别指导
态度、价值观、个性培训	行为示范、角色扮演、行为学习、拓展训练

此外，不同培训方法针对的培训侧重点也是不同的，我们在选择培训方法时也应予以考虑。表 7-6 列出了部分培训方法的适用培训侧重点。

表 7-6　部分培训方法的适用培训侧重点

培训技术	培训内容					培训目的		
	知识	技能	思维	观念	心理	记忆	理解	行为
课堂教学	★					★	★	
讲座	★					★	★	
个别指导		★						★
角色扮演		★						★
案例研究	★	★	★			★	★	★
头脑风暴			★				★	
模拟训练		★						★
网络培训	★	★		★		★	★	★
虚拟现实培训		★				★		

值得注意的是，各种培训方法的培训目标之间有交叉，企业应根据不同的教学内容、目的，以及教学对象的不同、时间地点的不同，选择不同的培训方法与技术。当然，在选择时应掌握不同方法的优缺点和不同方法在应用中的注意事项。

7.3 培训的组织与实施

在培训组织与实施过程中，部分企业负责部门因为准备不足、实施不善或执行不力而为整个培训项目添上了败笔。企业需要利用科学的流程指导开展培训活动。无论开展什么样的培训活动都需要做好充分的准备工作，同时在细节上把控进程。否则，在培训过程中，一些不利的问题或者困难会导致培训工作混乱、延误，达不到预期的培训效果。

7.3.1 培训前的组织与实施

1. 培训需求分析与确认

在培训的组织与实施前必须进行培训需求分析，这是整个培训活动开始的首要环节。通过分析确定培训目标，设计培训计划，然后按照培训计划予以组织实施。当然，培训部门对通过各种调查方法所获得的培训需求分析结果要进一步确认，从而尽可能保证后续的实际执行过程中少出现偏差，并提前做好纠偏控制准备。

2. 制订培训实施计划表

根据培训需求结果，制订具体的培训实施计划表，表7-7给出了“培训实施计划表”实例，可供参考。

表7-7 培训实施计划表

课程名称：时间管理	时间：7小时
培训对象：企业管理人员及职能部门 培训目的：提高管理人员的时间认识，学会四象限时间管理法，学会按照轻重缓急安排时间 培训形式：课堂讲授、案例分析、录像演示、互动和小组交流等形式 培训讲师：某某 具体时间：某年某月某日 具体安排： 上午：8：30-12：00 （一）21世纪对管理者时间管理的挑战 （二）管理者时间管理的意义	午餐休息：12：00-13：30 下午：13：30-17：00 （三）如何有效对时间进行管理 1.四象限时间管理法　工作价值 2.注重单位时间价值法　时间价值 （四）系统的时间管理 1.时间管理与目标管理、计划管理 2.时间管理与授权 3.时间管理与制度管理 4.总结：时间生命论

（资料来源：知行经理人之家，2007，10.12. 转引自：赵曙明，张正堂，程德俊. 人力资源管理与开发. 北京：高等教育出版社，2009：172.）

3. 受训者名单收集

企业在培训前，培训管理者应该根据确定的培训对象统计并收集参训人员名单，为培训场所、设备和资料等其他一切后续的准备工作提供依据。

培训管理者应根据受训者所在的部门和岗位制定受训人员名单统计表，并下发各部门，在规定期限内收集、汇总和审核名单。

4．发送培训开课通知

通常情况下，企业可以通过发送备忘录、E-mail 或正式公文的形式通知相关人员参加培训。初次发送通知的时间应视情况而定。可以提前 10 日左右发出培训通知，以便相关部门或人员做出必要的准备工作。然后，在培训开课前的 1～2 日内，还应发送一则提示通知。

培训开课通知的主要内容包括：培训日期、培训时间安排、培训目的、培训方式、培训内容简要介绍、培训对象、预期培训效果、支持事项和注意事项等。

培训开课通知，可以作为正式文件存档。开课通知应明确参加培训的人员、培训地点和时间，从而作为培训考核的依据。在起草时，行文可以直接指向参加培训的个人，也可以直接发送至其所在的部门。培训事项的说明要具体、详细、准确，不要有遗漏。表 7-8 为培训开课通知示例。

表 7-8　培训开课通知示例

培训开课通知
______________部：
我公司培训中心_____年第_____期______________系列培训将于_____月_____日正式开始，计划于_____月_____日结束。拟安排以下人员参加培训。
1. 参训人员名单（略）
2. 培训时间：_____年_____月_____日至_____年_____月_____日。
3. 集合时间：_____年_____月_____日上午 8：30—9：00。
4. 培训地点：____________________________。
5. 学员需带物品：身份证、听课证、换洗衣物、洗漱用品等。
6. 如遇特殊情况，请联系会务负责人：______________；联系电话：______________。

5．住宿餐饮详细安排

培训项目涉及的相关人员（如培训管理者、组织者、培训师及培训对象等）的住宿餐饮安排是一种培训服务保障性工作，主要是对培训项目相关人员的生活安排。为了提高培训对象的学习积极性和有效性，培训负责人应根据前期的准备情况，列出一份服务保障准备清单。例如，在受训者食宿安排中，应列明所需房间的数量及等级（单人间、双人间和套房等类型），大部分与会者到达（或离开）的具体时间，行李寄送，饮食等服务项目及时间。

6．相关领导人员邀请

在培训项目开始前，培训组织者应邀请企业相关的领导出席培训活动。一方面可以提高员工参加培训的积极性，另一方面让企业领导重视培训工作并检验培训效果，同时在企业形成一种自上而下的学习型企业文化氛围。

培训需要邀请的企业领导是指面向企业人才培养及培训管理的负责人，主要包括总经理、分管副总经理、人力资源总监、培训总监、人力资源经理、培训经理等。

培训组织者可以通过直接送交或发送网络邀请函的方式邀请培训相关领导参加培训活动。邀请函中应明确培训主题、培训时间、培训地点、邀请的其他领导以及培训具体安排等内容。以下是某公司的培训邀请函，如表 7-9 所示。

表 7-9 培训邀请函

培训邀请函

尊敬的__________经理：

培训部已做好了关于__________的培训准备工作，我们盛情邀请您前来出席此次培训活动，我们会做好对您的接待工作。有关培训安排如下：

1. 培训主题：__________。
2. 培训内容：__________。
3. 培训时间：__________。
4. 培训地点：__________（我们有专人接送您）。
5. 培训讲师：__________。
6. 其他参会领导：__________。

如有疑问，请您致电：______；电话：__________。

期待着您的到来！此致

敬礼

培训部：______

日期：____年____月____日

7．相关物品设备准备

培训相关的物品和设备主要是指一些现场的基本设施和使用的小型设备、物品、材料等，如桌凳、投影机、白板、纸质材料、工具、软件、录像带、仪器等。一般以下物品设备是目前企业培训的常规准备。

（1）投影机、音频播放设备（如录音机、音响）、视频播放器材（如录像机、流式视频播放设备）。

（2）多媒体课件，指利用计算机将文字、图形、图像、声音、动画、影像等多媒体素材制作而成的多媒体软件产品。

（3）远程教学相关物品和设备，指电话、麦克风、电视机等，包括传统面授教学的电话、广播或宽带技术，以及使地理分散的学员能同时接受培训的相关设备。

（4）网络培训相关物品和设备，主要是指计算机终端、耳机、麦克风、摄像头之类的器材。

（5）教具、模型、标本、实物、工具等，如仿真沙盘、车床模型、原理示教板等物品。

7.3.2 培训中的组织与实施

培训过程中的组织与实施基本包括培训现场布置管理、学员签到纪律管理、课程导入管理、培训师跟踪管理及培训课程结业管理五项内容。

1．培训现场布置管理

培训现场布置的主要内容是确定包括座位等的布置形式。其中，座位的安排是主要内容，因为会直接影响培训效果。

（1）培训现场布置的注意事项

① 培训现场的大小要根据受训者的数量和培训的方法进行考察和选择。

② 培训现场要留出供书写和放置资料的工作区域。

③ 检查灯光、空调设备是否正常运转。

④ 培训讲师的工作区域要有足够大的空间放置材料、媒体工具等其他器材。

⑤ 保证后排的受训者可以看清屏幕和白板。

⑥ 检查近邻是否有干扰，如其他培训班、工作办公室等。

⑦ 检查休息室、饮用水、茶点等是否准备齐全。

（2）培训现场的布置形式

培训现场可用多种不同的方式加以布置，其考虑的主要因素是必须满足培训效果的要求，使学员感到舒服，并能够促进学员与学员、学员与培训师之间的互动交流。一般情况下，培训现场的布置形式主要包括圆桌式、U 字式和平行式三种形式，如图 7-3 所示。

形式 1：圆桌式

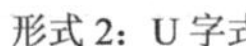
形式 2：U 字式

形式 3：平行式

图 7-3　培训现场的布置形式

① 培训计划安排需要受训者分组时，或是学员较多时，应该采用圆桌式布置。此种形式便于让学员形成一个临时的团队进行讨论、演练或是游戏。但是此种形式易形成与培训无关的“小圈子”私下交谈，不便于培训讲师控制课堂。

② U 字式的现场布置有利于受训者之间互相交流，培训师也可以方便地与每一位学员进行交谈，并进行巡视。

③ 平行式的现场布置适合非互动式的讲座型培训，受训者比较容易阅读板书和观看投影影像。同时，此种形式可以充分地利用培训教室的空间，容纳较多的受训者。

（3）培训现场其他内容的布置

培训现场其他内容的布置主要是对授课工具，如投影仪、纸、笔及其他道具、横幅、桌签、电源插座、方便使用的笔记本和茶歇等的摆放。

2. 学员签到纪律管理

受训者到达培训现场，首先需要填写签到表，以便统计培训人员的到达情况，如表 7-10 所示。

表 7-10　培训签到表

培训项目名称			培训课程名称		
受训者名单	签　名	时　间	受训者名单	签　名	时　间

学员纪律直接影响到培训师的心情，也影响其他学员的听课质量，因此必须有效管理学员纪律。

（1）受训者应提前到达培训现场，不迟到、不早退，不在课堂上随便出入，若中途离开培训现场，须向培训讲师或培训组织者说明情况。

（2）受训者到达培训现场时，必须在员工培训签到表上亲笔签名以示出勤，严禁其他学员代签。一经发现代签现象，代签学员和被代签学员均按旷工处理。

（3）受训者在培训现场着装应整洁大方，不得穿奇装异服，女性不得穿紧、露、透的服装。

（4）受训者应服从培训师的管理，不能随意扰乱课堂秩序，违反学员将被取消听课权利，并给予严重警告。

（5）培训现场内禁止一切不文明的言谈举止，不得大声说笑。

（6）培训过程中应关闭手机或将其调至震动状态。

（7）保持培训现场环境卫生，严禁随地吐痰，乱扔纸屑及其他杂物等陋习的出现。

（8）参加外部培训的人员在外代表公司形象，应按本公司人员的行为规范要求自己，不得有损公司名誉，否则公司将根据后果的恶劣程度进行处罚。

3．课程导入管理

课程教学中的导入环节是课堂教学的开端，一个好的导入将会激发学员的学习热情，起到事半功倍的效果。常用的课程导入有五种方法。

（1）随意交谈法。培训师可以利用课程开始前几分钟和学员随意交谈，让学员在不知不觉中进入新课。这种方法过渡自然，能把学员从无意注意引向有意注意，加深对新课的印象，有助于培养和提高学员运用语言进行交际的能力。

（2）温故知新法。这种联旧引新、不落俗套的自然导入新的培训课程的方法，能激发学员的学习兴趣，使学员集中注意力于新的内容上。

（3）看图提示法。这是一种利用教学挂图、自制图片或简笔画，借助投影或其他多媒体技术等现代化教学手段吸引学生的注意力，然后围绕图片提出一系列问题，激发学员的求知欲，从而引入课程的导入法。展示图片和提问的方式要根据课程内容和培训师的意图而定，由浅入深，突出重点。

（4）创设问题法。创设问题情境是激发学员思维的一种有效方法。问题也会产生悬念效果，这样导入课程适当增加了趣味成分，引起了学员学习的欲望。

（5）多媒体导入法。目前，可利用的电化教学手段已非常丰富，培训师在导入课程时可以有选择地使用多媒体技术，借助声音、颜色和动感画面增强教学的趣味性和吸引力。目前很多培训师在培训过程中使用本方法。

培训师在使用上述课程导入方法时，要注意合理的过渡，并激发学员愉快的学习情感，每一次导入要合时、合情、合理，并关注以下几个方面：第一，培训师要熟悉教材，把握教材中的转折点；第二，培训师要熟悉学员的个性；第三，培训师要充分利用多媒体技术或现代化教学手段；第四，培训师的语言要有趣味，有一定的艺术魅力，能引人入胜。

4．培训师跟踪管理

培训师跟踪管理主要是指企业内部提供一名或几名专门人员协助培训师的课堂教学及课堂管理工作，具体做好以下工作。

（1）跟踪工作应包括培训过程中的一切事务性工作，如讲义文件的下发、回收，培训设施的调换准备、人员分组、数据统计分析等。

（2）培训过程中出现冷场情形时，跟踪人员应带头参与活动，与培训师进行互动，活跃培训与学习氛围。

（3）培训师在授课过程中遇到特殊情况，如培训中出现对立情绪、骚动、尴尬情形时，跟踪人员要通过转变培训方式、与受训者沟通、相互探讨交流等方式进行调节。

5．培训课程结业管理

企业在组织完培训后，有时会对学员进行结业考试，并对考试合格的学员颁发结业证书。

（1）培训课程结业考试试题管理。考试形式可以根据培训目的来设计，可以是理论知识，也可以是上机模拟。在试题内容来源上，一定要围绕本次培训的内容展开，同时能够发挥学员的创造能力。在整个过程中，一定要注意试题的保密性，避免弄虚作假。

（2）培训课程结业考试现场组织。除了注意考试试题的管理外，考试现场的组织也非常重要，如场地选择、监场人员的安排、座次安排、考试时间安排、考场纪律等。

（3）颁发结业证书。理论和实际操作技能考试合格者，方准结业并颁发结业证书。任何人不得冒领、涂改或转借结业证。一经发现有上述行为，应追究责任，并吊销结业证书。

7.3.3 培训后的组织与实施

培训课程结束并不意味着培训的完成，培训后的组织与实施同样不容忽视。培训后的组织与实施是对整个培训过程的梳理总结，一方面可以作为本次培训的效果考核，另一方面为下一次培训提供经验借鉴。

1．培训结果总结汇报

培训课程结束后，培训部门的相关人员要与以下四类人员进行沟通。在沟通时，一定要做到无偏见且有效率。

（1）培训开发人员。培训开发人员需要凭借信息进一步完善培训项目，不断提高培训项目的质量。

（2）高层管理人员。高层管理人员决定了培训项目的未来发展。结果总结为决策提供了基础依据，并辅助高层管理人员确定项目是否继续。

（3）受训者。了解自己的培训效果，并将其自身的业绩表现与其他员工的业绩进行比较。

（4）受训者上级。当受训者参加培训学习时，直接上级应为受训者工作做一些弹性调整，并关注受训者的培训情况。受训者应与直接上级沟通，使上级了解自己的培训效果。

2．相关资料发放管理

培训结束后，培训部门应将相关教学资料发给受训者，让其在培训结束后能够及时根据教学资料进行复习、总结。常见的相关教学资料有学员手册，是受训员工的基本材料。配套材料，部门内部配套材料如岗位说明书、专业技术文档等，外部配套材料主要指书籍、光盘、课件等，这是培训内容的主要资料。培训指南，包括培训须知、课程时间和地点的安排、现场培训特殊要求、地图、餐饮住宿安排等，以及投入学习之前个人、单位及培训组织所需的其他材料等。

另外，在培训结束后，培训部门也应收回部分相关资料，包括对受训者的调查表、培训效果评估报告、培训实施计划方案、企业内部中长期培训方案、以往的培训实施计划方案及其评估报告、来自高层决策者的意见、本年度的培训资源分配计划、在培训实施计划中拟邀请的培训师资资料、在培训实施计划中拟订的课程大纲、在培训计划中拟订的培训地点及设施情况介绍以及其他部门的近期工作计划等。

3．定时进行三级评估

培训结束后，需对培训效果进行评估，可采用三级评估方式，包括培训需求评估、培训实施评估和培训收益评估。

（1）培训需求评估。企业战略、工作绩效和员工发展三个目标应该具有一致性。企业要实现战略目标，必然要求完成相关岗位工作并达到目标绩效。而岗位工作由员工完成，这又要求员工具备完成岗位工作所要求的知识和技能。从培训评估的角度来看，如果企业现状与其计划目标存在差距，那么，与工作岗位目标绩效也可能存在差距。通过分析这些工作岗位的目标绩效和完成现状，找出那些存在差距的工作岗位。然后，通过分析员工知识和技能对于实现岗位绩效的影响，找出那些存在知识和技能不足的员工及其需要提升的程度，最终确定计划期内的培训对象和培训需求。

（2）培训实施评估。培训实施是通过培训师授课和受训者学习使员工能够掌握有关知识和技能的过程。在这一过程中，至少有三类人会影响培训实施结果，即培训项目组织者、培训师和受训者。在培训实施评估阶段，主要通过对培训师资、课程组织和学员满意度等方面评估培训计划是否得到了有效执行。

（3）培训收益评估。任何培训项目的出发点都是为了改善组织绩效，进而获得更好的财务收益。对于企业高层管理者而言，结果性的绩效改善和收益提高是他们判断培训项目价值的最终依据。培训收益评估阶段的主要目标是评估学员将培训所学知识技能应用于实际工作的程度，以及相应地带来的绩效改善。企业通过搜集培训前和培训后的组织绩效数据，分析绩效变化并将其转化为财务数据，同时考虑项目成本和无形收益，最终获得培训项目的投资回报率。

【启发与思考】

扫一扫→美国企业中比较流行的几种体验式培训形式

【思考练习题】

1. 培训的主要类型有哪些？如何对其进行选择？
2. 传统的培训方法有哪些？各有什么优缺点？
3. 新兴的培训技术与方法有哪些？
4. 如果你是公司新入职的员工，你会喜欢哪种培训方法？为什么？
5. 针对高层管理者用什么培训方法较好？为什么？
6. 培训前组织与实施的流程是什么？每一步应该注意的问题是什么？
7. 学员签到纪律管理，采取什么方法进行管理比较好？如果你是管理者，如何管理？
8. 培训后组织与实施的流程是什么？每一步应该注意的问题是什么？

【模拟训练题一】

A 公司创建于 1985 年，主要从事国内外工程总承包和工程项目管理、进出口贸易、招标业务。在多年的经营业务中与众多设计、施工、生产、贸易等企业建立了长期稳定的合作关系，形成了组织灵活、适应性强的网络结构。

随着公司规模的扩大和项目的增多，现在公司急需通过员工培训，增加合格的项目管理人员的供给。但公司此时不知道采用哪种培训方法对项目管理人员培训比较好。请你写出培训可以采用的方法，并说明它们各自的优缺点、适用范围，建议公司选用的方法，并说明原因。

培训方法比较表

序　号	培训方法	优　点	缺　点	适用范围
1	讲授法			
2	研讨法			
3	视听法			
4	角色扮演法			
5	案例分析法			
6	户外训练法			
7	游戏模仿法			
8	……			

建议方法：

选用原因：

调查人：

【模拟训练题二】

A 公司是使用纯蜂蜜酿造白酒的食品企业。公司拥有全部的自主知识产权、一流的专家团队和现代化研发中心。

公司现在刚做完一个培训项目，需要对本次培训项目的组织与实施进行考核，重点是了解受训者对培训内容的掌握程度、学习态度等，请你仿照下表制作一份培训结果（成绩）考核表。

培训结果（成绩）考核表

编号： 制表时间：

<table>
<tr><td>员工姓名</td><td colspan="2"></td><td colspan="2">部　　门</td><td colspan="2"></td></tr>
<tr><td>职　　位</td><td colspan="2"></td><td colspan="2">入职时间</td><td colspan="2"></td></tr>
<tr><td>培训名称</td><td colspan="2"></td><td colspan="2">培训时间</td><td colspan="2"></td></tr>
<tr><td colspan="7">客观考试成绩</td></tr>
<tr><td>培训课程</td><td colspan="2">分　　数</td><td colspan="2">掌握程度</td><td colspan="2">评卷人</td></tr>
<tr><td></td><td colspan="2"></td><td colspan="2"></td><td colspan="2"></td></tr>
<tr><td></td><td colspan="2"></td><td colspan="2"></td><td colspan="2"></td></tr>
<tr><td></td><td colspan="2"></td><td colspan="2"></td><td colspan="2"></td></tr>
<tr><td>合计/平均</td><td colspan="2"></td><td colspan="2"></td><td colspan="2"></td></tr>
<tr><td colspan="7">主观表现情况</td></tr>
<tr><td>培训态度与学习情况</td><td colspan="6"></td></tr>
<tr><td>培训总结情况</td><td colspan="6"></td></tr>
<tr><td>培训效果测评</td><td colspan="6"></td></tr>
<tr><td>综合得分</td><td colspan="6"></td></tr>
<tr><td>考核综合意见</td><td colspan="6"></td></tr>
<tr><td>考核人</td><td></td><td>人力资源部经理</td><td></td><td>总经理</td><td colspan="2"></td></tr>
</table>

填表说明：

1. 不可量化指标由考核人按照学员表现综合打分，总分 100 分，培训态度与学习情况、培训总结情况单项分值 30 分，培训效果测评最高分 40 分。

2. 考核完成后，由考核负责人签字，报人力资源部经理和总经理审核签字。

【情景仿真题一】

B 公司成立于 2005 年，目前已拥有员工 500 多名，年销售额达 3000 万元左右。随着本行业的技术更新和竞争的加剧，高层领导者开始意识到，如果要在当前的市场环境下生存下来，并逐步增加竞争优势，需要采取产品多元化策略。所以，高层领导通过会议研讨决定，研发电子通信产品，并于 2014 年公司兼并了一家电子设备厂，成立了电子通信产品事业部。

不过，重组不久后，公司人力资源管理方面的一些问题开始显现。因为公司并购需要调整组织结构和人员结构，根据并购协议，公司要安排 10 名新的管理人员到新组建的电子通信产品事业部中，由于事业部原有的 10 多名中高层管理人员和公司新派人员之间比较生疏，沟通较少，信任度也不够，事业部门后期运作上，出现了一些不必要的误会和矛盾。

因此，你作为公司人力资源部经理，和总经理商量，是否应该开展一次培训活动，使新老管理者彼此熟悉和靠近，多些了解和沟通，并在事业部的运作管理方面多些合作和协同，不断提高新建事业部的经营效益。总经理同意了你的观点，并委任你立刻安排相关培训事项。

根据上述情景，请你在安排培训事项前思考并回答以下问题：

1. 你认为这次培训适合采用什么培训方式？为什么？
2. 你认为这次培训适合采用什么培训方法？为什么？

【情景仿真题二】

你是B公司人力资源部负责培训的工作人员之一，为了做好培训前的运营管理工作，需要安排恰当的人员负责各种不同任务，现每五位一组，请讨论你们各自的任务安排、职责明细和注意要点等（下面表格列举了部分任务安排）。

培训前运营管理任务表

管理任务	人员安排	职责明细	注意事项
参训人员名单收集			
发送培训开课通知			
住宿餐饮详细安排			
相关领导人员邀请			
相关物品设备准备			

第 8 章　培训效果转化与评估管理

学习目标

1. 了解培训效果转化的定义和相关理论。
2. 掌握柯式四级、菲利普斯等培训效果评估模型。
3. 熟悉培训效果评估流程
4. 掌握常用的培训评估工具。

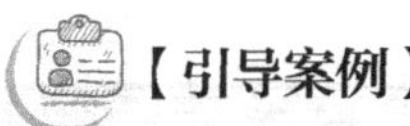

【引导案例】

IBM 中国公司是如何成功转化培训效果的

1992 年 IBM 中国公司成立时不到 200 人，现在已增至 1500 人，发展速度相当快。公司总裁进入中国时曾反复强调："这是中国的公司，将来是要中国人经营的"。但这并不表示今天说，明天就可做到，关键是看每个人能力。随着企业变迁，规模扩大，对每一个高层职位的要求也越高，只有个人成长速度比公司成长速度快，才能脱颖而出。1996 年 IBM 中国公司在本地一线的经理人员不到 40 个，一年以后已达到 80 个。他们有一个"领导课程"，主要讲述做主管需要具备的条件，测试个性是否适合做主管。公司给员工提供"双向前程"，即可根据自己的个性和兴趣选择管理路线或专业人员，薪资是与他的贡献成正比的，专业人员并不一定会比管理人员低。

在 IBM，对员工的信条中是以尊重个人为最高原则。一个公司任何人再能干，也只有一双眼睛，一双手。个人的视野和能力是有限的，而让员工充分发挥其潜力，做出更多贡献，获得更多酬劳，从而形成良好性循环。

IBM 以员工为企业最重要的资产，树立"人才培养，技能提升"的原则，为员工准备了最完备的条件以及广大的空间来帮助他们实现自己的理想。培训不仅仅是技术能力方面，还有处事能力、人际关系训练及一些策略性训练，员工进公司前三个月，主要介绍公司的组织部门、管理思路、经营理念、企业文化等，对管理人员和营销人员的工作流程进行分析。以后便就质量管理、谈判技巧等进行深入训练，在主管培训方面，帮助新主管重新了解公司，重新定位，并且在新加坡设立了管理训练中心，新任主管在三个月内接受新主管训练。每年各部门主管进行 3～5 天训练，例如网络组织管理培训和遥控组织管理培训。

对员工的培训本身就是投资，比如，投资一元，一两年后他会拿回五元钱。既然对员工提供了训练，就需要把他的潜力发挥出来，对员工，只要用对地方，就会事功倍。所以不仅要训练人，而且要会用人，更要懂得留人，留住他的心。因此，IBM 不仅为员工提供了全方位的培训，而且也为员工的培训效果转化提供了很多方面的条件，舒适的工作环境，有竞争力的薪资，良好的福利保障都是留住人才的基本措施。公司不完全靠高薪吸引人，而且同时让员工具有公平感、安全感和成就感，真正让他觉得未来的梦在这里能够实现。IBM 制定有完善的福利项目，包括带薪假期，住房补助，进修资助，医疗及退休保障计划，IBM 为员工建立了团体人寿保险、人身意外伤害保险等保险计划，还经常组织旅游、音乐会等休闲活动，使员工在轻松、温暖的大家庭氛围中身心俱佳，使每位员工都能潜心工作，不断创新。

以上表现体现了 IBM 的企业文化，公司为员工搭建了实现理想的平台，积极培育了有利于培训效果转化的环境，也运用各种激励手段加强了员工培训效果转化的动机，达到了企业培训与开发的目的。

（资料来源：根据 http://www.chinatat.com/renliziyuanguanlishi/251/ma1509097154.shtml 提供的素材整理而成。）

案例分析：

1. 让员工迅速成长为公司所需人才，正是 IBM 一系列培训的成果，你觉得 IBM 是如何确保培训效果转化的？

2. IBM 的效果转化方式是否值得绝大部分企业所效仿？对此，你还了解哪些其他的培训效果转化方法？请列举出来。

3. 在此案例中，特别强调了 IBM 对员工所处工作环境的重要性，也就是说，培训效果的转化会受到企业文化等组织环境因素的影响，那么，还需要考虑什么因素来确保培训效果的转化？

培训能不能适应工作的需要，或者有没有应用于工作中，往往决定了培训最终的价值。因此，确保培训效果转化才能实现培训的最终目标。此外，培训作为一种人力资本投资，其是否能促进绩效提升、效果如何衡量，一般较难通过直观的方式检测出来，这就容易使人们对培训的效果产生怀疑。所以，科学的培训评估对于了解培训的效果、界定培训对组织的贡献非常重要。

8.1 培训效果转化

8.1.1 培训效果转化的定义

培训效果，是指组织和受训者从培训中获得的收益。关于培训效果转化很多学者给予过论述。鲍德温（Baldwin）和福特（Ford，1988）认为培训效果转化是将培训过程中获得的技能推广到实际的工作环境中，并且始终保持这种获得的技能的过程。布罗德（Broad）和纽斯姆（Newstrom，1992）指出培训效果转化是指受训者将培训中所学的知识、技能、行为方式等有效地且持续地运用到工作中。泰勒（Taylor，1997）则将工作场所的培训效果转化定义为受训者将培训后学到的知识、技能等有效地运用到工作中[①]。虽然上述定义有所差别，但有着几个共同点：学员要将所学运用工作中；学员经过学习要有所改变；改变的时间要有持续性。

综上所述，我们认为培训效果转化是指受训者有效且持续地将在培训过程中所学到的知识、技能、能力等运用于实际工作当中，从而使培训成果发挥其最大价值的过程。它的基本特点就是将培训内容推广到工作中，并维持所学的内容。

8.1.2 培训效果转化的目的

事实上，只有 40%的培训内容在培训后的短时间能够立刻被应用到工作情境中，25%的内容在 6 个月以后还能应用，15%的培训内容能够保持 1 年的有效性。如果以货币形式来衡量，大约只有 10%的培训投入能够转化为员工日后的工作行为（Newstrom，1986）。因此，学员通过培训所得如果没有经过培训成果转化这一过程，就无法提高员工的工作绩效，进而也无法提高公司的整体绩效。培训效果转化的主要目的表现为以下几点。

① 徐芳. 培训与开发理论及技术. 上海：复旦大学出版社，2013：302-303.

1．提高培训的有效性

培训是一种人力资本的投资，在培训过程中需要投入相应的资源，如果培训效果转化较低，就证明培训资源转化率低，致使培训资源投入与产出不成比例增长，这种情况下的培训就是一种浪费。加强培训效果转化，就是有效地利用各种资源，极大地提高培训的有效性。

2.提升员工的工作绩效

培训效果转化首先是员工个人的工作绩效转化。员工通过培训学习各种知识、技能、方法等，并将学习成果运用于实际工作中，不断提升个人的工作能力，从而改善工作行为，提高劳动效率，带来较好的绩效表现。从这一点来看，培训效果转化率的提高意味着员工个人工作绩效的提升。

3．增强企业竞争力

培训效果转化充分利用了企业各种培训资源，并提升了员工个人工作绩效，无论从经济效益还是企业发展上来看，都是有益的，并从根本上增强了企业的竞争力。在当前我国市场经济不断深化过程中，行业竞争激烈，企业通过培训效果转化将新技术、新知识等不断转化为员工的知识和技能，便于储备人力资本，提高组织创新力，培育出企业自身核心能力。

8.1.3 培训效果转化的相关理论

企业要想通过培训提高员工和组织的整体业绩，就必须了解如何实现企业中的培训效果转化。因此，我们有必要学习关于培训效果转化的相关理论，主要有认知转化理论、激励推广理论和同因素理论。通过对这三种理论的了解和运用，可以提高组织培训效果转化的能力。

1．认知转化理论（Cognitive Theory of Transfer）

我们在本书第二章中已经了解了认知主义学习理论，认知转化理论也是以信息加工模型作为其理论基础，强调培训效果能否转化是取决于受训者恢复所学技能的能力。因此，培训师可以通过向学员提供有意义的资料和编码策略，来帮助学员将实际工作中的问题与所学技能联系起来，从而提高培训成果转化的成功率。另外，认知转化理论注重培训过程中培训师对受训者的鼓励，引导他们思考培训内容可能在实际工作中的应用。

2．激励推广理论（Stimulus Generalization Approach）

激励推广理论认为促进培训效果转化的有效方法是在培训项目设计中重点强调那些最重要的特征和一般原则，同时明确这些一般原则的使用范围。因为具体的工作环境可能与培训内容中的环境不一样，只有将培训内容集中在解决问题的一般原则上，受训者才能在培训成果转化过程中依据一般原则解决问题。例如，通过行为模拟培训的练习，就是要求受训者能在各种与模拟情形不完全一致的情况下表现出这些行为[①]。激励推广理论指出，只要可以针对工作时的一般原则进行培训，培训环境的设计就可以和工作环境不相似。在设计管理技能培训时，应用最广泛的就是激励推广理论。

在应用激励推广理论时，要把握以下要点：一是要让学员理解他们所接受的培训技能和行为的基本概念、一般性原则以及假设条件；二是鼓励学员将培训中重点强调的内容与工作经验结合起来；鼓励学员设想在不同的环境下如何使用，并且在实际当中去尝试。

3．同因素理论

同因素理论是由桑代克和伍德沃斯在实验的基础上提出来的[②]。他们认为培训成果转化取决于培

① 雷蒙德·A.诺伊．雇员培训与开发．徐芳，译．北京：中国人民大学出版社，2007：92-94.

② E.L. Thorndike, R.S. Wookworth. The influence of Improvement of One Mental Function upon the Efficiency of Other Functions. Psychological Review, 1901(8):247-261.

训时的学习环境与工作环境的相似程度。如果培训的内容与实际工作的内容完全一致，那么学员在培训过程中只是简单地训练工作任务，也会有较好的培训成果转化效果。但是，实际培训中这样的情况是比较少的。学习环境与工作环境的相似性有两个衡量尺度：物理环境逼真和心理逼真。物理环境逼真是指培训中的各项条件，如设备、任务、环境等与实际工作的一致程度；心理逼真是指学员对培训中的各项任务与实际工作中的各项任务给予同等重视的程度[①]。

同因素理论特别适用于模拟类培训，如案例分析、角色扮演等。在设计培训项目时要把握以下要点：一是要在培训中明确具体的操作流程，并且学员能够说明培训中所执行的操作与实际工作的差别；二是鼓励学习的内容超出所应用的范围，同时也要把握将培训内容限定在那些学员所能掌握的范围内；三是积极鼓励学员将培训中所学的知识、技能等应用于实际工作中去。

8.1.4 影响培训效果转化的主要因素

培训是企业对未来最有效益的投资。纵观 IBM、松下、西门子等世界众多知名企业，培训已渗透到企业运营管理的方方面面，成为企业在激烈的市场竞争中增强竞争力、提升绩效、提高职工专业技能和综合素养、实现整体战略规划的重要途径和手段，被公认为是最为有效、最直接和最有价值的投资。

然而，目前我国很多企业的培训工作仍处于摸索、学习的初级阶段，就效果而言可谓是“水过无痕”，使管理者对培训投入丧失了信心，人力资源部门陷入管理的尴尬，同时也使受训员工承受着被动参与却劳而无获的无奈。缺乏效果转化的培训是无效的。究其原因，有以下三个关键因素制约或阻碍了企业培训效果的转化，应予以高度重视。

1. 学员的个人特征

学员的个人特征对培训的影响不仅发生在培训过程中，而且发生在培训效果转化过程中。其中，性格特征、转化动机和个人能力对效果转化影响较大。

（1）性格特征。在外部条件都一致的情况下，学员本身的性格特征会直接影响整个培训过程的效果和效果转化。很多研究表明，性格内向的学员无论是否觉察迁移环境的支持性，他们都要比性格外向的学员更倾向于应用培训知识。

（2）转化动机。转化动机是指学员转化培训成果的强烈程度，它与学员在培训中知识和技能的获得、行为的改变有着紧密的关系。如果学员没有将所学知识转化为实际的工作绩效，那么企业最终没有实现其培训目标。转化动机是培训效果转化的助推器，它受到期望、目标设置等的影响。其中期望是指如果培训效果转化能够给学员带来更高满意度，则学员转化动机会很强烈；目标设置是指学员如果知道自己通过培训达到的目标，并且获得较高的工作绩效的话，那么学员会知道自己需要做哪些方面的努力，因此，员工可以依据目标的需要而努力转化培训成果。

（3）个人能力。个人能力是指学员顺利完成工作并且能够学习培训项目内容所需的技能，是学员本身所具有的能力。例如，阅读能力不足会阻碍培训项目的学习和绩效的转化。对相关知识和技能的牢记程度，即长时间持续应用新获得东西的能力会提高培训效果转化。个人能力强的学员能够较好地为掌握培训所学的内容做好准备，更可能积极地主动地去寻找和获得运用培训所学的机会。

2. 培训项目设计

培训项目设计是指对培训中所采用的培训内容、培训方法和培训媒介等做出选择和计划。在分析培训效果转化过程中，要分析培训项目设计对培训效果转化的影响，例如在选择培训手段的时候，不能简单采用讲授的方式，还要配套游戏模拟、角色扮演等。

---

① 徐芳．培训与开发理论及技术．上海：复旦大学出版社，2013：304-305.

在培训项目设计中，应重点考虑以下几个问题，以便提高培训效果转化。

（1）营造学习环境。创造良好的培训环境是提升培训效果的前提。比如美的建立了美的大学，海信设立了海信学院，为参加培训的员工提供了各项软硬件一流的环境条件，有这样的培训环境，员工的学习效果自然得到提升。此外，在营造学习环境中，要运用学习原理帮助受训者获得其所期望获得的行为，例如认知心理学提供了可以帮助企业有效地界定培训情境的概念框架，从而帮助他们掌握做好工作所需的认知模式以及技能。

（2）应用成果转化理论。在设计培训项目时要考虑成果转化理论的应用，这样可以提高培训内容与工作的关联性。就像前面分析过的，不同的转化理论适用于不同的培训内容和对象，从而提高培训成果转化的效果。例如，对于基层员工的技能培训可以采用同因素理论，按照工作环境设计培训环境；对于中层管理者的管理技能可以采用激励推广理论或者认知转化理论来设计培训环境等。

（3）学会自我管理。彼得·德鲁克（1999 年）明确提出了"自我管理"，即了解自身的长处、优势所在；懂得自己的行为方式；了解自己的价值观、归属；了解自己应该贡献什么；擅长处理人际关系；制定在工作中运用新技能和采取新行为的目标；在工作中应用所学技能；自我监督所学技能在工作中的应用等。"自我管理"思想体现在设计培训项目时，就是要让学员准备好自我管理新的技能和行为方式在工作当中的应用。

3．工作环境

培训效果是否能够顺利转化与工作环境密切相关，因此，营造良好的工作环境对培训效果转化非常重要，包括转化氛围、管理者的支持、同事的支持、运用所学能力的机会以及技术支持。

（1）转化氛围。转化氛围是指学员对能够促进或者阻碍培训所学内容应用的工作环境特征的感觉，主要包括企业战略目标和企业文化两个因素。其中，合理的企业战略目标应该包括培训与开发以及成果转化这一部分，只有这样才能保障企业获得持续不断的智力支撑。积极向上的企业文化可以促进员工培训成果的转化。学习氛围是企业文化的一种重要表现形式，能够潜移默化地影响员工的思想和行为。因此，浓厚的学习氛围会使员工具有上进心，能够抓住一切可以利用的机会进行学习提高。

（2）管理者的支持。管理者是否重视员工参与培训项目以及培训内容在工作中的应用程度，都极大地影响了培训效果的转化。管理者能为学员提供不同程度的支持，例如承认培训的重要性，提供实践该新技能的机会和平台，容忍培训后的失败和出错等，都能使培训成果实现最大限度的转化。

（3）同事的支持。任何一个员工存在于组织中，这就产生了员工在组织中与其他同事联系和交往。因此，同事的支持不仅是良好人际关系的基础，同时也为创造一个良好的学习和成果转化氛围提供了支持。同事之间可以互相学习、互相指导和互相帮助。例如，建立由两名以上学员组成的学习小组，他们可以面对面地交流学习进展，学习障碍，还可以分享工作中成功转化成果的案例和经验，少走弯路，实现培训效果的转化。

（4）运用所学能力的机会。企业要向学员提供或者学员主动寻找机会实践培训中学到的新知识、新技能和新的行为方式等。当然，企业在提供机会的同时也要适度地包容学员失败和出错。学员获得了新知识和新技能并不意味着他们完成了培训成果的转化，还需要有运用的机会去验证、完善和提高他们的所学东西。

（5）技术支持。技术支持是指各项培训效果转化过程中所需要的资源和设备的支持，这是提高培训成果转化的物质保障。一个再好的培训项目，如果没有相关的资源和设备给予支持，即使企业提供了机会和平台，学员也只能是望梅止渴。

可见，培训效果的转化受到较多因素的影响，这就需要培训组织和管理者在培训成果转化的过程中，采取各种有效措施尽可能降低阻碍因素的消极影响，同时，创造良好的支持和转化环境。

8.1.5 培训效果转化的过程

培训效果的转化一般包括以下六个步骤。

（1）将课程内容转化成受训者的理解与心得。受训者在每一堂课后，进行学习和培训心得总结，评判其对知识等的理解和领悟程度。在总结中应能够明确培训师在课程中的学习关键词、关键句、关键理念、关键课程内容和关键重点等。

（2）将受训者的理解与心得结合工作实际转化成工作改进计划。受训者思考如何将提炼出的关键词、关键句、关键理念、关键课程内容和关键重点应用在工作实践中，并检查现阶段存在的不足，并一一列举。综合形成书面改进计划，一般可一式三份，其中一份提交直接上级，一份提交人力资源部，一份留给自己以便后续工作中自查对照。

（3）将工作改进计划转化成可持续的工作改进行动。受训者将书面的工作改进计划，进行分解落实。同时，改进计划在实施中所涉及的相关部门和人员要及时给予督导，评判受训者是否达标，并定期评估员工工作是否改善，态度是否改变，行为是否变化等。直接上级和人力资源部应派专人督促和检查并予以辅导，使员工保持可持续的工作改善行为。

（4）将工作改进行动转化成工作绩效。受训者在工作改进行动过程中，将学到的知识、理念、技能进行理解和实施执行，并关注三个方面："老师讲到的能做到多少？自己感悟和提炼出来的能做到多少？在工作中产生了哪些业绩？"另外，要从工作数量、质量、成本、时间、速度等维度进行提炼，以确认工作绩效表现，并进行绩效辅导和面谈。

（5）将工作绩效进一步评价和深化，产生再学习。受训者和直接上级应持续地对员工工作绩效进行讨论和评估，进一步挖掘员工工作中的短板和问题，并提出哪些方面还需要再培训和再改进，以进一步产生新的培训内容，形成新的培训计划，以便进行再学习。

（6）培训成果认定和发表。组织企业内部培训成果表彰，对学习成效好的员工进行评价、认定和表扬。对取得重大培训效果的员工，酌情进行晋升、加薪等，通过标杆示范效应激发全员学习的积极性。

8.1.6 培训效果转化方法

常见的培训效果转化方法有六种，具体如下。

（1）过度学习：也叫"过度识忆"，是指达到一次完全正确再现后仍继续识记的记忆。过度学习有利于识记材料的保持。该理论是由德国著名的心理学家 H.艾宾浩斯提出的，主要含义是一个人要掌握所学的知识，一定要经常提醒自己通过反复练习才能得到巩固。也就是说，学员在培训结束后，要不断对所学知识进行回顾和练习。但是，也要明白"过犹不及"的道理，过度学习并不等同于毫无限度的"超度学习"。

（2）将培训内容与工作相结合：是非常有效的培训效果转化方法。通过结合，一方面可以强化对培训内容的理解，另一方面可以根据培训所学内容改进个人的工作方法，提高工作效率。

（3）行动计划：是指培训结束后，学员在将培训效果转化为实际产出时要有一个完善的行动步骤，包括行动目标、所需资源等。行动计划的制订需要培训师、部门经理与员工共同参与，特别是计划的实施离不开部门领导的监督与支持。

（4）多阶段培训方案：是将一次培训活动所讲授内容分成若干部分，在每个阶段结束后，由培训师测评学员的掌握及应用情况，再进入下一阶段的学习。但是，此种方法历时较长，易受干扰。

（5）使用绩效辅助物：就是将学员对培训内容的应用状况列入绩效考核中，作为绩效考核指标之一，以此来激励员工将知识转化为技能，提高工作效率。

（6）培训的后续资源：是指负责培训的相关部门及时将培训课件、光盘等资料发给每一位学员，同时推荐一些与培训内容相关的其他资料，以此帮助学员加快培训成果转化。

8.2　培训效果评估概述

开展有效的培训效果评估，首先要全面地理解什么是培训效果评估。本部分主要介绍了培训效果评估的内涵、理论发展、主要模型等，以帮助正确把握培训效果评估。

8.2.1　培训效果评估的内涵

1．培训效果评估的定义

培训效果评估，是指根据培训目标和相关要求，系统地搜集有关培训项目的数据信息，运用科学的理论、方法和程序，检查和评定培训效果的过程。简而言之，培训效果评估就是收集培训效果信息以衡量培训活动是否有效的过程。具体评估内容包括以下几个方面。

（1）对学员的学习成果进行评估：一是培训后的各项测试，二是培训后学员的工作态度、工作方法和工作业绩的改善程度。

（2）对培训组织管理进行评估：包括培训时间安排、培训现场环境布置、培训器材设施等。

（3）对培训师的评估：具体评估项目有课程内容设计、授课形式、培训方式方法以及语言表达等。

（4）对培训效果的效益评估：主要是预算执行情况、投入产出比、培训取得的经济效益和社会效益等。

2．培训效果评估的类型

（1）按照过程分类。培训过程一般可以分为培训前、培训中和培训后三个阶段，因此培训效果评估也可以划分为培训前评估、培训中评估和培训后评估。

培训前评估，也叫诊断性评估，是指在实施培训前开展的预测性、测定性评估，或者对受训者的基础、条件做出鉴定。培训中评估，是指按照培训计划和目标，用科学的方法和程序，在培训实施过程中，对受训者的参与状况、培训内容、培训进度和中间效果、培训环境、培训机构、培训师授课情况等进行监测，从而有效控制、调节培训实施过程，保证培训既定目标的实现。培训后评估，又称总结性评估，是指在培训结束后，以预先设定的目标为基准，对培训活动的最终成果及其各个方面达到目标的程度，进行系统化的检查和评价。培训后评估是培训效果评估中最重要的内容。

（2）按照方法分类。系统综合评价方法常可分为定量和定性，因此培训效果评估可以分为定量评估和定性评估两种。

定量评估是指采用定量计算的方法，即通过收集培训相关数据资料，用一定的数学模型或者数学公式，对培训效果做出定量结论。定性评估是指对不便量化的评价对象，采用定性的方法，做出价值判断。如对学员态度的转变等采用观察法做出判断，进行定性描述。

3．培训效果评估的意义

培训效果评估是整个培训活动的终点，也为下一次开展新的培训活动提供参考依据，因此，它是培训活动得以循环开展的纽带和关键节点。组织对其开展的培训项目进行评估的意义主要体现在以下几个方面。

（1）通过对培训项目进行评估可以使管理者和组织成员看到开展培训与开发是有价值的。培训效果评估为人力资源部推进培训与开发工作提供了依据，也为培训费用的支出带来了回报。

（2）可以对培训效果进行正确合理的判断，以便了解某一项目是否达到原定的目标；受训者知识技术能力的提高或行为表现的改变是否直接来自培训的本身，这为进一步开展培训工作提供了调整的着力点。

（3）可以检查出培训的费用效益，通过评估培训活动的支出与收入，判断企业培训的效益情况，有助于使培训资金得到更加合理的配置，为管理决策提供所需要的信息。

（4）使培训资源得到更广泛的推广和共享。通过评估可以促进企业各方关注与培训活动的相关资料，同时使员工进一步地清楚知道自已的短板，从而增强未来参加培训的愿望，促进培训的深入开展。

总之，评估是整个培训工作中的关键组成部分。只有通过评估，我们才能了解某个培训项目是否达到了预期的目标，并通过项目的改进和完善来提高员工个人和组织的整体绩效。

8.2.2 培训评估理论的发展

培训效果评估的研究最早可以追溯到 1959 年，美国威斯康星大学柯克帕特里克（Kirkpatrick）在其博士论文中开始对培训效果评估方法进行研究，并阐述了培训评估的四层级模型思想和方法。之后，奥尔（Warr.P）、伯德（Bird.M.）和莱克哈姆（Rack-ham.N）设计了 CIRO 培训评估模型，Daniel Stufflcbcam 提出了关于培训效果的 CIPP 评估模型，上述模型都将培训评估贯穿于整个培训过程中。1974 年，汉姆布林（Hamblin）认为应增加两个方面的评估，一是对行为产生的结果进行成本效益分析，二是要评估培训结果对企业战略目标的影响，为此提出了 Hamblin 模型。1991 年，菲利普斯 Philips 认为柯克帕特里克的四层级评估不够完整，需要再增加一级，即评估的重点是将培训所带来的货币利润与成本进行比较，只有这样，整个评估过程才算完整。因此，菲利普斯（Philips）提出了五级投资回报率模型。此后，许多学者又从不同方面发表了研究成果，进一步完善和解决了包括问卷调查、观察、访谈等各种评估的方式、方法。

值得一提的是，从 20 世纪 70 年代开始至今，培训效果评估研究焦点开始积聚在培训的投资回报率的研究，诸多计量方法也被引入其中，例如统计方法、会计方法、计量经济学方法等，试图对培训产生的效益进行定量评估。1962 年，利用经济学对人力资本投资回报的研究成果，有学者提出了培训收益的计算模型。除了经济学的分析方法以外，更多的学者是从企业的实际出发，研究企业的培训投入产出。1985 年，Sheppeck 和 Cohen 提出了培训收益函数。2001 年，有学者把效用理论与柯克帕特里克的四层次评估模式结合在一起，并据此提出了销售培训评估框架。总之，随着学者对培训评估研究的进一步深入，有关培训评估的定性和定量分析已逐渐完善。

8.2.3 培训效果评估的模型

在培训效果评估过程中，常用的培训效果评估模型主要有柯式四级评估模型、考夫曼五层次评估模型、菲力普斯五级投资回报率模型（ROI）、CIRO 评估模型和 CIPP 评估模型。

1. 柯式四级评估模型

柯式四级评估模型是由著名学者柯克帕特里克（Kirkpatrick）于 1959 年提出的。柯式四级评估模型是目前应用最为广泛的培训效果评估模型，这种评估工具较为实用，不仅要求观察学员的反应和检查学员的学习效果，而且强调衡量培训前后学员的表现和组织经营业绩的变化。表 8-1 为柯式四级评估模型各层级评估相关内容。

表 8-1　柯式四级评估模型

评估层次	评估内容	评估目的	评估方法	评估时间
反应评估	课程主题、课程进度安排、培训讲师、课程内容、课程教材、培训场地设备与服务	评估学员对培训过程的满意程度	电话调查 问卷调查 观察法 访谈法	培训结束时
学习评估	同课程内容相关的知识、技能和态度	衡量学员学习效能	测验问卷 实地操作 观察评分 小组研讨	培训开始前 培训进行时 培训结束后
行为评估	知识、技能和态度在实际工作中的应用状况	了解学员在工作中对所学知识、技能和态度的运用程度	访谈法 调查问卷 360 度评估	培训结束后 3 个月或半年
结果评估	数量、质量、效率、安全、成本等目标	测量培训对组织产生的经济效益	对比法 专家评估 趋势线分析 360 度满意度调查	培训结束后 半年或 1 年

其中，第一层为反应评估，主要是评估学员反应，即参与培训者的一些感受、态度及意见，这些可以作为评价培训效果的依据。这一层次的评估关注的是学员对培训项目及其有效性的感受，涉及培训的各个方面，如培训目标是否合理，培训内容是否对学员工作有用，培训环境是否合适等。这个层次的评估局限性在于，它只能反映学员对培训的满意度，不能证明培训是否实现了预期目标。

第二层为学习评估，主要是评估学员学习，即通过培训的测试，来衡量学员对原理、实施、技术和技能的掌握程度，是否掌握了培训目标中要求学员应该掌握的知识和技能水平。这是一个非常重要的评估指标，很多企业进行培训的有效目标在于此。

第三层为行为评估，主要是评估学员行为，即学员接受培训后，与工作有关的行为是否有所改变，以及学员是否在实际工作中运用了所学的知识和技能等。这一层次的评估实际上就是培训迁移或学习迁移。组织进行培训的目的是为了提高员工的工作绩效，所以学员能够将所学的东西运用到工作中，能够进行有效的培训成果转化，这是评价培训效果的重要效果指标。

第四层为结果评估，主要是评估企业经营业绩是否得到了改善，即培训是否改善了组织的绩效，这涉及对组织绩效改进的监控。例如，企业经过培训，经营成本是否减少了，产品质量是否提高了，服务水平是否改善了，盈利是否增加了等。这个层次的评估需要大量的数据，当然有时我们很难确定组织绩效的改善是因为培训还是组织变革带来的，所以本层次是较难评估的。

另外，1978 年，纽斯托经过研究认为柯式理论模型是基于以下四个重要假设：

（1）培训评估有四个不同的准则，即反映、学习、行为、结果。

（2）这四个准则的排列，是依据从培训评估所获得的信息价值的增加。

（3）反映层次是最常采用的，因为这个层次的评估很容易采用。

（4）这四个准则之间存在着次序的交互关系。即学员反映是好的，学习就越多，进而行为结果就越好，最终带来的组织绩效结果的改善。

2．考夫曼五层次评估模型

考夫曼五层次评估模型是柯式四级评估模型的扩展，考夫曼认为培训能否成功的关键在于培训之前对各种资源的获取。同时，他认为培训所产生的效果对企业本身和企业所处的环境都会带来效益，于是在柯式四级评估模型的基础上又加上了一个层级，即评估社会和客户的反映。表 8-2 为考夫曼五层次评估模型相关内容。

表 8-2　考夫曼五层次评估模型

评估层次	评　估　内　容
可能性和反映评估	可能性因素是针对培训成功所必需的各种资源的有效性、可用性、质量等问题； 反映因素旨在说明方法、手段和程序的接受情况和效用情况
掌握评估	评估学员的掌握能力情况
应用评估	评估学员在接受培训项目之后，其在工作中知识、技能的应用情况
企业效益评估	评估培训项目对组织的贡献和报酬情况
社会效益评估	评估社会和客户的反映等情况

3．菲力普斯五级投资回报率模型

1996 年，菲力普斯（Phillips）提出五级投资回报率模型（ROI）。该模型也是在柯氏四级评估模型的基础上加入第五个层级，即投资回报率。第五层次评估是培训结果的货币价值及其成本，往往用百分比表示，重点是将培训所带来的收益与其成本进行对比，来测算有关投资回报率指标。由于投资回报率是一个较为宽泛的概念，可以包含培训项目的任何效益，这里将投资回报率看作培训项目的成本和效益相比后所得出的实际价值。五级投资回报率模型也是目前比较常用的一种评估方法。

菲利普斯培训效果评估模型的贡献除了提出第五个层次的评估概念外，还包括创建了无形收益作为第六类指标，提出了在制定培训效果评估策略时，应首先确定评估的级别，培训效果评估并不一定覆盖全部级别，设计了效果评估的十个步骤来指导评估活动的实施。当然，菲利普斯模型最值得人关注的还是第五层次，即投资回报的评估，基本公式为：培训的投资回报率（ROI）=培训净收益/培训成本。

4．CIRO 评估模型和 CIPP 评估模型

（1）CIRO 评估模型。CIRO 评估方法由 Warr.p、Bird.M 和 Rackham.N 三位专家提出，这种方法描述了四个基本的评估级别，是由情境（Contextual）、投入（Input）、反映（Reaction）和结果（Outcome）组成的，因此该模型名称也是由四个单词的首字母组成。这四种评估级别分别对应于培训需求分析、培训资源和培训方法确定、受训者对培训的反映、培训结果收集四个阶段，该模型强调培训效果评估应贯穿于整个培训工作流程，要与培训工作同步开展。表 8-3 为 CIRO 评估模型相关内容。

表 8-3　CIRO 评估模型

阶段评估	阶段评估任务	任　务　说　明
背景评估	确认培训的重要性	1．收集和分析有关人力资源开发的信息 2．分析和确定培训需求与培训目标
输入评估	确定培训的可能性	1．收集和汇总可利用的培训资源信息 2．评估和选择培训资源，并对可利用的资源进行利弊分析 3．确定人力资源培训的实施战略与方法
反映评估	提高培训的有效性	1．收集和分析学员的反馈信息 2．改进培训运作程序
输出评估	检验培训的结果	1．收集和分析同培训结果相关的信息 2．评价与确定培训的结果

（2）CIPP 评估模型。CIPP 评估模型是高尔文在教育领域研究成果基础之上提出的，它的架构包括情境（Contextual）、投入（Input）、过程（Process）和成果（Product）。这种方法认为评估必须从情境、投入、过程和成果四个方面进行，与 CIRO 评估模型的不同之处表现为两点：一是过程评估认为应该监控可能的失败来源或给预先的决策提供信息，为培训评估做准备；二是成果评估中除了要对培训目标结果进行测量和解释外，还包括对预定目标和非预定目标进行衡量和解释，这个级别的评估既可以发生在培训之中，又可以发生在培训之后。表 8-4 为 CIPP 评估模型相关内容。

表 8-4 CIPP 评估模型

阶段评估	评估说明
背景评估	该阶段评估的主要任务是确定培训需求以及设定培训目标。具体包括了解环境、分析培训需求、鉴别培训机会、确定培训目标等
输入评估	该阶段评估的主要任务是评估培训资源和培训项目。包括收集培训资源信息、评估培训资源、评估项目规划是否有效地利用了资源、是否能够达到预期目标以及是否需要外部资源的帮助等
过程评估	该阶段评估的主要任务是通过评估，为实施培训项目的人员提供反馈信息，以使他们能在后续的培训过程中进行改进和完善
成果评估	该阶段评估的主要任务是对培训是否达到预期目标进行评估。具体评估任务包括评估学员的满意度、知识和技能的增加情况、行为改善情况以及个人和组织绩效的提高情况等

8.3 培训效果评估实施

培训效果评估在实施过程中按照有序的评估流程推进，选择合适的培训评估方法，收集全面真实的培训效果信息，从而对培训效果做出科学、合理的评价。

8.3.1 培训效果评估流程

培训效果评估的流程，主要包括培训需求评估、确定培训评估目标、设计培训评估方案、实施培训评估方案、撰写评估报告并反馈评估结果。

1．培训需求分析

进行培训需求分析是培训项目设计的第一步，也是培训评估的第一步。实施培训需求分析有助于对培训项目的合理设计，避免培训的盲目性和随意性，这为培训评估奠定了良好的基础。在评估时进行培训需求分析是由评估人员再次重新审视培训需求分析，找出员工知识、技能、态度等方面的差距和不足，以确定培训的必要性和目标。

2．确定培训评估目标

培训目标主要是界定培训要解决什么问题、使学员的某方面能力达到什么水平和具体的目标是什么等问题，它决定着评估项目和评估方法的选择。评估培训目标的实现程度是衡量培训效果的重要指标之一。例如，培训材料是否体现企业价值，培训师是否有效传授知识、技能等，更重要的是，培训评估的目的将影响数据收集的方法和评估方法。

3．制定培训评估方案

确定完培训评估目标后，接下来的工作是制定培训评估方案，需要明确以下几项内容：培训评估的目的；评估的培训项目；培训评估的可行性分析；培训评估的价值分析；培训评估的时间和地点；培训评估的人员确定；培训评估的方法；培训评估的标准；培训评估的推进步骤；培训评估的工作分工与配合；培训评估的频率；培训评估的报告形成与反馈。

在评估方案设计中尤为重要的一项工作是评估内容及评估方法的确定。其中，培训评估内容主要涉及培训效果的评估、培训工作人员的评估、培训内容的评估等内容。在制定培训评估方案时最好能够有培训项目的实施人员、培训管理人员、培训评估人员和培训评估应用人员共同进行，如果可能，邀请外部培训顾问共同参与，可以确保培训评估方案的科学性和可行性。

4．实施培训评估方案

培训评估方案确定后，就可以开展具体的评估工作了。对不同的评估层次，评估时间的选择上应该有所不同。如对于反映层的评估，一般在培训中或培训刚结束时进行调查，这样可以避免因时间间隔较长导致学员忘记培训感受的情况，从而使调查数据失真；若从行为或结果层考察，则一般可以选择在培训结束一段时间后（如3~6个月）进行，因为培训的效果真正作用于员工的实际工作尚需一段时间。

此外，评估开展之前，应适时地收集所需的信息和数据，因为培训数据是培训评估的对象，尤其是进行培训三、四、五级评估过程中必须参考。在收集的信息过程中可以采用一定的方法和技术进行整理和分析，形成评估数据库。

5．总结评估工作，撰写评估报告

评估报告的内容和结构主要包括以下五个部分：导言，即培训项目的概况、评估的目的和性质；概述评估实施的过程；阐述评估结果；解释、评论评估结果并提出参考意见；附录，其内容主要包括收集评估信息时所采用的相关资料、图表、工具等，目的在于让他人判定评估者的评估工作是否科学、合理。

在撰写评估报告时，要注意用辩证的眼光分析问题；每个结论要有依据支撑；要考虑培训效果的时间效应，是短期成果还是长期成果；还要考虑到培训评估者的主观因素，因此可以考虑多个培训评估主体。

6．反馈和宣传评估结果

评估不是目的，以评促发展才是进行培训评估的目的。因此，要把培训评估的结果与相关人员进行沟通和反馈。涉及的相关人员如下。

（1）培训部工作人员：培训部工作人员在得到反馈意见的基础上对培训项目进行改进，精益求精，提高培训水平。

（2）管理层：管理层对培训工作的支持与否、培训项目资金投入的多少等直接影响培训效果。

（3）学员：学员明确自己的培训效果有助于学员取长补短，继续努力，不断提高自己的工作绩效。

（4）学员的直接领导：学员的直接领导通过培训评估结果，可以掌握下属培训的情况，以便指导下属工作。同时，学员的直接领导可将培训评估结果作为对学员考核的参考依据。

反馈评估结果，并进行一定的成果宣传是必要的。对培训成果进行分析，并明确反馈和沟通的目的和原因，然后选择反馈和宣传对象，撰写一定形式的报告，通过媒介进行沟通和宣传。对反馈和宣传过程中的相关意见要及时分析，以便进一步地分析培训成果和改进反馈和宣传方式（见图8-1）。

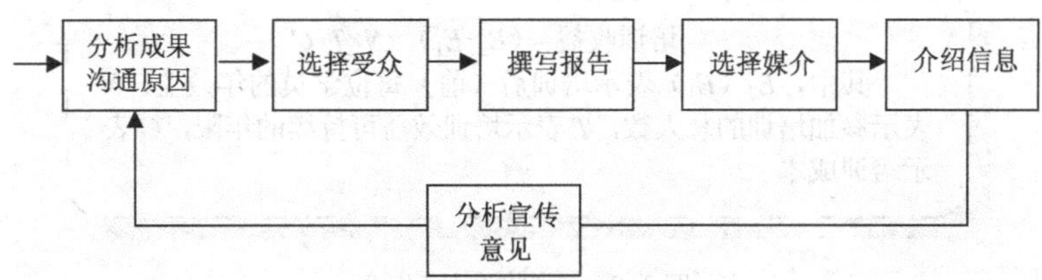

图8-1　培训评估结果沟通与宣传模型

（资料来源：杰克·菲利普斯．培训评估与衡量方法手册（第3版）．南京：南京大学出版社，2001：437.）

8.3.2 培训效果评估方法

培训效果评估的方法包括定性分析和定量分析两种。按具体形式不同，常用的定性分析评估方法可分为观察评估法、集体讨论法、问卷调查法和标杆对比法；常用的定量分析评估方法可分为成本—收益分析法、加权分析法。

1．观察评估法

观察评估法，是指评估者在培训进行过程中和培训结束后，观察学员在培训过程中的反映情况以及培训结束后在工作岗位上的表现。评估者或利用观察记录，或利用录像的方式，将相关信息记录到培训过程观察记录表中。表 8-5 所示是培训过程观察记录表。

表 8-5 培训过程观察记录表

培训课程		培训日期	
观察对象		评估记录员	
观察到的现象		培训前：	
		培训后：	
观察结论			
其他特殊情况			

2．集体讨论法

集体讨论法将所有学员集中到一起开讨论会。在会上，每一个学员都要陈述通过培训学会了什么，以及如何把这些知识运用到工作中。这种方法一般在培训结束后采用，也可以用写培训总结或培训感想的形式来替代。

3．问卷调查法

问卷调查法是借助预先设计好的问卷，在培训课程结束时向调查对象了解各方面信息的方法。此方法的关键在于设计一份有效的问卷，并按照调查对象和调查目的的不同进行设计。

4．标杆对比法

除了考虑从内部对培训效果进行评估外，也可以在组织外部选取行业标杆或者区域标杆组织中的培训进行比较。该方法的关键是选取标杆组织以及组织中的相关培训数据。由于很多企业对其内部数据是保密的，该方法主要用于大型集团内部各个子公司之间的比较。

5．成本—收益分析法

成本—收益分析法是通过分析成本和培训所带来的各项硬性指标的提高，计算出培训的投资回报率，是比较常见定量法。涉及以下两个公式。

（1）培训收益计算公式。培训收益计算公式具体如图 8-2 所示。

培训收益=（E_2-E_1）×N×T-C

其中，E_2（E_1）表示培训后（前）每位学员的年效益，N 表示参加培训的总人数，T 表示培训效益可持续的年限，C 表示培训成本

图 8-2 培训收益计算公式

（2）投资回报率计算公式。投资回报率计算公式具体如图 8-3 所示。

投资回报率（*ROI*）=（培训收益/培训成本）×100%

图 8-3 投资回报率计算公式

若计算出来的 ROI 值小于 1，表明培训收益小于培训成本，说明此次培训没有收到预期的效果，或企业存在的问题不是培训所能解决的。

该方法实施的前提条件是学员的年效益是可以量化的，对于那些年效益无法量化的学员，本方法就很难操作了。

另外，在培训中涉及的典型成本和收益如表 8-6 所示。

表 8-6 培训中涉及的典型成本和典型收益

典型的成本	典型的收益
培训者的工资和时间	产量的增加
受训者的工资和时间	错误和事故的减少
培训资料	员工流动率降低
与培训者和受训者相关的费用，如交通费等	更少的监督需要
设备与设施成本	运用新知识的能力提高
生产率的损失	态度的改变

（资料来源：罗伯特·马希斯，约翰·杰克逊．人力资源管理（第 13 版）．赵曙明，周路路，译．北京：电子工业出版社，2014：173.）

6．加权分析法

使用加权分析法须建立一个完整的评估指标体系，确定各项指标的权重（衡量指标重要程度的数据，所有权重之和等于 1）。

（1）每个指标分为五个等级（优为 5 分，良为 4 分，中为 3 分，合格为 2 分，不合格为 1 分）。

（2）就学员的某一方面进行全方位的调查，然后进行结果的计算。

以下是对某位员工接受职业素质培训后运用加权分析进行培训评估的案例，如表 8-7 所示。

表 8-7 加权分析评估示例

指标等级 指标权重	5 分	4 分	3 分	2 分	1 分	单项指标得分
工作能力（0.2）	40%	25%	20%	10%	5%	3.85
知识理论水平（0.2）	30%	20%	25%	15%	10%	3.45
职业道德水平（0.2）	55%	20%	10%	8%	7%	4.08
敬业精神（0.4）	10%	60%	20%	8%	2%	3.68

注：表中评价结果用百分数表示，如 40%表示 40%的人认为该员工的工作能力得分为 5，即为优；单项得分=权重×∑（分值×百分比值）；最终评价结果=∑（权重×单项得分）；最终评价结果=0.2×3.85+0.2×3.45+0.2×4.08+0.4×3.68=3.748（分）。

8.3.3 培训评估信息收集

1．收集渠道

培训效果信息来源于不同的渠道，信息形式有所不同，因此有必要对收集到的信息进行分类，并根据不同的培训评估内容的需要进行信息归档，同时要制作一些表格对信息进行统计。一般数据信息可以分为硬性数据和软性数据信息。其中，硬性数据信息指的是那些客观的事实，如生产产品的数量等。它们一般是定量化的数据，容易测量，可信度较高等。软性数据信息通常用来反映组织的氛围、员工的满意度、工作习惯等。它们一般难以测量，多数情况下是主观的，一般是行为导向等。

评估数据信息的来源渠道很多，以下是培训评估内容与培训评估信息收集渠道，如表 8-8 所示。

表 8-8　培训评估内容与培训评估信息收集渠道

培训效果信息内容	培训效果信息收集渠道
培训需求评估效果信息	企业决策者、受训者、培训管理者
受训者知识、技能和工作态度效果评估信息	培训管理者、受训者、受训者的领导与下属
受训者参与培训情况效果评估信息	培训现场、受训者、培训实施者
培训内容和形式评估的信息	培训现场、受训者、培训实施者
培训效果效益综合信息	培训前、中、后有关信息，受训者领导与下属
培训环境和现代培训实施应用评估信息	培训现场、受训者、培训实施者

2．收集方法

培训效果信息收集主要有五种方法，即资料收集法、观察收集法、面谈收集法、调查问卷收集法和测验法等。

（1）通过资料收集法收集有关培训项目的全面资料，首先要明确需要收集的资料信息有哪些，评估者可以列清表单，具有目的性地去收集信息。

（2）通过观察收集法收集培训效果的信息主要分为分为三个阶段，即事前观察收集、事中观察收集和事后观察收集。

（3）通过面谈收集法收集培训效果的信息，一般是在培训项目开展之前和培训项目开展之后进行。在培训项目进行过程当中进行面谈访问往往会影响培训项目的正常进行，但是面谈范围要相对广泛一些，组织内部的决策者最好也包含在内，以便了解组织内部的高层领导人对培训效果的期望。

（4）通过问卷调查法收集培训效果的信息，主要是集中在培训前、培训中和培训后进行。其中在培训前的信息收集可以通过培训管理人员获得，因为培训项目开始之前培训管理者要进行培训需求的调查，培训需求调查问卷基本包含了事前培训评估信息的内容。而培训中的问卷调查要突出重点，简要明确，占用时间不宜太长，以降低学员的反感情绪，避免对培训项目的正常运行造成影响。培训后的问卷调查应当根据培训项目和受训者的不同来具体设计和调整，而针对一些较为简单的培训，一般就不必进行专门的问卷调查。

（5）通过测验也可以收集培训效果的信息。测验主要是了解学员已掌握的知识，检查学员完成任务的质量。测验包括书面测验和操作测验。通过对测验结果的数据分析、统计和总结，可以为培训评估提供一手资料。以下是各种培训效果信息收集方法所收集的内容，如表 8-9 所示。

表 8-9　各种培训效果信息收集方法所收集的内容

培训效果信息收集方法	主要信息内容
资料收集法	培训方案资料、培训方案的领导批示、培训的录音、培训的调查问卷及相关统计分析资料、培训的录像资料、培训实施人员写的会议纪要、现场记录、编写的培训教程等
观察收集法	培训组织准备工作观察、培训实施现场观察、受训者参加情况观察、受训者反映情况观察、观察培训后一段时间内受训者的变化

续表

培训效果信息收集方法	主要信息内容
面谈收集法	访问受训者、访问培训实施者、访问培训组织者、访问受训者领导和下属
调查问卷收集法	培训需求调查、培训组织调查、培训内容及形式调查、培训讲师调查、培训效果调查
测验法	测验受训者掌握知识的程度，技能操作的程度

8.3.4 培训评估数据分析

在培训评估中可以采用统计的方法对评估数据信息进行汇总、整理和分析。

（1）频率分布。例如，可以对测验结果进行频率分布，从数据中的集中趋势（即多数项目被组合在一起）以及差异度（即数据的离散程度）来发现培训效果。

（2）集中趋势。常用中数、中位数和众数。中数就是一组数字的算术平均数。中位数就是按照从小到大排列数据，处在当中的那个数。众数就是发生频率最高的那个数。

（3）差异度。就是量数之间的差异程度，可以用标准差、方差来表示。

（4）相关系数。研究两个变量是否有相关性，可以借助 SPSS 等统计软件计算结果。

（5）假设检验。要求评估者通过定量分析确定培训效果是否显著，从而做出接受或者拒绝的判断。

当然，在分析数据之前要审查数据的一致性和准确性，因为只有数据本身具有相当的可靠性，数据的分析和解释才会可靠。另外，尽量使用最简单的统计方法，不要超过从数据中获得所需结论的必要限度。

8.3.5 评估研究方案设计

研究方案设计是培训效果评估的关键环节。实验研究法是指研究者在控制足以影响实验结果的无关干扰变项之下，探讨自变量和因变量之间是否存在因果关系的一种研究方法。

1．实验设计

实验设计采取严谨的实验控制情境，遵循随机化原则，对实验组、控制组进行实验研究，并运用统计方法分析实验结果，验证假设。实验设计一般具有两个特征：一是包含两组及以上的受试者，接受实验处理的为实验组，没有接受实验的为控制组或者对照组；二是实验组与控制组是以随机取样的方法和随机分派的方式进行，它们的特质，如智力、能力、社会地位等是相等的。例如，假设一个客户服务经理管理 20 个客户代表，他们的数据输入速度都有待提高，参加一天技能培训。除了对接受培训的 20 名代表进行实验测试外，该经理还可以对一组不接受培训的客户代表进行测试，以此来分析他们能够和接受过培训的代表表现一样，其中前者为实验组，后者为控制组[①]。

实验设计要有较高的信度和效度。信度是衡量工具的准确性和精确性。效度是衡量工具的有效性。

2．实验方案

有很多不同的方案可以用来进行培训项目的评估，一般可以采用后测、前测与后测、时间序列、有对照组的后测、有对照组的前测与后测、有对照组的时间序列、所罗门四小组等。

---

① 罗伯特·马希斯，约翰·杰克逊．人力资源管理（第13版）．赵曙明，周路路，译．北京：电子工业出版社，2014：174.

其中，后测指的是收集培训后成果的评估方案；前测与后测指的是对培训前后都进行评估的方案；时间序列指的是在培训前后每隔一段时间检测一次培训成果的评估方案；有对照组的后测，在后测的基础上附加一个对照组进行对比获得的评估方案；有对照组的前测与后测，既包括受训者的也包括对照者的，需要收集两个小组培训前后衡量数据的评估方案；有对照组的时间序列，既包括受训者的也包括对照者的，在培训前后每隔一段时间检测一次培训成果的评估方案。所罗门四小组是对上述方法的综合，运用了对对照组进行前后测以及对实验组进行前后测的设计方案。

8.3.6 培训效果评估工具

在实施培训效果评估的过程中，借助一定的表单或模板，可以提高培训效果评估效率。培训评估工具，是指培训评估者对受训者实施评估行为所选用的方法和工具系统，也就是评估借以实现的手段、方法和途径的总和。

常用的培训效果评估工具主要包括柯式四级评估模型工具系统（反应评估调查问卷、行为评估工具）和菲力普斯五级投资回报率模型工具系统（五级数据收集计划表、投资回报率数据分析计划表、学员培训结果评估表、培训成本分析表）。

1．柯式四级评估模型工具系统

（1）反映评估调查问卷，表 8-10 所示为××公司××培训反映评估问卷。

表 8-10　××公司××培训反映评估问卷

××公司××培训反应评估问卷

为了了解此次培训对您需求的满足程度，我们需要您花费几分钟的时间填写这份问卷，请务必填写您个人的真实感受，这对我们改进培训工作至关重要。谢谢配合！

1. 您对此次培训相关课程的哪些讲解感到难以理解？（　　）

A. 理论知识　B. 案例　C. 故事　D. 游戏　E. 其他，请说明__________

2.（可多选）您对培训讲师的哪些表现存在不满？（　　）

A. 穿着打扮　B. 讲课语速　C. 语言表达　D. 逻辑分析　E. 其他，请说明__________

3. 您对此次培训的场地和资料是否满意？（　　）

A. 是　B. 否，请说明__________

4. 您认为培训安排的练习、讨论和活动占用时间的长短情况如何？（　　）

A. 太长　B. 长　C. 适当　D. 短　（您认为恰当的时间为_____分钟）

5. 您对培训过程中使用的 PPT 展现形式的印象如何？希望进行哪些改进？

（1）印象：

（2）改进：

6. 此次培训中让您最感兴趣的内容是什么？为什么？

（1）内容：

（2）原因：

7. 您认为此次培训对您提高工作效率和解决工作中问题提供的帮助在于（　　）。

A. 帮助拓展解决难题的思路　B. 提供解决问题的有效工具和方法

C. 激发去了解其他相关的知识　D. 需要反思自己的态度或能力，取得进步

E. 其他，请说明

8. 您认为今后的培训课程安排应该在哪些方面进行改进？（　　）

A. 提高课堂趣味性　B. 培训讲师放慢语速，增加逻辑分析环节

C. 增加案例分析　D. 增加故事讲解

E. 减少理论知识　F. 增加讨论和游戏等互动环节

G. 其他，请说明

（2）行为评估工具，如表 8-11 所示。

表 8-11　行为评估工具

学员填写内容			
姓　名		部　门	
培训组织部门		培训时间	
培训内容			
学员所在部门负责人填写内容			
该学员在日常工作中是否运用培训中学到的技能？请举例说明。			
您是怎样督促该学员运用培训所学技能的？			
通过此次培训，该学员的工作绩效有何改进？			
您对培训工作有何意见和建议？			
部门负责人签字		日期	

2．菲力普斯五级投资回报率模型工具系统

投资回报评估方法有许多评估工具，以下是五级数据收集计划表、投资回报率数据分析计划表、学员培训结果评估表、培训成本分析表。

（1）五级数据收集计划表，如表 8-12 所示。

表 8-12　五级数据收集计划表

项目名称				培训对象			
数据收集负责人				计划收集日期			
数据级别	数据内容	衡量标准	数据来源	收集方法	收集人	监督人	收集时间
一级	满意度						
二级	学习结果						
三级	培训应用						
四级	培训影响						
五级	投资回报率						
备注							
审核人				填表日期			

（2）投资回报率数据分析计划表，如表 8-13 所示。

表 8-13　投资回报率数据分析计划表

培训项目名称		培训对象	
责任人		填表日期	
数据分析日期		____年___月___日至____年___月___日	

编号	数据	培训效果评估方法	数据转换货币价值的方法	成本项	无形效益	备注
1						
2						
3						

（3）学员培训结果评估表，如表 8-14 所示。

表 8-14　学员培训结果评估表

学员姓名							
学员岗位				学员所在部门			
课程基本情况	课程名称						
	开课时间						
课程过程评估	出勤情况					评分标准	
	参与程度					4 分（很好）	
	理解程度					3 分（较好）	
	动手能力					2 分（一般）	
	测试结果					1 分（较差）	
课程跟踪评估	该培训项目内容对员工岗位工作的指导成效						
	很有效		有效		一般		无用
实践应用概述：							
学员签字		部门经理签字		培训讲师签字			

（4）培训成本分析表，如表 8-15 所示。

表 8-15　培训成本分析表

培训项目名称			填表日期	
责任人			审核人	
成本类	编号	细目	费用（元）	总计（元）
培训需求分析成本	1			
	2			
培训内容设计成本	1			
	2			
培训资料采购成本	1			
	2			
培训实施成本	1			
	2			
培训效果跟踪管理成本	1			
	2			
备注				

【启发与思考】

扫一扫→焦点访谈法（ORID）在培训效果转化中的运用

【思考练习题】

1. 培训效果转化的含义是什么？影响培训效果转化的因素有哪些？
2. 什么是培训效果评估？为什么要进行培训效果评估？
3. 培训评估模型有哪些？它们的主要内容分别是什么？
4. 培训效果的评估流程有哪些？有哪些需要注意的事项？
5. 培训评估的方法有哪些？其优缺点是什么？
6. 信息是培训评估的依据，收集培训效果信息的方法有哪些？
7. 培训效果评估工具有哪些？如何进行学员培训评估？
8. 假设一家餐饮企业想了解给服务员培训的效果，需要设计一份什么样的培训评估表？

【模拟训练题】

A 公司成立于 2001 年，自成立以来一直从事汽车整车销售，在几年的经营活动中，凭借自身的实力和优质的服务赢得了广大消费者的好评。

公司每年都会开展各类人员培训，但每次培训结束都没有做过培训效果评估。为了提高培训质量，加强信息反馈，人力资源部想对以后的培训进行评估，但不知道培训效果评估的流程应该如何设计，你作为人力资源部的培训主管，从其他渠道找到了某一公司的培训评估工作流程。请参照下表，用两周的时间拟定适合本公司的培训效果评估流程。

培训评估工作流程

流程名称	培训评估工作流程		文件受控状态		
			文件管理部门		
总经理	人力资源部经理	人力资源部	受训员工	相关制度/表单	
				1. 培训制度 2.《培训需求分析表》	
				培训评估制度	
				《培训效果调查表》	
				《培训效果评估表》	
				培训评估制度	
编制日期		审核日期		生效日期	

【情景仿真题】

你是 B 公司人力资源部负责培训的工作人员，公司刚刚做完一次培训，但不知这次培训的效果如何，人力资源部经理委任你做一份培训效果调查表。评估的内容主要包括培训课程、培训师、培训环境、培训组织四个方面。当然，还要设计学员认为这次培训对个人能力的提升、需要改进的地方、还需要哪些培训等栏目。另外，根据收集的培训效果调查表，还要撰写一份培训通报（介绍培训实施、效果、纪律等情况）以便在全公司范围内发布，让全员了解公司对员工培训与开发的重视。你有两周的时间完成上述任务。

培训效果调查表

填表人：　　　　所属部门：　　　　培训课程：　　　　培训时间：

评估内容	评估指标	评分标准	得　分	总　计
培训课程	课程难易度	课程很容易理解和吸收（10 分）		
	课程针对性	课程正是工作需要的知识（10 分）		
	课程实用性	课程对实际工作很有帮助（10 分）		
培训师	专业知识	培训师的专业知识很强（10）		
	课堂气氛	课堂氛围很活跃（10）		
	理论联系实际	理论和实际结合紧密（10）		
	回答问题	回答问题充分有依据（10）		
培训环境	（　　）			
	（　　）			
	……			
培训组织	（　　）			
	（　　）			
	……			
……	……	……	……	……
对个人能力的提升	有很大提升□　有一些提升□　有很小的提升□　没有提升□			
这次培训有哪些地方需要改进?				
（　　）				

培训通报（第一期）

公司各部门，全体员工：

……………………………………………

第9章 培训体系建设与管理

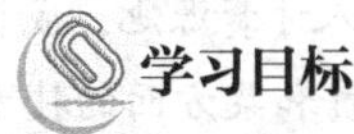

学习目标

1. 了解培训体系的基本构成和建设原则。
2. 掌握销售人员、生产人员等基于岗位序列的培训体系。
3. 熟悉培训制度的主要内容。

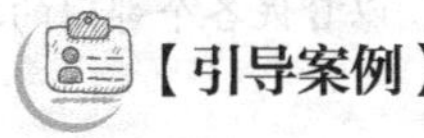

【引导案例】

华为公司的培训体系

华为技术有限公司是一家总部位于中国广东深圳市的生产销售电信设备的员工持股的民营科技公司，1987 年成立于中国深圳。华为是全球领先的信息与通信技术解决方案供应商。目前，华为的产品和解决方案已经应用于 140 多个国家，服务全球 1/3 的人口。

华为非常重视人才的培养与开发，2014 年员工总数 15 万多，其中一半为研发人员，2014 年研发投入 408 亿元人民币（合 66 亿美元），占当年营收的 14.2%。经过多年的发展，华为已经形成了系统化的员工培训体系，这里重点介绍它的新员工培训体系和普通员工培训体系。

1．新员工培训体系

华为每年都会从高校招聘大量的应届毕业生，应届本科毕业生大多擅长编写千行以下的小程序，但对于规模软件开发缺乏实际经验，为了使毕业生能快速适应规模软件的开发，公司开发了新员工培训体系，主要包含开发流程培训、编程基础培训、业务知识培训和转正答辩考核。

在前三个阶段中都会设有相应的培训课程，例如在开发流程培训阶段，新员工入职三个月内，质量部会组织开发流程培训，培训形式为 5 天封闭培训，培训结束后进行闭卷考核。华为新员工培训体系的一个特色是实行答辩考核，即新员工在三个月试用期满，编程基础考试通过后，准备答辩考核，描述自己在试用期的学习和工作成果，由部门组织 3～4 个项目经理或骨干员工组成评审专家组，对新员工进行答辩考核，形式跟毕业论文答辩差不多。答辩考核不合格的将被淘汰，比例为 3%～5%。

2．培训管理体系

华为的人才积累主要是靠日常培训管理体系，华为一直重视员工培训，有一成套的制度，大的方面主要有四个：经典案例库、培训讲师制、技术等级制、培训的组织形式。（1）经典案例库。软件开发过程中错误是不可避免的，而避免重复错误是关键。华为避免重复犯错的方法就是对于犯过的错误进行记录，形成经典案例库，并组织员工学习经典案例库。（2）培训讲师制。经验丰富、技术水平高的员工是公司的宝贵财富，而这些员工迟早是要脱离开发一线的，因此在他离开开发一线前，要最大限度地使他的经验得到传承。公司构建培训讲师资源池，由技术水平较高的员工组成，要求资源池输出培训，并作为绩效考核的一部分，为了鼓励培训，培训讲师有培训课酬。（3）技术等级划分。随着新员工变为老员工，已经掌握的知识就能够满足项目开发的需求，员工的学习主动性下降。为了激发员工提高技能的主动性，华为实行了技术等级制。具体内容为：第一，技术级别从初级到七级，每一级都制定了详细的可参照的标准，包含绩效指标、业务能力、技术能力。级别越高对技术要求越深入，越强调设计能力。第二，强调培训输出，高级别的员工必须输出培训课程，为部门内低一级的员工进行培训，并作为升级的条件；第三，为所有员工建立培训档案，申请升级的员工必须完成本级别规定课程的培训，并通过考试，培训课程由公司设计，有网课，也有讲座课程。此外，升 3 级以上的员工必须有申请的专利。（4）培训的组织形式。公司在组织上通过设立技术委员会、技术资源池和培训经理、培训接口人来保证培训的正常运作。每个产品线设立技术委员会，由 4 级以上的技术专家组成，负责统筹产品线的技术规划研究和技术培训、技术考核。各个部门设立技术人才资源池，成员为各个项目组骨干，由各部门的系统分析组重点培养，目标是成为系统分析组成员和某方面的技术专家，资源池保证每月至少有一次技术交流。每个部门设培训经理和项目组培训接口人，培训经理一般为兼职，根据各项目组的需求，安排培训，包括协调培训老师，安排培训时间地点，培训效果跟踪，为培训老师申请课酬，以及培训资料归档。项目组培训接口人也大多是兼职，负责在每个月收集培训需求，报给培训经理。产品线每个季度会组织培训满意度调查，并进行排名，以督促各个部门的培训工作。

（资料来源：根据华为公司的内部培训资料提供的素材整理而成。）

案例分析：

1. 华为的新员工培训体系是按照什么进行划分的？
2. 培训体系的建立对公司培训与开发工作开展的意义是什么？
3. 案例中华为的培训管理制度的特点是什么？为什么在公司内取得了较好效果？

为了从全局的角度认识和推进培训系统，企业应该根据公司的性质建立适合公司发展的培训体系，同时针对不同岗位、工种特性建立适合员工成长发展的培训体系，综合发挥培训各要素的相互促进作用，确保培训与开发的效率和效果。

9.1 培训体系概述

随着企业的发展壮大，任何一项工作，包括培训都需要制度化、体系化运营。本小节介绍了培训体系建设的定义、基本构成、建设意义、可能遇到的困难等。

9.1.1 培训体系的定义

培训体系是将企业中培训类型和层次系统化，它明确了企业内各级各类培训的对象、目的、任务、形式、考评与资格认证以及相互之间的衔接关系。一个有效的培训体系应具备以企业战略为导向，着眼于企业的核心需求，充分考虑员工自我发展的需要和系统推进等基本特征。其中，系统推进是指一个完整的培训体系通常包含培训课程体系、培训讲师管理制度、培训效果评估和培训管理体系四大部分组成。培训课程体系、培训讲师管理制度、培训效果评估体系是培训体系的核心内容。培训管理体系是把原本相对独立的培训课程体系、培训讲师管理制度、培训效果评估融入企业管理体系中，例如要和晋升体系、薪酬体系相配套。

一个典型的企业培训体系，既应该涵盖纵向的各层次员工，即从最高管理者到一线员工的培训，也包括横向的，即各个经营管理职能部门的培训；既应该在内容上进行从基础知识教育、专业知识培训、操作技能培训、法律政策及制度培训到职业道德、文化传统的培训，也应该在时间、形式上灵活地采取长短不一，企业内训外训、离职在职等多种形式结合的方式[①]。

9.1.2 培训体系的基本构成

组织要构建有效的培训体系，首先要清楚培训体系的基本构成。通常情况下，一个完整的培训体系应包括以下内容，如图 9-1 所示。

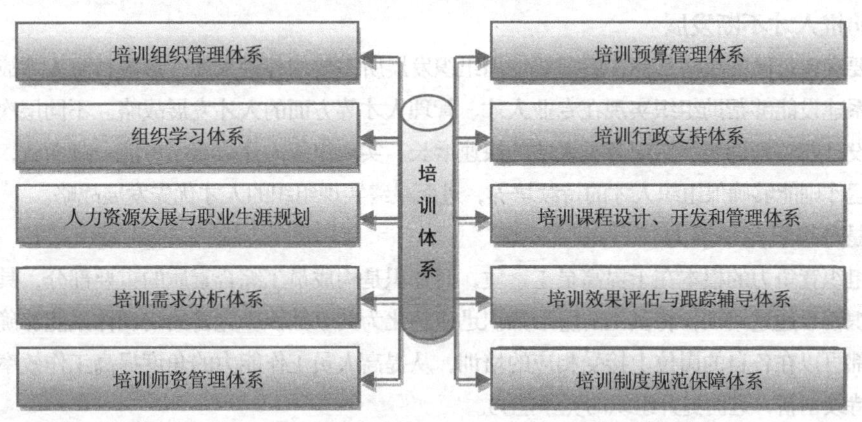

图 9-1 培训体系的内容构成

其中，培训组织管理体系主要是指企业的培训组织机构以及合理划分培训机构与其他部门关于培训与开发的职责。培训课程设计、开发和管理体系是由一系列不同的课程模块组成的培训课程体系，它既包括课堂培训课程，又涵盖实践培训课程。培训师资管理体系是对企业培训师管理的相关制度、机制，涵盖了内部培训师和外部培训师的选拔、开发、管理等方式、方法和流程等。培训制度规范保障体系是培训计划落实的保障基础，其作用是使培训工作有规可循，有章可依，通过不断完善培训制度，提高培训运营水平和效率，降低培训成本和风险。培训体系中的其他构成在前面章节以及后面章节有所阐述，这里就不再赘述。

总之，培训体系的建设要与组织的经营管理过程相融合，如果不能将培训体系建设融合到组织的经营管理过程中，就会导致培训效果大打折扣，甚至会起到反作用。

9.1.3 培训体系的建设意义

培训体系建设的意义主要体现在以下四个方面。

1. 帮助组织实现战略目标

组织的战略目标可分为总体战略目标和细分战略目标。其中，细分战略目标是对总体战略目标的分解，包括人力资源战略目标、营销战略目标、品牌战略目标、技术战略目标等。组织战略目标的实现最终要依靠高素质和高能力的员工来实现。拥有满足战略要求的人才是组织实现战略目标的基础，而构建有效的培训体系是提高员工整体素质与能力的必备方法。

2. 促进培训工作体系化和规范化

随着组织的不断壮大，制度化、规范化是其发展的必然路径。培训活动涉及方方面面，为了保障培训工作的有序推进，并适应当前企业全员培训的人力资源开发趋势，就要将培训各个部分进行融合、整理，并理清各个模块的衔接关系，构建适合企业发展的培训体系，走上规范化、体系化、科学

① 赵曙明，张正堂，程德俊. 人力资源管理与开发. 北京：高等教育出版社，2009：169.

化的发展之路。

3．创建员工成长环境

员工要创造高效的业绩，需要拥有创造力和积极的态度，这就需要组织创建有利于培养创造力和发挥积极性的成长环境。组织要实现对员工职业生涯的规划，帮助员工确立其成长方向和空间，就需要为员工提供态度、知识、技能等方面培训的支持，也需要创建有利于员工成长的环境。

4．助推人才不断发展

组织要实现自己的战略目标，就需要培训组织发展所需要的各种人才，形成自身人才战略。有效的培训体系建设能够帮助组织实现在专业人才、管理人才等方面的人才发展战略。不同层次、不同水平的课程设计能够帮助组织实现各类人才的快速增长。实现组织人才战略不可能一蹴而就，而培训体系的良性运作则能够确保组织人才的持续培养，进而最终实现组织的人才优先发展战略。

5．提升组织竞争能力

提高组织竞争力的根本在于提高员工素质，而知识是构成员工综合素质的重要部分，具有较强竞争力的组织善于通过培训，将员工的隐形知识迅速转化为共享知识。完善的培训体系能够确保组织的所有员工都可以在各自的岗位上接受相应的培训，从提高人员工作能力的角度提高工作效率、工作质量，实现持续创新，进而提升组织的竞争能力。

9.1.4　培训体系的建设困难

虽然很多企业认识到培训体系的重要作用，也开始逐步建设，但是，在建设中还存在一些问题，需要引起注意。

1．培训体系定位过低

有观点认为："培训管理包括培训计划、培训执行和培训评估三个方面。"提及培训管理体系，就认为是从培训需求、培训计划、培训执行到培训效果评估。实际上，这几个行为应该属于项目管理层面，低于培训体系一个层次。"培训体系的搭建，无非要先明确以下四个关键问题，那就是：谁来讲、怎么讲、给谁讲、讲什么。"这个观点以授课行为的执行要素进行了描述，但整个定位太低，定位低于培训体系两个层次，低于项目管理一个层次，局限于授课层面。这个错误的根源是混淆了培训与授课的概念。

2．培训体系中的概念层次错位

有人认为，"培训体系应该包括培训资源建设、技能管理体系、课程体系建设等。技能管理体系包括技能标准、技能管理过程、技能类别、企业核心技能设计与应用、技能标准层次设计。"实际上，技能管理体系应该反映在课程体系里面，它是培训需求的表现形式。"课程体系建设包括企业课程体系设计、课程开发流程与开发技巧、重点课程项目设计分析（入职培训、管理培训、渠道培训等）。"我们认为，课程开发流程与开发技巧和企业课程体系设计不属于同一个层次，这样的设计不利于整个体系的有效执行。

3．培训体系中的概念定义混乱

"员工培训体系包括培训机构、培训内容、培训方式、培训对象和培训管理方式等，培训管理包括培训计划、培训执行和培训评估三个方面。"这个观点是将培训方式、对象与培训管理人为割裂，且无法有效解释其内在联系。认为培训管理体系是培训体系的子概念，且将培训课程体系与培训管理体系并列。这个错误是忘记了培训课程体系、讲师管理等都属于培训管理的对象，并且将培训效果评估单列开来，那么计划、实施两个环节显然无法给出满意答案。

4. 忽视了与人力资源管理其他职能的关系

"培训管理体系是把原本相对独立的培训课程体系、培训讲师管理制度、培训效果评估融入企业管理体系中，尤其要和晋升体系、薪酬体系相配合。"什么是企业管理体系？把培训管理体系（或称为培训体系）简单地看作是企业管理体系的一部分，这类做法是否精确有效？人力资源管理其他职能模块与培训管理模块的关系是什么？本书认为，培训体系的概念应该基于人力资源管理系统提出，与招聘、考核等功能模块对应，培训体系即应该是实现人力资源策略的一个子系统。

9.1.5 培训体系的建设原则

明确培训原则能够指导培训体系建设，确保建设效果。培训体系建设必须从组织自身的特点和实际出发，除了要搞清楚培训体系所包含的内容和本企业培训的现状外，还应遵循以下六个基本原则。

（1）基于战略原则。培训的目的是通过提升员工的素质和能力来提高员工的工作效率，让员工更好地完成本职工作，实现企业经营目标。因此培训体系的建设必须根据企业的现状和发展战略的要求，为企业培训符合企业发展战略的人才。

（2）动态开放原则。企业要生存，必须适应不断变化的外部环境，这就要求企业的培训体系必须是一个动态、开放的系统，而不是固定不变的。培训体系必须根据企业的发展战略和目标进行及时的调整，否则培训体系就失去了实际的意义，就不可能真正发挥推进绩效改善和提升企业竞争力的作用。

（3）保持均衡原则。一个有效的培训体系必须保证企业的员工在不同的岗位都能接受到相应的训练，这就要求培训体系的建设必须保持纵横两个方向的均衡。纵向要考虑新员工、一般员工、初级管理者、中级管理者、高级管理者之间的各个不同级别，针对每个级别不同能力的要求，设置相应的培训课程；横向要考虑各不同职能部门要完成工作需要哪些专业技能，以此来寻找培训需求和设计相应的课程。

（4）满足需求原则。培训体系的建设必须在满足工作需求的同时，满足组织需求和员工需求。满足组织需求，才能保证培训的人才是组织所需要的，而不仅仅是岗位所需要的；满足员工需求，才能从根本上调动员工的培训主动性和积极性，从而保证培训的效果。

（5）全员参与原则。培训体系的建设，不只是培训部门或培训管理员的事，企业培训体系中的任何一项工作，都不能只靠培训部门孤军奋战，必须上下达成共识，全员参与，必须得到领导的大力支持，必须得到业务部门的积极配合才能完成。

（6）员工发展原则。如果培训体系和培训课程的开发能够与员工自我发展的需要相结合，就可以达到企业和员工的双赢，在员工得到发展的同时，也能为企业的发展做出相应的贡献。

9.1.6 培训体系的建设基础

培训体系建设是一项系统工程，其在建设时应重点做好基础体系的建设工作，包括岗位能力课程对照体系、培训课程设计开发体系、内部培训师的建设体系、培训效果转化评估体系、培训支持与制度保障体系五个方面，才能保证体系的有效性、合理性和高效性。

1. 岗位能力课程对照体系

岗位能力课程对照体系是确立培训目标的关键。根据岗位明确所需能力，根据所需能力推导出需要开设的课程，这是组织构建培训体系的关键。如果不清楚各岗位所需的能力，就无法确定需要培养哪方面能力的课程。依据岗位能力要求，培训管理者可以对岗位人员进行测评，以确定需要培养哪种关键能力，要培养这一关键能力，需要开设什么样的课程等。

在岗位能力课程对照体系中，首先是建立岗位体系，这也是关键点。岗位体系是组织实施管理的重要前提，健全的岗位体系能够帮助员工明确角色定位、明晰发展目标和实现职业发展，进而为企业培训体系的建设提供基本框架。具体而言，构建岗位体系就是要明确以下内容，如图 9-2 所示。

图 9-2　构建岗位体系图

然后是进行能力课程匹配。以岗位为基础对各岗位所需能力进行测评并予以确认后，就需要根据这些能力的具备程度，设计各岗位的培训课程。能力课程的匹配方法有：列出岗位能力项目及相关课程项目；区分必备能力、可选能力、提升能力并列出必选课程名称、可选课程名称；考虑成本和该能力对本岗位业绩提升的重要程度，决定课程时长和方式，如内训讲师授课还是外部培训师授课；分析具体岗位工作性质、工作紧张程度，决定具体开课时间。

2．培训课程设计开发体系

培训课程设计开发体系是达成培训目标的关键，其是否有效，直接决定了培训效果的好坏。一个有效的培训课程设计开发体系应该能够根植于组织发展战略和目标，针对受训者提供全面性的课程体系，及时将培训需求转化为培训课程和资源，对不适用、不合理的课程设置做出调整，确保课程设计开发经常更新，让受训者感到接受培训是一种需要而不是一种负担。

3．内部培训师的建设体系

建立内部培训师养成体系，培养组织内部在培训管理中的自主师资力量，能够满足组织个性化的培训需求，实现组织内部最佳实践的共享和知识管理的推进，同时节约组织有限的培训成本。

内部培训师建设体系设计，如图 9-3 所示。

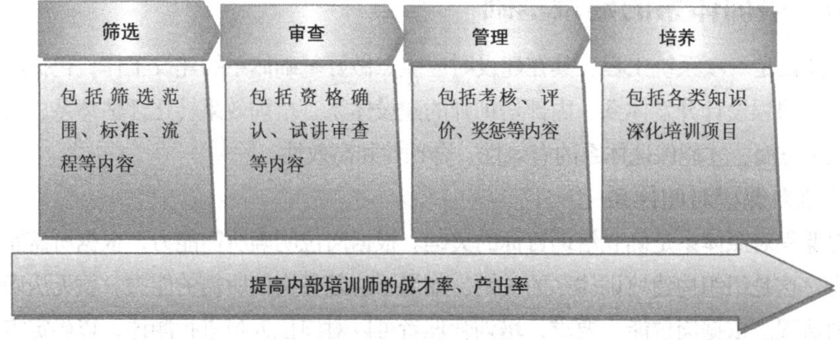

图 9-3　内部培训师建设体系的设计

4．培训效果转化评估体系

培训效果转化评估体系是培训体系建设后的最关键一步，如果不对培训效果进行评价和转化工作，就意味着之前培训工作的前功尽弃，那么，培训对于战略目标实现、员工成长环境创建、组织人才战略实现、组织竞争能力提升的支持就成了一句空话。

5．培训支持与制度保障体系

培训支持与制度保障体系的作用贯穿于整个培训体系的建设过程中，它能够确保培训体系建设得到持续的、有力的支持和保障。该体系的不断完善能够为培训体系建设提供可持续的人力、物力、财力以及其他资源的支持，为培训体系的成功建设提供不竭动力。

9.2 基于岗位序列的培训体系设计

按照岗位序列的不同，企业员工可以分为管理、销售、技术、生产等人员，由于岗位职责的不同，其培训体系也是不同的。本节将具体介绍基于岗位序列的几种常见培训体系。

9.2.1 管理人员培训体系设计

管理人员的培训体系可以根据管理人员的岗位层级划分进行设计。管理人员的层级可划分为基层管理人员、中层管理人员和高层管理人员，根据 3 个层级管理人员的工作特点和职责要求不同，管理人员培训体系设计的模型具体如图 9-4 所示。具体的管理人员开发培训将在本书第 11 章中给予阐述。

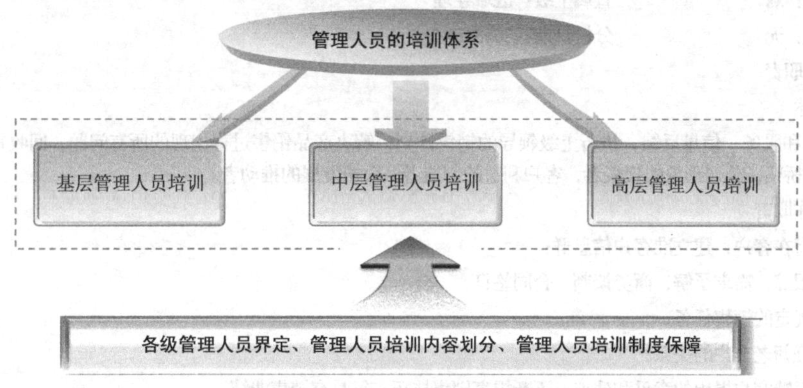

图 9-4 管理人员的培训体系设计模型

9.2.2 销售人员培训体系设计

销售人员是市场的开拓者、企业利润的直接实现者，其工作态度、知识水平和职业素质在很大程度上决定了企业的利润水平和市场竞争力。企业为了实现销售目标和利润目标，应不断对销售人员进行心态、产品知识、销售技巧等方面的培训。

销售人员培训体系的设计主要包括销售人员培训需求的分析、销售人员培训课程的设置、销售人员培训的实施、销售人员培训效果的评估。

1．销售人员培训需求的分析

（1）组织要求分析。组织要求分析，包括组织环境分析、客户分析、企业自身分析、竞争对手分析四个方面。

① 组织环境分析。主要是分析市场知识、合同知识、商业贸易条例、法律法规对销售人员培训需求的影响。

② 客户分析。主要是分析客户的资料、定位和需求以及客户服务方面的知识等对销售人员培训需求的影响。

③ 企业自身分析。主要包括企业概况、企业文化、企业对客户所负的责任、产品与服务、销售渠道、业务策略等对销售人员培训需求的影响。

④ 竞争对手分析。主要是分析竞争对手的行业地位、产品及市场销售情况等对销售人员培训需求的影响。

（2）工作岗位分析。销售人员的主要岗位职责是市场开发、完成企业销售目标及回款、维护良好的客户关系、收集市场信息等。销售人员的这些职责决定了销售人员的培训应该从以下四个方面进行，包括岗位任职资格分析、工作关系分析、工作任务和职责分析、销售的方法和技巧分析。

通过对销售人员的工作分析，得到销售人员的工作说明书，一般包括两个部分，即岗位规格说明和员工任职资格要求（见表 9-1），进而可以了解销售人员的工作表现，更好地确定培训需求和目标。这一环节是设计销售人员培训体系的重要内容。

表 9-1　公司销售员工作说明书

第一部分　岗位规格说明
一、基本资料 岗位名称：销售员　　所属部门：市场部 定员标准：xx　　直属上级：区域经理 直属下属：无　　分析日期：2013-12-24 二、岗位职责 （一）概述 实战销售和服务，信息反馈，执行上级领导的销售计划，解决产品销售过程出现的所有问题，回收货款，是公司与客户沟通的桥梁，公司形象的代表者，客户利益的创造者，公司发展的推动者。 （二）工作职责 1. 寻找潜在客户，建立准客户信息群； 2. 客户跟踪，需求了解，商务谈判，合同签订； 3. 完成规定的销售任务； 4. 维护好新老客户的关系； 5. 及时反馈客户提出的意见和建议，不断提高销售技巧，每月有销售业绩。 6. 负责公司产品和服务的市场推广与销售，能独立完成项目工作。 7. 熟悉公司产品，了解产品的性能、特点等。 8. 每周提交工作报告，回顾一周工作内容和存在的问题，制订下周工作计划。 9. 搜集市场信息，客户动态资料，竞争对手资料，并及时提交相关报告。 10. 完成主管及公司交给的其他任务。 三、上下级与其他岗位关系 （一）上下级 1. 上级：在基本的销售工作方面，接受销售经理的指示和监督。 2. 下级：一般的销售人员。 （二）与其他岗位关系 1. 内部联系：本岗位与公司的业务部、客户部存在协调和配合关系，在处理客户问题方面，与销售服务部发生协作关系。需要公司后勤的支持。提供一切业务中所需的样品、材料。加强与生产部的及时沟通，能够提供客户所需的产品。

续表

2. 外部联系：在公司贷款回收方面，与客户部、财务部发生协作关系。

四、工作内容及要求

1. 按照公司规定的市场区域，对所负责的产品和相应的行业客户进行电话拜访。向客户介绍公司和产品的特点、价值，给客户带来的利益。

2. 了解客户的需求，向客户提供有建设性的解决方案。选择适当的时机与客户见面交流，必要时需要技术人员进行产品讲解与方案介绍。

3. 安排客户参观企业，展示典型案例等。

4. 与客户进行商务洽谈，并签订合同。

5. 履行合同，负责解决客户的各种问题，并催收回款。

6. 维护好客户关系，定期回访客户。

第二部分　员工任职资格要求

五、资历

1. 工作经验

具有三年或以上销售工作经验。

2. 技能要求

（1）熟悉相关行业的客户情况，有一定的背景资源。

（2）具有敏锐的市场洞察力和市场分析能力。

（3）具有极强的表达能力和理解能力，善于沟通与协调。

3. 学历要求

大专以上学历，管理、计算机、市场营销等相关专业背景。

六、身体条件

年龄：25 ~ 40 岁

身高、性别、相貌：无特殊要求。

体能：身体健康、精力充沛、能承受工作压力，具有一定的协调力。

七、心理品质及能力要求

心理品质：

（1）具有强烈的事业心和责任感。

（2）具有良好的职业道德。

（3）具有正确的推销理念。

能力要求：

1. 业务素质

（1）企业知识（2）产品知识（3）顾客知识（4）市场知识（5）法律知识

2. 观察能力

销售人员可以从顾客的行为中，发现许多反映顾客内心购买活动的信息，观察能力成为揭示顾客购买动机的重要一环。科学的观察方式，要求观察路线正确：先上后下、先表后里、先局部后全部、先个别后整体等；注意力的分布要合理，视觉和听觉要密切配合，观察与判断也要有机地结合起来。

3. 创造能力

销售人员具有很强的创造能力，才能在激烈的市场竞争中出奇制胜。

4. 社交能力

从某种意义上说，销售人员是企业的外交家，需要同各种顾客打交道。这就要求推销人员具备与各种各样顾客交往的能力，能在各种场合应付自如，服务周到。

5. 语言表达能力

良好的语言表达能力的修养标准是：清晰、准确、有条理、重点突出；富于情感，使顾客感到温暖、亲切，起到感染顾客的作用。

续表

6. 应变能力 在各种复杂的特别是突如其来的情况下，营销人员仅用一种姿态或模式对待顾客是很难奏效的，这就要求营销人员具有灵活的应变能力。 八、所需知识和专业技能 1. 受过战略市场营销、管理技能开发、合同法、财务管理等方面的培训，有较强的人际沟通能力，掌握一定的劳动法及地方法规、政策知识。 2. 熟练使用常用办公软件、内部网络，会收发电邮。 略

（3）个人能力分析。个人能力是销售人员开展工作的素质支撑，一般从以下三个方面展开分析：知识掌握程度分析，包括产品知识、专业知识。能力分析，包括市场分析能力、人际沟通能力、灵活应变能力、团队合作能力、承压能力。个人工作绩效分析，主要通过销售人员目前的工作绩效与企业期望他完成的工作绩效进行对比分析，找出销售人员需要改进的地方。

（4）工作态度分析。销售人员要想取得良好的销售业绩，除了具备一定的销售能力外，工作态度也是不可忽视的一个重要因素。销售人员良好的工作态度主要表现为遵守企业相关管理制度，具有较强的工作责任心、较高的个人信用度，重视客户关系的维护，具有良好的团队合作意识等方面。

以销售人员培训需求调查信息和分析结果为基础，参考企业销售人员培训管理制度、销售人员绩效考核标准、曾经参加过的培训等方面的记录，明确培训需求和培训目标，并形成《销售人员培训需求分析报告》。一般来说，《销售人员培训需求分析报告》应包括销售人员的总体学历状况、销售经验、目前岗位和职位、各培训需求点人数比例、课程设置建议等。

2. 销售人员培训课程的设置

（1）销售人员培训课程设置的三个层面。一是知识培训。如企业知识、产品知识、行业知识、专业销售知识等。二是销售技巧培训。包括基本销售技巧、沟通与谈判技巧、客户服务技巧等。三是心理素质和心态的培训。包括抗压能力、情商与领导力、对公司、领导、同事、下属、顾客的态度等。

（2）销售人员培训课程设置与开发的步骤。课程设置与具体步骤，如图9-5所示。

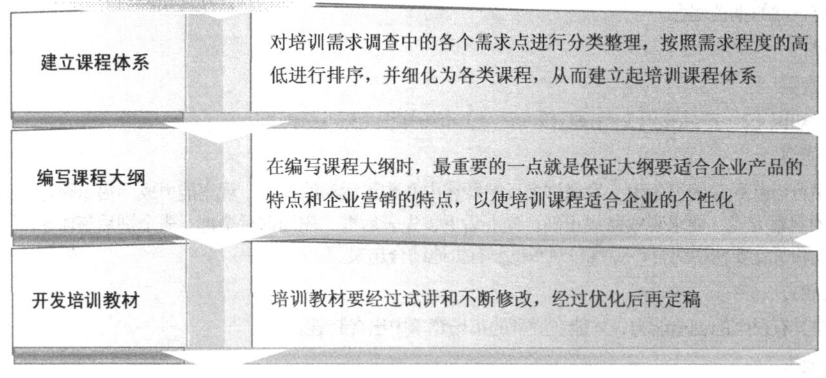

图9-5　销售人员培训课程设置与开发的步骤

3. 销售人员培训的实施

（1）培训的时间、地点选择。何时需要对销售人员进行培训：①有大批销售人员新进入企业时；②销售人员业绩整体下滑时；③新产品上市时；④市场竞争激烈时；⑤销售人员升职时。

培训地点选择：①拓展训练多在室外或专门的拓展训练基地进行；②理论性或者知识性培训多选在室内，一般在公司的会议室或者商务会所进行；③比较重要的中高层销售培训多选在郊区的酒店、度假村或异地进行，以便最大限度地减少干扰。

（2）培训师的选择。选择销售人员的培训讲师时，资历和经验是首要考虑的因素。一般由学有专长、富有销售经验的专家学者，或由实践经验丰富的销售骨干、销售经理担当。

（3）培训方法的选择。销售人员的培训方式因培训内容、培训对象的不同而不同。主要的培训方式包括室内课堂教学、会议培训、案例讨论研究、角色扮演、情景模拟、参观学习、现场辅导、E-Learning 等。

（4）培训的实施与监控。销售人员培训除了要做好上述准备工作以外，还要做好培训辅助设备的准备、培训经费的预算、发布培训通知等。

组织在对销售人员的培训实施过程中，除了按照计划表中的时间、地点等开展具体的培训工作以外，还需要注意对整个培训过程的监控，并做好相应的培训记录，以便培训结束后对培训工作进行评估。

4. 销售人员培训效果的评估

（1）销售人员培训效果评估的内容。一般包括三个方面：一是对培训讲师及课程的评价。对培训讲师的培训技巧、教材的质量、培训课程设置的合理性、课程内容的实用性等项目进行评价。二是对培训组织工作的评价。主要对培训组织工作者的培训需求调查工作、培训场所选择工作、培训时间安排工作、培训食宿安排工作等进行评估。三是对受训者培训效果的评估。受训者对培训知识的掌握程度、受训者的服务意识、受训者的业绩等进行评估。

（2）销售人员培训效果评估的方法。对销售人员培训评估的方法包括测试法、问卷调查法、观察法、成本—收益分析法等。

（3）销售人员培训效果评估报告。员工培训评估报告的撰写应力求客观、公正。其内容主要是对培训实施的目的和性质、培训评估的实施过程、评估的方法以及评估的结果等方面进行说明。

9.2.3 技术人员培训体系设计

1. 技术人员及其培训的特点

技术人员培训的特点是在综合考虑技术岗位职业特点和技术人员个性特点的基础上分析得出的。其中，技术人员特点表现为以下几点。

（1）注重细节。从事技术类工作的员工，非常关注细节，对于细节问题具有较高的敏感度，思维缜密。

（2）外部人际交往愿望不强。技术类工作虽然是以团队形式开展，但技术人员在人际交往上的意愿不足，缺乏交往能力。

（3）注重预防工作。技术人员的重要职责就是在事前预见各类问题并对发生的概率给予测定，同时提出有效的预防措施。

因此，技术岗位培训的特点突出表现为培训的专业性强，对讲师的综合素质要求较高，且培训的内容重点针对事前预防。

2. 技术人员培训体系

技术人员的培训体系可以分为技术人员培训需求分析、技术人员培训课程设置和培训保障制度三个部分。

（1）培训需求分析。主要从组织要求、技术岗位和技术人员个人三个角度分析，具体分析的要点参照本书第三章内容进行。值得注意的是，在进行技术人员培训需求分析时要对企业的技术创新战略、技术水平以及技术人员的专业知识等情况进行充分的调查和掌握，才能为后续的培训课程设置奠定基础。

（2）培训课程设置。技术人员的培训课程可以包括企业文化、专业知识技能 、岗位内容和自我提升四个子课程体系。其中，企业文化类涵盖企业发展历程、制定规定、发展战略、价值观等培训课程；专业知识技能类包括企业技术发展、行业技术发展、技术工具、技术方法应用等培训课程；岗位内容类包括岗位职责要求、工作标准、工作目标及考核项目等培训课程；自我提升类应设置一些职业生涯规划、团队建设、持续学习能力等培训课程。

（3）保障制度。主要是建立技术人员培训管理制度与实施系统，如培训程序、计划、方向、时间、内容等方面进行规范化运作的规定，以保证技术人员培训的顺利实施。

3．技术人员培训的主要方法

对技术人员的培训常采用讲授法、工作指导法、视听法等。其中，讲授法一般是由技术专家或经验丰富的技术人员担任培训师，进行单项沟通，传授他的经验和技术，主要适用于企业及产品知识、技术原理、心态及职业素养培训。工作指导法往往由人力资源部指定与受训者同部门或同工序的专家、主管对受训者进行一对一指导，受训者在工作中学习技术和运用技术，主要适用于操作流程、专业技术技能培训等。视听法一般是将生产过程进行录像，然后让受训者观看学习和研究，这种方法是一种间接的现场式教学，节省了指导专员的时间，主要适用于操作标准及工艺流程培训。认证培训，是指学员参加函授班或者资质培训班，结束后参加考试获得相应的技术、技能资格证书，主要适用于专业技能培训①。

9.2.4　生产人员培训体系设计

生产人员培训体系设计主要包括生产人员培训课程体系、生产人员培训实施管理、生产人员培训效果评估。

1．生产人员培训课程体系

生产人员课程体系是根据组织所处的行业特点、生产特点和培训预算构建起来的。以某机械厂为例，生产人员的培训课程体系如表 9-2 所示。

表 9-2　某机械厂生产人员的培训课程体系

培训项目	培训内容
企业文化培训	工厂组织结构培训；工厂战略目标培训；厂规厂纪培训
安全质量培训	安全知识培训；安全案例培训；质量体系培训；质量控制培训
生产技能培训	生产流程培训；工作标准培训
“师带徒”培训	通过“师带徒”的方式以人为中心，以解决问题为导向，进行全面指导

（资料来源：张俊娟，韩伟静．企业培训体系设计全案．北京：人民邮电出版社，2011：516.）

2．生产人员培训实施管理

（1）生产人员培训计划制订。制订培训计划主要就是确定培训预算、培训内容、培训时间、培训地点、培训讲师以及培训方式。

企业对生产人员进行培训时应慎重选择培训时机，否则可能会造成培训效果的降低与资金的浪

① 张俊娟，韩伟静．企业培训体系设计全案．北京：人民邮电出版社，2011：508.

费。一般而言，当企业处于生产淡季，大批新生产员工上岗，竞争加剧，产品质量下滑，企业引进新的生产流水线或新技术，以及企业生产的产品及技术标准发生变更时，都是企业对生产人员进行培训比较适宜的时机。

（2）生产人员培训实施。组织在实施培训计划前应制订培训实施计划表并发布培训通知，明确培训的时间、地点以及培训期间的纪律要求。

3. 生产人员培训效果评估

生产人员培训效果评估最终需要形成评估报告交至培训部，由培训部根据评估报告内容进行调整。

9.2.5 班组长培训体系设计

班组长，是指在生产现场，直接管辖一定数量（一般为 5~20 人）的生产线小组长，他对该班组的生产结果负有责任。班组长管理控制的幅度，因公司及行业区别而有不同，而其称呼也有所不同，主要有班长、组长、领班等称谓。

班组是企业生产经营的基本单位，是最基层的生产管理者，班组工作的好坏直接影响企业经营的好坏，而班组长是班组的最直接管理人员，是班组生产的带头人，对班组的生产经营状况最为了解，只有班组长将班组工作管理得生机盎然，企业整体经济效益才能提高，才能在激烈的竞争环境中立于不败之地，因此对班组长的培训至关重要。

对班组长的培训也需要从健全的培训管理体系开始，班组长培训体系设计一般从以下几个方面着手。

1. 培训目标的确定

班组长培训目标是紧紧围绕组织战略规划确定的。培训管理者应根据企业的战略需求和培训差距，设计出企业的培训体系和培训目标。一般地，企业班组长的培训主要是围绕“两个转变”来进行的，即体能型向技能型转变、生产型向学习型转变。

针对班组长的培训，培训目标主要是让班组长成为标准作业的示范者、班组工作的管理者、多技能操作的先行者、带领班组员工持续改进的推动者。培训管理者应按照公司战略规划，根据每位班组长的目标和差距，了解其个性需求，进行区别对待，设计分层次、分部门、分类别的培训课程。这样就形成了企业的战略性培训课程体系框架。

2. 培训课程的设计

企业班组长培训不仅要求班组长掌握工作中所需要的知识技能，同时，还要求班组长掌握有效沟通技巧、团队合作技巧等体现班组长岗位特点的相关技能。班组长培训的课程体系主要按照以下几个方面进行设计。

（1）紧跟企业战略目标。

（2）紧密结合班组长的岗位职能。班组长培训课程主要包括生产方式、安全生产、标准作业、成本管理、目标管理、改善能力等。

（3）紧密围绕班组长的实际工作需要。根据企业班组员工、班组长和经理人员座谈会上对班组长所提出的问题、班组长工作中遇到的各种困惑、班组长团队绩效情况和班组长工作标准确定培训课程。

3. 培训评估体系的确立

评估体系是培训过程的重要环节，是培训质量保障的有效手段。班组长培训的评估体系应具有以下特点。

（1）评估内容全面。培训管理者对培训内容、培训过程、培训方法、培训态度等方面进行全方位的评估。

（2）评估方法多样。培训管理者通过随堂听课、座谈会、调查问卷和企业走访等方式全面了解班组长培训的效果。

（3）评价结果分析与存在问题的解决。培训管理者通过对培训评价结果的分析，及时解决问题。

（4）培训效果跟踪。培训结束后，培训管理者应深入到班组跟踪了解学员行动改善情况，以此进一步了解培训效果。

9.3 培训制度建设

培训制度化是培训与开发管理的一项基础性工作。科学有效的培训制度有利于培训工作的组织与实施，为培训计划的实施提供了基本的规范和依据，还使培训经验得以固化和延续，促进培训工作的规划化、系统化。当然，培训制度也不是一成不变的，会随着组织内外部环境的变化而变化。

9.3.1 培训制度概述

培训制度是指能够根据企业的实际情况和发展要求，用准确的文字、图表、体例等，对培训系统及其活动的各种规章制度、法规政策的解释和说明，范围包括培训的法律法规以及具体的规章制度和政策等。

培训制度规定了组织和员工的权利和义务、利益和责任，理顺了双方的利益关系，既调动了员工参与培训的积极性，同时也使组织的培训活动系统化、规范化、制度化，从而使组织和员工都能够实现目标。

9.3.2 培训制度的内容体系

一般，企业培训制度体系包括培训激励制度、培训考评制度、培训奖励制度、培训风险防范管理制度、培训信息管理制度等基本制度。除此之外，还有培训实施管理制度、培训经费预算管理制度以及针对各类员工的培训管理制度等，从而给予企业培训活动的全方位的制度保障。

（1）培训激励制度。培训激励制度的主要目的是激励各个培训主体的积极性，主要规定了对员工的激励、对部门及其主管的激励和对企业本身的激励。

（2）培训考评制度。为了保证培训质量，需要在制度上规定员工接受培训后必须进行考核，并把结果作为评价员工的工作、晋升、奖励的重要依据。

（3）培训风险防范制度。培训是一种人力资本投资，而培训的不确定性就会给投资带来风险。因此，在进行培训时就要从制度上考虑如何降低风险，一般要考虑劳动法、劳动合同法对培训的相关规定，以及实现培训费用成本的分摊与补偿等。

（4）培训经费预算管理制度。培训的开展离不开经费的支持，为了使组织在培训经费上有预算、有计划、有控制，就需要制定经费预算管理制度，具体包括经费预算和经费管理两个方面。

（5）培训信息管理制度。也叫培训档案管理制度，是对员工参加企业组织的所有培训活动以及各个培训项目信息的详细记录。通过信息管理，一方面可以为培训的完善提供参考依据，另一方面也为人力资源部对员工进行考核、奖励、晋升等提供支撑。一般包括培训部的工作档案、受训者的培训档案和与培训相关的其他档案等。

（6）培训实施管理制度。涵盖了整个培训实施过程中各个活动、流程的规定。例如，培训出勤管理制度，是为了规范员工培训出勤行为，而进行的考勤纪律规定，包括不得随意请假、迟到、早退，要在培训中签到等内容。

9.3.3 培训制度的基本构成

培训制度是企业进行培训所须遵循的准则。它一般由总则、培训规划、培训框架、培训方案制定、培训实施及附则构成。以下是某公司培训管理制度见表 9-3，供大家参考。

表 9-3 某公司培训管理制度

制度名称	某公司培训管理制度			编　号	
				受控状态	
执行部门		监督部门		考证部门	

第1章 总　则

第1条 目的

为配合公司的发展目标，提高人力绩效，提升员工素质，增强员工对本职工作的能力与对企业文化的了解，并有计划地充实其知识技能，发挥其潜在能力，建立良好的人际关系，特制定本制度。

第2条 适用范围

凡属于本公司员工的各项培训计划、实施、督导、考评以及改善建议等，均依本制度办理。

第3条 权责划分

1. 人力资源部权责

（1）制定、修改公司培训制度。

（2）拟定、呈报公司培训计划。

（3）收集整理各种培训信息并及时发布。

（4）联系、组织或协助完成公司各项培训课程的实施。

（5）检查、评估培训的实施情况。

（6）管理、控制培训费用。

（7）负责对各项培训进行记录和相关资料存档。

（8）追踪考查培训效果。

2. 各部门权责

（1）制订部门培训计划。

（2）制定部门专业课程的培训大纲。

（3）收集并提供相关专业培训信息。

（4）配合部门培训的实施和效果反馈、交流的工作。

第2章 培训规划

第4条 培训安排应根据员工岗位职责，并结合个人兴趣，在自觉自愿的基础上尽量做到合理公平。

第5条 凡本公司员工，均有接受相关培训的权利与义务。

第 6 条 公司培训规划、制度的订立与修改，所有培训费用的预算、审查与汇总呈报，以及培训记录的登记与资料存档等相关培训事宜，以人力资源部为主要权责单位，各相关部门负有提出改善意见、建议和配合执行的权利与义务。

第 7 条 公司的培训实施、效果反馈及评价考核等工作以人力资源部为主要权责单位，并对公司的培训执行情况负督导呈报的责任。各部门应给予必要的协助。

第3章 培训框架

第8条 新员工入职培训

1. 培训目的。协助新进人员尽快适应新的工作环境，顺利进入工作状态。

2. 培训形式。公司集中培训。

3. 培训内容。涉及公司简介（包括公司发展历史及发展前景、企业文化、公司组织架构、各部门分布及部门职能等）、公司制度介绍、产品介绍等。

第9条　内部培训

1. 培训目的。依靠公司内部技术力量，最大效度地利用公司内部资源，加强内部的沟通与交流，在公司内形成互帮互助的学习氛围，并丰富员工的业余学习生活。

2. 培训形式。在公司内部以讲座、研讨会、交流会的形式进行。

3. 培训内容。涉及技术类、管理类的多个方面，以及员工感兴趣的业余知识、信息等。

第10条　外部培训

1. 培训目的。依靠外部专家力量，提升从业人员在本职工作上所应具备的专业知识、行业知识、技能技巧，以增进各项工作的完成质量，提高工作效率。

2. 培训形式。参加外部公开课、交流研讨会，或请外部培训师在公司内部授课。

3. 培训内容。涉及专业技术知识、企业战略性、运营类等。

第4章　培训计划制订

第11条　结合公司整体战略目标及发展计划，由人力资源部依据对内部员工培训需求调查的结果，以及公司相关培训的政策、财务预算等，统筹各部门的需求，由人力资源部制订培训计划，并呈报审核。

第12条　各部门应根据各自业务发展的需要，确定部门培训需求计划，并反馈给人力资源部门统筹规划。

第13条　人力资源部门根据实际情况分解季度培训计划，编制培训课程清单，并呈报审核。

第5章　培训实施

第14条　新员工入职培训

1. 一般在员工入职第一周集中培训。

2. 培训由人力资源部按培训计划组织实施。

3. 每位新入职的员工，上岗后最长不超过十个工作日内，除特殊情况外，都必须接受入职培训。

第15条　在职员工培训

1. 充分利用公司内部可用资源。

2. 不断充实和完善内部培训课程，形成重点课程的逐渐固定和循环开设。

3. 培训参与人员应严格遵守培训规范。

4. 学员课后对内部培训师的课程内容、准备情况、讲授技巧等的评估，填写《培训效果评估表》，交人力资源部门存档。

第16条　外部培训

1. 培训课程的选择应结合公司的内部需求和公司情况，并须严格审批。

2. 受训者的选择应突出目的性、自愿性，结合个人的职业发展规划。

3. 培训相关资料[包括教材、讲义（PPT）、证书、培训小结等]须在人力资源部门备份存档。

第17条　出勤制度

1. 所有培训人员一经报名确认，受训者须提前做好安排，除特殊原因外，应准时参加；不能参加的人员须提前告知人力资源部，并给出合理理由，否则视为无故缺席。

2. 凡在公司内部举办的培训课（包括外部培训师的内部集训、内部培训讲座及各种内部研讨会、交流会等），参加人员必须严格遵守培训规范；课前签到由专人负责记录，填写《培训签到表》；考勤情况将作为培训考核的一个参考因素。

第18条　培训的考核、评价及奖惩

1. 原则上，各部门组织的培训都应有考核成绩，考核成绩记入员工档案，作为员工提薪、升职的必要条件之一。

2. 人力资源部组织的培训由人力资源部负责考核；各部门自行组织的培训，由各部门自己组织考核，人力资源部负责检查并备案。

3. 考核的形式以定量考核为主，定性考核为辅。

4. 对无故不参加培训的，公司将给予行政或经济上的处罚。

第19条　培训的组织保障

1. 人力资源部负有对培训组织、协调、监督的责任，各部门应积极主动地协助人力资源部将做好培训工作。

2. 各部门必须以书面形式向人力资源部提出季度培训计划及培训要求，人力资源部据此和公司的发展需要拟定公司培训计划并呈报。

3. 各部门负责人在学习培训上要起表率作用，注意提高自身的素质，不但要懂得做管理者，还要成为员工事业的良师益友。

第20条　员工培训制度实施流程

1. 由人力资源部每季度前 15 天，向全体员工发放培训需求调查表，根据员工的培训需求，做出季度培训需求分析报告，并与部门负责人商议后，做出公司季度培训计划。

2. 外请专家培训，人力资源部要做好选定课题、外请专家、费用预算、培训场地、技术支持、参培人员管理、培训效果评估的工作。

3. 内部培训，由部门负责人按照课题，确定培训讲师，组织员工参加培训。人力资源部负责督导。

4. 部门培训每月至少一次，侧重于业务技术，可采取讲课或讨论的形式。培训时间不少于 1 小时。

第6章　附　　则

第21条　本制度由公司人力资源部起草解释修订。

第22条　本制度经由公司总经理审批后自发布之日起实施。

编制日期		审核日期		批准日期	
修改标记		修改处数		修改日期	

【启发与思考】

扫一扫→求职者向往的员工培训——华为员工培训体系建设

【思考练习题】

1. 什么是培训体系？它是如何构成的？
2. 建设培训体系遵循的原则是什么？要关注哪些要点？
3. 建设培训体系会遇到哪些困难？如何解决？
4. 销售人员培训体系设计主要包括哪些方面？各方面的要点是什么？
5. 技术人员培训体系设计主要包括哪些方面？各方面的要点是什么？
6. 班组长培训体系设计主要包括哪些方面？
7. 什么是培训制度？包括哪些内容体系？
8. 结合一家企业的培训体系，谈谈它有哪些特点。

【模拟训练题】

A 公司经过长期的积累，已经建立了职业素质课程体系设计模型，目前准备搭建一个涵盖不同类别的完整的培训课程体系。你是公司人资部培训主管，由你参照该模型设计出“领导力课程体系设计模型”，然后再对模型中的各个项目进一步细化和展开。

职业素质课程体系设计模型

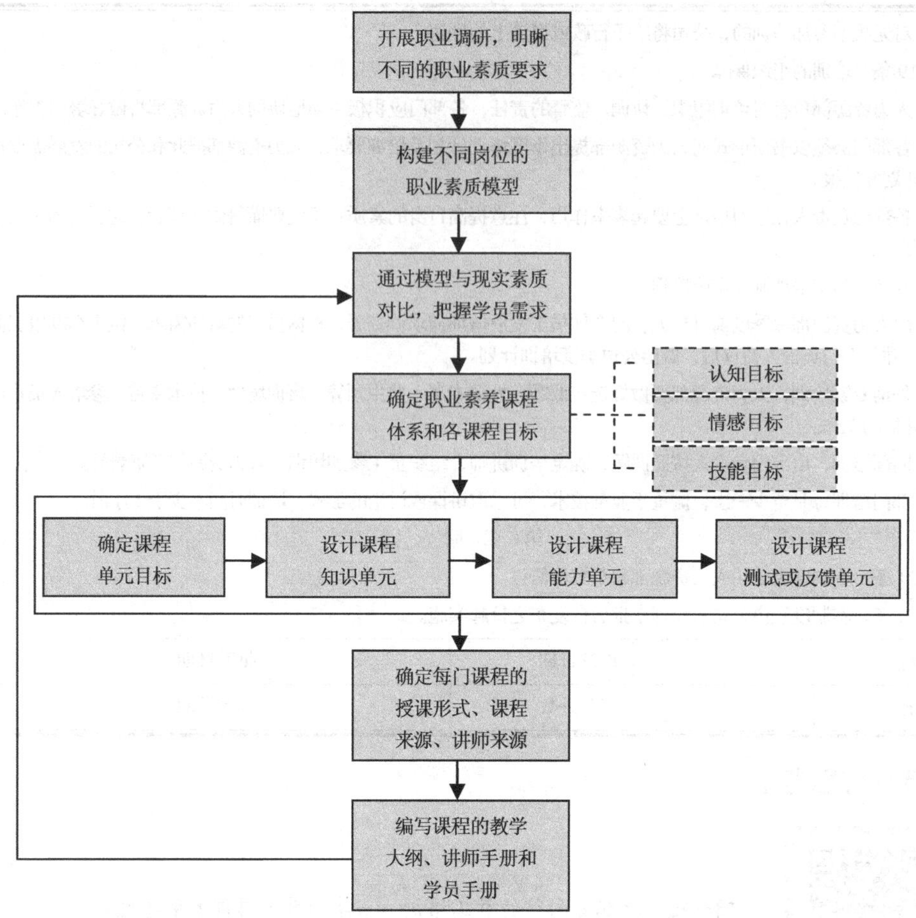

【情景仿真题】

B 公司是一家日用品生产商，在行业中排名靠前，近年来发展态势较好。你是公司人力资源管理部门负责培训的工作人员，公司正在做不同对象的培训体系设计，人力资源管理部门经理委托你做一份针对销售人员的培训体系设计，体系主要包括：培训目的、培训对象、培训内容、培训时间地点、培训方式方法、培训讲师、培训计划、培训评估八个方面。你有三周时间去完成。

销售人员的培训体系设计表

一、培训目的
二、培训对象
三、培训内容

续表

四、培训时间地点
五、培训方式方法
六、培训讲师
七、培训计划
八、培训评估

第 10 章　员工开发与职业生涯管理

学习目标

1. 了解员工开发的内涵以及与员工培训的区别。
2. 掌握职业生涯的基本内涵和霍兰德、职业锚等相关理论。
3. 掌握员工职业生涯规划的内容和流程。
4. 熟悉组织职业生涯规划的流程和方法。

【引导案例】

麦当劳经理的成长

麦当劳是全球大型跨国连锁餐厅，1940 年创立于美国，遍布全球六大洲 119 个国家，拥有约 32000 间分店，主要售卖汉堡包，以及薯条、炸鸡、汽水、冰品、沙拉、水果等快餐食品。麦当劳如此的发展速度和规模，必然需要一个相当成熟的中级管理阶层，下面就是麦当劳把一个普通毕业生培养成为成熟的管理者的过程。

在麦当劳公司实行一种快速晋升的制度：一个刚参加工作的出色的年轻人，可以在 18 个月内当上餐厅经理，可以在 24 个月内当上监督管理员。而且，晋升对每个人是公平合理的，既不做特殊规定，也不设典型的职业模式。每位员工都可以主导自己的职业发展，适应快、能力强的人能迅速掌握各个阶段的技术，从而更快地得到晋升。

首先，一个有文凭的年轻人要当 4～6 个月的实习助理。在此期间，他们以一个普通班组成员的身份投入到公司各个基层工作岗位，如炸土豆条、收款等。在这些一线工作岗位上，实习助理应当学会最佳的服务方法，以便为日后的管理实践做好准备。

第二个岗位则更带有实际负责的性质：二级助理。这时，他们在每天规定的一段时间内负责餐馆工作，与实习助理不同的是，他们要承担一部分管理工作，如订货、计划、排班等。他们要在小范围内展示他们的管理才能，并不断摸索前进。

在进入麦当劳 8～14 个月后，有文凭的年轻人将成为一级助理，即经理的左膀右臂。与此同时，他们肩负了更多的重要责任，每个人都要在餐馆中独当一面。他们的管理才能日趋完善，这样，离他们的梦想——晋升为经理，已经不远了。

但是，在实现这个梦想之前，他们还需要跨越一个为期 15 天的小阶段。他们要去芝加哥汉堡包大学进修 15 天，学习管理一家餐馆所必需的各种理论知识和实践经验。

当然，一个有才华的年轻人升职为餐馆经理后，麦当劳依然为其提供了更广阔的发展空间。通过一段时间的努力，可以晋升为监督管理员，负责三四家餐馆的工作。3 年后，监督管理员将升为地区顾问。这并没有结束，成绩优异的地区顾问还会得到晋升，终于有一天会实现另一个梦想：成为麦当劳某个国家公司的董事长。

在麦当劳，随着职位的变化，工资收入变动也是怦然心动的。因为，在年轻人参加 4 个月的工作后，他们的工资就会提高。在麦当劳，工资的变动是随着进入公司的时间长短和职位的变化而变化的。除了年薪的增长外，他还能得到各方面的实物好处。比如，根据职务不同提供的专用车，而且对于麦当劳公司基层至高层的每位雇员都可以在公司免费就餐。

最后，麦当劳公司与众不同的重要特点是，如果雇员没有预先培养自己的接替者，那么他们在公司里的升迁将不被考虑。麦当劳公司一项重要规定强调，如果事先没有培养自己的接班人，那么无论谁都不能提级晋升。以上就是发生在麦当劳法国公司的年轻人如何成为经理的故事。

（资料来源：赵曙明.人力资源管理案例点评.杭州：浙江人民出版社，2003：121-123.）

案例分析：

1. 通过麦当劳公司年轻人成为经理的故事，你得到哪些启示？

2. 现在越来越多的企业重视员工职业生涯通道的设计，你认为职业生涯通道设计在员工培训与开发中应当占据什么样的位置？

3. 为了给员工提供一个不断成长及挖掘个人潜力和创造职业成功的机会，结合本案例，你认为如何管理员工职业生涯。

21 世纪企业的竞争是人才的竞争，对人才的管理不仅要注重对员工当前的培训，更要关注未来发展对员工潜能的开发和职业规划的管理。员工开发与职业生涯管理正在成为区别成功企业和不成功企业的一个重要因素。

10.1 员工开发管理

企业的可持续发展依托于员工的可持续发展，这就需要企业对其员工进行合理有效的开发。本小节阐述了员工开发的概述、与人才开发关系、方法及主要内容等。

10.1.1 员工开发的概述

1. 员工开发的含义

关于员工培训与开发。两者常常被相提并论，不少人视其为一个概念。事实上，它们之间既有联系又有区别，不能混为一谈。培训是企业向员工提供工作所必需的知识和技能的过程，开发是根据员工需求和组织发展对员工的潜能进行挖掘的过程。关于两者的具体区别可以参考第一章，在此不再赘述。

关于员工开发与职业。传统观点认为，职业是一个人在某一职业类型或某个组织中所担任的一系列职位。但是，随着时代的变化，技术变革与组织变革使职业的概念变得更加灵活，组织员工更可能从事一种易变性职业（Protean Career），这种职业会随着个人的兴趣、能力和价值观以及工作环境的变化而发生变化①。例如，一个在企业打工的员工可以利用闲暇时间通过互联网创立自己的公司，即公司创客内在化等。因此，员工寻求组织提供的不是工作的保障性以及一个可以攀登的职业阶梯，而是开发的机会以及灵活的工作安排方式。

关于员工开发的定义，很多学者给予不同的阐释。美国学者麦克兰根把员工开发定义为训练、开发、组织发展和职业发展的综合利用，以便改进个体的、团队的和组织的效率。卡里沃认为员工开发

① 雷蒙德·A.诺伊，约翰·R.霍伦贝克，巴里·格哈特，等. 人力资源管理基础. 刘昕，译. 北京：中国人民大学出版社，2011：260-261.

就是开发人力资本，把员工看成一个企业资本的一部分，并须加以训练以增加这种资源的价值。杰考博斯主张把人类行为技术作为员工开发领域的理论框架，其目标是应用系统的措施保证个体具有知识、技能、动机和提供一定的环境支持以使其有效地、富有创造性地完成工作。纳德勒认为员工开发是在某一特定时期内，雇主所提供的学习经验（内容）导致雇员行为绩效改善和个体成长的可能性。

综上所述，员工开发聚焦于员工对未来工作的提前谋划与准备，运用科学的技术和方法，对员工进行有效的训练和培训、激励和保障、组织和调配，帮助员工为未来工作打好基础，做好准备，从而更好地适应新技术、工作设计、顾客或市场的新变化，它包括促使个人职业发展的正规教育、在职体验、人际互动、人格和能力测评等各种开发活动。

2．员工开发的特点

员工开发具有四个特点，主要表现为：

（1）广泛性。这里的广泛性既包括范围广泛，也包括内容广泛。开发对象可以是全体员工，不仅涉及管理者开发，也涉及一般员工开发。此外，员工开发的内容涉及员工的知识、技能、观念、态度、能力、潜能等多个方面，且开发方式也是多种多样的。

（2）长期性。员工开发更多的是面对未来的开发，涉及满足企业战略实施而进行对员工长期的培训和指导，因此，要求员工不断接受和学习新的知识和技术，企业需要制定员工开发的长期目标，并将长期目标进行分解予以执行。

（3）系统性。员工开发是一项系统工程，要求开发活动的各个环节相互协调。员工开发首先要从企业战略出发，确定开发对象和内容；其次是根据企业发展情况合理确定开发对象的数量与结构；最后是按照开发目标开展行动。

（4）实用性。企业进行员工开发应当有一定的回报，要通过开发将其效果转化为生产力，并能促进企业竞争优势的发挥和保持。一方面要使员工开发的技能和知识适应新的工作，并应用到实际任务中；另一方面为开发效果转化创造有利的开发环境，构建学习型组织。

10.1.2　员工开发与人才管理

员工开发是组织为了未来发展需要而对员工进行的一系列培训与开发活动，关注的是提升员工的各项能力来满足组织发展的需要，将员工作为人力资本进行持续不断的投入，从而提升人的价值。人才管理通过在整个组织中实现从规划、招聘、开发、管理员工的一系列方式方法在“质&量”上提升整个组织的人才竞争力，来满足组织发展的需要。因此，员工开发是人才管理的一部分，人才管理的重点是进行员工开发。

人力资本作为组织获得竞争优势的来源这一思想获得了共识，但是大部分组织的人才管理绩效不明显。特别是当前企业发展不可避免地进入全球化管理时代，管理人才变得更加复杂，人才的国际流动不但增加了人才管理的难度和成本，也促使我们改变了传统思维，用全球化的视野看待人才发展。

因此，新时期的企业必须坚持以人为本，实施人才优先发展战略，这就要不断更新人才知识，提高人才能力，增强人才素质，促进人才增值。企业在推进员工开发与人才管理过程中，要把握好以下重点。

1．建立脱颖而出的人才激励机制，加快人才队伍建设

（1）建立按照劳动者提供的劳动质&量进行价值分配，设定多层次晋升机制，激励向关键岗位和关键人才倾斜，对做出特殊贡献的人才可以实行特殊奖励，以此促进员工学本事，练绝技，多贡献，拿高薪。

（2）建立优秀人才选拔机制。竞争是任何组织保持活力的原动力，没有优胜劣汰，就谈不上有高水平的人才。竞争中有利于发现人才，有利于年轻人脱颖而出，有利于留住各类高层次人才。因此，公司要开展技术业务人才和技能人才的评选，并给予较高的发展待遇。

2．促进能力开发，提高人才层次

针对不同人员要采取不同的能力开发计划。例如，新员工开发计划，旨在为刚入职的员工职业发展道路做好准备。管理人员开发计划，旨在提高管理人员战略性思考能力、领导能力，促进卓越的管理方式以及提高变革能力。基层员工开发计划，既包括职能性专业技术和业务知识开发，是为各个专业岗位培养人员，又涵盖员工职业道德与职业规范、操作规程以及业务流程开发，旨在提高基层员工的整体素质。

当然，无论何种能力开发都要把握以下几点。

（1）制定岗位知识水平和业务能力等级标准，明确各岗位应掌握的知识和能力目标，以形成明确的导向，并逐步向评价标准过渡。

（2）与标准进行对照，发现短板，并制订学习知识和业务能力提高计划。

（3）定期开学习交流会，形成知识共享和积累。各单位必须定期开学习交流会进行学习提高后的交流，个人将学习计划完成情况、学到的知识、能力提高情况、总结的经验，以及管理或技术上帮助他人的情况在本部门进行交流，传授知识和经验，使隐性知识显性化，坚持自主学习并积极与他人共享知识，在共同提高的同时，达到感情的交流。

（4）建立知识学习能力，提高评价机制。定期进行知识学习能力提高评价，将学习计划完成情况、掌握的知识、能力提高情况、帮助他人情况等，由员工本人填写，主管领导进行审核，最终形成评价考核结果。该评价结果作为企业对员工年度考核的参考指标之一。

3．建立学习型企业

彼得圣吉的《第五项修炼》告诉我们，要从自我超越、心智模式、共同愿景、团队学习、系统思考上加强组织和员工的修炼，只有五项修炼得以有效的应用，组织才能获得有力的新竞争优势。因此，我们要将企业各个单元建成学习型组织，建立起完善的学习制度和考核激励机制，将学习和工作密切地结合起来，培养浓厚的学习氛围，掀起空前的学习热潮，形成良好的学习习惯。实行“全员学习”制度，强调“全过程学习”方式，提倡“终身学习”理念，充分调动员工的学习积极性，提高员工的知识水平、业务能力和创造性。

4．加强管理与考核

建立人才开发工作的管理机构，可以成立人才管理工作领导小组。明确企业领导是人才培养和能力开发工作的第一责任者，并在学习和能力提高方面起到表率作用。及时鼓励积极学习提高的人员。

10.1.3　员工开发的方法

组织员工开发的方法目前主要有自我开发、职业开发、管理开发和组织开发。

1．自我开发

（1）自我开发的定义。自我开发就是被开发员工向开发目标自我努力的学习、实践的过程，也是被开发员工自我提高与自我发展的过程。

（2）自我开发的内容。①培养优秀的人格。优秀的人格是个人成功的前提，如崇高的思想境界、良好的职业道德、卓越的创造才能、良好的个人形象等都能激发企业员工的工作效能，促进组织的发展。②学习各种技能。企业员工要围绕个人技能展开自主学习，一是基本能力，如语言表达能力、数学运用能力、合作能力等；二是操作能力，如外语和计算机能力、汽车驾驶能力等；三是业务能力，即在不同领域、不同岗位所要求具有的不同的能力。企业员工通过努力汲取知识，注重培养工作习惯，提高职业素质和发展各种技能。③集聚社会资本。社会资本是指行动者为了实现自己的利益，相互进行各种交换，甚至单方面转让对资源的控制，结果形成持续存在的社会关系。积极开发和利用社会资本，可以有效地促进个人发展①。

（3）自我开发的措施

① 制定个人人生规划。人生规划是指确立人生目标并采取行动来实现自己人生目标的过程。一个人的人生规划既包括在某家单位的职业发展规划，还包括根据自身条件设计自己的整个人生规划，主动地获取信息、改变行为、适应环境并选择多样的培训渠道。

② 加强自我学习和实践。要转变观念，学习不再是参加工作前的准备，而是与工作双向循环，要伴随人的终身。自我学习的形式多种多样，如操作学习、积累学习、观察学习等，要根据自己的情况采用不同的方法进行学习，学会如何学习比学习本身更重要。实践是对自我学习内容的巩固和深化，是必不可少的，它是将知识化解为能力的桥梁，同时实践的过程又是继续学习和深入学习的过程。

③ 企业为员工自我开发制定相应的激励制度。员工的自我开发除了依靠自身努力之外，企业提供相应的激励制度会使员工自我开发更加有效。相应的激励制度有自我指导学习计划、自我申报制度等。前者是指由员工全权负责自己的培训和学习，企业只是作为一名辅助者负责评估员工的学习情况并回答所提出的问题。后者是指员工对自己的工作内容和适应性进行自我分析，自我评价的过程，包括定期申报轮岗方案与能力开发的计划。

④ 企业为员工自我开发提供必要的物质条件。企业要提供场所、设施和服务，例如图书馆、休息室、信息化硬件设备等，这样既降低了员工自我开发的投资成本，又能激发员工自我投资的积极性。

2．职业开发

职业开发是指通过职业活动本身培养与提高员工素质和能力的员工开发形式，职业开发的主体包括个人和组织，其中个人职业开发既要考虑整个人生的职业规划，还要考虑某一阶段的职业规划。组织在职业开发时，为了取得较好的效果，也要考虑员工个人终身职业规划。关于职业开发的相关内容将在后面给予详细说明。

3．管理开发

很多企业的员工开发，首先强调的是管理者开发，其次才是对一般人员的开发。因此，管理开发，就是企业为管理人员以及具备管理潜质的员工提供一系列培训与开发的机会，并使之能够成为优秀管理者的措施。管理开发一般经历了三个阶段，第一个阶段是通过报告、案例分析，即学习他人经验来开发管理能力；第二阶段是通过模拟管理情境来开发；第三个阶段是根据学员在工作中面临的现实问题进行管理开发。常见的管理开发方法有继任者计划、委员会任命、“助理”职位、领导力开发等，关于管理开发的相关内容可参考第十一章，在此不再赘述。

4．组织开发

（1）组织开发的定义。组织开发的基本出发点是改善整个组织的职能，目的是帮助组织中每一位员工发挥才干，改善员工之间、团队之间分工与协作的工作关系。

关于组织开发的定义，学术界有不同的界定。贝尔哈德（1969）认为，组织开发是一种运用行为科学知识，旨在提高组织效率和组织健康状况的，从组织内高级管理层开始实施的有计划的努力。布鲁克（1982）认为，组织开发是咨询顾问运用心理学、社会学、文化人类学等帮助客户改善组织的状况，推动变革的过程。广义地说，组织开发就是组织变革。弗伦奇和贝尔（1990）认为，组织开发是由高层管理者支持的，具有长期性的努力。通过顾问的帮助，应用行为科学专门致力于正式工作小

① 颜世富. 培训与开发. 北京：北京师范大学出版社，2007：439-440.

组、临时性工作小组和小组之间的协调，通过调查分析和组织管理文化来改进组织解决问题和变革的过程。

综合所述，我们认为，组织开发是指组织提高组织综合能力的一套技术或措施，它是员工开发的一种途径，通过运用组织行为科学的理论和实践，通过控制一定的组织因素与组织行为，改变组织的氛围、组织的环境和组织的文化，促进员工持续发展。

（2）组织开发的内容

① 文化开发。企业文化是企业在长期管理中逐步形成的并被大多数人认同的基本信念、价值标准、行为准则等。企业文化包括物质层面、行为层面、制度层面和精神层面，其对员工开发与管理起到导向作用、规范作用、凝聚作用和激励作用[①]。

② 团队建设。随着企业面临的市场环境越来越复杂，个体独自完成任务的难度越来越大，这就需要加强企业团队建设。它充分发挥了每一个成员的优势，并利用成员的相互配合激发工作热情和创造力。

③ 规范制度。制度具有约束力和导向作用，制定并认真执行制度是实现企业目标和团队任务的保障。组织制度对员工的影响与导向是潜移默化的，其影响效果也是持久的、广泛的和全面的。其中产权制度、人事制度对员工开发作用最为明显[②]。

（3）建立学习型组织。所谓学习型组织，是指通过培养弥漫于整个组织的学习气氛、充分发挥员工的创造性思维能力而建立起来的一种有机的、高度柔性的、扁平的、符合人性的、能持续发展的组织。学习型组织能够熟练地创造、获取、解释和保留知识，并根据这些新的知识和观点，自觉地调整和改善自身行为。

学习型组织的建立可以通过五个方面来完成，具体如下：

第一，提供管理上的支持。组织为员工的学习活动提供资源。组织使学习成为企业战略行为的一部分，并造就一种学习的风气。企业的制度中要奖励那些善于学习的员工以及倡导学习型文化氛围的部门经理或主管，鼓励冒险。

第二，提供必要的辅导。除了一些个人学习技能（如从过去的经验中学习、向他人学习、360 度反馈等）的辅导外，还应包括一些有利于促进团队学习的训练，如进行敏感性训练，通过体验相互合作提高自我的洞察能力和体会别人、认识别人、分析别人的能力，即提高社会性知觉能力。

第三，促使个人和小组都负有学习的责任。崇尚学习的企业文化中，个人和小组受奖励不仅因为工作表现的突出，也因为善于学习并应用于工作实践。经理要积极参与所有员工的发展计划的制订过程，这样就可以使个人的发展计划与企业的需要相契合，实现企业和员工双赢的目的。

第四，改善领导行为。高层领导或团队领导的行为对团队的学习有着重要影响，通常认为理念推动型领导行为（Transformational Leadership）容易产生组织创新。这种领导行为鼓励对旧的假设、传统和观念提出疑问，影响下属以理性的、新的视角来看待和解决问题，鼓励下属说出想法和原因。另外，它还关心每一个下属，重视个人需要、能力和愿望，耐心细致地倾听，并针对每个人的不同情况给予培训、指导和建议。

第五，构建信息资源平台。企业建立各类共享资源库，分级开发与管理；建立企业内部共享知识产权制度。这里的信息还包括来自员工、团队、组织的反馈信息。

此外，对于学习型组织建设，彼得·圣吉提出的著名的五项修炼模型。五项修炼指的是学习型组

---

① 张德，潘文君. 企业文化. 北京：清华大学出版社，2013：15.

② 颜世富. 培训与开发. 北京：北京师范大学出版社，2007：461.

织的五项新技能的组合，即自我超越、心智模式、共同愿景、团队学习、系统思考，它也被管理界称为学习型组织的圣吉模型，如表 10-1 所示。

表 10-1　学习型组织建设的五项修炼

五项修炼	具体含义
自我超越	一个团队由若干人组成，只有团队内部每个人都积极主动地去提高自己的效率，才能促成整个团队效率的提高
心智模式	心智模式是认知心理学上的概念，指人们的长期记忆中隐含着的关于世界的心灵地图，是思想的定式反映
共同愿景	共同愿景是组织中全体成员的个人愿景的整合，是能成为员工心中愿望的愿景。它由三个因素组成，即目标、价值观和使命感
团队学习	团队学习的目的就是为了使团体智商能大于个人智商，使个人成长速度更快
系统思考	系统思考是五项修炼的核心。系统思考要求整体地、动态地、本质地思考问题，防止分割思考、静止思考、表面思考

① 自我超越。许多团体支持员工个人的成长，他们相信这样做能够强化团体。“我们鼓励员工从事此项探索，因为对个人而言，健全的发展成就个人的幸福。只寻求工作外的满足，而忽视工作在生命中的重要性，将会限制我们成为快乐而完整的人的机会。”

② 改善心智模式。成功人士心智模式的“三点要求”：修炼气度、学会沟通、修炼 3Q。其中，3Q 指的是智商 IQ、情商 EQ 和逆境商 AQ。智商的修炼主要是提高知识水平。情商指人的综合心理能力，包括五个方面的能力：了解自己情绪的能力；管理自己情绪的能力；控制自己情绪的能力；理解别人情绪的能力；协调人际关系的能力。逆境商是美国学者保罗•史托兹提出的。它既是预测谁会成功的指标，也是对每个人面对和超越困境能力的心理素质的量化指标。史托兹提出的 AQ 理论将人们对待逆境的态度划分为三个层次：知难而退、半途而废、攀登者。自我超越要修炼的是达到攀登者的层次，也就是不畏艰难，勇往直前。

③ 建立共同愿景。共同愿景是个人、团队、组织学习和行动的坐标。共同愿景对学习型组织至关重要，它能为学习聚集、提供能量。只有当人们致力于实现共同的理想、愿望和愿景时，才会产生自觉的创造性的学习。而愿景可以分为三个层次：组织大愿景、团队小愿景、个人愿景。

④ 团队学习。过去，人们只注意研究个人的智商，很少有人研究群体的智商。哈佛大学阿吉瑞斯教授对许多企业调查研究后指出：大部分管理团队在压力面前会出现智障。他把智障归纳成四种妥协，即为了保护自己，不提没把握的问题；为了维护团结，不提分歧性的问题；为了不使人难堪，不提质疑性的问题；为了使大家接受，只作折衷性的结论。

在学习的过程中，内心最大的障碍是谨小慎微，为了保护自己。许多团队不成功，很大程度上是由于自我防卫，刚才的四种妥协都是自我防卫的典型案例。这些障碍怎么来克服，学习型组织认为要加强团队学习。所以，一个聪明的领导人在召开一个会议或者要从事重大决策的时候，总是要看看参加人的心智模式是一个什么状态，应该首先帮他们把自我防卫的状态解除，大家才能敞开心中所有的假设，积极地去辩论问题。团队学习的目的就是要使团体智商能大于个人智商，使个人成长速度更快。

⑤ 系统思考。在系统思考中我们需要注意蝴蝶效应和温水煮青蛙。其中，蝴蝶效应是气象动力学家洛伦兹在建立地球天气计算机模型时发现的。他多次用 12 个方程组成的一个方程组进行计算，得出了一个空气流蝴蝶状的计算机模型。1979 年 12 月 29 日，在华盛顿的美国科学促进会主办的一次

演讲中，他说：“可以预见，一只蝴蝶在巴西扇动翅膀，可能会在美国的德克萨斯州引来飓风。”蝴蝶效应所描述的对初始条件有敏感依赖性的事件，在现实生活中是广泛存在的。学习型组织理论告诉我们，有些小事可以糊涂，但有些小事如经过系统会被放大，给一个企业、一个国家会带来重大影响，这时一定要保持清醒的头脑。

而青蛙现象实际上是一项科学实验。19 世纪末，康奈尔大学的几个教授把一只青蛙扔进沸腾的油锅里，青蛙非常敏捷地一下跳出来，没有被煮死。随后，教授们又把这只青蛙放进一只装了温水的大铁锅里，下面点着小火。这只青蛙感觉暖洋洋的，很舒服。温度在逐渐升高，它毫无感觉，仍然悠然自得，直到温度已经升得很高了，青蛙才开始感到有点烫，但是它体内的能量已经耗尽，肌肉已经僵硬，所以它跳不出来，被煮死了。这个实验告诉我们，一些突变事件往往容易引起人们的警觉，而致命的却是在自我感觉良好的情况下，对实际情况的逐渐恶化没有清醒的察觉，没能及时做出反应，当感觉危机临头了，再想挽救已经来不及了。很多企业就是这么被“煮死”的，有的企业在临近“煮死”以前，自我感觉还很好。

（4）培养学习型员工。组织学习是通过员工个人的学习和自我超越才能实现。在学习型组织中员工应有很强的学习能力和愿望，组织必须吸引、培养并拥有学习型员工才能获得持续的学习。学习型员工一般具有以下特点：一是主动寻求反馈。希望了解自己的优势和弱点、自己行动的影响力及策略的效果。他们乐于接受批评，且能从他人的反馈中受到激励，不断进步。二是挑战自己的能力极限。他们会利用机会尝试新事物，挑战自己的能力和技术，并愿意承担这种挑战所带来的风险。他们对挫折和错误早有预见，并视之为进步的机会。三是以学习的心态来处理/解决新问题。他们会将头脑中的想法付诸实践。当意识到自己没有解决问题的答案时，他们会寻求别人的意见和想法，并从不同视角来看待问题。四是积极适应企业的转型和变革。他们对企业的变革持乐观态度，他们总能在变化中看到希望。他们不求控制变化中的混乱和不明确因素，愿意放弃过去的经验和看法。五是及时了解并掌控自己的学习进程。他们会关注每一时刻自己是怎样学习的，并监督到达学习目标的进程。作为学习者，他们经常通过总结来反思过去并展望未来。

为了鼓励和帮助学习型员工进行持续的学习，组织可以采取以下方法。

① 始终及时地给予员工各种信息反馈与指导，确保员工获得最新的绩效反馈并清晰了解组织对他们的期望。

② 改变考核与报酬体系，使之与需要的学习行为相匹配。可以帮助高级管理人员成为学习的模范，也可以鼓励每一个员工探讨个人的回报：在减轻工作负荷、使工作更有回报以及满足客户的要求等方面，什么将产生最重要的影响？

③ 创造宽松的组织环境让员工练习。在这样的组织中，新鲜事物和试验比熟练更有价值，并能鼓励员工大胆尝试，宽容其学习中所犯的在所难免的错误。组织可以为学习型员工设立循序渐进的目标，并为其创造超越传统角色限制的机会，使他们可以实践新的知识。

④ 提供学习机会。增加培训师和指导员，确定发展性的工作任务，使员工有持续的学习课程和自学机会。通过一些活动或论坛来召集员工分享多种观点，共同解决企业中的疑难问题。

10.2 职业生涯及相关理论概述

职业生涯，无论对于组织，还是个人，都是企业员工开发的一项重要内容。尤其对于组织而言，开展职业生涯的管理是满足员工与组织双方对培训系统化、体系化和前瞻性需要的极佳方式，它将两者的需求、目标、利益相结合、相匹配，以达到动态均衡、协调和双赢的效果。

10.2.1　职业生涯的基本内涵

职业生涯的英文词汇为 Career，是以心理开发、生理开发、智力开发、技能开发、伦理开发等人类潜能开发为基础，以工作内容的确定和变化，工作业绩的评价，工资待遇、职称、职务变动为标志，以满足需求为目标的工作经历和内心经验的整个过程。简单地说，职业生涯是指一个人一生中从事职业的全部过程。职业生涯具有独特性、阶段性、互动性、发展性和整合性的特点。

按照职业生涯的关注重点，可以分为内职业生涯和外职业生涯。其中，内职业生涯，是指从事一种职业时的知识、观念、经验、能力、心理素质、内心感受等因素的组合及其变化过程。它是通过从事职业时的表现、工作结果、言谈举止表现出来的。外职业生涯，是指从事一种职业的工作时间、工作地点、工作单位、工作内容、工作职务与职称、工资待遇等因素的组合及其变化过程。外职业生涯是在职业生涯过程中经历的职业角色（职位）及获取的物质财富的总和，它是依赖于内职业生涯的发展而增长的。

10.2.2　职业生涯的主要理论

关于职业生涯很多学者从不同方面给予了研究，并形成特质—因素、职业锚等理论。

1．特质—因素理论

特质—因素理论源于 19 世纪官能心理学的研究，又称人职匹配理论，是最早的职业辅导理论。1909 年，美国波士顿大学教授弗兰克·帕森斯（Frank Parsons，美国职业指导之父）在其著作《选择一个职业》中提出了人与职业相匹配是职业选择的焦点的观点。他认为个人都有自己独特的人格模式，每种人格模式的个人都有其相适应的职业类型。所谓“特质”，就是指个人的人格特征，包括能力倾向、兴趣、价值观和人格等，这些都可以通过心理测量工具来加以评量。所谓“因素”，是指在工作上要取得成功所必须具备的条件或资格。

帕森斯提出职业选择的“三步范式”法，被人们认为是职业选择和职业设计的至理名言，并得到不断的发展和完善，形成了职业选择和职业指导过程中广泛运用的三个步骤，见表 10-2。

表 10-2　帕森斯的职业选择“三步范式”法

	具　体　内　容
第一步：评价求职者的生理和心理特点(特性)	通过心理测量及其他测评手段，获得有关求职者的身体状况、能力倾向、兴趣爱好、气质与性格等方面的个人资料，并通过会谈、调查等方法获得有关求职者的家庭背景、学业成绩、工作经历等情况，并对这些资料进行评价
第二步：分析各种职业对人的要求（因素）并向求职者提供有关的职业信息	①职业的性质、工资待遇、工作条件以及晋升的可能性。②求职的最低条件，如学历要求、所需的专业训练、身体要求、年龄、各种能力以及其他心理特点的要求。③为准备就业而设置的教育课程计划，以及提供这种训练的教育机构、学习年限、入学资格和费用等。④就业机会
第三步：人职匹配	指导人员在了解求职者的特性和职业的各项指标的基础上，帮助求职者进行比较分析，以便选择一种适合其个人特点，又有可能得到，并能在职业上取得成功的职业

特质—因素理论强调个人所具有的特性与职业所需要的素质与技能（因素）之间的协调和匹配。为了对个体的特性进行深入详细的了解与掌握，特质—因素理论十分重视人才测评的作用，可以说，利用特质—因素论进行职业指导是以对人的特性的测评为基本前提。它首先提出了在职业决策中进行人职匹配的思想。故该理论奠定了人才测评理论的理论基础，推动了人才测评在职业选拔与指导中的

运用和发展。

2．“职业锚”理论

美国著名的职业指导专家埃德加·H.施恩教授提出了“职业锚”理论。他认为，职业生涯发展实际上是一个持续不断的探索过程，“设计这个概念是为了解释，当我们在更多的生活经验的基础上发展了更深入的自我洞察时，我们的生命中成长的更加稳定的部分”，以便帮助个人更好地进行职业定位。

正如“职业锚”这一名词中“锚”的含义一样，职业锚实际上就是人们选择和发展自己的职业时所围绕的中心。经过近 30 年的发展，职业锚已成为许多个人职业生涯规划的必选工具和公司人力资源管理的重要工具。国外许多大公司均将职业锚作为员工职业发展、职业生涯规划的主要参考点。

因为个人职业锚的确立是个人对丰富的工作经验、价值观、动机等的整合，这一过程周期长、稳定性高。但是大学生没有任何全职工作经验，可塑性强，职业价值观、职业兴趣等都不稳定，职业锚的确定存在困难，所以该理论不太适合在大学生生涯规划中运用。

3．霍兰德职业生涯理论

霍兰德（Holland）是职业生涯理论的杰出贡献者。自 20 世纪 70 年代以来，他提出了一连串的研究假设与研究成果，其中假设多数人能被分到六种类型中，即实际型、研究型、艺术型、社会型、企业型、传统型；环境也可分为同样的六种类型；他认为一个人的行为是由他的人格及所在的环境特性所决定的。此外，他还将人格与环境类型分别按照一个固定的顺序排成一个六角形。其中“合适性”是其类型理论最为重要的一个假设，它是指不同类型的人需要不同的生活或工作环境，人与职业配合得当，其适配性就高。

霍兰德认为兴趣类型是理解个体如何在人格、兴趣和行为上有所不同的理论组织。类型起源于遗传和产生兴趣和能力的直接行为，并累积成为以特定的可以预期的方式从事某些行为的性向或倾向。可以用代表兴趣的项目来测量类型，但是这些代表兴趣的项目表达的是人格。职业生涯决策就是通过测量兴趣，即人格，找到与之相匹配的环境类型。在霍兰德理论的指导下，大量测量职业兴趣的量表被开发出来，其中具有代表性的是职业偏好记录表、职业自我选择测验、斯特朗—坎培尔兴趣记录表。

然而，个人和环境相适合的职业生涯决策观的基本假设是：个人的特点和他所选职业的特点相一致将产生更高水平的主观幸福感，像满意、稳定和成就等。事实上，个人和环境的匹配是否真地能够形成很好的职业生涯决策结果呢？大量研究证明，事实并非如此，适合性并不是优化的职业生涯决策结果的良好预测指标。Tinsley 在他的综述中指出，六边形的一致性系数和职业满意没有显著相关；Holland 的模型测量缺乏统一标准的测量；大多数六边形一致性指数是无效的；Holland 的六边形模型缺乏效度。Holland 的理论中将兴趣和人格看作是等价的，这一观点也引起了广泛的争议。

尽管一些研究证明职业兴趣和人格有中等程度的相关，同时也说明两者之间有着不同的成分。Hogan 和 Blake 认为，人格评估“反映的是从观察者角度所看到的个体”（也就是个体的名誉或外部观点），而兴趣“反映的是行为者的观点”（也就是认同或内部观点）。如果确实如此的话，应该用更加复杂的方法来测量兴趣，使其能反映人格、偏好、动机、价值、自我效能、风格等。霍兰德职业兴趣的结构，以及能否和如何运用这一结构来解释个体的职业兴趣和进行一致性评估等问题目前还没有形成共识。

4．金斯伯格的职业生涯发展阶段理论

金斯伯格（Ginzberg）是职业生涯发展阶段理论的典型代表人物之一，也是职业生涯发展阶段理论的先驱。1951 年，金斯伯格等人出版了《职业选择》一书，在书中对青少年职业选择的过程与问题做了深入的研究，提出职业发展分为幻想期、尝试期和现实期三个阶段的理论，如表 10-3 所示。

表 10-3　金斯伯格的职业生涯发展阶段理论

	具　体　内　容
幻想期（11 岁以前）	儿童对于他们所看到或接触到的各类职业工作者，充满了新奇的感觉。这一时期职业需求的特点是：单纯凭自己的兴趣爱好，不考虑自身的条件、能力水平和社会需要与机遇，完全处于幻想之中
尝试期（11～17 岁）	这是由少年儿童向青年过渡的时期。金斯伯格按照青年考虑择业因素的顺序，把尝试期又分为四个阶段：1 兴趣阶段：11～12 岁，开始注意并培养起对某些职业的兴趣；2 能力阶段：13～14 岁，开始以能力为核心考虑职业问题，并通过职业相关的活动来衡量和检验自己的能力；3 价值阶段：15～16 岁，逐渐了解职业的价值，并兼顾个人与社会需求，以职业的价值性来选择职业；4 综合阶段：17 岁，以综合的职业选择资源来正确地规划自己的职业方向
现实期（17 岁以后）	这是是成年期，人们会基于现实的状况做出个人的职业选择。其中，试探阶段：根据试验期的结果，试探各种可能的职业机会。具体阶段：根据试探阶段的建立做进一步的选择，进入具体化阶段。专业化阶段：依据自我选择的目标，做出具体化、专业化的就业准备和规划

5．舒伯的职业生涯发展理论

20 世纪 40、50 年代，职业指导经历了两个重大变化：职业指导概念转变为生涯辅导；职业指导由静态的、一次性完成转向发展的、多次完成的职业选择。引起这个转变的重要人物是提出生涯发展阶段说的舒伯（Super）。

在舒伯之前，有关生涯发展的理论已有相当的基础，舒伯发展了金斯伯格等人的理论，提出生涯发展的“成长（Growth）—探索（Exploration）—建立（Establishment）—维持（Maintenance）—衰退（Decline）”循环式发展任务，认为每个人都有可能在人生的不同时间点上再次经历这些阶段或者部分阶段，一旦一个人进入了新的发展阶段，就需要重新经历这五个历程。

1976 年，舒伯在英国开始了四年的跨文化研究，随后提出了新的生涯发展观，除了保持原有的发展阶段理论外，重要的是加入了角色理论，并发展出了“生命彩虹图”。它是用自然界中彩虹的轮廓形象地反映了人一生的角色在时间上的透视，角色之间的关系及其演变过程可以从生命彩虹图中反映出来，个人在各类工作或生活角色间的选择影响其一生的发展。在生命彩虹图中，纵向层面代表的是由一组角色所组成的生活空间。舒伯认为人一生中必须扮演九种主要的角色，依次是子女、学生、休闲者、公民、工作者、配偶、持家者、父母和退休者。描绘了生涯发展阶段与角色间的相互影响和发展状况，非常直观地展现了个人生命的长度（发展阶段）、宽度（角色）和深度（个人对角色的投入程度），展现了生命的意义所在。

6．格林豪斯的职业生涯发展理论

格林豪斯（Greenhouse）研究人生不同年龄段职业发展的主要任务，并以此将职业生涯划分为五个阶段。

（1）职业准备，典型年龄段为 0～18 岁，主要任务是发展职业想象力，对职业进行评估和选择，接受必需的职业教育。这个阶段可以理解为找工作前的所有准备，在年龄上也较为符合中国的情况，即高中或中专毕业之后。此时的主要任务就是了解社会上的各种职业，并且在理论和实践上对职业进行体验、评估，结合个人偏好或目标进行大概的职业选择，同时为了达到职业入门的要求，就要接受培训、学校等方面的教育，以取得相应的从业证书和基本的职业能力。

（2）进入组织，典型年龄段为 18～25 岁，主要任务是在一个理想的组织中获得一份工作，在获取足量信息的基础上，尽量选择一个合适的、较为满意的职业。这个阶段可以理解为“找工作、找到

工作、找到适合的工作”的过程。此理论提出一个概念：企业化或组织化，即在了解各类雇主中确定个人所适应的企业类型，在适应企业文化中与组织达到同步发展，这是与企业达成心理契约、获得同步发展的关键时期，也是避免职场新鲜人过于频繁跳槽的有力方式。

如果说个人过多地关注内在的职业倾向和外在的职业信息，而忽略了提供工作平台的雇主，导致个人对组织有一点不满意就跳槽，这十分不利于个人的发展。要知道，个人在职业生涯的发展很大程度上取决于组织，在组织中长久地工作，与组织共同发展，这样对个人的锻炼和提升才是最大的，尤其是对于刚工作的人来说。

（3）职业生涯初期，典型年龄段为 25～40 岁，主要任务是学习职业技术，提高工作能力；了解和学习组织纪律和规范，逐步适应职业工作，适应和融入组织；为未来的职业成功做好准备。有的人一辈子都在做着自己不喜欢的工作，但因为“路径依赖”导致转换成本过高，所以只能盼着退休。从这个层面来讲，认为只有当个人找到了自己的“天职”时才真正地开始自己的职业生涯。当然，对职业生涯的通俗理解就是只要开始工作了就是开始了职业生涯旅程。

（4）职业生涯中期，典型年龄段为 40～55 岁，主要任务是需要对早期职业生涯重新评估，强化或改变自己的职业理想；选定职业，努力工作，有所成就。经过十几年的工作之后，也有了寻找“天职”的念头，以前是为生存工作，现在开始考虑为内心工作，因此有了重新评估和选择的想法，但最好还是在初期就有所准备，否则四五十岁的人家庭负担很大，不容易转换职业与组织。

（5）职业生涯后期，典型年龄段为从 55 岁直至退休，主要任务是继续保持已有职业成就，维护尊严，准备引退。维持原有辉煌成就直到退休是件很不容易的事，这时候可以发挥余热，同时规划退休后的生活。退休后，年轻时的爱好、朋友、理想在此时都会是打发时间的较好选择。

格林豪斯的职业生涯发展理论从人的工作角度来看很简单，且在逻辑上也很清晰，概括了人的整个职业生涯，但不能细分职业生涯的阶段与问题。

10.2.3 职业生涯规划概述

职业生涯规划，是指组织或者员工个人把个人发展与组织发展相结合，对决定个人职业生涯的个人因素、组织因素和社会因素等进行分析，制定有关个人一生中在事业发展上的战略设想与计划安排。

职业生涯规划根据时间的长短来划分，可分为短期规划、中期规划、长期规划和人生规划四种类型，如表 10-4 所示。

表 10-4 职业生涯规划的类型

类　型	定义及任务
短期规划	3 年以内的规划，主要是确定近期目标，规划近期完成的任务。如对专业知识的学习，掌握一定的业务知识和技能等
中期规划	一般为 3～5 年内的目标与任务。如规划到不同业务部门做部门经理，规划从大型公司部门经理到小型公司的总经理等
长期规划	一般为 5～10 年的规划，主要设定较为长远的目标。如规划 30 岁要成为一家中型公司的部门经理，规划 40 岁成为一家大型公司的副总经理等
人生规划	整个职业生涯的规划，时间长至 40 年左右，设定整个人生的发展目标。如规划成为一个有数亿资产的公司董事

在企业中，职业生涯规划主要从个人和组织两个层面进行管理。其中，职业生涯规划从员工层面上主要是满足员工个人发展的需求和员工自我的实现。如果要达到这一目标，员工个人需要做好自我

分析与适应性评价、职业选择和职业生涯途径设计、个人职业生涯发展规划以及个人职业生涯开发计划等工作。职业生涯规划从组织层面上来讲主要是满足组织发展的职业需求。组织需要把握组织职业需求与发展动向，做好员工培训与开发，设立职业发展通道与继任规划，实现最佳的职能匹配度。

10.3 员工职业生涯规划

10.3.1 员工职业生涯的定义

关于什么是员工职业生涯？职业心理学家萨柏认为，人的一生所经历的职业及非职业活动都应视为职业生涯的内容。而霍尔却认为，员工职业生涯只包括一个人一生中与其职业相关的活动和经验。我们认为这两种定义都淡化了职业作为谋生手段的作用，只重视个人生命的意义。职业不仅是谋生的手段，更是实现个人价值，追求和实现理想生活的重要途径。

本书认为，员工职业生涯，又称个人职业生涯（Employee Career），是指员工个人职业的发展历程，包括员工职业地位在一个或几个组织中的垂直或横向移动、变化的过程。

10.3.2 员工职业生涯的特点

员工职业生涯具有发展性、阶段性和互动性的特点，具体如下：

（1）发展性。员工职业生涯的发展性是指由于员工个人兴趣、能力、价值观及工作环境的变化，企业或组织经营环境和内部政策的变化，使得员工的职业发生变化和发展。快速的商业环境变化和知识技术革新，使得员工需要不断地拓宽和深化自己的知识和技能，以提高自身价值和“可雇佣性”。

（2）阶段性。职业生涯的发展常常伴随着年龄的增长而发生变化，尽管每个人从事的具体职业各不相同，但在相同的年龄阶段往往表现出大致相同的职业特征、职业需求和职业发展任务，据此可将一个人的职业生涯划分为不同的阶段。

（3）互动性。员工职业生涯的互动性特征是指员工职业生涯与组织生涯的互动性。员工职业生涯的互动性具体表现为以下三个方面：一是员工职业生涯受组织的影响和制约。当员工的职业目标符合组织目标时，会促进组织目标的实现和自己职业生涯的顺利发展。反之，则会阻碍组织目标的实现和自己职业生涯的顺利发展。二是员工的职业生涯与组织发展相互作用。众多员工发展的合力，推动着组织发展，组织发展反过来为个人发展创造物质条件、政策环境和发展空间。三是员工职业生涯与组织发展相互选择。员工个人职业发展不仅取决于个人的追求与个人的努力，而且取决于组织的环境与政策环境、制度环境、竞争环境等。

10.3.3 员工职业生涯的发展阶段

根据职业生涯发展阶段理论，本书认为员工职业生涯阶段可以划分为早期、中期及后期三个阶段。

1. 员工早期职业生涯

（1）早期的特点。进取心强、具有积极向上、争强好胜的心态；职业能力不断增强，具有强烈的需要成功的心理要求；完成向成年人的过渡，开始寻找职业锚；开始组建家庭，逐步学习调适家庭关系的能力，承担家庭责任。

（2）早期中常见的问题。容易产生职业挫折感；难以得到信任和重用；某些企业员工可能会对新员工心存偏见或嫉妒；个人与企业文化的冲突问题。

2．员工中期职业生涯

（1）中期的特点。创造力旺盛，工作业绩实实在在；职业能力逐渐成熟，积累了丰富的职业工作经验；职业发展轨迹呈倒“U”形变化；工作与家庭的冲突越来越明显，经济负担与顾虑越来越明显；对年龄的增长越来越敏感，意识到职业机会越来越少。

（2）中期中常见的问题。一方面是员工中期职业生涯会遇到“瓶颈”，即员工步入中年，职业发展机会减少，而个人的发展愿望没有得到满足，企业组织结构成为制约员工发展的主要瓶颈。另一方面是员工中期职业生涯会存在危机。职业生涯中期阶段，是人生的关键阶段。如果职业生涯不成功，就会导致人心理受挫，个人对自己的职业发展产生困惑，形成了所谓的中期职业生涯危机，主要体现在三个方面，即现实与职业理想不一致；工作发生急剧转折或下滑；缺乏明确的组织认同和个人职业认同。

3．员工后期职业生涯

（1）后期的特点。职业地位下降，产生明显的失落感；具有丰富的工作经验和较强的人际交往能力；临近退休，职业进取心下降，更重视兴趣、健康以及家庭；观念、知识以及技能相对老化，对新生事物的敏感性下降。

（2）后期中常见的问题。经济上和心理上的不安全感；面临职业生涯的终结，不能适应退休后的生活；身体机能衰退和老化，抵抗力降低，疾病增多。

10.3.4 员工职业生涯规划的目标

员工职业生涯目标主要体现以下几个方面。

1．充分认识自己，最大限度发挥潜能

很多初入职场的员工往往高估自己的能力，盲目规划自己的职业生涯，而在现实中失去了许多机会。个人的职业规划应该建立在对自己客观的评价和认识之上，并为自己制定切合实际的发展目标和职业设想，并从职业活动中不断发挥自己的潜能，逐步提升自己的成就感和追求欲望。

2．提高专业技能和综合能力，增强自己的竞争力

员工个人合理地规划自己的职业生涯和通过组织的职业发展指导，提高自我管理的能力，在一定程度上追求新的知识和提高工作技能，从而增强自己的社会职业竞争能力。

3．增加个人满意度，自我实现

随着时代的发展，职业对于个人的重要性日益增加。人们越来越渴求更高质量的职业生存和生活条件。好的职业生涯规划，能够满足个人对于社会和组织的归属需要、尊重需要和自我实现的需要，提高生活和工作的质量，进而增强个人的满意度。

4．规划职业生活

良好的职业生涯规划，有利于员工处理好职业和生活的关系，从更高的角度上看待和解决工作与生活中的各种问题。进一步讲，员工的职业生涯规划是服务于职业生涯目标的。职业生涯规划能够促进员工个人追求、家庭关系或其他生活目标与职业生涯目标形成一个平衡的载体，避免顾此失彼，把职业、生活搞得一团糟。

10.3.5 员工职业生涯规划的内容

员工职业生涯规划就是对其自身的职业发展过程的管理。

1．员工职业发展的主要内容

（1）职业发展，包括自我定位、确立目标、实现目标、反馈和修正目标。

（2）职业管理，包括对员工个人能力和潜力的正确评价；向员工提供职业发展的信息；为员工制订培训与发展计划，确定职业生涯途径；为员工制定知识更新方案；建立员工工作、家庭平衡计划；为员工提供职业指导；制订员工的退休计划。

（3）员工职业计划与管理系统，包括选聘、培训、考核、晋升等人力资源政策。

2．员工职业发展的道路

（1）专业技术型职业。员工职业发展以工程、财务、销售、生产、人力资源或法律等职能为专业方向。

（2）行政管理型职业。员工职业发展以管理为职业目标。

3．员工职业运动的方向

（1）横向运动。跨越职能边界的变动，如员工由生产部门转到市场营销部门或后勤部门等。

（2）纵向运动。沿组织等级层次跨越等级边界的变动，如获得职位晋升。

（3）核心度方向运动。员工虽未正式授职晋升，仍处于较低层级，但却通过某种非正式的联系，如社交或业余活动中接触企业决策核心，从而增大影响力。

10.3.6　员工职业生涯规划的流程

员工职业生涯规划需要一系列流程才能迈上可控之路。员工职业生涯规划的实施主要包含以下四个方面。

1．职业生涯诊断

（1）自我分析。从个人、事业、家庭等方面进行分析。其中，个人分析是分析个人的职业兴趣、性格、职业能力、职业性向以及个人的健康情况、自我充实以及个人的休闲情况等。事业分析是分析个人的财富情况、所属的社会阶层、自我实现情况。家庭分析包括分析个人的生活品质、家庭关系和家人的健康。

（2）环境分析。包括分析行业条件、企业条件、地区条件和社会条件。关键问题分析包括分析影响职业成功的关键问题、问题发生的领域、问题的难度、自己与组织相互配合的情况。

自我诊断的工具包括自我访谈记录、斯特朗—坎贝尔兴趣调查问卷、奥尔波特—弗农—林赛价值观问卷、24 小时活动日记、“重要人物”访谈记录和生活方式描述等。

2．确定职业生涯发展目标和成功标准

职业生涯目标包括短期目标、中期目标、长期目标和人生目标。一般情况下，个人要根据自己的专业、兴趣和价值观以及社会发展趋势确定自己的人生目标和长期目标，然后把人生目标和长期目标分解为中期目标和短期目标。

确定职业生涯的成功标准为员工职业生涯追求目标的实现。职业锚能清楚地反映出个人的职业追求与抱负，从职业锚可以判断员工达到职业成功的标准。

德尔（C.Brooklyn Derr）1988 年总结出公司雇员有五种不同的职业生涯成功的方向，见表 10-5。

表 10-5　德尔提出五种不同的职业生涯成功方向

类　型	定义及任务
进取型	达到组织系统的最高地位
安全型	追求认可、工作安全、尊敬和成为“圈内人”
自由型	在工作过程中得到最大的控制而不是被控制
攀登型	得到刺激、挑战、冒险和“擦边”的机会
平衡型	在工作、家庭关系和自我发展之间取得有意义的平衡，以使工作不至于变得太耗精力或太乏味

3．确定职业生涯发展策略

职业生涯发展策略包括确定职业生涯发展途径、实现职业角色转换和发展职业能力。

（1）确定职业生涯发展途径。职业生涯发展途径是指当一个人选定职业后从什么方向上实现自己的职业目标，一般有三个方向。其中，纵向发展为员工职务等级由低级到高级的提升。横向发展是在同一层次不同职务之间的调动，可以发现自己的最佳发挥点，同时可以积累各个方面的经验，为以后的发展创造更加有利的条件。向核心方向发展是有更多的机会参加组织的各种决策活动，满足员工的发展需求。

（2）实现职业角色转换。要顺利实现职业角色转换，必须克服依恋和畏惧，自傲和浮躁的心理。并且，做到及时调整职业心态，尽快适应新角色的要求，勤于观察思考，善于发现新问题，以坚强的意志战胜挫折，勇挑工作重担、乐于奉献。

（3）发展职业能力。一是管理能力转换。管理能力具有层次性结构，对不同层级的管理人员所要求的管理能力是不一样的。二是专业能力转换。理想的专业能力结构，是既精通专业知识，又对周边知识和其他知识了解很多。专业能力的开发可通过自我启发、多种研究开发专题的经验、参与某个专案小组、参与组织外的专家交流等。

4．职业生涯实施管理

确定了职业生涯发展策略之后，行动成为关键。职业生涯发展方案通过准备一套详实的行动计划，并辅以考核措施以确保预期目标实现。影响职业生涯规划的因素很多，对职业生涯设计的评估和修订也很重要。职业生涯的修订内容包括职业的重新选择、职业生涯路径的重新选择、人生目标的修正、实施措施与计划的变更等。

10.4 组织职业生涯规划

20 世纪 60、70 年代，美国企业组织最早对组织职业生涯方面展开有益探索，一些企业开始有意识地帮助员工建立其在企业内部的成长目标，并为其设计职业发展通道，提供员工在实现目标过程中所需要的培训、轮岗和晋升机会。

10.4.1 组织职业生涯规划的定义

在以往的组织管理实践中，一些管理人员不能意识到不同员工的职业选择也应该是不同的，员工个人的发展目标和未来的发展道路也会因人而异。不只是这些管理人员，甚至连员工自身也会这样认为。随着员工受教育程度以及时代的发展，人们开始意识到组织职业生涯管理的重要性，并对以往的知识经验和研究成果加以创新和系统深化才形成职业生涯组织管理的基本模式。

我们认为，组织职业生涯规划是指从组织的角度对组织内的员工所从事的工作和其职业发展过程进行计划、组织、领导和控制的一系列活动，从而实现组织目标与员工个人发展的统一。

因此，组织根据自身的发展目标，结合员工发展需求，确立职业生涯目标，制定组织职业需求战略，选择职业通道，并采取必要措施对其加以实施，以实现组织目标与员工职业生涯目标相统一。

10.4.2 组织职业生涯规划的特点

组织职业生涯应该涉及组织及组织全员，并充分利用资金、时间、技术、人才以及组织外部力量实现组织职业生涯的发展目标。组织职业生涯具有长期性、全局性和战略性的特点。

1．长期性

就组织内的员工而言，组织职业生涯涉及其从进入组织到离开组织的全部历程，并对其后续的职业生涯起到了非常大的作用。对组织本身而言，组织生涯的本质体现即是组织从创建之日起至组织未来都与组织生涯有着非常密切的联系，而且组织生涯在一般情况下都应该是一个长期的过程。

2．全局性

就组织内的员工而言，组织职业生涯将会对一个人的各个方面产生影响，如工作、生活、个人价值的实现等。对组织而言，组织生涯会涉及组织内部各个层级、各类人员的发展和成长，从而对组织的各项工作产生直接或者间接的影响。

3．战略性

组织生涯与组织战略型发展规划密切相关。组织职业生涯将员工职业生涯归附于组织人力资源战略上，并把组织生产工作的链条管理与组织生涯统一起来，以满足组织整体战略的需求。从另外一个层面上进行分析，组织的这些工作也会对组织未来的发展产生战略性的影响。

10.4.3 组织职业生涯规划的发展阶段

组织职业生涯发展阶段可以划分为职业探索阶段、职业建立阶段、职业中期阶段及职业后期阶段，具体内容如下。

（1）职业探索阶段，初步的职业规划与顾问计划。从组织角度来说，在职业探索阶段，应帮助员工做好以下三方面工作：一是帮助新员工准确地认识自己，制定初步的职业生涯发展规划。二是为新入职的员工提供职业咨询和帮助。三是帮助员工寻找早期职业困境产生的原因及解决办法。运用实际工作预览，尽可能安排一些挑战性的工作，丰富最初的工作任务。同时，可以安排经验丰富的老员工指导新员工。

（2）职业建立阶段，即建立职业档案和个人申报制度。其中，建立职业档案是由员工填写“个人职业表现发展档案”（个人情况、现在的工作情况、未来的发展），一式两份，一份自己保管，一份交给直接上司。上司根据档案与员工谈话，一起研究分析其中的每一项，并提出具体的建议。这种方式对员工有极大的帮助。建立个人申报制度，即运用一定的方式，把自己对工作的希望向公司人力资源部申报。这种制度的建立和实施可以有效地帮助员工表达他们内心对工作和职业的愿望与要求。个人申报的内容，主要包括担任现在职务的心情；对担任职务的希望；对公司的其他要求。

（3）职业中期阶段，重点是正确处理职业高原现象与平衡工作家庭关系。职业高原现象是企业中一种常见现象，对企业和个人都具有巨大的影响。员工刚进入企业时，工作热情高，业绩逐渐攀升，从而晋升到更高一层的职位。但其职业生涯到了某个时期就发生了停滞，员工无法再沿管理或技术阶梯往上升。这种现象称为职业高原现象，是指员工沿企业的管理或技术阶梯向上运动中晋升空间、工作内容与工作责任的相对终止，是个体职业生涯发展的一种停滞状态。

此外，工作和家庭是人们日常生活的两个主要组成部分，在职业中期阶段，由于人们将更多的精力和时间放在工作上，容易引发工作与家庭关系问题。因此，随着人们对工作与家庭冲突问题理解的深入，以及员工价值观体系的变化，仅仅关注消极冲突面是远远不够的。人们的工作和家庭之间，同样存在着互利互惠、相互有益的一面，即帮助员工实现工作和家庭两者之间的平衡会带来增益。

（4）职业后期阶段，退休前期规划，与格林豪斯的职业发展理论中的定义是相同的。

10.4.4 组织职业生涯规划的主要目标

组织职业生涯规划，旨在将组织发展目标与组织内部员工个人的发展目标有机地结合起来。综合看来，组织职业生涯规划目标主要体现为以下几个方面。

1．使员工与组织同步发展，以适应组织发展和变革的需要

任何组织的成功，都源于其拥有一批高素质的人才队伍。合理的组织职业生涯规划，将不断更新员工的知识、技能和创造能力，打造高素质的人才梯队，从而实现组织自身与员工的共同发展，确保组织在激烈的竞争环境中长期立于不败之地。

2．优化人力资源组织结构，提高组织人力资源质量和效用

经过组织职业生涯优化的人力资源结构，可以比较容易达到组织内部的“人岗匹配”，使组织内部人力资源发挥最大作用。同时，合理的组织职业生涯规划也能够为员工的价值体现提供一个良好平台，并最终作用于组织发展。

3．提高组织内部员工的满意度，降低员工流失率

著名的马斯洛需求层次理论（Maslow's Hierarchy of Needs）中提到的人的归属、尊重和自我实现是高层次需要。通过组织职业生涯规划，即通过各种测评技术来了解员工在职业发展过程中想要得到什么，应该得到什么，从而帮助员工提高其对各个层次的满足感，达到激励目的。另外，组织通过协调组织结构和制定组织规划，帮助员工实现其职业生涯目标，这样就可以在很大程度上减少员工的流失，增加员工对组织的忠诚度，实现“双赢”。

组织职业生涯规划的目的还包括帮助员工整体了解自己，在进一步衡量内部和外部环境的优劣势基础上，为员工设计出合理可行的职业生涯发展目标，在协助员工达到和实现个人目标的同时也实现组织目标。

10.4.5 组织职业生涯规划的实施流程

1．实施的前提条件

组织在制定员工职业生涯规划时，应当确保组织具备五个方面的前提条件，具体如图10-1所示。

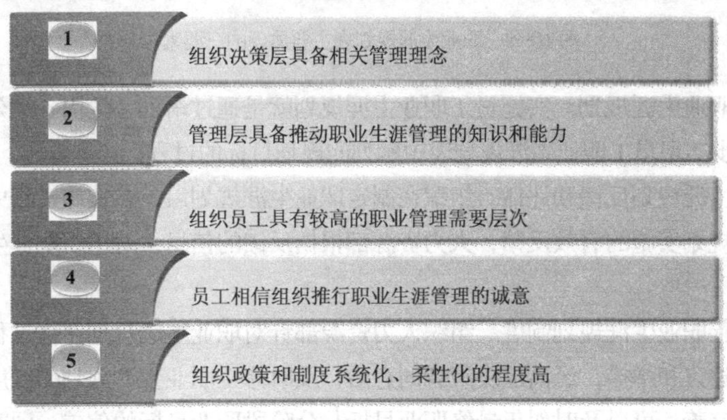

图10-1 实施职业生涯规划的前提条件

2．实施流程

组织具备了上述五个前提条件，并为员工职业生涯规划的开展做好准备后，应按照以下流程开展职业生涯规划工作。

（1）明确组织现阶段人力资源发展规划。人力资源发展规划是组织根据组织的发展战略目标而定的，人力资源规划通过预测组织在未来环境变化中人力资源的供给和需求状况，制定基本的人力资源获取、使用、维持和开发的策略。

（2）构建组织职业发展通道。组织在明确现阶段的人力资源发展规划后，应根据人力资源发展规划的需求，考虑现有人力资源的状况，设计适合本组织的职业发展通道。构建职业发展通道是组织进行职业生涯规划不可或缺的工作。

（3）制定员工职业生涯管理制度和规范。有效、健全、可行的员工职业生涯管理制度和规范的制定，是确保组织职业生涯管理目标顺利达成的必备条件。制度和规范的存在，可以引导员工行为的改变，确保优秀人才能够脱颖而出，并能够为组织发展目标的实现做出积极贡献。

（4）进行员工素质测评。组织进行员工基本素质测评的目的在于掌握组织员工的能力、个性倾向和职业倾向，并为员工职业生涯的目标设立提供参考。组织进行员工素质测评的信息包括员工基本信息和工作状况记录信息两部分。员工基本信息包括员工的年龄、学历、工作经历、兴趣爱好等；工作状况记录信息包括绩效评估结果、晋升记录及参加各种培训情况的记录等。

（5）确定员工职业规划表。组织根据职业发展通道设计，参考员工素质测评的结果，同员工一起填写组织和员工个人达成一致的职业规划表。员工职业规划表主要体现三个方面的要素，如图10-2所示。

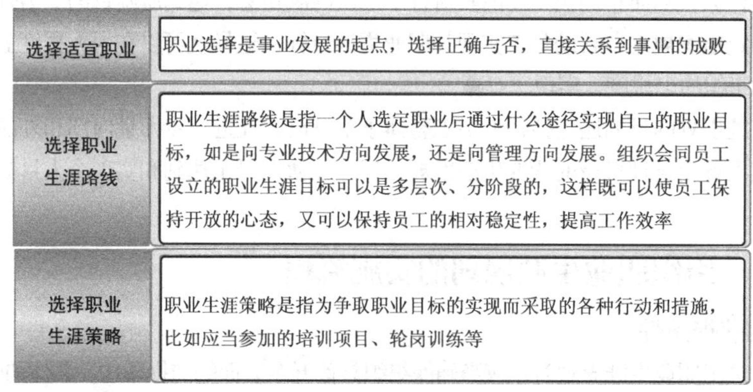

图10-2　职业生涯规划表主要体现的三要素

（6）实施员工职业生涯规划。实施员工职业生涯规划就是通过培训、轮岗、绩效考核等人力资源活动，帮助员工逐步实现员工职业生涯规划表中所列的规划目标的过程。

（7）进行职业生涯规划反馈和评估。组织在制定职业生涯规划后，在实施过程中应及时地听取相关员工对职业生涯规划实施的有效反馈，人力资源部根据反馈的信息，对组织职业生涯规划的实施进行有效的评估。

（8）修正和完善职业生涯规划制度。组织人力资源部针对职业生涯规划评估过程中发现的问题，提出改进和完善的建议和举措，经高层决策者同意后，及时修正职业生涯规划的制度和规范。通过制度和规范的修正、完善，可以及时纠正最终职业目标与分阶段职业目标的偏差。同时，还可以极大增强员工实现职业目标的信心。

10.4.6　组织职业生涯规划的常见方法

1. 职业辅导

职业辅导是指帮助个人选择职业，准备职业技能，进入某项职业，以及在某项职业上求发展的过程。因此，职业辅导是综合性地激发个人发展的过程。职业辅导是组织帮助员工职业发展的不可缺少的一个元素，有良好的职业辅导，就能够落实良好的职业发展方案。

（1）职业辅导的目的。是提供给个人有关职业的资料，以便于职业选择和提高对职业的适应性。

因此，有效的职业辅导工作能提供给个人在工作上得到进步和满足的机会。

（2）有效职业辅导的途径主要有两个。一是每日辅导，是指如果下属在日常生活中犯错，主管必须帮忙纠正，如果下属表现出色，主管要予以表扬。二是绩效改进辅导，即主管协助下属完成绩效改进计划，作为考绩作业的一部分。主管应定期查看进展的情形，并适时提供帮助，寓辅导于计划之中，促使下属完成计划。

（3）有效职业辅导的要点。进行职业辅导时要把握好以下要点：通常由部门主管带头讨论；列入经常性工作；以工作为中心；积极地改进辅导工作，着重于主管的训练和教导；主管时常给予具体的忠告，告诉员工要做什么、如何做；目的在于改进部属的绩效，既把员工视为个体，也视为团体的一员。

（4）职业辅导的作用。第一，启发个人的能力，评价员工及员工职业倾向，匹配个人所处的环境和能力所允许的机会做出决定。第二，能够探求个人人格及其对职业选择的影响，让员工做出合理的职业选择。职业辅导最有价值的地方在于帮助员工了解他与职业的关系，而鼓励员工去寻求职业的发展。第三，通过职业辅导协助个人发展，使其适应不断变化的社会。辅导时应注意个人在各个阶段发展中的机会和影响因素，提供不同的资料和经验，以配合个人制订职业计划。

2．职业咨询

职业咨询（Career Counselling），是指包括求职、就业、创业指导、人才素质测评、职业生涯规划、职业心理咨询等一系列相关业务的人力资源开发咨询服务。职业咨询主要是根据人身心发展各阶段的不同特征，通过自信和规划指导活动，使个人能正确认识职业与自己，能明智地选择自己理想的职业，自觉地规划自己的生活道路，积极自主地把握自身命运，并且具有将个人的选择决策与规划，并能在今后的职业生涯中得以实现的能力。

职业咨询已经成为大中城市白领职业定位的重要标准，他们把自己关于职业蓝图方向不明的种种困惑交给职业咨询专业人士，由专家运用心理学、社会学等多学科的知识，为自己提供寻找职业以及发展过程中遇到的有关问题的建议、信息和帮助。

（1）职业咨询的起源。1908 年，帕森斯（Parsons）在美国波斯顿开设了世界上第一所职业咨询所。1909 年，帕森斯撰写了《职业的选择》，他在该书中系统论述了职业咨询的理论和实践方法，并在世界范围内第一次运用了职业指导这一专门术语。

（2）职业咨询的发展。职业咨询的发展分为三个阶段：第一阶段为 1908 年至第一次世界大战，以职业咨询与介绍职业为主流。第二阶段为第一次大战后至 20 世纪 50 年代，探索职业四肢测试的技术，重视对职业咨询激发的研究。第三阶段为 20 世纪 60、70 年代至今，生涯教育作为一种新的教育方式，受到广泛重视。

（3）职业咨询的主要特征。职业咨询由于其专业性，在实施中表现出一些特点。一是主要通过语言手段，针对员工职业上的个人规划、选择、适应、发展等内容展开咨询。二是进行专门性的援助，咨询双方的相互信赖关系是能否朝着目标顺利进行的关键。三是职业咨询也是对人在职业生活中产生的形形色色的心理问题的援助。根据个人的具体情况，或提供有关信息情报，或站在来访者的立场上分析问题，或给予忠告建议，或采用心理测试等手段帮助个人理解自我等。四是职业咨询活动注重启发来访者对自身的了解，加强其对自己行为的责任意识，使咨询结果能成为个人的意志行为。

（4）职业咨询的目标主要有三个。一是建立人才的合理配置。二是帮助个人明智地选择职业并尽快地适应职业生活。三是帮助个人的职业生涯不断地向上发展。

（5）职业咨询的实施途径包括开展教育辅导活动，开设生涯发展课程，实施心理测验，收集和提供职业信息，建立辅导资料系统等。

（6）在职业咨询中，为了保障咨询效果，应按照开始及确立咨询关系，深化自我理解与把握问题的关键，明确咨询目标，探讨解决问题的方针策略，选择、决定并商讨行动计划等环节展开。

3．职业评价分析

为了提高职业发展规划的科学性，应对员工职业发展进行评价分析。在进行评价时，不同的组织采用了不同的评价方法以及收集信息的来源也不尽相同。有些组织会对员工的绩效进行评价，有的组织会运用心理测试方法来评价员工的技能、人格类型及沟通风格。他们会从员工本人、同事、上级、下属以及客户那里收集关于员工的工作行为以及与他人共事的风格等方面的信息。常用的职业评价工具有迈尔斯·布里格斯人格类型测试（Myers-Briggs Type Indicator）、评价中心、标杆法等。

（1）迈尔斯·布里格斯人格类型测试是在员工开发中运用最为广泛的一种心理测试方法。主要是测量一个人在精力来源、信息收集手段、决策方式以及生活方式等方面的偏好，从而为其职业发展提供参考。

（2）评价中心是一种包含多种测评方法和技术的综合测评系统。一般而言，它总是针对特定的岗位来设计、实施相应的测评方法与技术。通过对目标岗位的工作分析作业，在了解岗位的工作内容与职务素质要求的基础上，事先创设一系列与工作高度相关的模拟情景，然后将被试纳入到该模拟情景中，要求其完成该情景下多种典型的管理工作，如主持会议、处理公文、商务谈判、处理突发事件等。在被试按照情景角色要求处理或解决问题的过程中，主试按照各种方法或技术的要求，观察和分析被试在模拟的各种情境压力下的心理、行为表现，测量和评价被试的能力、性格等素质特征。比较经典的情景模拟技术包括文件筐测验、无领导小组讨论、管理游戏、角色扮演等；其他的技术如案例分析、演讲、事实搜寻、情景面谈等也常常结合具体的实际需求加以应用。

（3）标杆法是一种旨在衡量管理技能的人力资源开发方法。这种评价工具主要是为了评价一位管理者运用与成功地完成管理工作有关的那些技能的情况。在标杆法中所衡量的那些内容和指标都是以一些研究作为基础，这些研究考察了很多高层管理人员在他们的职业生涯中遇到过的各种关键事件，并从中总结出了相关的经验教训①。

【启发与思考】

扫一扫→餐饮行业中员工开发的典范——海底捞员工发展计划

【思考练习题】

1. 什么是员工开发？员工开发的要点有哪些？
2. 什么是自我开发？自我开发的内容有哪些？
3. 什么是学习型组织？如何建设学习型组织？
4. 什么是职业生涯？职业生涯理论有哪些？
5. 员工的职业生涯规划流程是怎样的？
6. 组织生涯规划的重点是什么？
7. 请结合你自己，做一下未来的职业生涯规划。

---

① 雷蒙德·A.诺伊，约翰·R.霍伦贝克，巴里·格哈特，等. 人力资源管理基础. 刘昕，译. 北京：中国人民大学出版社，2011：268.

【模拟训练题】

A 集团成立于 2001 年，集团投资区域涉及北京、上海、海南、内蒙古、福建等省市，是以房地产开发、能源矿产、轮船制造、货运物流为支柱产业的综合性企业集团。

集团现在需要做员工职业生涯规划，首先是为每位员工建立职业生涯规划档案，即设计一份员工个人职业生涯规划表。你是人力资源部职业生涯规划主管，通过其他渠道找到了某公司的个人职业生涯规划表，请你以此为参照为本集团拟定一份员工职业生涯规划表。

个人职业生涯规划表

姓　名		年　龄	
所在部门		岗　位	
教育背景			
（　　　）			
…			
工作经历			
（　　　）			
…			
您在何时何地参加过哪些培训项目或课程			
（　　　）			
…			
目前具有的技能/能力 1. 技术技能 2. 管理能力 3. 人际沟通能力 4. （　　　） 5. …			
请详细介绍一下您的优势和专长，以及利用优势和专长取得的成绩			
1. （　　　） 2. （　　　） 3. …			
您认为以下哪项对您很重要（可复选）			
□薪酬 □荣誉 □晋升 □业绩 □家庭 □技能 □管理能力 □自由 □稳定 □独立 □服务他人 □挑战 □创造			
您希望在公司的发展晋升路线			
步骤说明：			

续表

您未来短期、中期和长期规划是什么?
1. 1~3 年：…
2. 3~5 年：…
3. 5~10 年：…
4. 10 年以上：…

【情景仿真题】

你是 B 公司人力资源部的职业生涯规划工作人员，公司现在需要对员工做职业生涯规划管理，首先要拟定员工职业生涯规划流程，人力资源部经理委任你做这项工作，你有两周的时间完成任务。

员工职业生涯规划流程表

序　号	流　程	内容要点	注意事项
…	…	…	…

第 11 章　几种重要的员工培训与开发

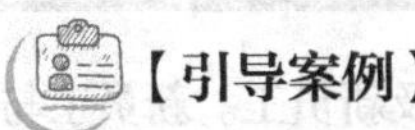

学习目标

1. 了解什么是新员工，掌握新员工培训课程开发。
2. 熟悉什么是核心员工，掌握核心员工培训课程开发。
3. 掌握什么是管理开发和管理开发的常用培训方式。
4. 掌握什么是领导力开发和我国企业全球领导力开发的内容。

【引导案例】

联想公司别具一格的培训

联想集团是 1984 年中科院计算所投资 20 万元人民币，由 11 名科技人员创办的，一家在信息产业内多元化发展的大型企业集团，是富有创新性的国际化的科技公司。从 1996 年开始，联想电脑销量一直位居中国国内市场首位；2004 年，联想集团收购 IBMPC（Personal computer，个人电脑）事业部；2013 年，联想电脑销售量跃居世界第一，成为全球最大的 PC 生产厂商。2014 年 10 月，联想集团宣布了该公司已经完成对摩托罗拉移动的收购。联想的快速发展得益于其对人才开发与管理的重视，经过多年人力资源管理实践，联想的员工培训开发别具一格。

联想的培训对象主要针对两类员工：一类是新员工，另一类是集团中高层管理干部。

1．新员工培训

在联想接受入职教育，指系统地接受联想的历史、文化、制度、礼仪等方面的训练，这已经成为联想人的必修课和培训中的精品工程。目的是向新员工灌输联想的核心价值观，让新员工了解集团的概况和熟悉通用的制度（在联想被称为天条）。为期一周，一般在下属公司举行。而入职培训过程中的自我管理与团队训练使培训成为几乎所有人进入联想后最令人难忘的第一幕。同时，对每一位新员工指定一个指导人，从工作、生活等方面帮助他们尽快适应环境，而这个言传身教的过程本身就是对企业文化、做事风格的最好诠释。

2．集团中高层干部培训

一年一度的高级干部培训实质上是研讨会，受到最高领导的高度重视，是整个培训体系中的重头戏，对于提高管理水平，解决实际存在的重大问题以及分享经验、统一认识等有着举足轻重的作用。其目的是对集团拟推行的重大决策进行可行性分析研究，以便集思广益，往往培训班结束的同时伴随着一些重大政策的出台。这种培训班常在总部进行，持续时间长短也不一样。

在联想，对于刚刚晋升为管理职务的人来说，除了要经过严格的考验之外，还得接受基本管理技能训练，包括沟通、授权、团队训练等；而对于高级干部而言，在他们日常繁重的工作之余，定期有充电式的培训，使他们保持对市场、技术和管理的敏感，永远站在时代的前沿；在培训的组织保障方面，除了在人力资源部专门设立学习与发展部之外，还成立了联想管理学院，负责培训的策划与实施。在考核晋升制度方面，联想也将有计划地推出相应措施。

（资料来源：徐芳.培训与开发理论及技术.上海：复旦大学出版社，2013：213.）

案例分析：

1. 结合案例，你觉得西门子针对新、老员工的培训在企业发展过程中应当扮演何种角色？这两种培训是选取其中一项作为培训的重点，还是同等对待？

2. 你会如何制定新员工的入职培训计划？

3. 如果你是西门子公司的培训经理，如何进一步将老员工培训进行分类以便更好地设计培训内容？

由于员工所在部门职能、岗位职级等的差别，特别是岗位能力要求和人才培养的不同对培训与开发提出了不同需求，组织应该综合考虑，有针对性地设计各种培训与开发体系。本章重点介绍企业中重要的四类培训，即新员工入职培训、核心员工培训与开发、管理开发培训和领导力开发培训。

11.1 新员工入职培训

不管企业属于何种类型、企业规模大小及采取的经营管理方式，都会涉及新员工。新员工与老员工相比，他们需要关于期望、角色、规范和文化的准确信息，同时也需要获得他人关于培训个人能力的经验，具备了这些素质和能力才能有效地完成工作。因此，新员工培训与开发是一个正式的员工入职的第一个环节。新员工导向培训是指针对新进人员、到新岗位任职的员工开展的培训，还可以称作入职教育、上岗引导培训和职前培训。

11.1.1 新员工培训体系设计

新员工是注入组织的新鲜血液和后备力量，新员工培训是在短期内增强员工认同感和归属感的一个有利工具，合理的新员工培训内容设计是新员工培训成功的关键。一名新员工在正式上岗前，经常要经过长达半年甚至一年的时间来参加培训与开发，企业在新员工方面的培训投入也是非常大的，并形成了各自的新员工培训体系。

1. 新员工培训内容设计需要考虑的因素

新员工培训内容设计需要考虑两个因素，即新员工自身的特点和新员工培训的目标。

（1）新员工的特点。新员工在进入组织之初有三个明显特征，如图 11-1 所示。

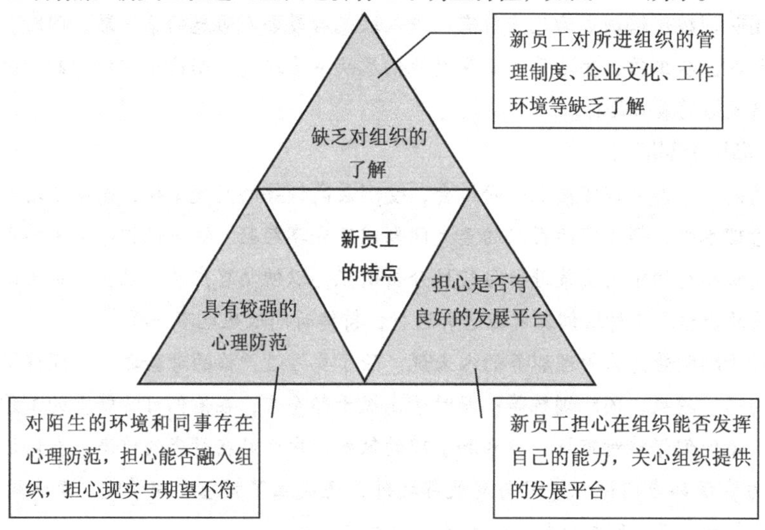

图 11-1　新员工的特点

（2）新员工培训的目标。对新员工进行培训应达到以下目标：①使员工对组织历史、文化、工作环境、岗位情况等有个大概的了解；②增强组织的稳定程度，降低员工流失率；③使新员工能尽快适应工作，提高组织运作效率；④向新员工展示组织对个人的发展期望以及个人在组织的发展平台，使员工对今后在组织的发展有清晰的了解；⑤减少员工的抱怨和焦虑；⑥在培训的过程中使新员工感受组织文化，并使其融入其中。

2．新员工培训的内容及实施者

新员工培训的内容主要涉及四个方面。

（1）融入组织的培训。内容包括文化融入、团队融入和工作环境融入，目标是将新员工培养成企业人。实施者包括总经理、行政部经理、人力资源部经理。

（2）职业化培训。包括知识和技能的应用、对待工作的态度、对待职业的责任感、职场中的规则等职业态度、职业意识的培训。实施者包括总经理、部门经理、优秀员工。

（3）岗位技能培训。内容包括岗位职责要求、岗位使命、岗位上下级关系、岗位基础知识等，是为新员工上岗做技能方面的准备。实施者包括部门经理、部门主管、优秀老员工。

（4）职业发展培训。主要是向新员工展示组织的职业发展通道，对新员工做职业发展规划方面的培训。实施者包括培训部经理、人力资源部经理。

3．新员工培训的主要方法

考虑到大部分新员工为应届毕业生，因此选择培训方法时要结合大学生特点。一般地，在新员工培训中，企业多采用讲授法、参观培训法、视听法、拓展训练以及导师带徒法等。值得一提的是导师带徒制，即组织开展“传、帮、带”活动，既是对新员工传递技能和知识，更重要的是给予具体的、细致的、系统的辅导和指导，教思想、带作风、讲传统，使新员工在耳濡目染中形成良好的作风，树立敬业精神、职业道德。

4．新员工培训计划的制订

新员工包括新进员工、转岗员工以及新晋管理人员等，其中组织对新员工培训的主体对象是应届毕业生。表 11-1 为针对应届毕业生的新员工入职培训计划示例。

表 11-1　应届毕业生的入职培训计划

××公司应届毕业生培训计划
1. 目的 （1）根据应届毕业生的特殊需求制订科学合理的培训计划。 （2）通过执行合理的培训计划使应届毕业生能够迅速地适应工作与环境。 2. 培训目标 应届毕业生的培训目标包括以下 3 个方面。 （1）熟悉公司，对公司产生兴趣并建立忠诚度。 （2）熟悉本岗位的工作，对工作产生兴趣并形成偏爱。 （3）掌握基本的工作技能和专业技能，尽早达到公司期望的工作绩效。 3. 培训内容 在应届毕业生培训计划中，培训课程一般包括以下 4 个方面的内容。 （1）企业文化和核心价值观培训，包括公司发展历史、发展战略、经营理念、组织结构、企业文化、各种规章制度等。 （2）熟悉工作岗位和工作环境，包括工作中公司内外部主要工作联系部门和人员介绍、工作岗位职责要求、部门同事及工作流程等。

续表

（3）职业素养培训，包括沟通技巧、时间管理技巧、团队管理、工作角色的转变、目标管理、问题分析与解决、商务礼仪等。 （4）基本技能培训，包括如何与顾客沟通，如何进行文件的管理，如何使用复印机与扫描仪、传真机等。 4. 培训讲师的选择 在对应届毕业生进行培训时一般实行导师制，即指定其部门内部固定人员作为其导师负责其对公司、业务及环境的熟悉，同时，人力资源部经理、部门主管等同时肩负着培训责任。 培训负责人制订培训计划时需要考虑合适的培训人员。 5. 新入职应届毕业生培训时间及计划安排 应届毕业生的培训时间一般在其进入岗位开展工作之前，并按照周、月、季度制订工作计划。 6. 培训形式 应届毕业生的培训形式采取以面授为主、以网络学习为辅的方式进行。 7. 培训考核 培训负责人需要在应届毕业生的培训计划中确定培训考核的内容，考核内容根据其培训内容而定，考核时间应在其实习期或试用期即将结束时进行。应届毕业生的培训考核由公司人力资源部统一组织进行。

11.1.2 新员工培训课程开发

新员工培训课程开发是新员工培训体系建设的重要内容之一，课程开发质量的高低直接影响了新员工培训效果的好坏。

1. 新员工培训课程开发要素

新员工培训课程开发主要包含课程目标、课程内容等八个要素。培训课程开发过程中，可依据课程要求，对这些要素进行不同的选择和处理，开发出不同的新员工培训课程，如图 11-2 所示。

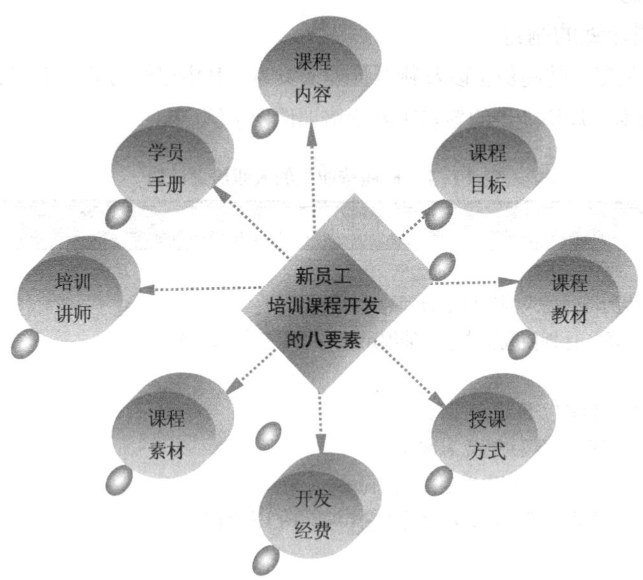

图 11-2 新员工培训课程开发的八要素

2. 新员工培训课程开发内容

针对新员工特点，其培训课程开发可以划分为企业文化类、基本素养类、专业素养类、工作态度类以及自我发展类五个课程体系。

（1）企业文化类课程是新员工培训的核心课程。首先，立足于企业传统、企业目的和宗旨、企业哲学、企业精神等，让新员工知道如何做一名优秀的员工；其次，要组织新员工学习企业的一系列规章制度，如考勤制度、请假制度等；最后，要让员工了解企业的内外环境、品牌声誉等。通过企业文化类课程，使员工形成一种与企业文化相一致的心理素质，较快地融入到企业价值观中。

（2）基本素养类包括沟通能力、执行能力、诚信与职业道德和问题解决能力。

（3）专业素养类主要是岗位职责要求、岗位工作流程、岗位工作目标及考核项目和把握工作中的细节。

（4）工作态度类集中在如何对待工作、扮演团队角色和不找借口找办法等。

（5）自我发展类包括持续学习能力、职业生涯规划和变革管理能力等。

11.1.3 新员工培训运营管理

新员工培训运营管理的主要工作包括培训资料的准备、培训后勤保障管理以及培训实施过程控制等。

1．新员工培训资料的准备

新员工培训资料主要包括员工入职手册、部门内部培训教材等。其中，员工入职手册是新员工入职培训的必备教材，部门内部培训教材主要有各部门岗位说明书、专业技术文档等，其他还包括新员工培训需知等。

2．新员工培训后勤保障管理

培训后勤保障工作主要包括培训相关人员的生活安排、培训器材的准备、培训场地管理等。新员工培训不是组织人力资源部一个部门的事情，需要组织所有相关部门的配合。

对于新员工培训的责任部门和人员，一定要明确人力资源部、高层管理者、新员工所在部门负责人、相关部门负责人的职责，明确各具体事项的责任主体，并在各自部门和岗位的考核中予以体现，以保证各岗位和部门担负起各自应尽的职责。

3．新员工培训实施过程控制

培训实施既包括内部培训实施，也包括外部培训实施。

对于新员工的内部培训来说，实施过程中需注意明确入职培训的主要责任区，是部门经理还是培训组织者；入职培训的基本要求标准，包括培训内容、培训时间、考核的控制等，以及制定特殊情况下不能参加入职培训的解决措施。大多数企业的新员工入职培训多以内部培训为主。相对来说，外部培训的实施风险更大。因此，外部培训实施要求申请员工填写《员工外出培训申请表》，经部门同意后报人力资源部或培训部门审核，还需要签订培训合同，明确企业与员工双方的权利与义务。同时，要注意外出培训最好不要影响工作。新员工涉及的外部培训主要集中在拓展训练等方面。

11.2 核心员工培训与开发

核心员工是企业员工中的骨干力量，对企业的绩效创造和持续发展最有影响作用，也是企业参与市场竞争的有力武器，一旦失去将严重影响企业效益。为了提高核心员工对企业的忠诚度，很多企业将培训与开发作为一种有效的留住核心员工的激励手段。

11.2.1 核心员工的定义

在企业中，总有这样一些员工，他们具有较高的知识或技能，对企业的发展至关重要，是各大企业争夺的目标。就如“80/20 效率法则”所蕴涵的理念和规律同样存于组织人力资本管理活动之中：一个组织的生产效率和未来发展，往往决定于少数关键性的人才。总之，他们是企业关键知识和技能的拥有者，也是企业参与市场竞争的有力武器，这些员工就是企业的核心员工。提高核心员工对企业的忠诚度，不让核心员工跳槽，积极发挥自身的资源优势，是企业应该着力探讨的问题。因此，要着力加强核心员工的培训与开发。

在对核心员工进行培训与开发前，应识别本组织的核心员工有哪些，他们存在于企业的各个部门中，也应该存在于各个岗位序列中。核心员工并非只是中高层管理人员，他们也可能是技术骨干和专家等。因此，组织应建立公司人才发展库，对核心人才进行信息化管理和及时跟踪。

11.2.2 核心员工开发需求分析

核心员工是指能够帮助企业实现公司战略目标和保持、提高公司的竞争优势，或能够直接帮助主管提高管理业务能力、经营能力和抵御企业管理风险能力的员工。

核心员工开发需求调查分析主要包含以下内容。

1. 了解目前企业核心员工开发运行状况

通过对企业目前培训与开发工作状况的调查分析，可以了解公司核心员工对企业开发工作的满意度，现有的培训开发体系对于企业核心员工职业生涯发展以及绩效提高有多大的帮助。从而，为进一步发掘核心员工的开发需求奠定基础。

2. 明确核心员工对各项培训要素的具体要求

在现有培训与开发的基础上，进一步了解核心员工对于培训与开发工作的具体要求，以便为培训与开发体系的设计提供依据。

3. 评价核心员工的胜任素质

在核心员工开发需求调查中，对员工胜任特征的需求评价是非常重要的。胜任素质特征是指将某一工作中有卓越成就者与表现一般者区分开来的个人特征。通过对不同岗位的核心员工胜任素质的分析与评价，进一步确定各种胜任素质的需求程度排序，为开发课程的设计提供支持。

11.2.3 核心员工培训内容开发

鉴于核心员工中的中高层管理人员属于管理开发范畴，这里的核心员工培训主要是针对技术骨干和专家的开发，结合核心人员特点，培训内容主要集中在技能、技术提升培训、创新能力培训、团队精神培训、时间与个人效率培训、形象与心理培训等。

1. 技能、技术提升培训

技能、技术提升培训是为了使核心员工更好地完成本岗位工作，进一步提高核心员工的业务工作能力的培训，使其逐步成为技术专家乃至行业专家。

2. 创新能力培训

创新能力培训旨在提高核心员工开拓思想、打破成规、勇于创新的能力，是为了员工能够创造性地开展本职工作，从而促进整个企业核心能力的培养。

3. 团队精神培训

团队精神培训师通过集体活动，使核心员工在共同学习、共同生活、协同解决问题的过程中提高员工对集体的认知程度，从而达到提高团队凝聚力的培训活动。

4. 时间与个人效率培训

有效使用时间和提高个人工作效率，对组织或个人来说都是极力要追求的目标。时间与个人效率培训都是旨在提高个人时间观念和工作效率的培训活动，以改善个人行为为目的的培训。

5．形象与心理培训

形象与心理培训是为了保证企业和员工外在和内在的健康而进行的培训活动。

11.2.4 核心员工培训运营实施

核心员工的培训运营实施包括培训课程的设置、培训时间的选择及培训评估三部分内容。

1．核心员工培训课程设置

（1）核心员工培训课程的排定。课程的排定需注意相关课程间的先后顺序，以循序渐进的方式，由浅入深的原则，让学员们了解培训内容。

（2）核心员工培训课程的特性。一是完整性，课程的内容、进度和程序要配合培训目标，使其完整和统一。二是动态性，课程是动态的生活经验和活动。三是联系性，课程的联系性包括纵向的联系性和横向的联系性，前者指相同学科的衔接，后者指不同学科的配合。

（3）核心员工培训课程开发的步骤。核心员工培训课程开发的步骤主要包括课程决策、课程设计、课程改进和课程评鉴四个部分。

2．核心员工培训时间的选择

培训管理者可以通过问卷调查的形式来征集培训时间的选择，由于技术学习更倾向于集中学习，一般情况下可以利用假期进行短期集中培训。

3．核心员工培训评估的实施

在培训开始前，培训管理者根据需要为培训活动落实培训地点、选择培训师和提供相关咨询。在培训期间通过跟班管理、了解信息或参加有关课程等方式对培训过程进行检查，加强培训实施的过程指导。在培训过程中应及时了解参训学员对培训内容、培训师、培训方式和培训组织管理的意见，并及时改进。

培训管理者在培训结束时，须要求培训师采取考试、考核的形式对核心员工的学习情况进行综合考评。在培训结束一段时间后，培训管理者向学员所在部门了解核心员工培训效果的反馈意见等。

11.3 管理开发培训

管理是保证企业有效运行所必不可少的条件。企业的作用依赖于管理，管理是企业中协调各部分的活动，并使之与环境相适应的主要力量。而管理由管理者实施，他们决定了企业的成败。因此，企业应对管理者及其管理能力的培训与开发高度重视。

11.3.1 管理开发培训的分类

1．按照管理者层级分类

一般地，企业的管理者层级可以分为基层、中层和高层管理者。其中，基层管理人员，是指在企业生产、销售、研发等生产经营活动第一线执行管理职能的管理者。中层管理人员，是指处于高层管理人员和基层管理人员之间的一个或若干个中间层次上的管理人员，是企业管理团队中的中坚力量，起着承上启下的作用，对上下级之间的信息沟通负有重要的责任。高层管理人员，是指对整个组织的管理负有全面责任的人，他们的主要职责是制定组织的总目标、总战略，掌握组织的大政方针，并评价整个组织的绩效。企业高层管理人员的作用主要是参与重大决策和全盘负责某个部门，兼有参谋和主管的双重身份。因此，按照管理者层次，可以将管理开发培训分为基层管理人员的管理开发培训、中层管理人员的管理开发培训和高层管理人员的管理开发培训。

2. 按照管理技能分类

管理技能，是指既有效率又有效果地完成管理工作的一系列行为、技巧和能力。我们还可以通过分析管理者做什么，考察管理者为了成功实现目标需要具备哪些技能或能力。罗伯特·卡茨（Robert Katz）提出了三种基本的管理技能：技术技能、人际技能和概念技能。技术技能（Technical Skill）包括应用专业知识或技术的能力。可以通过大量的正规教育，使他们掌握管理领域中的专业知识和技能。人际技能（Human Skill）是指无论是独自一个人还是在群体中，能够与人共事、理解他人和激励他人的能力。由于管理者有时需要通过别人来完成工作，所以他们必须具有良好的人际技能，这样才能进行有效的沟通、激励和授权。概念技能（Conceptual Skill）是指管理者必须具备足够的智力水平去分析和诊断复杂的情况，这些任务要求具备概念技能。

对于管理者来说，人际技能和概念技能更重要，也更难掌握。因此，按照管理技能分类，可以将目前企业常用的管理开发培训分为沟通技能的管理开发培训、人际技能的管理开发培训和团队技能的管理开发培训。

11.3.2 针对管理者层级的管理开发培训

1. 不同管理层级的管理者胜任素质分析

管理层级是区别管理者的一个重要维度，不同管理层级（基层、中层、高层）的管理者所承担的管理职责不同。管理者职责之间的差异客观上要求管理者应该具有其职责所需要的胜任素质，因为管理者顺利完成职责的过程就是管理者在工作中运用和发挥自己具有的胜任素质的过程。因此，针对管理者层级的管理开发培训，首先是要了解和掌握不同管理层级的管理者所具有的胜任素质是什么[①]。

当然我们也要认识到，对于企业管理者来说，不同管理职能拥有特定的岗位知识和技能，在岗位之间存在很大的差异和多样化的要求，这同时也构成了不同的任务环境，影响着组织管理者胜任素质的构成与发展[②]。因此，分析不同管理岗位的管理者胜任素质的差异性，对实施更加有效的管理开发培训有着重要意义。

2. 管理人员开发需求分析

考虑到每一层次管理人员的工作职责、工作范围及管理幅度的不同，企业在分析管理人员的开发需求时也应当有所侧重。

（1）基层管理人员开发需求分析重点是个人能力分析，从基层管理人员必备能力的角度评估其现有能力的水平，从而分析其开发需求的培训重点。基层管理人员开发需求分析可以通过问卷调查的方式展开，要针对基层管理人员现有表现进行调查，由基层管理人员本人、上级、同级来打分，调查结果可作为开展培训的参考资料。

（2）中层管理人员开发需求分析主要包括中层管理人员组织分析、中层管理人员工作分析、中层管理人员个人分析三部分。其中，中层管理人员组织分析主要从宏观角度出发，考虑企业的经营战略目标，保证中层管理人员的培训开发符合企业的整体目标与发展战略。中层管理人员工作分析是让人们了解有关职务的详细内容及岗位任职资格条件，其结果也是设计和编制培训课程的重要资料来源。对工作任务和工作职责的分析是工作分析的一项重要内容，具体操作时可借助调查问卷或访谈的形式来收集开发需求信息。另外，由中层管理人员根据自己的工作情况和要求撰写的工作总结或述职报告，也是确定开发需求的信息来源之一。中层管理人员个人分析主要是对其个体特征、个人能力、职业生涯规划三个方面进行分析，其中，个体特征具体可以从中层管理人员性别结构、年龄结构、知识

---

① 赵曙明. 我国管理者职业化胜任素质研究. 北京：北京大学出版社，2008：148.

② 赵曙明. 我国管理者职业化胜任素质研究. 北京：北京大学出版社，2008：184.

结构、专业结构、性格特征、管理风格等方面进行分析。个人能力分析包括中层管理人员应具备的计划组织能力、协调控制能力、决策能力等。对其他能力方面的开发需求进行分析，一方面可以通过其工作表现来分析（较直观的信息来源是员工的绩效考核记录），另一方面也可以以问卷调查表的方式来获取部分信息。职业生涯规划分析就是通过分析中层管理人员对自身工作岗位的认识和对未来的个人发展要求，进而确定培训需求。其信息来源可以有多种渠道，例如参阅人力资源部存档的员工个人资料获取信息，或者采用访谈的形式获取员工职业生涯规划相关的信息。

（3）高层管理人员开发需求分析。高层管理人员培训与开发主要针对企业现任高级管理人员以及有可能进入企业高层的有潜质的优秀管理人员。对高层管理人员进行开发需求分析，仍然可以从组织、职务、个人三个层面进行。开发需求调查和分析的方法主要有访谈法、讨论法、考察法、问卷调查法等。以下是高层管理人员访问提纲示例，如表11-2所示。

表11-2 高层管理人员访问提纲示例

访问对象	访问问题大纲
高层管理人员的上级领导	您对企业高层管理人员的总体评价是什么
	从组织需求角度出发，您理想中的高层管理人员是怎样的
	您认为或期望这些高层管理人员应该在哪些方面进行提升
高层管理人员的同事	您与哪些同事经常有工作上的联系
	您觉得该高层管理人员在工作中有哪些地方需要改进
高层管理人员本人	您在工作中是否觉得压力过重，有哪些现象可证明
	您在工作中最大的难题是什么，目前是否已经解决
	对于下属员工的发展，您采取了哪些措施
	您在工作中如何管理绩效不好的下属
	您认为企业现有管理制度存在哪些不健全的地方
高层管理人员的下属	举例说明您的上司给您工作上的指导情况
	若生活上或工作中遇到困难，您会向谁寻求帮助

3. 管理人员开发内容

基于组织、职务以及管理人员特点分析得出在三个不同层面管理人员的培训开发内容重点。

（1）基层管理人员的开发内容。总结相关企业案例，基层管理人员的主要开发内容如表11-3所示。

表11-3 基层管理人员的开发内容

培训对象	培训目的	培训项目	培训内容
基层管理人员	基层管理人员培训的主要目的是提高其管理与领导能力及实际的工作技能	基层管理者的角色认知	1. 管理者的角色、地位与责任 2. 基层管理人员的人员素质要求
		管理技能培训	1. 团队建设与管理 2. 计划与控制、沟通与协调 3. 员工培训与激励 4. 员工绩效管理 5. 员工的安全管理 6. 人员工作调配 7. 如何改进员工的工作表现
		管理实务培训	1. 生产计划的编制与控制 2. 如何进行成本控制 3. 质量管理

（资料来源：张俊娟，韩伟静．企业培训体系设计全案．北京：人民邮电出版社，2011：535.）

（2）中层管理人员的开发内容。总结相关企业案例，中层管理人员的主要开发内容如表 11-4 所示。

表 11-4　中层管理人员的开发内容

培训对象	培训目的	培训项目	培训内容
中层管理人员	中层管理人员培训的主要目的是提高其管理能力与业务能力，具体内容还须根据其晋升需求进行设置	企业环境分析	1. 企业战略 2. 企业目标 3. 企业组织结构与决策流程
		业务管理能力	1. 专业技术知识 2. 如何纠正工作偏差 3. 目标管理 4. 项目管理 5. 时间管理 6. 会议管理 7. 组织管理 8. 冲突管理 9. 职业生涯规划
		领导艺术	1. 沟通技巧 2. 如何有效授权 3. 如何激励 4. 如何指导和培养下属 5. 高效领导力
		团队管理	1. 学习型组织的建立 2. 定编定员管理 3. 团队合作与工作管理

（资料来源：张俊娟，韩伟静．企业培训体系设计全案．北京：人民邮电出版社，2011：535-536.）

（3）高层管理人员的开发内容。总结相关企业案例，高层管理人员的主要开发内容如表 11-5 所示。

表 11-5　高层管理人员的开发内容

培训对象	培训目的	培训项目	培训内容
高层管理人员	高层管理人员培训的主要目的是提高其全局观、知识结构、理念与管理能力及领导技能等	企业环境	1. 国内及全球经济和政治 2. 企业所处的经营环境分析 3. 企业所属行业发展研究 4. 相关法律、法规、各项政策学习
		企业战略发展研究	1. 企业面临的机遇与挑战 2. 企业核心竞争力研究 3. 如何制定企业的发展战略
		企业现代管理技术	1. 人力资源管理 2. 生产管理 3. 财务管理 4. 质量管理 5. 信息管理

续表

培训对象	培训目的	培训项目	培训内容
高层管理人员	高层管理人员培训的主要目的是提高其全局观、知识结构、理念与管理能力及领导技能等	领导艺术	1. 团队管理 2. 目标管理 3. 员工激励 4. 如何有效沟通 5. 冲突管理 6. 员工潜能的开发
		创新意识培养	1. 创新思维训练 2. 思维技巧
		个人修养与魅力的提升	1. 成功的管理者 2. 自信力 3. 商务礼仪

（资料来源：张俊娟，韩伟静．企业培训体系设计全案．北京：人民邮电出版社，2011：536-537.）

11.3.3 针对管理技能的管理开发培训

1. 沟通技能开发

沟通技能是一项重要的管理技能，不同的学者和权威书籍对沟通定义进行阐述，如图 11-3 所示。

沟通的各种含义

沟通是“互相交换信息的行为”。——《大英百科全书》

沟通是“思想及信息的传递”。——《哥伦比亚百科全书》

沟通是“将观念或思想由一个人传递给另一个人的过程，或者是一个人自身内的传递，其目的是使接受沟通的人获得思想上的了解”。——美国著名传播学者布农

沟通是“人或团体主要通过符号向其他个人或团体传递信息、观念、态度或情感的过程”。——英国著名传播学者丹尼斯·奎尔

图 11-3 沟通的各种含义

综合上述分析，我们认为沟通是人与人之间传递信息、传播思想、传达情感的过程，是一个人获得他人思想、情感、见解、价值观的一种途径，是人与人之间交往的一座桥梁，通过这个桥梁，人们可以分享彼此的情感和知识，消除误会，增进了解，达成共同认识或共同协议。

（1）开发有效的积极倾听技能，包括使用目光接触、展现赞许性的点头和恰当的面部表情，避免分心的举动或手势，适当地提问和复述，避免中间打断说话者，不要多说，使听者与说者的角色顺利转换等。

（2）开发有效的反馈技能。掌握良好的反馈技能，要做到：①强调具体行为，反馈应具体化而不是一般化。②使反馈内容不针对人，尤其是消极反馈，应是描述性的而不是判断性或评价性的。③使反馈指向目标，不应该把反馈完全“倾倒”或“卸载”到别人身上。④把握反馈的良机，反馈接收者的行为与获得对该行为的反馈相隔时间非常短时，反馈最有意义。⑤确保理解，确保反馈能够清楚、完整地被接收者理解。⑥使消极反馈指向接收者可控制的行为，让他人记住那些自己无法左右的缺点毫无意义。

（3）开发有效的授权技能。授权技能就是要求管理者能够分工明确；具体指明下属的权限范围；允许下属自行在授权范围内行使权力；建立反馈控制机制等。

（4）开发有效的训导技能。所谓训导技能是指管理者教育和引导员工的能力，一般要求管理者能够以平静、客观、严肃的方式面对员工；具体指明问题所在，使讨论不针对具体人；允许员工陈述自己的看法；保持对讨论的控制；对今后如何防犯错误达成共识；逐步地选择训导程序，考虑环境因素的影响等。

（5）开发有效的谈判技能。管理者无论是对内还是对外都会涉及大大小小的各种谈判，谈判技能对于管理者来说是非常重要的。因此，需要研究你的对手，尽可能多地获得有关对手的兴趣和目标方面的信息；以积极主动的态度开始谈判；着眼于谈判问题本身，而不针对对手的个人特点；以开放的态度接纳第三方的帮助，当谈判陷入对峙的僵局时，应考虑求助于中立的第三方的帮助等。

2．人际技能开发

人际技能是指妥善处理组织内外关系的能力，包括与周围环境建立广泛联系和对外界信息的吸收、转化能力，以及正确处理上下左右关系的能力。对人际技能的开发要表现为平等、相容、互利、信用、宽容。

（1）人际技能的构成。一般包括六种能力，见表 11-6 所示。

表 11-6　人际技能的构成

	具　体　内　容
人际感受能力	对他人的感情、动机、需要、思想等内心活动和心理状态的感知能力，以及对自己言行影响他人程度的感受能力
人事记忆力	记忆交往对象个体特征，以及交往情景、交往内容的能力。总之，是记忆与交往对象及其交往活动相关的一切信息的能力
人际理解力	理解他人的思想、感情与行为的能力。人际理解力是现代企业管理中重要的工作技巧，也是人力资源管理人员必须具备的关键素质之一。人际理解力暗示着一种去理解他人的愿望，能够帮助一个人体会他人的感受，通过他人的语言、语态、动作等理解并分享他人的观点，抓住他人未表达的疑惑与情感，把握他人的需求，并采取恰如其分的语言帮助自己与他人表达情感
人际想象力	从对方的地位、处境、立场思考问题，评价对方行为的能力，也就是设身处地为他人着想的能力
风度和表达力	这是人际交往的表现，指与人交际的举止、做派、谈吐、风度，以及真挚、友善、富于感染力的情感表达，是较高人际交往能力的外在表现
合作能力与协调能力	这是人际交往能力的综合表现，是企业团队合作的必要能力

（2）人际技能的培养。在企业实践中要着重从以下三个方面加强培养：一是良好表达能力的培养。社交中受人欢迎、具有魅力的人，一定是掌握社交口才技巧的人。社交口才的基本技巧表现在适时、适量、适度三个方面。人际技能的开发需要积极地参加演讲、对话和辩论活动，重视在众人前发表见解的锻炼机会。二是人际能力融合的培养。将个人融合于社会，首先需要调整自己的观念，勇敢地面对世界、接纳世界。人际融合能力的强弱与一个人的思想品德、知识技能、活动能力、创造能力、处理人际关系能力以及健康状况等密切相连。三是解决问题能力的培养。处理日常学习生活中的各种问题，是管理者最重要的责任。解决问题能力的培养可以利用管理学的技巧辅助，如鱼骨图等，或是与部属举行讨论会议，将问题产生的原因分类，并且列出解决的优先顺序，选择影响力最大、推动起来最容易的方案，立即拟定行动计划。

3．团队技能开发

团队技能开发是指以实现企业战略发展为目标，通过资源共享和协同努力，调动团队所有成员的积极性，驱除团队内部所有不和谐、不公正的因素，对表现优秀者予以嘉奖，对表现较差者进行批评，从而使团队协作产生一股强大而持久的力量。团队技能开发的目的是有计划地增强团队成员之间的沟通交流，增进彼此的了解和信任，实现高效的工作分工与协作，从而快速达成团队目标。

（1）团队技能开发的维度。一般从团队领导、团队管理、团队动力和团队品质四个维度进行开发。第一，团队领导维度。团队领导维度主要包括要求团队领导者能够建立团队共同愿景、价值观及帮助团队成员明确角色定位等。为了改善团队建设能力，团队领导者需要从提高角色认知能力及团队领导能力两个方面入手。第二，团队管理维度。团队管理维度可以强化团队成员的自我管理，加强团队问题管理、团队效率管理等。为了改善团队建设能力，团队领导者需要从提高团队压力管理能力、团队危险管理能力及团队激励管理能力三方面入手。第三，团队动力维度。团队动力维度可以加强团队成员之间的反应能力、互动能力及行动技巧等。为了改善团队建设能力，团队领导者需要从提高团队执行能力及团队沟通能力两个方面入手。第四，团队品质维度。团队品质维度是改善团队学习能力、增强团队凝聚力的有效手段，为了改善团队建设能力，团队领导者需要从提高团队目标管理能力、团队协作能力、团队学习能力及团队信任能力四个方面入手。

（2）团队技能开发流程。对于组织来说，团队技能开发的工作至关重要，直接影响组织目标的实现。其开发流程主要包括以下环节。

① 制定明确的团队目标。管理者要为团队成员设定一个共同的、明确的团队目标，在制定目标时要鼓励所有人积极参与，以获得团队成员的认可并设立能力导向的目标。

② 帮助团队成员实现角色定位。管理者要帮助团队成员认清自己的能力特点，使每一个团队成员扮演特定的内部角色，并通过各种手段提升其在特定角色上的专业技能。形成角色的互补才能构建好的团队。

③ 建立赏罚分明的评价管理制度。团队赏罚分明的评价管理制度能够对团队成员进行及时、有效的激励和鞭策，以激发其潜能，使之为团队目标的实现发挥最大作用。

④ 对团队成员进行团队文化培训。优良团队的技能与行为表现都是由每个团队成员的优良技能与行为组成的。团队技能的行为表现受到良好的习惯所支配，而良好的习惯来源于高尚的思想文化建设，所以需要用积极向上的团队文化熏陶团队成员。

⑤ 树立团队榜样。通过在团队内部树立典范，可以加深团队成员对团队文化的理解和认同。同时，典型模范的树立还可以使团队技能得到一定的开发。

⑥ 进行有效的授权。有效授权是增加团队战斗力和凝聚力的重要因素，通过有效的授权能够把团队成员的关系确定下来，增强他们的工作积极性，从而形成高效的团队。

⑦ 团队培训。有效的团队培训（课程培训、团队集训、户外拓展等）可以增强团队成员的认知能力，实现团队的高凝聚力和高作战能力。

11.3.4 常用的管理开发培训方式

目前，企业常用的管理开发培训方式有职位体验、正规的管理教育、继任者计划、教练制、委员会任命、"助理"岗位等。

1．职位体验

很多员工的管理开发是通过职位体验实现的。职位体验（Job Experiences）是指一位员工在工作中遇到的各种关系、问题、需求、任务以及其他特征。为了使员工在当前工作中取得成功，必须丰富他们的知识和技能，可以采取扩大它的工作职责范围或是调到新的岗位的方式。常见的职位体验方式有工作扩大化和岗位轮换。

（1）工作扩大化。就是在员工现有岗位中增加更多的挑战性或者新的工作职责，具体做法包括完成一个特别的项目；在一个团队内部变换角色；或者是研究新的客户服务方案等[①]。例如，为了让一位技术工程师成为管理者，可以在一个项目研发过程中任命他为项目经理，通过这种方式，既增加了工作兴趣，也增加了新的技能。

（2）岗位轮换。是指企业有计划地按照大体确定的界限，让员工轮换担任若干种不同岗位的做法，是一项成本较低的组织内部调整和变动。在企业内部晋升机会很少的情况下，横向的岗位轮换是一项普遍采用的开发方法。例如，一个有发展前途的年轻经理可能会在生产车间工作一段时间，再到销售一线工作，然后去采购、人力资源等部门。如果规划得当，他将对组织的各个部门和运营有更好的了解，一方面提高了他的满意度和忠诚度，另一方面为其晋升更高级岗位奠定了知识、技能基础。为了使该方法取得良好的效果，要注意以下事项：将员工调入核心业务部门；让员工更多地接触客户；向员工传授新的技术或灌输新的观点[②]。

在岗位轮换上做得很好的是英特尔公司。作为一家高度国际化的跨国巨头，英特尔非常重视通过跨国工作轮换来提高员工的国际化工作技能与领导能力，派遣有潜力的管理者到其他国家工作一段时间，锻炼他们的跨文化管理能力。英特尔还在公司中施行一种“二位一体”的任命计划，即在同一个职务同时任命两名经理人，其中一名主要是给他实习、锻炼的机会，培育其快速成长为合格的英特尔经理人。

2．正规的管理教育

正规的管理教育就是让员工到大学的商学院或者专业的培训学院进行管理培训。具体包括针对某类主题的专题研修班；由咨询公司或者大学提供的短期课程；要求员工在学习期间入住校园的各种大学课程；MBA 和 EMBA 教育。目前，无论是国外还是国内，MBA、EMBA 教育非常流行，很多大学都提供这种教育，如哈佛大学、沃尔顿商学院、清华大学、南京大学等。这种课程要求管理人员周末或者晚上集中上课，最终可以拿到工商管理硕士学位。这种教育方式一方面提供了一个让来自不同组织的管理者互动和建立关系的机会，另一方面在很短的时间获得最新的理念和思想以及高质量的指导，但是价格相对较为昂贵。

3．继任者计划

继任计划是指确定和持续追踪高潜能员工的过程[③]。高潜能员工被认为是能够胜任公司更高管理职位的，如部门经理、总经理、首席执行官等。实施继任者计划一般经历三个阶段：第一个阶段是组织通过考察选拔一批高潜能员工，这些员工要有优异的工作绩效和较强的工作能力，并通过一定的测评。第二阶段接受一系列开发活动，如教育、行政指导和训练、岗位轮换、跨文化管理、模拟董事会等开发方式方法，不断提升他们的人际交往能力、组织能力、领导能力等。第三个阶段由组织的最高管理委员会来确认这些员工的管理能力能否胜任更高岗位，同时要确认他们是否适应公司文化以及对公司的责任感。

关于继任者计划最为典型的案例当属通用电气 CEO 杰克·韦尔奇的接班人选拔。1993 年，韦尔

① 雷蒙德·A.诺伊，约翰·R.霍伦贝克，巴里·格哈特，等. 人力资源管理基础. 刘昕，译. 北京：中国人民大学出版社，2011：272.

② 赵曙明，张正堂，程德俊. 人力资源管理与开发. 北京：高等教育出版社，2009：179.

③ 谢晋宇. 人力资源开发概论. 北京：清华大学出版社，2006：190.

奇提请 GE 董事会正式决定，他将于 2001 年 65 岁的时候退休。1994 年春天，GE 公司正式启动选拔韦尔奇接班人的工作。韦尔奇亲自为这项意义重大的工作，规划了四项基本指导原则，归纳出一名“理想的 CEO”应该具备的条件和要素，还认真地为每一位候选人设计了一个量身定制的个人发展计划，特别是对 16 位有发展潜力的候选人，详细规划了他们从 1994 年至 2000 年的培训培养和职务升迁计划。经过长期的培养和评估，1998 年底，韦尔奇和 GE 董事会一道，确定了最后的三位候选人：杰夫・伊梅尔特、鲍勃・纳代利和吉姆・麦克纳尼。最后的淬炼和抉择是在 2000 年 11 月 24 日，GE 公司董事会通过正式决议，一致选举杰夫・伊梅尔特为新一届董事长兼 CEO。当天晚上，韦尔奇连夜连续飞行，亲赴三地当面把最终结果告诉了每一位候选人。此后，韦尔奇亲自出面，为落选的两位候选人推荐新的工作机会。2001 年 9 月，杰夫・伊梅尔特正式接任 GE 公司董事长兼 CEO，杰克・韦尔奇，这位“全球第一 CEO”，正式退休。

4．教练制

教练制开发方法是陈述和分析人们如何使用一项具体技能或帮助人们提高或改善其工作绩效的一个过程。教练是导师、辅导者、支持者或者说是工作伙伴。教练的目标是指在当前基础上如何提升人的能力。教练式培训的目的就是将掌握该领域知识和基本技能的雇员训练成高水平的、有很强胜任力的雇员。教练式开发法的实施主要按照调查测评、开发课程、现场授课、统一考试、教练辅导、行动计划、自我教练、效果评估的流程。

英特尔有许多计划与措施来进行领导力培训，其中之一就是教练制，公司指定有经验的资深人士与高层主管作为被培训人的教练或伙伴，一对一进行结对，由比较有经验的人为员工提供管理咨询，从而达到培训员工、提高员工综合领导力的目的。

5．委员会任命①

指派有前途的员工进入重要的委员会，能够给他们一种开阔的视野，帮助他们了解品行、重大问题及管理组织的程序，如指派雇员进入安全委员会，可能使他们具备主管所需要的安全知识，而且他们可能会经历涉及维持雇员安全意识的问题。但是，经理们也要意识到委员会任命也可能会成为浪费时间的活动。

6．“助理”岗位

很多组织为了培训更高级管理人才，往往会在高级岗位增设一些“助理”职位，它是直接位于经理之下的职位。如大学里的校长助理、院长助理；企业中的总经理助理等，通过这些工作，员工能够与杰出的经理们在一起工作，通过言传身教，观察模仿等不断提升自己的管理才干。另外，有些企业会设置初级董事会、管理委员会等小组，员工通过承担和处理富有挑战性的任务，丰富自己的工作经验。

11.4 领导力开发培训

领导力是一种复杂且不易鉴别的能力，包括领导过程中领导者与追随者的共同行动所产生的一系列可能的结果，目标的完成、个体对目标承诺的实现、团队凝聚力的增强以及企业文化的提高等。领导力开发本质上属于管理开发，但是具有一定的特殊性，即它是针对特定的具有潜力的、核心的、管理层的员工进行的管理开发培训。世界 500 强企业都非常重视领导力开发，日本经营之神稻盛和夫倡

① 罗伯特・马希斯，约翰・杰克逊. 人力资源管理（第 13 版）. 赵曙明，周路路，译. 北京：电子工业出版社，2014：200.

导的阿米巴经营模式，即领导力开发、企业文化和现场管理，无疑证明了领导力开发对提升企业竞争力和可持续发展的重要性。

11.4.1 领导力的概念

关注的角度不同，对于领导力的理解也不尽相同。有关领导力的定义是多种多样的，美国学者约翰·安东纳基斯等所著的《领导力的本质》一书对领导力的定义是：领导者和追随者互相影响过程的本质，因之产生的结果，以及领导者个性和行为、追随者认知和领导者信用及其环境等是如何决定这一过程的。美国国务卿鲍威尔将军将领导力定义为：领导力是一门艺术，它会完成更多管理科学认为不可能的东西。邱霈恩在《领导创新》中提出：领导力是由领导素质、领导体制、领导环境和一定的物质基础等多种因素综合作用所产生出来的一种最高组织作用力。尽管不同的学者对领导力的看法各异，但是各观点之间也有一些共同点：领导力也可以说是影响力，是一个人对其他人施加影响，使其追随、服从他的领导，按照他的想法或者指导而行动的能力。领导力是一种个人能力，领导力的存在目的是激励人们更好地完成组织使命，领导力不是权力，而是一种非命令式的影响力。

综上所述，我们认为，领导力是指一种影响力，领导力作为社会交互作用的一种要素，它能使人们超出常规标准，高质量地完成任务。领导力主要包括洞察力、决断力、亲和力、激发力、凝聚力、学习力、影响力、应变力、创新力和执行力。

领导力一般具有五个特点：一是柔性。重视应用软权力来发挥作用。二是双向性。特别注意领导者与追随者之间的相互影响和及时回应。三是人性化。在关注工作、关注利益的同时，更突出以人为本的思想，更关注人的情感、人的快乐、人的价值和人的发展。四是叠加性。在应用权力的同时，更注重领导者自身的品德、个性、专长、能力、业绩等方面软权力的叠加作用和放大作用。五是艺术性。即讲究科学，讲究遵循规律，更强调创新，强调权变融合，强调领导艺术的巧妙运用。

11.4.2 领导力的模型

领导力模型来源于胜任力理论，它是指企业针对特定管理岗位或群体开发的能够驱动优异绩效的素质指标组合，也是企业特定管理岗位或群体中的绩效优异者所具备的一系列素质指标。领导力模型针对的对象既可以是一个具体的岗位，如市场总监、人力资源总监等，也可以是某个特定人群，如企业的高层管理团队、中层管理团队、基层管理团队等。

根据领导特质理论，如果人们对以上的特质不是停留在感觉的层面、印象的层面，而是把它们抽象出来，就会构成一个领导力模型。关于领导的特质能力，很多学者和企业给予了概括，但一般包括以下能力：第一，学习力，是领导人超速的成长能力的构成。第二，决策力，是领导人高瞻远瞩的能力的表现。第三，组织力，即领导人选贤任能的能力的表现。第四，教导力，是领导人带队育人的能力。第五，执行力，表现为领导人的超常的绩效。第六，感召力，更多地表现为领导人的人心所向的能力。

11.4.3 领导力的测评

为了提升员工的领导力，首先要知道他目前的领导力水平，这可以借助一定的领导力测评工具来实现。

1. BEI 访谈法

BEI（Behavioral Event Interview）法，又称行为事件访谈法，是指以获取有关被访者行为事件为主要目的的访谈法。领导力测评过程中，BEI 访谈是最为常用的方法。在领导力测评中应用 BEI，对测评师的要求非常高，这种要求不仅体现在技术上，而且体现在测评师的经验和业务背景上。

2．文件筐测验的试题设计

该方法也要求测评师对企业的运营、领导者的工作条件与工作环境有深入的了解和掌握。文件筐中各子文件之间是有关联的，系统性非常强，如果对企业的整体运营没有深入的了解和掌握，是很难设计出高效度的文件筐测试题的。

3．领导力 360 度评价

日常所用的 360 度评价主要采用问卷的方式。问卷法有其优势，但是在领导力测评中，特别是高管的领导力测评中，使用问卷法显得过于笼统。在测评的准备阶段，测评顾问就深入企业，了解企业近年所发生的重大事件。这种以事件为依托的 360 度评价，比起用问卷法要求他人笼统地评价更加具体和具有针对性。

4．无领导小组讨论

这里的无领导小组讨论与针对一般人员而设计的无领导小组讨论主题不同。企业领导者所面对的讨论主题更多是业务运作、战略决策等。这种测评方法既可以观察测评对象的讨论内容和观点，又可以观察测评对象的互动过程。

5．标准化心理测验

标准化心理测验（Standard Psychological Test）方法是通过一套标准程序建立测验内容，制定评分标准，固定实施方法，而且具备主要的心理测量学技术指标，并达到了国际上公认的水平，才能称为标准化测验。

心理测验的方法很多，临床工作者如何选用测验方法是很重要的，一般选择的原则如下。

（1）根据临床或科研工作的不同目的，如心理诊断、协助疾病诊断、疗效比较、预后评价、心理能力鉴定等，选择测验方法，或组合多种测验方法来满足不同的要求。

（2）选择常模样本能代表被试者条件的测验，比如被试者年龄、教育程度、心理特点、居住区域等必须符合该测验的常模样本的要求。

（3）优先选用标准化程度高的测验及结构化程度高的测验。

（4）选用国外引进的测验时，应尽可能选择经过我国修订和再标准化的测验。

（5）主试者应选用自己熟悉和具有使用经验的测验。

总之，领导力的测评方法很多，从效度来看，最高的方法和工具体系是评价中心，即对上述方法的综合运用，同时包括辩论赛、演讲、角色扮演等。操作规范的评价中心，其效度可以达到 0.6 以上。针对不同的测评内容，综合选择不同的测评方法。同时在不同的测评目的和内容中，每种方法所占的权重也不同。利用多种方法综合测评某一项领导力，大大提高了测评的一致性和有效性。表 11-7 为某公司领导力测评工具矩阵表实例。

表 11-7　某公司领导力测评工具矩阵表

领导力	测评工具				
	BEI 访谈	文件筐测验	360 度反馈	无领导小组讨论	标准化心理测验
战略思考能力		★★	★	★★★	
商业分析能力	★★★		★★		★
结果导向能力	★★		★★★		★
冲突管理能力			★	★★★	★★
计划能力	★★	★★★			★★

注：“★”的数量越多，代表该种测评工具在测评某项领导力时所占的比重越大。

11.4.4 领导力的开发流程

领导力开发关注于如何为领导者提供一种自我发展和提升经历。领导力开发流程一般包括经营诊断，领导评测，计划设计，计划实施，后续支持，效果评价等环节。

（1）经营诊断。经营诊断是领导力开发的第一步，主要是为了弄清楚实施领导力开发的原因。这一步骤的关键是对实施领导力开发达成共识并形成紧迫感，同时树立一个为管理者所支持的愿景目标。所有的领导力开发计划都把建立模型作为核心任务，最好的模型代表了组织及其领导者的形象和抱负。在这一步骤中，会运用到多种分析方法，比如 SWOT 分析法、现场调研法、焦点小组访谈法、内容分析法等。

（2）领导测评。根据领导才能的模式和定义，评估领导者的实际能力、工作作风和爱好等，帮助领导者个人了解自己的内心世界，了解自己真正缺少的是什么，要怎么样来开发和学习领导素质，同时，这也能帮助领导者制订个人发展计划和具体的行动方案，促进领导能力的提升。作为公司持续性计划的一部分，每年要依据这些能力特征对潜在领导者和所有的管理人员进行评估，这就为公司核心管理人员领导力的培养和开发打下了良好的基础。

（3）计划设计。计划设计是非常重要的一步，它的主要内容包括参与领导力开发计划的人员选择、开发时间和周期的确定、领导力特征模型的建立，以及围绕领导力特征所展开的一系列开发方式设计，如培训设计、行动学习设计、与高层员工的互动设计、学习效果反馈等。计划设计为计划实施和后续支持奠定了基础。

（4）计划实施。计划实施，这一步只需要调动组织内外资源，对计划进行有序的实施，为领导力开发创造良好的条件，保证领导力开发项目的顺利完成。这一步最关键的是组建行动学习团队，并用行动学习团队解决组织存在的重大问题。目前，行动学习在领导力开发中广为流行，已经成为继测评和辅导之后的第二大趋势。

（5）后续支持。好的领导力开发计划不只局限在教室里，它还要为参与者提供一系列的后续强化和支持。这一步骤主要是为领导力开发提供一些后续支持，以保证参与者能够将学到的知识有效地运用到具体的工作岗位上。所以，后续支持也是领导力开发计划的一个重要部分。

（6）效果评价。效果评价虽然是领导力开发的最后阶段，但是在这一阶段，组织还要弄清楚以下问题：如何进一步改进和强化领导力开发计划？如何消除实施领导力开发计划的障碍？如何把领导力开发所采用的方法、措施与开发的最初目标联系起来，以评价领导力开发是否成功？在回答了这些问题之后，我们必须进行领导力开发计划的改进和完善，以保证下次开发的效果会更好，而且每次改进就像一个 PDCA 循环，是一个永无止境的过程。

领导力开发的上述环节已被企业实践证明是行之有效的，许多优秀企业的领导力开发都采用了这种方法，如通用电气公司、摩托罗拉公司、联合信号公司等。在进行领导力开发的标杆研究时，也可以将以上六个步骤作为研究的切入点。

11.4.5 我国企业全球领导力的开发

1．我国企业全球领导力开发的紧迫性

（1）全球化竞争的日益激励。自中国加入世界贸易组织后，我国企业已经正真全面地融入到国际市场的竞争中。世界 500 强企业的 80%以上都进入了中国，其中大部分在我国设立了管理总部、制造基地以及研发中心或工程中心，在给我们带来先进技术和丰富管理经验的同时，也使我国企业面临巨大挑战。大部分中国企业在技术、人才、管理、产品质量与品牌以及领导力的胜任

方面还存在很大差距。随着国际资本和技术的大量涌入，中国很多产业都将"国际竞争国内化，国内竞争国际化"。特别是近年来，随着中国企业"走出去"步伐日益加快，对外投资额的持续增长成为中国投资实力的最直接印证。2014 年中国对外投资规模接近吸收外资规模，成为中国企业走出去新的分水岭，企业国际化运营进入新阶段。直接面向国际市场的企业以及走出去的企业日益涌现，人才国际化的进程日益加快，企业需要更多的具有全球胜任力的领导者。但是，在亚洲和中国，随着经济的爆炸性增长，无数企业如雨后春笋般出现并迅速成长，具有全球胜任力的领导者却严重短缺。

（2）我国企业领导者的现实挑战[①]。针对《财务》500 强企业的调查显示，85%的首席执行官认为他们的组织并没有充足的全球性的领导者，而拥有胜任力的全球性领导者是全球性企业成功最重要的因素。由此可见，我国企业领导者如何应对全球化竞争，提升自己的综合竞争力，并不断发展壮大，成为企业面临的现实挑战。

第一，素质不适应带来的挑战。当前，随着各国之间联系与交往的不断加强，特别是互联网技术的发展，拥有不同文化的国与国之间联系更加紧密，全球化进程的加快对领导者的素质提出了新的要求。但是，我们大多数企业都缺乏那种全球化的视野、战略的眼光和跨文化管理能力，缺乏通晓国际管理"游戏规则"的国际化人才。

第二，技能不适应带来的挑战。现有的企业领导者，包括一些上市公司的管理者，也包括那些大型的国有企业，对于现代化知识的掌握仅仅局限于一般的工程技术，对金融、证券、保险、会计、律师等专业管理知识普遍缺乏。

第三，结构不适应带来的挑战。由于我国市场经济发展与西方国家相比相对滞后，以及国有企业改革还在不断探索和深化中，企业高层次人才普遍缺乏，特别是适应全球化管理的高层次人才不多，而中低层管理人员过剩，这迫切需要我国企业摈弃短视思维，加强管理人员的领导力开发，以应对未来更加激烈的人才竞争。

2．全球领导胜任力的要素特征

全球领导胜任力主要包括五个层次[②]：

（1）基本理念。主要体现在没有偏见、开放、对含糊的宽容、世界大同主义、人际互动的开启、情感灵敏性、行为灵活性、善于调查、乐观主义、自信、从容的秉性、抗压能力、关系兴趣等。

（2）人际技能。在全球化背景下，领导者具备能够在国际的活动空间内进行深层交流、交往、对话、沟通和谈判的能力。同时必须对不同的文化、民族习俗、价值标准、思维方式能够予以充分熟知和准确把握。

（3）跨边界管理。具有全球胜任力的领导者不仅仅要在企业内部建立信任的团队，更需要突破企业的边界，与企业的利益相关者构建和谐的关系。在互联网时代尤其是移动互联网的到来，缩短了全球管理跨度，要充分利用构建网络社区（如微博、微信等），创新管理方式。

（4）制定符合伦理道德的决策。企业领导者的决策需要符合社会伦理道德，企业在考虑利润最大化的同时要担负它所承担的社会责任，守住道德底线。

（5）领导者的系统技能。在企业制定长期战略时要能够从系统的角度出发，不仅仅是企业本身是

---

① 赵曙明，刘洪，李乾文. CEO 人力资源管理与开发. 北京：北京大学出版社，2013：228-229.

② 罗伯特·马希斯，约翰·杰克逊. 人力资源管理（第 13 版）. 赵曙明，周路路，译. 北京：电子工业出版社，2014：204-206.

一个复杂的系统，也包括企业所处环境的更加复杂，包括与顾客、供应商、政府、竞争对手等。

3. 全球领导力的开发[①]

企业应当基于核心的全球胜任力甄选管理者，并制定一系列的人力资源开发政策和计划，来开发具有胜任力的全球领导者。在这一过程中，要对人进行根本性的改变，只有将人置身于能够提供相关催化剂的情境中，这种改变才会发生。全球胜任力开发需要从软和硬两个方面来着手实施。

（1）全球胜任力开发的硬件基础。一是语言。这是全球领导者的必备条件之一，能与外籍人士进行顺畅的沟通是完成工作必须的要求，可以通过参加各种外语培训达到。

（2）专业。他们应该是专业化的代表，具有战略思维能力，先进的管理理念和丰富的实践经验。如全球企业的战略管理、中外企业的管理差异、国际商业环境和规则等。

（3）思维全球化。具有全球胜任力的领导者必须在思维上彻底改变，培养自己谋篇布局的大局观念，能够广泛地与各国同事合作，从人际交往中获得更多的知识，搭建国际范围内的社会资本，这需要领导者具备持续不断的学习能力。

4. 全球胜任力的软件核心

（1）跨文化。全球领导者要不断提升跨文化管理能力，既要了解中国本土的文化，更要了解世界各种的文化、风土人情和国际商务礼仪，这样才能在国际商务活动中游刃有余。具体可以进行东西方文化的差异、国际商务礼仪等方面的课程培训。

（2）全球化视野。全球领导者还要有全球化的视野，深入了解海外优秀企业的运作模式和最佳实践。闭门自封是不行的，要培养自己“走出去”，在全球范围内进行学习、模仿、创新，这是中国企业领导快速走向全球化的一条捷径。具体包括到海外企业去实习、去海外企业参观交流、海外短期外派学习等。

【启发与思考】

扫一扫→海信集团新员工入模子培训——橙色动力

【思考练习题】

1. 新员工导入培训的主要内容是什么？为什么这样设置？
2. 核心员工培训和开发的步骤有哪些？如何实施？
3. 如何对基层管理人员进行培训？培训的内容有哪些？
4. 什么是管理技能？人际技能如何构成？如何进行人际技能培养？
5. 管理开发的方法有哪些？各有什么特点？
6. 什么是领导力？领导力的开发流程是什么？
7. 领导力测评的技术有哪些？各有什么特点？
8. 什么是全球领导力？为什么我国企业进行全球领导力开发非常紧迫？

---

① 罗伯特·马希斯，约翰·杰克逊. 人力资源管理（第13版）. 赵曙明，周路路，译. 北京：电子工业出版社，2014：207-208.

【模拟训练题】

A 集团是一家从事高科技产品开发、生产和研究的大型企业，以生产和经营高科技、绿色环保、拥有广阔市场前景和发展空间的强化木地板为主营产品。目前集团正向专业化、网络化、多元化方向发展。

公司现在需要对人员进行培训，但不知道如何分类比较好，请你对人员培训与开发做出分类，并说明各自的内容要点和注意事项。

各类人员培训与开发指导手册

序号	人 员 类 型	培训与开发要点	操作注意事项
1	新员工		
2	核心员工		
3	管理人员		
4			
5			

【情景仿真题】

B 公司是一家医疗器械生产企业，在行业中一直处于领先地位。你是公司人力资源部负责培训的工作人员，现在公司需要对销售序列的核心员工做培训，但不知哪些课程对这些销售骨干的能力提升起到较大的作用，人力资源经理委任你去做这项课程安排工作，并简要说明原因，你有两周的时间完成此任务。

销售核心员工培训课程安排表

等级	初级		中级		高级	
	课程名称	课时	课程名称	课时	课程名称	课时
培训课程	销售沟通及技巧	2	大客户管理技巧	2	区域管理技巧	2
	销售礼仪	2	如何进行专业谈判	2	销售团队的管理	2
	(　　　)		(　　　)		(　　　)	
	(　　　)		(　　　)		(　　　)	
	(　　　)		(　　　)		(　　　)	
	……		……		……	

原因说明：

第12章 互联网时代下的培训

学习目标

1. 了解互联网对企业培训的影响。
2. 熟悉什么是E-Learning，它是如何发展的，以及特点有哪些。
3. 掌握如何进行E-Learning的内容开发。
4. 了解什么是慕课，它的特点是什么，以及未来的发展趋势。

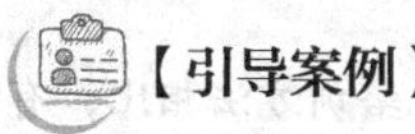

【引导案例】

越来越受欢迎的E-Learning培训

IT产业的迅速发展，特别是互联网的发展为我们的生活提供了更加便捷的途径，特别是目前依托互联网产生的各种新颖的工具，对工作、学习的影响越来越大。人力资源培训与开发也越来越受到这种新形势的影响，一方面体现在培训的方式、方法和技术上，另一方面则是E-Learning已经被越来越多的企业所接受和采纳。

1. AA公司——E-Learning培训体系

AA公司是一家以电力行业软件开发为主要经营内容的企业，公司在2010年年底成功上市，在电力行业的软件开发市场中占据非常重要的位置。

新年伊始，为进一步加强对员工的培训，使定期举办的培训项目变为员工生活中的一部分，公司特别建立了培训中心，并以目前市场上正在推行的E-Learning为主要授课方式。在课程开发上，一方面选择了企业原有的一部分课程，另一方面从供应商手中购买了一部分课程，并通过企业内部网和外网搭建了公司E-Learning培训体系。

通过E-Learning培训，不仅可以让员工在家中学习，而且在外地分公司也随时能享受总部提供的资源，大大降低了培训的成本，不再像以往由公司派遣一位或几位培训讲师远赴外地。而且，E-Learning培训课程有自己配套的考核体系，如果员工不能通过，就必须重新学习，直到达到通过标准。这样也为员工的培训效果转化和评估绩效考核提供了一种手段。

2. 安利——用E-Learning带来培训革命

对于一个拥有20万营销大军的安利而言，进行组织学习是件很困难的事情，传统意义上的“教育”是知易行难。要想在统一的时间、地点将他们集中起来，并非易事；而培训规模的局限性，则使其更难以惠及广大基层的从业人员。为此，安利（中国）早在2004年初，就开始探索一种面向基层营销人员的、便捷、系统又易于管理的全员教育新模式。2006年1月20日，国内同行业第一个E-Learning教育培训网站“安利（中国）教育网”开通。

E-Learning带来安利全员教育的革命。虽然开通仅有短短的五个月，安利（中国）教育网却展现出了E-Learning教育的魅力。（1）我的学习，我做主。学员在任何时间、任何地点，只要通过一台能够上网的电脑，即可点击登录开始学习。他可以随时离开教室，更可以自由进入教室继续上次中止的课程，或选择自己感兴趣的内容进行反复研读。（2）专业课程，可以边“玩”边学。教育网的课程内容系统完善。营销人员不但可以全面地了解产品知识，还可以学到销售的技能和与人沟通的礼仪，更可以树立正确的从业心态，靠自己的辛勤劳动和真诚服务去实现人生目标。课程设计充分考虑成人的学习特点，借助图表、漫画、音视频、FLASH 动画等生动的多媒体技术手段，采用角色扮演、情景模拟、场景对话、案例分析等互动教学方式，使学员置身于一种人性化的轻松氛围中，能够在“例中学”“玩中学”，从而加深理解，快速掌握知识和技能。(3) 全程辅导，老师随叫随到。教育网具有人性化的学习管理和教学辅导功能。学员的学习情况，如是否成功登录、学习到了哪一个章节、有什么样的学习习惯，是否通过了标准的测试和考核、成绩如何等，都被记录在系统平台里，可以根据需要随时调用。

（资料来源：根据 http://www.hroot.com/contents/112/88418.html 提供的素材整理而成。）

案例分析：

1. 结合案例，你认为 E-Learning 培训的优势在哪里？
2. 对于 AA 和安利公司来说，实施 E-Learning 培训的前提条件有哪些？
3. 每种培训方式既有优点，也有不足，你认为 E-Learning 培训与传统培训方法相比，有哪些不足？

21 世纪以来，在信息技术的强有力支持下，互联网得到了迅速的发展，并将人们的生活、学习、工作带进了一个崭新的时代，即人们称之为的互联网时代。互联网缩短了世界各地之间的距离，加快了信息传播速度、提高了劳动生产力，并不断对包括培训与开发在内的人力资源管理各项职能进行冲击和重构，因此，积极适应互联网时代的机遇和挑战成为企业培训与开发的新的发展趋势。

12.1 互联网对培训的影响

在互联网时代，人的社会属性在增加，组织属性在减弱，组织更加需要人才，而人才在减少对组织的依赖。员工培训与开发也正在追求自主化，组织更多的是引导培训方向，而员工自主选择提升路径。例如，用友提出“直面互联网时代对人的学习方式的改革”，主张“员工无时无刻不在学习，工作中学习和社会中学习是学习的常态；在组织培训的过程中，强调培训师需要快速形成解决问题的建议或方案，让学员在课堂中积极练习并应用”。因此，不管我们承认与否，互联网对企业培训与开发的影响已经更加明显。

12.1.1 互联网对企业培训的影响

1．学习与培训成为个人成长的必然

在以互联网为代表的知识经济时代，各种知识、信息、技能等日新月异，昨天刚学会的东西，可能到了明天就过时了，这要求员工通过持续学习不断更新和优化知识结构、不断提高各种专业技能、不断培育创新意识和创新能力。学习与培训成为各层次人才的内在需求，相比于过去，互联网时代企业员工的学习意愿更加强烈，也更加必要。

2．培训的主动权发生转变

传统培训管理模式下，企业是培训管理的主导者。但是，互联网时代是一个彰显个人主权的时代，人们对于自我选择权利越来越重视，员工想学什么才会学什么，在学习与培训中逐渐占据主导地位。尤其是移动互联的到来，人们的时间高度碎片化，等饭前、上下班路上这样的碎片时间都成为人

们学习的时间。

3．学习资源丰富多样，获取成本低

网上资源极度丰富，它汇聚了全球各地的资源，微博、微信等自媒体的发展促进了专业知识分享。而这种分享精神导致了学习资源获取成本降低，很多资源网上免费获取，或者花极低的价格就可以获得学习资料。

4．培训内容更加多元化、具体化

互联网时代下，企业问题变得越来越复杂，培训需求也从“集中化”转向“碎片化”，其类型、内容、形式等也都将发生改变。培训内容更加多元化，培训市场上的培训产品也将更加丰富。同时，这种培训需求的分散化和培训内容的多元化，也越来越需要培训具体化，试图通过几次培训把所有需求点覆盖，完成培训任务几乎不可能。

5．人才培训标准突出塑造“多专多能”型人才

在互联网时代，企业人才标准将发生明显改变，以前“一专多能”型人才备受企业青睐，而在互联网环境中企业更需要“多专多能”型人才，也就是说企业需要能够胜任多种不同类型工作的复合型人才，面对不断变化的市场，因此不同类型、领域的培训开始相互渗透与融合，这与企业发展变化过程相吻合。人才标准的改变将导致企业培训体系发生根本性改变，培训目标是提升人才的价值，虽然这不是单纯通过培训所能实现的，但是企业培训必须为人才价值创造必要条件。

12.1.2 互联网时代下的企业培训变革

1．转变培训理念，强化客户思维

客户思维是互联网思维的核心，因此，互联网时代的培训绝不是简单将线下视频线上化，而是要转变培训理念，学员是培训部门的客户，如何让学员愿意学、容易学是企业培训管理者需要思考的问题。让学员参与到培训体系设计、运作过程中来，学员可以自主选择自己喜欢的讲师、喜欢的课题，并且可以实现定制化，主动提出自己的学习要求，学员成为企业培训课程体系中的一部分。

2．创新培训方法，改变培训形式

在互联网时代，员工的知识实际上大部分是通过非正式的学习获得的。在传统的培训管理工具及理念下，企业很难实现对非正式学习的掌控，而在互联网时代，通过信息技术实现非正式学习的掌控已经不再是难事，企业需要解决的是建立学习平台、提供学习资源，学员根据自己的需要、时间和习惯自己选择学习时间及内容，有利于充分利用员工的碎片化时间，提升学习的兴趣，真正实现从“要我学习”到“我要学习”的转变。例如，现在比较流行的非正式学习方式有利用微信公众平台，培训部门可以充当搬运工和过滤器的作用，对各类学习资料进行筛选，甚至二次加工，形成适合企业的资料，并结合季节、公司活动等进行推送；也可以建立微信群/QQ 群等公司内部学习群组，引导学员进行讨论，每天分享观点/概念、话题、案例，避免杂乱、无序的交流等。

3．挖掘大数据信息，提高培训需求分析准确性

传统培训大多根据培训需求调查得来，误差较多，而在互联网时代，可以充分借助大数据进行分析，比如通过分析员工学习方式、学习资料点击数据，了解员工的强项、弱项以及学习方式，有针对性地设计培训课程和提供培训资料，从而提高培训的针对性。

4．强化社区学习，提升学习兴趣

社区平台是互联网时代的又一特点，它将学习与社交相联系，增强了学习的娱乐性，提高了员工的学习兴趣。虽然传统培训也有班级的概念，但是这种社交概念毕竟受空间的限制，难以实现真正意义上的社群化，员工的学习行为还仍然处于封闭状态，企业很难主动对员工进行引导。

而互联网时代，虚拟社群可以实现无缝对接，无论在任何地点、任何场合，都可以实现相互之间的交流、共享、求助，而且企业可以对社群进行主动引导，强化社群的分享、讨论功能，打造真正意义上的学习型组织。

5．扩大学习资源渠道，积极发挥“员工即是老师”的潜能

传统的培训模式下，挑选精英人士给大家培训，往往受企业人才队伍现状的限制较大，而那些精英人士还未必愿意分享。企业可利用众筹模式，增加资源来源渠道，不少员工都有自身的优点，只是缺乏机会和平台来进行展示，而且一些员工并不擅长在台前展示，通过网络虚拟空间，可以让员工上传视频或者文字，实现众筹。此外，充分挖掘互联网中的学习资源共享平台。例如，近年来出现的慕课（MOOCs），一个为大量学习者提供海量无限制访问的在线课程资源的平台，更是扩大了企业学习资源渠道。对企业和员工而言，慕课平台以其自主选择、自媒体传播、案例教材自产自销、自播自录学习共享、互动共享社区等全新模式，带来了一场新的学习革命。更为关键的是，以往在互联网上寻找高品质的相关培训资料可能是非常困难且价格昂贵的。不仅如此，大多数学习组织研发的学习网站通常都会禁止外部人员访问，或者是交费后才能访问。然而，慕课允许外部人员可以随时并且（大多数情况下）免费使用网站资源。这就为企业提供了一个良好的机会，使其避免耗费大量资源重复培训。

12.2 E-Learning 课程开发与运营管理

自 1998 年以来，E-Learning 在全球得到了快速发展。E-Learning 的低培训费用、个性化学习、终生学习、交互式学习、体验式学习成为其迅速发展的推动力。近年来，随着互联网及相关产品的进一步开发、普及和商业化，E-Learning 已经成为互联网时代下不可或缺的培训方式之一。

12.2.1 E-Learning 的概述

1．E-Learning 的内涵

广义地讲，E-Learning 是指电子化、数字化或互联网化学习。狭义地讲，E-Learning 指互联网化学习。当前，互联网对人们工作和生活的影响越来越大，特别是在学习方面，日益成为一种主流的学习方式。对于企业来说，E-Learning 是一种学习与绩效提升的解决方案，它通过网络等技术实现学习的全过程管理（设计、实施、评估等），使学习者获得知识、提高技能、改变观念、提升绩效，最终使企业提升竞争力。

E-Learning 的英文全称为 Electronic Learning，国内根据其不同的含义分别译为“电子（化）学习”“网络（化）学习”“数字（化）学习”等，不同的译法代表了不同的观点。其中，电子化学习强调的是通过电子化手段进行的学习活动；网络化学习强调的是基于互联网的学习；数字化学习强调在学习中要把数字化内容与网络资源结合起来。E-Learning 最大的特点就是充分利用了 IT 技术所提供的全新的沟通机制与丰富资源的学习环境。E-Learning 课程就是借助 E 化平台和技术而实施的课程。

综上所述，我们认为 E-Learning 是由网络电子技术支撑或主导实施的教学内容和学习，它是网络与信息科技（指学习管理系统 Learning Management System）、教学内容和学习技术的完美结合。E-Learning 是一种全新的学习活动，它充分利用了现代网络信息技术所提供的具有全新沟通机制和丰富资源的学习环境。

E-Learnin 一般包括因特网在线学习和内部网在线学习两种基本方式。另外，在企业中的应用级别可分为部门和企业两个层次。部门级主要指 E-Learning 作为企业培训的方式，可帮助企业完成培训任务的目标。在满足部门级培训业务的基础上，E-Learning 逐渐发展到企业级，也就是指 E-Learning 已经成为企业发展的重要战略措施，已经成为企业知识管理和人力资源培训发展的一个重要手段。

2．E-Learning 的特点

E-Learning 作为一种新型的培训方式，与传统的培训方式相比，既具有优势，也存在不足。

（1）E-Learning 的优点。一是知识的网络化。学习的知识不再是一本书或几本书，在数据库技术的支持下，知识体系被重新划分，学习内容进行重新组合。二是学习的便捷性。学员可灵活选择学习内容、学习进度、时间和地点，可以利用空余时间进行，不用耽误工作。三是学习的有效性。可充分利用网络上大量的声音、图片、影音文件等资源，增强教学的趣味性，提高学习效率。四是内容更新的及时性。电子课件的内容易被修改，无需重新准备其他教材或教学工具，这一优点使 E-Learning 能够跟上知识更新和技术发展的速度。五是培训的即时性。传统的培训要编制培训教材、安排培训场地并组织考试、做好后勤，E-Learning 方式下，可动用 E-Learning 解决方案让培训实施人员几乎在即时模式中完成上述工作。六是成本的节约性。E-Learning 培训方式可以削减各类培训费用（如学员和讲师的交通费用、生活费用）和时间（往返的旅程时间），大大降低了培训成本。七是管理的全程性。E-Learning 对整个培训过程进行电子化管理，包括需求分析、培训课程安排、学习跟踪、培训评估都可以通过 E-Learning 系统来及时反馈。

（2）E-Learning 的不足。E-Learning 由于自身技术特点，也存在一些不足。例如，建设 E-Learning 系统需要大量的启动资金，包括网络开发与建设、设备购置、电子课件开发等。E-Learning 实践功能薄弱，主要适合知识方面的培训，不适用于一些技术、技能方面的培训，如人际沟通能力、操作性技术等。E-Learning 缺乏面对面的沟通与交流，拉大了人与人之间的距离。E-Learning 课件的版权保护方面，目前尚无很完善的措施，需要进一步加强。

3．E-Learning 的架构

企业 E-Learning 的架构，即 E-Learning 体系，是企业培训和员工学习的重要保障，它包括 E-Learning 技术体系、E-Learning 内容体系和 E-Learning 运营体系三大部分。

（1）E-Learning 技术体系。是指企业 E-Learning 系统所涉及的软硬件系统，主要包括 E-Learning 平台系统和硬件环境系统。E-Learning 技术体系建设是建设企业 E-Learning 体系的第一步，也是企业 E-Learning 得以实施的技术保证。

E-Learning 平台系统，主要包括学习管理系统（LMS）、知识管理系统（KMS）、虚拟教室系统（VCS）和在线考试系统（OES），各子系统功能如下。

① 学习管理系统（Learning Management System，LMS），也称为在线学习系统，是 E-Learning 学习的基础管理系统。一般来说，LMS 主要包括以下功能：管理教育培训流程；计划教育培训项目；管理资源、用户和学习内容；跟踪用户注册课程和学习过程数据管理；支持 SCORM、AICC 等课件标准。

② 知识管理系统（Knowledge Management System，KMS）是一套对知识管理活动的各个过程进行管理的软件系统。为了提高组织的发展和竞争能力，KMS 通过建立技术和组织体系，对组织内外部的个人、团队进行以知识为核心的一系列管理活动，包括对知识的定义、获取、储存、学习、共享、转移和创新等。

③ 虚拟教室系统（Virtual Classroom System，VCS）是以建构主义理论为基础的，基于互联网的同步教育模式。它能实现实时视频点播教学、实时视频广播教学、教学监控、多媒体备课与授课、多媒体个别化交互式网络学习、同步辅导、同步测试、疑难解析、BBS 讨论、远距离教学等功能。

④ 在线考试系统（Online Exam System，OES），也称为考试管理平台，是用来进行在线考试管理的一套软件系统。它利用计算机及相关网络技术，实现智能出题、智能组卷、智能考务、智能阅卷和智能统计等，优化考试管理。

（2）E-Learning 内容体系。是指企业 E-Learning 系统的规划与建设，即课件库、媒体素材库、题库、案例库和网卡课程等学习资源的规划与建设。内容体系建设是建设企业 E-Learning 体系的第二步，也是无止境的一步。

E-Learning 内容体系的规划对企业来说非常重要，它为未来学习内容的持续开发和建设搭好了框架。构建 E-Learning 内容体系可以采用四种模式：①以培训对象为中心的学习内容体系建设。②以解决某一专项问题为中心的学习内容体系建设。③以解决绩效差距为中心的学习内容体系建设。④以支持某种（战略或业务）为中心的学习内容体系建设。

（3）E-Learning 运营体系。是指企业中负责 E-Learning 系统运营和管理的人员配备及组织机构建设。运营和管理 E-Learning 的组织机构通常为企业的培训部门或者是企业独立的网络学院、企业商学院等。

随着 E-Learning 应用的深入开展，企业中的各级业务部门也将成为企业 E-Learning 应用的直接推动者和使用者。培训部门的职责将演变为提供应用方法和支持服务，从培训职能向学习服务职能转变。表 12-1 为企业各部门在 E-Learning 运营中的参与管理要点。

表 12-1　E-Learning 运营中相关部门的参与管理要点

相关部门	参与管理要点
培训部门	日常业务运营管理、课程内容开发、项目运作及整体推动
技术部门	E-Learning 系统运营、维护、升级；学习者技术支持
人力资源部门	绩效管理接口、监督管理
业务部门	管理部门内部在线学习项目运作、管理团队学习

4．E-Learning 的发展

（1）E-Learning 的兴起与发展。在 E-Learning 的发源地美国，自从 1999 年在美国加州的 Online Learning 大会上第一次提出这个概念以来，电子化学习的应用一直保持一个很高的增长速度。美国 92%的大型企业已经或开始采用 E-Learning 中的在线学习系统，其中 60%的企业已经将 E-Learning 作为实施培训的主要辅助工具。据 IDC（互联网数据中心）的估计，E-Learning 方式将占企业培训总量的 40%，而传统的教师训练将下降至 60%。互联网时代的到来，更是助推这一方式的发展，据 ASTD（美国培训与发展协会）预测，未来雇员人数超过 500 人的公司中 90%以上都将采用 E-Learning 方式进行培训。

（2）E-Learning 在我国的发展。1999 年开始研究 E-Learning 在企业的应用。2001 年国外在线学习公司进入我国。2002 年开始，很多国内大型的金融、通信企业开始采用 E-Learning 在线学习，如工行、太平洋保险、中国移动、中国电信等企业。2004～2006 年，E-Learning 在我国处于加速发展时期，市场上也出现了一些能够提供较好内容和服务的供应商。2007 年以来，随着大型企业持续不断地应用 E-Learning 和大量中小企业对其的了解和尝试，E-Learning 在我国迎来了一个大发展时期。目前，在中国，本土化的企业进行 E-Learning 培训的并不多，而跨国公司，如 LG、西门子、三星、摩托罗拉、安利等，都从 E-Learning 培训中获益。但是，慕课、社区等互联网学习平台的出现为我国 E-Learning 的发展注入了新的活力，其模式正在不断创新和完善。据预测，未来的几年内，E-Learning

培训将会在中国迅速发展起来，尤其是员工人数在 500 人以上的企业将更倾向于用 E-Learning 这种方式培训自己的员工。

5. E-learning 与互联网教育培训

E-Learning，又称电子化学习，是指通过计算机、网络等数字化方法进行学习与教学的活动，它充分利用 IT 技术具有全新沟通机制与丰富资源的学习环境，实现一种新的学习方式。

关于互联网教育培训，这是教育与培训未来发展的一种新趋势，虽然未来细节不清晰，但是它从根本上是用互联网的技术和思维实现教育与培训的目标。它的特点：一是在互联网下，能够个性化推荐，真正做到"因材施教"；二是网络最大的优势就是资源共享，因此互联网教育培训的基础知识免费，增值服务收费；三是随时随地让用户在各种终端和网络的环境下随时随地地接入学习，并实时反馈，随时测验；四是知识内容完整、结构化，表现形式丰富（超文本），并可以公共编辑；五是能够实现 P2P 互动，用户之间的切磋交流甚至竞争、PK 都是对学习的促进。

由此可见，E-Learning 是电子化学习，而互联网是是电子化的一部分，培训又是学习的一部分。因此，E-Learning 与互联网已经融合在一起，利用创新和新技术应用，结合教育培训领域的专业知识和经验，E-Learning 正积极提供新一代学习云计算整体解决方案，推进个人职业生涯发展、最大化提高员工学习效率和工作效率。

12.2.2 E-Learning 的内容开发

E-Learning 通过网络等技术实现学习的全过程管理（设计、实施、评估等），使学习者获得知识、提高技能、改变观念、提升绩效，最终使企业提升竞争力。

1. 选择适合 E-Learning 的课程

借助 E-Learning 培训平台可以缓解工学矛盾，达成全员全程培训，同时也便于学员随时、随地、随人、随"机"学习。但是 E-Learning 也存在建设资金巨大、实践功能薄弱、版权无法得到保护等问题。E-Learning 只是一个平台，一个培训管理的工具，并不是所有的内容都适宜用 E-Learning。图 12-1 列出了适用于 E-Learning 的主要内容。

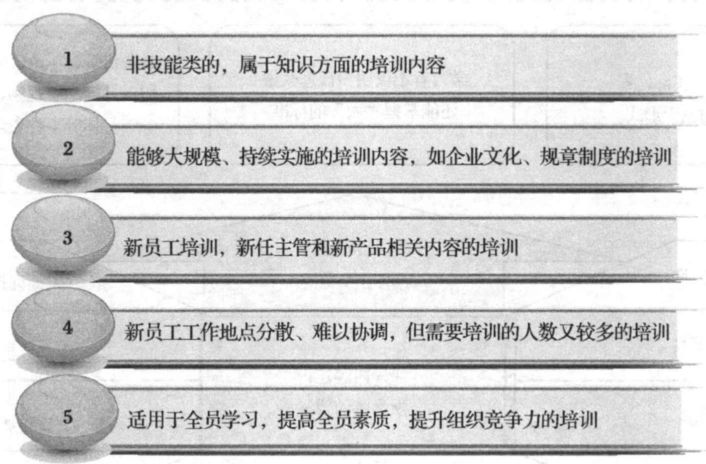

图 12-1　适用于 E-Learning 的主要内容

2. E-Learning 课程体系建设

企业培训部门的人员在设置 E-Learning 的培训课程时，首先要设计出培训课程的体系，使得整个培训课程脉络清晰。

（1）在 E-Learning 课程体系建设时，要考虑如下因素：①态度，指员工的内心想法，并因此表现出来的行为。如新员工心态的转变、企业在职员工的主人翁精神等，企业在设计课程时可从企业文化等方面去设计。②行为，包括个人行为和组织行为。个人行为如日常工作是否符合标准，组织行为如企业日常的行为准则，企业在设计课程时可从工作标准等角度去设计。③岗位，指岗位所需要的知识、经验、技巧等方面。④能力，指员工所需要的如学习、管理、沟通、协调、计算机操作等能力。⑤发展，包括个人职业发展与组织的发展。培训管理者需要注意，从这五个角度出发去设计培训课程体系时，受训者的岗位及身份不同，课程的侧重点也应不同。

（2）E-Learning 课程体系建设的方式及适合课程的类型，如表 12-2 所示。

表 12-2　E-Learning 课程的建设方式

建设方式	方式说明	适合课程类型
自主开发	组织自行开发的在线课程。自主开发课程有利于充分考虑本组织的实际要求，将组织中大量的内部专业知识和隐性知识通过课件制作工具制作成适合组织的课程，这类课程在组织课程体系中所占的比例较大	适合制作容易、生命周期短、成本低的课程
直接采购	直接向课程内容提供商采购在线课程。采购的课程类型主要是通用类课程，这类课程适用于不同行业、不同类型的组织和其他组织。在组织的课程体系中，直接采购的课程数量一般以不超过组织所有课程的 30% 为宜	适合对岗位差别、行业差别、组织类型差别不大、要求不高的基础类课程
委托开发	由组织培训管理者会同外部聘请的教学设计师、多媒体设计师和技术工程师共同组建课程开发小组，完成在线课程的开发，这类课程是组织课程体系建设的重点	适合生命周期长、使用频率高、重点规划的专业知识课程
免费资源	组织充分利用网络的巨大资源，选择一些免费的网络在线资源作为组织课程体系建设的补充	适合课程相关的素材、资料等内容

3．E-Learning 内容开发管理

企业构建 E-Learning 课程体系时，必须设计有效的课程内容和全面的课程内容辅助管理工具和方法。企业建设 E-Learning 课程需要考虑的要素和满足的标准如图 12-2 所示。

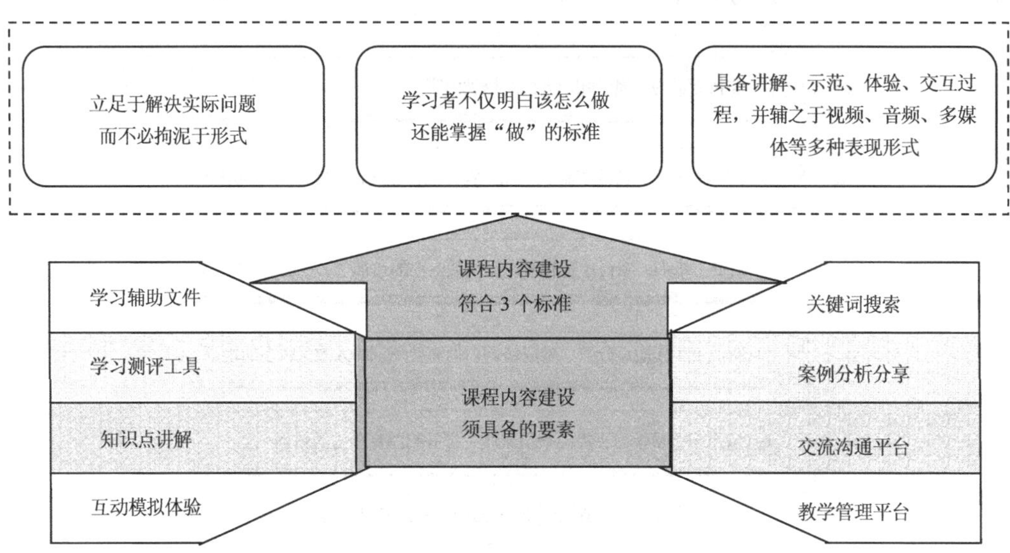

图 12-2　课程内容建设要素和标准

表 12-3 进一步列出了课程内容建设的具体要素及说明。

表 12-3 课程内容建设要素及说明

要素名称	要素说明
学习辅助文件	包括教学大纲、课程目录、思维导图、教学计划、学习安排、教学手册、学生手册、PPT 课件等文件内容
学习测评工具	包括课前评估试题库、课中练习、课后作业等内容
知识点讲解	是指采用多种表现形式全面、准确地将课程中的知识点描述出来，知识点讲解的关键在于让学习者能够理解、牢记并能运用相关的知识点
互动模拟体验	通过让学习者对学习内容进行模拟体验和人机互动，能够使学习者加深对学习内容的理解，并增强改进的主动性
关键词搜索	通过关键词搜索，能够使学习者迅速定位自己所需学习的资源和内容，从而提高学习效率和效果
案例分析分享	包括授课老师提交的案例分析材料和学习者上传的供探讨、分析的案例资料
交流沟通平台	包括课程学习疑问解答、课程学习效果反馈等内容，目的在于通过不断的交流、沟通，持续改进课程内容和运用课程所学内容解决实际问题的能力
教学管理平台	包括课后作业提交、课程学习的考核等内容，目的在于对课程学习效果进行管理

4. E-Learning 课程制作管理

常见的 E-Learning 课件表现形式有六种，如表 12-4 所示。

表 12-4 常见的 E-Learning 课件表现形式

E-Learning 课件的表现形式	说明
HTML 多媒体类	基于 Web 浏览器学习的超文本形式课件，课件由以 HTML/XML 为标记语言的多种类型素材构成，如文本、图片、声音、动画等
音、视频类	以适合网络传输的音、视频为课件主要表现形式。音、视频类课件是将传统课堂、讲座等内容移植到网络上的最简单和最有效的方式
三分屏类	三分屏类课件指视频窗口、PPT 白板和章节导航同时出现在屏幕之中的课件形式。三分屏课件较音、视频课件表现内容更为丰富，是主流的课件模式之一
Flash 动画类	以 Flash 技术为表现形式的多媒体课件，内容呈现上多以动画形式为主。Flash 课件具有表现形式好、占用带宽小等特点，但开发成本较高
3D 仿真模拟类	3D 仿真模拟类课件主要用于讲解、展示复杂结构以及仿真模拟各种操作类的培训，例如，机械构造、建筑构造讲解，汽车、飞机的模拟驾驶等
游戏类	以单机或网络游戏的形式表现学习的内容，特点是寓教于乐，可大大提升学习者的兴趣，游戏化学习是在线学习领域的发展趋势之一

（1）E-Learning 培训课件制作时需要考虑以下几个因素。①培训需求。培训需求即员工需要进行哪方面的培训就制作哪方面的课件内容。②课件内容的规范性。制作课件时严格遵守课程设计的要求。③课件的界面。制作课件时要以多种表现形式制作，以便给受训者创造一个轻松的学习环境。④技术规范。制作的培训课件必须符合 E-Learning 运营的技术要求，否则难以在平台上运营。

（2）E-Learning 培训课件制作流程一般包括四个阶段。第一，准备阶段。一是项目组的组建。E-Learning 课件项目组包括设计开发组和内容开发组。设计开发组负责课程的教学设计、资源管理、美术设计、技术支持等，内容开发组负责课程素材的整理和提供，指导、协助技术人员进行课程开发。二是进行相关知识储备。在课件开发制作前，设计开发人员应适当学习所制作的课件内容，因为这将有助于在制作过程中更好地理解脚本的内容。同时，课件主讲教师也应适当学习媒体制作的相关知识，以便与设计人员进行更好的沟通。第二，前期策划阶段。一是教学设计。教学设计是以获得优化的教学效果为目的，主要包括学习需求分析、内容框架设计、功能模块设计等。二是技术方案设计。技术方案设计的基本依据也是学习需求分析，在符合教学要求的前提下，技术方案应力求简单、有效，并且应具备一定的可扩展性，以应对在开发过程中不断出现的新要求。三是素材准备。在前期策划阶段就应该为课件准备初始素材，如开发职业礼仪的课件时，就应该搜集有关着装、仪容仪表、待人接物等相关图片和资料。四是 DEMO 的开发。很多课件往往在开发完成后才发现有很多功能不符合教师和学员的实际需要，但为时已晚。为避免此种情况的出现，可在前期策划阶段，通过选取课程某一专题或某一具有代表性的知识点，以能够体现课件主要功能、技术特色和风格制作为基本要求制作一个样本。第三，开发制作阶段。一是工作分工。在课件开发制作阶段，首先要进行人员分工。确定项目经理人选，明确教学设计人员、设计制作人员和程序开发人员的任务和要求，制定详细的开发进度表。二是统一制作规范和制作模板。无论是一个还是多个制作人员参与开发，制定一个统一的制作规范和制作模板，有助于保证课件元素与风格的统一性。三是沟通交流和信息反馈。在开发制作阶段，项目组成员之间的交流和信息反馈是非常重要的，因为每一个课件的制作都需要经过方案设计、制作、反馈、方案修改、制作定型这个过程。第四，测试收尾阶段。一是内容审定校对。原始教材经过多道加工和组织难免出现差错和疏漏，因此需要仔细地进行审校。二是性能及兼容性测试。网络性能测试应模拟学习者的实际网络环境，观察课件在不同地点、不同带宽条件下的传输速度。此外，还应进行链接跳转检查和病毒检测，确保课件运行的稳定性和学习者计算机的安全性。三是资料编制归档。在课件开发基本完成后，应该编制完整的技术文档，如安装说明、用户使用帮助等，指导学员能够正确使用。此外，所有在课件开发过程中使用过的原始素材、中间文件、源程序、中间程序等都应归档保存，以便以后进行便捷、高效的修改或升级。

（3）E-Learning 培训课件评估。对制作好的培训课件进行评估是保证课程制作质量的重要手段。E-Learning 培训课件评估的内容主要包括培训需求分析、课程设计、课程内容、课程制作形式、界面设计及技术规范六个方面。

12.2.3 E-Learning 的运营管理

目前，很多企业已经开展在线学习并实施了学习管理系统，多数企业有了专职的 E-Learning 管理人员，负责企业 E-Learning 的应用、管理与推广。

1. E-Learning 运营规划

E-Learning 运营规划主要包含以下内容。

（1）明确 E-Learning 工作的性质。作为 E-Learning 应用的管理者，除了事务性工作之外，我们必须清楚地知道 E-Learning 与组织目标之间的逻辑关系。E-Learning 是为更好地满足企业教育培训服务的，企业教育培训是为企业人才发展服务的，企业人才管理与人才发展又是为企业能够达成目标服务的。这四个层次之间的关系，应该是清晰的，反过来，企业 E-Learning 应用规划要通过四个层次满足组织目标，如果企业人才管理规划或企业培训规划不清楚，很难制订出科学合理的 E-Learning 应用规划。

（2）现状评估。E-Learning 现状评估，即通过访谈和调研明确组织中与 E-Learning 应用相关领域的情况和 E-Learning 应用现状。在 E-Learning 应用各个阶段中，通过若干指标的量化，每个阶段又可划分为入门期、发展期和成熟期三个子阶段，现状评估可以分析出组织 E-Learning 应用属于某个阶段的某个时期，更有利于制订准确、详细的 E-Learning 战略规划。

E-Learning 现状评估可分为外部环境现状评估和当前使用现状评估。其中，外部环境现状评估指从组织层面梳理和分析影响 E-Learning 应用的各种因素，包括组织架构、文化、人才管理现状和特点、信息化应用现状及教育培训现状等。外部环境现状评估对 E-Learning 中、长期规划具有重要意义。而当前的使用现状评估是指分析组织中技术对学习或教育培训的影响程度的现状。无论组织是否系统化实施和推广过 E-Learning，在网络科技高速发展的今天，组织都在或多或少地使用 E-Learning。例如，通过网络搜索、电子邮件、内部 OA 网络等方式实现的学习行为。当前使用现状评估对于 E-Learning 项目需求分析和短期目标规划具有重要意义。

（3）引进定位。企业在引进 E-Learning 系统时，需要对 E-Learning 系统做一个定位，确定它在企业发展中的地位，换句话说，就是企业需要引进 E-Learning 帮助完成哪些工作。一般有以下两种情况。一种情况是引进 E-Learning 只是为满足企业课件学习的点播、课程存储和简单的统计功能。处在 E-Learning 发展初期阶段的企业可能会出现这种情况。另一种情况是将引进 E-Learning 作为企业实现学习型组织建设和企业培训能力建设的有效载体，将 E-Learning 的价值放在企业的核心价值链中。如果企业引进 E-Learning 的定位是前者，那么引进工作就比较简单，市场上的 E-Learning 系统基本上都能满足该需求，同时在实施中也不需要高层领导的重视和参与，因为作为工具引进不会对企业战略和业务产生触动和变化。如果企业引进 E-Learning 的定位是后者，那么企业就需要做好前期的科学、系统的规划和评估。

企业对将要引进的 E-Learning 系统评估的重点是：系统是否能够与学习、培训管理技术相契合，是否能够实现学习流程的闭环管理；系统平台是否能够灵活设置；系统提供方是否拥有专业的企业培训经验；系统平台是否拥有良好的可扩展能力。

（4）目标规划。通过 E-Learning 现状评估，组织可以找到切合实际的 E-Learning 应用起点，接下来就是制订合理的 E-Learning 目标规划。虽然不同组织对 E-Learning 应用的需求不尽相同，但从达成组织目标及长远规划来看，长远的 E-Learning 目标规划在不同的组织中具有一定的共通性。例如，国内绝大多数考虑实施 E-Learning 的组织均将 E-Learning 成熟度模型第一、二阶段，即电化培训应用阶段与网络培训应用阶段作为 E-Learning 规划的近期发展目标；将第三、四阶段，即学习管理系统应用阶段与人才管理系统应用阶段作为 E-Learning 规划的远期发展目标；将第五阶段，即商业智能应用阶段作为 E-Learning 组织应用的愿景或者使命。

（5）发展策略。E-Learning 发展策略的核心包含两个方面，其一，如何在每个阶段中发挥出 E-Learning 的最大价值；其二，如何做好准备，顺利进入下一个应用阶段。制订 E-Learning 发展策略还要考虑到 E-Learning 在组织内部不同领域的应用。

E-Learning 在组织内部主要有四个不同领域的应用，可以简单归纳为全局型应用、项目型应用、部门型应用和外延型应用。因组织类型的差异，每个阶段在不同领域的应用重点会有所不同，具体表现为：在第一阶段中，重点推广全局型和项目型应用；充分利用现有技术推广在线学习，尝试在培训项目中运用 E-Learning 手段。在第二阶段中，重点推广项目型和外延型应用，培训部门不断完善项目型应用，并沉淀 E-Learning 使用方式、方法、技巧、管理制度，同时大力推动 E-Learning 在组织的上下游合作伙伴中的应用。在第三阶段中，重点推广部门型和全局型应用，培训部门在 E-Learning 应用中的角色逐渐从直接应用转向管理支持，大力推动各个部门内部的 E-Learning 应用，在组织内实现基于能力提升的学习管理体系，实现 E-Learning 的全局型应用。在第四阶段中，重点推广全局型应用，建立以人才发展为核心的学习管理体系，通过系统实现组织目标、职业发展、绩效与学习的内在连接。

2. E-Learning 运营计划

E-Learning 运营计划主要包括四个阶段：E-Learning 培训需求分析、E-Learning 课件制作、E-

Learning 课件开发团队组建及 E-Learning 的具体实施。

（1）E-Learning 培训需求分析。E-Learning 培训需求分析可以通过调查问卷、访谈的方式进行。问卷的题目、访谈的问题需要涉及以下几个方面。

① 可行性分析。分析企业规模、资金实力；分析将来改变经营方向的可能性；分析企业可能的经营领域；调查分析实施 E-Learning 所需资金到位的可能性；考虑后期的成本问题；计算建设或引进 E-Learning 所需的费用；计算运营 E-Learning 的行政管理费用。

② 企业内外环境分析。调查企业人力资源规划体系、培训现状；分析企业标准化、规范化程度及整体管理水平；调查企业网络建设情况；调查企业计算机技术及应用的普及程度；员工职位发展体系及薪酬激励政策。

③ 企业员工分析。调查分析员工年龄结构、学历结构、职能层次和学习习惯等；调查员工计算机操作及应用软件使用的能力；调查员工参加 E-Learning 培训的态度；调查分析员工的个人工作绩效；调查员工个人发展需求。

（2）E-Learning 课件制作。在需求分析的基础上，E-Learning 课件制作内容应遵循“三要三不要”的原则。其中“三要”原则为要结合员工需求，要搞好创意构想，要重视页面设计。“三不要”原则为不要只从教学的角度出发，不要过分追求形式而忽略内容，不要过于庞杂而缺少逻辑。

（3）E-Learning 课件开发团队组建。课件开发是 E-Learning 培训中最为核心的工作。在一个成熟的课件开发团队里，需要包括以下六类人员。

① 授课专家。拟定内容教授计划，设计内容表现方法，撰写教学文档（包括教学内容、辅导学习材料、练习题、试题库等），审定网络课程成品。

② 项目策划人员。拟定整个项目开发计划，编制项目预算，协调授课专家与其他人员的关系，对网络课程整体策划进行汇总，提出网络课程的基本样式，拟定网络课程策划书，跟踪网络课程开发进度并予以督促。

③ 美术设计人员。策划和设计网络课程静态视觉效果和动态视觉效果。

④ 教学内容工程师：参与网络课程策划，对网络课程样式的技术实现提出建议，完成网络课程的技术实现，维护网络课程。

⑤ 技术人员。负责后台技术支持工作，为网络课程的技术实现提供解决方案，同时负责开发网络课程相关工具，开发教育数据库，解决网络课程中新发现的技术问题。

⑥ 音像制作人员。对图形、图像进行剪辑处理，录入文字，进行摄影、编辑等工作。

（4）E-Learning 具体实施一般包括四个方面。第一，E-Learning 培训的准备阶段，根据学院规模、课程特点，分析数据流量，选择购买合适的服务器；搭建网络学习平台，购买网络通信设施；选择、购买合适的应用软件，并充分利用现有课件资源；聘用专业的网络技术人员，保证 E-Learning 系统的顺利运转。第二，E-Learning 培训方案的实施，是由学员提出相关项目的培训申请，由服务器接收、处理收到的信息，再通过显示器向讲师、学员提供需要供应及需要培训的内容。目前，企业经常采用的 E-Learning 培训模式主要有两种，即直接交互授课和网上自主学习，如表 12-5 所示。第三，生成试卷、自动评分及网上评估。当学员每次参加完相应课程的学习，系统就会对学员的培训效果进行即时评价，这也是 E-Learning 系统的功能之一。第四，建立学员的培训成绩档案及培训历史记录。学员答完题后，若合格，可进行下一步的进阶培训；若不合格，则需要重新接受相同课程的培训，直到合格为止。同时，E-Learning 系统对每一位学员的培训成绩、培训历史都有记录。

表 12-5 直接交互授课与网上自主学习的比较

E-Learning 培训模式	简 介	优 点	缺 点
直接交互授课	授课、学习异地同步进行	现场感强，师生通过网络交流，可立刻解决学习过程中的问题	成本高，对设备、通信线路的稳定性及技术服务要求较高
网上自主学习	通过互联网或企业内部网点播网上课程，实现异地、异时培训	灵活，是企业网络学习的主要方式之一	解决问题滞后性

3．E-Learning 运营监管

E-Learning 运营监管内容主要有四个部分，具体包括 E-Learning 课程外购管理、E-Learning 课程开发管理、E-Learning 课程的上传与更新管理及 E-Learning 课程实施效果管理。

（1）E-Learning 课程外购管理。主要涉及三个方面。①E-Learning 课程的外购条件：自行开发成本高于外购成本，且自行开发的课程培训效果与外购培训课程没有较大差异；员工在某方面的技能迫切需要提高，企业自行开发 E-Learning 课程不能满足培训的时间要求。②E-Learning 课程外购申请与审批管理：企业的培训部门将符合外购条件的 E-Learning 课程列出来，并及时提交至主管领导进行审批。③E-Learning 课程外购实施：培训部门根据外购 E-Learning 课程列表，选择合适的 E-Learning 课程供应商，并向其发出课程询价函。根据询价函的回复情况，选择符合公司报价要求的 E-Learning 课程供应商，并与之进行谈判，双方就各种购买条件达成一致后，签订 E-Learning 课程购买合同。

（2）E-Learning 课程开发管理。主要有三项。①E-Learning 课程开发条件。E-Learning 课程开发条件为：组织开发的 E-Learning 课程能够满足员工的培训需求，且比外购 E-Learning 课程更能够提高员工的工作效率，E-Learning 课程内容是与公司生产经营有密切关系的知识或专有技术等。②E-Learning 课程开发方式。一是自行开发：若 E-Learning 课程内容涉及公司企业文化或与公司生产经营有密切关系的知识或专有技术时，培训部门要自行开发 E-Learning 课程。二是若 E-Learning 课程内容不涉及公司企业文化或与公司生产经营有密切关系的知识或专有技术时，培训部门可以与外部培训机构或高校进行合作开发，或者是直接委托相关机构开发。在达成合作或委托意向后，企业应与相关机构签订合作开发合同或委托开发合同。③E-Learning 课程开发控制。一是 E-Learning 课程自行开发和合作开发控制。在自行开发以及合作开发 E-Learning 课程的过程中，培训部门要组织企业相关人员和外部专家定期对所开发的课程进行评估，以确保 E-Learning 课程质量。二是 E-Learning 课程委托开发控制。在委托开发 E-Learning 课程的过程中，培训部门应指定专人对委托开发机构的开发活动进行控制和跟踪，以防止其所开发的课程出现问题。在必要时，培训部也可以聘请外部专家对委托开发课程进行控制和跟踪。

（3）E-Learning 课程的上传与更新管理。其中，上传是指公司所有 E-Learning 课程课件的上传权限由培训部指定的培训专员和培训部经理共有，其他人员一律没有 E-Learning 课程课件上传的权限。培训部门经理总体负责编写 E-Learning 课程课件上传要求以及有关注意事项，指定的培训专员辅助培训部经理上传 E-Learning 课程以及其他相关资料。更新是指对于外购 E-Learning 课程的更新管理，应按公司与课程提供商签订的 E-Learning 课程采购合同中的相关条款执行。公司自行开发的 E-Learning 课程更新时限一般为 6 个月一次。对于合作开发和委托开发的 E-Learning 课程，应按公司与外部培训机构或高校签订的合作开发合同或委托开发合同的相关条款执行。

（4）E-Learning 课程实施效果管理。培训部设定必修的 E-Learning 课程，所有参训的员工在学习期限内必须完成必修课的学习并参加考试。考试合格，获得该课程的全部学分；考试不合格，须进行补考，补考通过获得一般的学分。员工根据个人兴趣和岗位工作需要，自行选择一定的选修课程，选

修课程不进行统一考试，员工在学完选修课程后，须向培训部提交一篇学习心得，培训部可以择优在E-Learning学习管理平台上发表。

培训部门每月查询并公布员工E-Learning课程学习的进度，根据实际情况反馈至员工本人，以保证正常的培训进度。每季度学习结束，培训部门应评选出优秀学员，以学员获得的学分为基准，以学员的学习经验分享表现为参考，给予优秀学员奖励。

12.2.4 E-Learning的运营评估

E-Learning的运营评估包含的内容非常广泛，概括来讲，主要有E-Learning学员反馈评估、E-Learning课程内容评估及E-Learning培训效果评估三部分。通过对E-Learning运营的评估，一方面可以检测E-Learning在企业内部的应用效果，另一方面可以为更好地完善E-Learning系统提供依据。

1．E-Learning学员反馈评估

测量学员对E-Learning培训的反映，判断他们对培训实施的过程和方法的满意程度。在进行反馈评估时应注意不涉及学员达到目标的情况。E-Learning学员反馈评估可以网络上进行。

（1）跟踪学员的网络登录及反馈情况。通过E-Learning教学管理系统记录学员的行为，这样能够揭示学员对E-Learning课程培训的反映，如学员E-Learning培训的学习进度，学员对E-Learning课程和活动的完成情况，学员参加在线讨论和研究的积极性等。

（2）在线问卷调查。以表单形式的问卷作为E-Learning培训的流程之一，并让学员在线回答。这样，培训组织者可以较快地统计结果，来评价学员对E-Learning课程的反映。

（3）组织E-Learning培训讨论会。一是设置在线讨论区。让学员充分表达他们对E-Learning课程各个方面的意见。同时，为了拓宽学员的思维，最好以分主题讨论的形式展开，并且要使主题具有一定的挑战性。前提条件是保证设施条件和学员的计算机操作技能能够使讨论流畅地进行。二是进行小组讨论。利用小型的会议室进行10人左右的访谈，对E-Learning课程产生的问题及改进发表意见和建议。三是设置意见信箱。在E-Learning课程管理系统页面设置意见信箱，使学员能够随时提出评论和建议。意见信箱设置的项目应该包括意见接收人（培训师、培训管理者）、意见内容、意见提交者、提交人联系信箱等。

2．E-Learning课程内容评估

企业要成立专门的评估小组对E-Learning课程进行评估，该小组成员具体包括培训总监、培训部经理、培训主管、培训专员、外部专家以及相关部门负责人等。评估小组在进行E-Learning课程评估之前，要界定评估范围。通常情况下，企业评估的E-Learning课程包括外购的E-Learning课程和自主开发的E-Learning课程。评估小组要收集受训员工对E-Learning课程提出的建议，并将其作为课程评估的辅助信息。

（1）E-Learning课程内容评估标准。一般从九个方面进行评价：①课程目标。课程目标表述明确，切合员工的现实需求以及未来需要的导向，并且可以通过该课程目标提出课程考核标准和考核方式。②课程内容。课程内容从广度和深度上紧密围绕课程目标进行设计，符合实际工作环境和工作任务的需要。③引起注意和兴趣的维持。课程教学中使用的相关策略与所教授的内容有关，且能有效地引导员工注意并维持其学习兴趣。④引出相关知识。课程教学中使用了能够引出员工有关知识的策略，帮助员工回忆相关的知识。⑤案例研究。在课程教学中，充分恰当地应用案例，可以提高课程质量。⑥课后练习。课后练习是指一些与课程紧密相关的实践活动，且这些实践活动能够帮助员工整合他们所学的主要内容。⑦媒体运用。课程教学中持续使用的媒体与学习内容有关，可提高学习效果并增进课程的互动性。⑧提供教学帮助。课程提供适当的教学帮助和指导，并且与课程内容紧密相连。

⑨学习评价。课程中包含了学习评价，且评价可靠、真实。

（2）E-Learning 课程内容评估的实施。首先是收集员工信息。评估小组根据所评估的 E-Learning 课程评估指标编写 E-Learning 课程调查问卷，收集员工对 E-Learning 课程的评价信息以及课程满意度，以便辅助 E-Learning 课程评估。然后，评估小组对每门 E-Learning 课程进行评估打分：所有评估小组成员打分的平均值为所评估课程的得分。根据课程评估得分，可将课程划分为优秀、良好、合格、不合格四个等级。

（3）E-Learning 课程评估报告。在全部评估工作完成后，评估小组组长要编写 E-Learning 课程评估报告，并提交总经理审批。E-Learning 课程评估报告一般包括以下五个部分：E-Learning 课程开发评估目的与范围界定；E-Learning 课程开发评估实施组织以及相关职责；E-Learning 课程评估结果概述；E-Learning 课程存在的问题；E-Learning 课程调整与改善的建议。

3．E-Learning 培训效果评估

E-Learning 培训效果评估（E-Learning Training Evaluation）是对于一个 E-Learning 培训项目在内容、设计、学员变化以及组织回报方面的失败或者成功的衡量。其目的是帮助人们对 E-Learning 培训效果做出科学评价，帮助培训机构提高管理水平和培训质量。

（1）E-Learning 培训效果的影响因素。一个 E-Learning 体系设计的好坏将会直接影响 E-Learning 培训效果。E-Learning 培训体系主要从以下三个方面影响培训效果：准确性，必须保证课件内容的准确性。适当性，课程的目标和内容必须和实际生活议题、理论和经验相联系。多样性，表现形式要多样化。

（2）E-Learning 评估周期。E-Learning 项目评估是一个周而复始的过程。也就是说，可以针对需要评估的对象和层面，在不同的时期和阶段进行评估。因此，评估时间是一个不确定的因素，当然，实施者可以在确立 E-Learning 整理项目计划的同时，设定评估的目标和时间周期，用于对每个不同时期，需要评估的不同对象进行细致的评估工作。

（3）E-Learning 评估可以从五个层面进行。①技术层面评估。在此层面的评估中，实施者需要分析整个系统运行情况，主要涉及系统功能满足程度如何，提供的数据报告是否达到预期等。②内容层面的评估。在内容层面的评估工作中，实施者需要评估的是内容本身而不是对培训效果的评估。很多企业都在使用 Kirkpatrick（柯克帕特里克四级评估方法）模式进行培训工作的评估，但对 E-Learning 来讲，进行内容层面评估时应主要评估课程内容是否在“分享”层面上保证了预期的效果。③实施层面的评估。在此层面的评估，主要需要实施者从组织各种教学活动及规划的有效性方面检查项目的效果是否达到预期。实施层面的评估应视最初设计此阶段的实施计划具体制定评估指标，企业需要落实此阶段的企业目标或者 E-Learning 项目阶段性目标到底是什么。④组织层面的评估。组织层面的评估对于实施者而言，开始进入 E-Learning 评估的重点和难点工作。在评估时须考虑如下因素，即用户在日常沟通和使用系统方面是否有所改变；E-Learning 是否可以在合适的时候提供给需要的学员；E-Learning 项目是否适用于组织的需求。⑤变革层面的评估。变革层面的评估是 E-Learning 评估工作中的难点，很难有实施者可以清晰地评估出项目在此层面中给企业带来的影响，无论正面还是负面。在此层面考核项目实施的重点在于 ROI（投资回报率）的评估，这也是决策层最为关注的问题。

12.3 基于互联网的慕课时代

互联网，特别是移动互联网时代的到来，改变了人们生活、工作、学习的方方面面，基于互联网的慕课学习随之而来，并受到人们的喜爱。企业要学会审时度势，顺应潮流，研究和分析如何通过慕

课提高企业对员工的培训效果。

12.3.1 慕课的概述

慕课（MOOC），即“大规模开放的在线课程（Massive Open Online Course）”，是新近出来的一种在线课程开发模式。MOOC 这个术语是 2008 年由加拿大爱德华王子岛大学网络传播与创新主任与国家人文教育技术应用研究院高级研究员联合提出来的。从 2008 年开始，一大批教育工作者，包括来自玛丽华盛顿大学的 Jim Groom 教授以及纽约城市大学约克学院的 Michael Branson Smith 教授都采用了这种课程结构，并且成功的在全球各国大学主办了他们自己的大规模网络开放课程。标志性事件发生于 2011 年，来自世界各地的 160000 人注册了斯坦福大学教授联合开出的一门《人工智能导论》的免费课程。慕课的出现给在线教育有了很大的变革，发展非常迅速，已在全球各地广泛出现，包括跨国知名企业也在使用。它以互联网模式出现，而且免费。它通过后向收费，是典型的互联网培训模式。MOOC 在中国是出现于 2012 年，由于短小精悍，课程安排很好，设置很多问题，适应平时很忙需要提升的人。

慕课是互联网教育培训的组成部分。互联网教育培训分为课程设计、线上带领和班级经营。第一，MOOC 的课程需要大量的时间去准备，对于学习的每一个阶段进行课程设计；第二，线上带领非常重要，MOOC 要想做到视频互动、在线交流等，需要强大的人工智能，强大的人工智能需要优秀技术来支撑；第三，班级经营。通过微信群，在班级经营方面有着得天独厚的优势，未来的互联网教育培训要在这三方面进行突破。

MOOC 的学习比较难，创始人们表示最终的通过率不高，有效完成第一次作业的人，最后的完成率在一半以上。在 MOOC 上养成习惯很重要，养成高效的学习习惯之后一般可以顺利完成课程。MOOC 应用了大量人工智能技术，比如通过打字习惯推断学生是否作弊，找出错题分布规律，指导老师设计课程等。还有强制学生进行分享。

12.3.2 慕课的特点

MOOC 使用的技术其实是非常简单的，包括视频、分组、讨论、考试等。MOOC 真正的成功之处在于，它通过短视频和清晰的课程设置，对于学习起到了充分有效的控制。过去的网络教育，仅仅是把视频、习题等单向推送给学生，而不管学生是否真正吸收消化，结果导致大量的优质资源和视频无人问津。如果这些死的资源可以发挥作用，那么学校的老师就该失业了，例如网络电大，大约只有 10%的同学能坚持看视频学习，但最终绝大部分同学都能拿到毕业证，所以就产生了不听课一样拿毕业证的问题。所以网络教育必须要对于人的学习进行控制，这是必须要遵循的。MOOC 的创始人都是教育领域出身，他们通过互联网对于学习者的学习进行了有效的控制。MOOC 可以通过随时的作业、测验等对学习的过程进行有效控制。总之，慕课的主要特点集中表现为一是大规模，并不是个人发布的一两门课程，而是指那些由参与者发布的课程，只有这些课程是大型的或者叫大规模的，它才是典型的 MOOC。二是课程开放，只有当课程是开放的，遵循共享协议，它才可以成之为 MOOC。三是网络课程，并不是面对面的课程，这些课程材料散布于互联网上，只要你有网络可以随时进行学习。

12.3.3 慕课在我国的未来发展

（1）移动互联网培训的巨大潜力。移动互联网的市场价值是巨大的，学习也会越来越多转移到移动端。现在的教育是证书教育，干什么都要证。但在微信的学习是没人发证。现在发证的学习，在未来仅是个小的范围。作为互联网教育培训的一种，慕课要注重反馈，即时互动。未来的学习在于应用手机移动互联网的互动交流讨论。教师从广播型转向组织者，未来教师的角色会发生很大的变化，从广播型转向组织者，更多的是组织和引导学生学习，对学生学习中的问题进行答疑和点拨。

（2）积极探索适合我国的慕课模式。在美国，有大量高校进行慕课，MOOC 这种形式的顺利推广来源于政府的拨款和民间的捐助，这种情况在中国很难出现，MOOC 的模式不适合中国的国情和中国高校的模式。中国高校学生就业压力很大，对于 MOOC 课程的学习需求不强。但是，这种通过互联网教育在未来会更加有意义。互联网的快速发展带来了更大的数字鸿沟。数字鸿沟又称为信息鸿沟，即信息富有者和信息贫困者之间的鸿沟，其本质表现为一种创造财富能力的差距，也使落后地区与发达地区的差距进一步拉大了。对于这些落后地区学生来说，互联网是好东西，首先应当让他们具备使用互联网教育的条件，在未来需要很大的投入。发布学分证书，学分互认，当然这是政府行为。在国外有学历体系，相信未来中国和国外在 MOOC 方面会实现学分的融通，但最重要的是社会认可。

【启发与思考】

扫一扫→移动互联时代的学习新方式——微信学习

【思考练习题】

1. 互联网发展对人们的学习带来哪些影响和改变？结合自身感受予以说明。
2. 互联网对企业培训的影响表现在哪些方面？我们应该如何应对？
3. 什么是 E-Learning？它的特点有哪些？
4. E-Learning 的建设方式有哪些？适合哪种课程类型？
5. 如何运营 E-Learning？主要内容包括哪些方面？
6. 结合一家企业案例，谈谈如何成功建设 E-Learning。
7. 什么是慕课？它对企业培训与开发有哪些影响？
8. 你体验过慕课么？谈谈你对它的理解。

【模拟训练题】

A 公司准备实施 E-learning，在实施前需要了解它的情况，你是人力资源部主管，请写出常见的 E-Learning 的六种表现形式，并对其进行解释说明，部分内容已经给出，请完善其余部分。

E-learning 课程的表现形式

E-Learning 课件的表现形式	说　　明
HTML 多媒体类	以适合网络传输的音、视频为课件主要表现形式。音、视频类课件是将传统课堂、讲座等内容移植到网络上的最简单和最有效的方式
三分屏类	以 Flash 技术为表现形式的多媒体课件，内容呈现上多以动画形式为主。Flash 课件具有表现形式好、占用带宽小等特点，但开发成本较高
3D 仿真模拟类	以单机或网络游戏的形式表现学习的内容，特点是寓教于乐，可大大提升学习者的兴趣，游戏化学习是在线学习领域的发展趋势之一

【情景仿真题】

B 公司目前已经搭建了 E-Learning 培训系统，你是人力资源部负责培训的工作人员，公司刚做完 E-Learning 培训，现在需要对 E-Learning 的运营进行评估，评估的内容包括：学员反馈、课程内容、培训效果。人力资源部委任你去设计一份评估表，你有两周时间完成此任务。

E-Learning 运营评估表

填表人： 所属部门： 培训主题： 填表日期：

评估内容	评估指标	评分标准	得　分	总计
学员反馈				
课程内容				
培训效果				
您认为课程需要改进的地方：				
( )				
……				

情景仿真综合训练

A 公司是一家大型的通信设备制造和解决方案商，在行业内口碑较好，并得到客户的认可，品牌知名度高。随着业务的快速发展和外部环境的变化，特别是在当前全国转型升级的背景下，规范内部管理，提高管理成效成为公司组织变革和发展的主题。

公司每年都会组织大量的培训课程，但还没有使公司培训工作成体系化管理，为了提升培训工作效果，响应公司发展主题，人力资源部准备进行一项全方位系统化的培训体系建设工作。

首先，人力资源部通过调查分析，诊断公司目前培训工作主要存在以下问题：（1）公司培训工作未形成有效的培训体系，培训计划缺少系统设计环节，使课程缺少关联性和递进层次，导致公司虽组织了大量的培训课程，但对于公司经营管理及业务发展的支撑仍显不足；（2）因缺少公司层面培训课程的系统设计环节、且未对培训目标提出明确要求，导致课程组织较松散，课程导向性不明确，使有些培训课程流于形式；（3）培训工作评估方法单一，未对培训效果进行跟踪，不利于培训工作的总结和提高，使公司对培训工作的管理未形成闭环；（4）培训制度方面不健全，对培训对象及培训师的考核、激励机制不到位，影响了内部培训师的积极性及培训效果，公司培训计划执行率较低。

其次，针对上述问题，经与公司高管汇报和讨论，最终决定本次培训体系项目建设的主要内容包括：（1）培训课程体系设计；（2）培训师队伍建设；（3）培训制度的建立和完善；（4）年度培训计划的制订和实施。

最后，你作为人力资源部的部门经理，请组织本部门相关人员按照上述内容开展建设，并交付以下成果。

（1）培训课程设计方案并对应形成培训课件：按照销售、生产、管理、质量、研发、服务、新员工等类别设计。

（2）培训师体系内容：从培训师能力提升、评聘考核等编撰。

（3）培训制度完善建设：一方面从培训师管理、培训组织与实施、培训信息管理等方面修订和建立相关制度；另一方面将员工职业生涯规划与培训对接，并建立相应的机制和制度。

（4）制订并在全公司范围内颁布年度培训计划表。

☆训练参考

1．培训课程设计

（1）举例

序号	课程类型	课程名称	课程内容	培训师	课时	培训对象	培训时间
1	制度规范	新员工入职培训	……	……	4.5	社招/校招	4月、6月、8月、10月、12月
2		……	……				
3	专业基础类	销售：销售管理体系					
4		……					
5	业务、产品概述	……					
6		……					
7	部门培训	……					

请将上述举例补充完整，并结合上述参考格式，设计出该公司在销售、生产、管理、质量、研发、服务等类别的培训课程体系。

（2）请围绕《新员工入职培训》制作培训课件。

2．培训师体系和培训制度

（1）举例

内部培训师管理办法

1 主题内容与适用范围

1.1 本办法规定了公司内部兼职培训师（以下简称培训师）的选拔、培养、激励、评价及职责。

1.2 本办法适用于某某有限公司（以下简称公司）。

2 培训师的来源

2.1 公司经营层领导担任培训师。

2.2 公司中层干部、后备干部担任培训师。

2.3 专业骨干、技术能手中选拔。

2.4 从被推荐或自荐中选拔。

3 培训师等级设置

3.1 公司培训师等级按资深讲师、高级讲师、中级讲师、讲师、助理讲师五个等级来设置。

4 聘用条件

4.1 资深讲师：……

4.2 高级讲师：……

4.3 中级讲师：……

4.4 讲师：……

4.5 助理讲师：……

5 聘用方法及等级确认

……

6 培训师评估办法

……

7 晋级办法

……

8 培训师的调配方法

……

9 课酬标准与支付

……

10 ……

请将上述举例补充完整，并结合上述参考格式，设计出该公司其他方面的培训管理制度。

（2）假设你是该公司新入职的某类员工，请制订你自己在该公司 3 ~ 5 年的职业生涯规划。

3．年度培训计划表

（1）举例

公司一季度培训实施计划表

培训类型	序号	培训目的	项目名称	培训内容	培训对象	人数	培训方式	实施时间	学时	费用（元）	责任部门	协助部门
企业管理类	1	……										
	2											

请将上述举例补充完整，并结合上述参考格式，设计出该公司一季度其他类型的培训计划。

（2）请列出培训计划能够有效实施的保障措施。

参考文献

[1] DeSimone, Randy L., Werner, Jon M. & Harris, David M.. *Human Resource Development*, Harcourt College Publishers, 2002

[2] Gagne, R and Medker K. *The Condition of Learning* [M]. New York: Harcourt-Brace, 1996:34-36

[3] Gray, G. R., & Hall, M. E. (1997). "Training Practices Instate Government Agencies", *Public Presonnel Management,* 26(2), 187-202.

[4] Irwin, L. Goldstein. *Training in Organizations, Needs assessment, Development and Evaluation*. 1993 Brooks/Cole Publising Company.

[5] Nadler, L., Nadler, Z.. *Developing Human Resource*. Jossey-Bass, 1989.

[6] Thorndike, E.L. Wookworth, R.S. "The Influence of Improvement of One Mental Funcition upon the Efficiency of other Functions," *Psychological Review*:8（1901）:247-261.

[7] 彼得·J.道林．国际人力资源管理（第 5 版）．赵曙明，刘燕，等，译．北京：中国人民大学出版社，2012.

[8] 陈红，张克勇．人力资源管理与开发.成都：电子科技大学出版社，2014.

[9] 陈国海．员工培训与开发．北京：清华大学出版社，2012.

[10] 蔡敏．解析美国大学的职业规划课程．比较教育研究，2010（1）：25-28.

[11] 董克用．人力资源管理概论．北京：中国人民大学出版社，2011.

[12] 高芹．关于学习的探索——评有关学习的几种理论．教育理论与实践，2002(22)：43-44.

[13] 高申春．论班杜拉社会学习理论的人本主义倾向．心理科学，2000(1)：16-20.

[14] 胡凤娇，江彩霞．关于企业培训文献的研究综述．人力资源管理，2012（9）：151-152.

[15] 加里·德斯勒．人力资源管理（第 12 版）．刘昕，译．北京：中国人民大学出版社，2012.

[16] 杰克·菲利普斯．培训评估与衡量方法手册（第 3 版）．南京：南京大学出版社，2001.

[17] 金延平．人员培训与开发．大连：东北财经大学出版社，2013.

[18] 刘嫦娥，赵曙明，张丹．工作胜任力模型建构的方法研究．现代管理科学，2009（01）：11-13.

[19] 雷蒙德·A.诺伊．雇员培训与开发．徐芳，译．北京：中国人民大学出版社，2007.

[20] 雷蒙德·A.诺伊，约翰·R.霍伦贝克，巴里·格哈特，等．人力资源管理基础．刘昕，译．北京：中国人民大学出版社，2011.

[21] 雷蒙德·A.诺伊．雇员培训与开发．北京：中国人民大学出版社，2015.

[22] 罗伯特·马希斯，约翰·杰克逊．人力资源管理（第 13 版）．赵曙明，周路路，译．北京：电子工业出版社，2014.

[23] 威廉姆·J.罗斯威尔，朱迪斯·A·考伯．影响美国人力资源开发领域的主要劳动力和工作场所变化趋势．南开管理评论，1995（5）：14-19.

[24] 罗伯特·C.里尔登，珍妮特·G.伦兹．职业生涯发展与规划．北京：中国人民大学出版社，2010.

[25] 凌玲，卿涛．培训能提升员工组织承诺吗——可雇佣性和期望符合度的影响．南开管理评

论，2013（6）：127-139.

[26] 李亚兵，胡建虹．企业培训效果评价研究综述．生产力研究，2012（3）：253-256.

[27] 李飞，赵静．继任计划：透视知名企业人才储备战略．北京：地震出版社，2004：10.

[28] 李诚．人力资源管理的12堂课．北京：中国劳动社会保障出版社，2011.

[29] 李梦莹，马颖，俞昊，等．组织职业生涯管理的发展探析．人力资源管理，2014（6）：51-52.

[30] 玛杰丽・韦恩斯坦，刘嘉熙．管理你的慕课．人力资源，2014（12）：54-55.

[31] 梅祎玮．开发员工潜力的培训技术——企业教练．中国人力资源开发，2008（5）：20-22.

[32] 裴森，李肖艳.成人学习理论视角下的“教师学习”解读：回归教师的成人身份．教师教育研究，2014（6）：16-21.

[33] 彭剑锋．人力资源管理概论．上海：复旦大学出版社，2011.

[34] 彭剑锋．战略人力资源管理：理论、实践与前沿．北京：中国人民大学出版社，2014.

[35] 屈林岩．学习理论的发展与学习创新．高等教育研究，2008（1）：70-78.

[36] 卿涛，罗键．人力资源管理概论．北京：清华大学出版社，北京交通大学出版社，2015.

[37] 企业人力资源管理师专家委员会，中国劳动学会企业人力资源管理与开发专业委员会．企业人力资源管理师．北京：中国劳动社会保障出版社，2015.

[38] 石金涛．培训与开发．北京：中国人民大学出版社，2009.

[39] 苏平．培训师成长手册．西安：西安交通大学出版社，2013.

[40] 王海东．美国当代成人学习理论述评．中国成人教育，2007（1）：126-128.

[41] 王淑珍，王铜安．现代人力资源培训与开发．北京：清华大学出版社，2010.

[42] 王丽梅，张宗坪．有效的员工培训：效率+效果——基于成本收益分析．科技管理研究，2010（8）：120-124.

[43] 吴冬梅．人力资源管理案例分析．北京：机械工业出版社，2011.

[44] 徐芳．培训与开发理论及技术．上海：复旦大学出版社，2013.

[45] 徐智华．自我与组织职业生涯管理的整合．科技管理研究，2011（3）161 164.

[46] 谢晋宇．人力资源开发概论．北京：清华大学出版社，2006.

[47] 萧鸣政．人力资源开发与管理：在公共组织中的应用．北京：北京大学出版社，2009.

[48] 袁声莉，刘莹．培训与开发．北京：科学出版社，2012.

[49] 颜世富．培训与开发．北京：北京师范大学出版社，2007.

[50] 约翰・M.伊万切维奇．人力资源管理（原书第11版）．赵曙明，程德俊，译．北京：机械工业出版社，2011.

[51] 约翰・D.布兰思福特．人是如何学习的：大脑、心理、经验及学校．程可拉，孙亚玲，王旭卿，译．上海：华东师范大学出版社，2013.

[52] 杨洪常，丁秀玲，奚国泉．中国企业培训管理现状研究综述．科学管理研究，2004（2）：103-107.

[53] 杨智，刘新燕，万后芬．国外组织学习研究综述．外国经济与管理，2004（12）：15-20.

[54] 俞会新，张志勇，李宁．主要发达国家职业培训政策和措施综述及启示．中国人力资源开发，2006（2）：27-31.

[55] 于秀芝．人力资源管理．北京：中国社会科学出版社，2006：183-184.

[56] 张俊娟，韩伟静．企业培训体系设计全案．北京：人民邮电出版社，2011.

[57] 张宁俊，易世志．基于员工终身发展的组织职业生涯管理．中国劳动，2012（10）：41-43.

[58] 张德，潘文君. 企业文化. 北京：清华大学出版社，2013.

[59] 中国就业培训技术指导中心. 企业人力资源管理师. 北京：中国劳动社会保障出版社，2014.

[60] 周文霞. 职业生涯管理. 上海：复旦大学出版社，2006.

[61] 赵健，郑太年，任友群，等. 学习科学研究之发展综述. 开放教育研究，2007（4）：15-20.

[62] 赵德志，刘丽. 移动互联网转型期运营商人力资源管理模式创新策略研究——以LLT公司为案例. 中国人力资源开发，2014（16）：76-84.

[63] 赵曙明. 人力资源战略与规划. 北京：中国人民大学出版社，2012.

[64] 赵曙明. 我国管理者职业化胜任素质研究. 北京：北京大学出版社，2008.

[65] 赵曙明，刘洪. 企业人力资源管理研究:新发展、复杂性与绩效管理. 南京：南京大学出版社，2014.

[66] 赵曙明. 人力资源管理与开发研究. 南京：南京大学出版社，2011：278-279.

[67] 赵曙明，刘洪，李乾文. CEO人力资源管理与开发. 北京：北京大学出版社，2013.

[68] 赵曙明. 人力资源管理理论研究新进展评析与未来展望. 外国经济与管理，2011（1）：1-10.

[69] 赵曙明. 中、美、欧企业人力资源管理差异与中国本土企业人力资源管理应用研究. 管理学报，2012（3）：380-387.

[70] 赵曙明，高素英，耿春杰. 战略国际人力资源管理与企业绩效关系研究.南开管理评论，2011（1）：28-35.

[71] 赵曙明. 为未来，培养领导力. 中国人力资源开发，2013（22）：23-24.

[72] 赵曙明. 构建面向全球化的中国人力资源管理理论. 南京社会科学，2013（11）：1-6.

[73] 赵曙明. 我国管理者职业化胜任素质研究. 人力资源，2009（1）：80.

[74] 赵曙明，张正堂，程德俊. 人力资源管理与开发. 北京：高等教育出版社，2009.

[75] 赵曙明. “快捷”时代的人力资源管理. 新华日报，2016：15（思想版）.

[76] 赵曙明. 供给侧结构性改革中的人才培养. 光明日报，2016.

[77] 赵曙明. 创新驱动下企业人才开发. 新华日报，2016：16（思想版）.

后记

本套教材从筹划、编著到出版历时近两年时间。在出版社和各界人士的大力支持下，我们精选内容，倾心撰写，并经数次修改完善，最终形成了《人力资源管理——理论、方法、实务》6 本系列丛书。

《人力资源管理——理论、方法、实务》，系统介绍了人力资源管理的一些核心概念、基本原理、技术方法和管理实践中的重点难点问题，既引进了国外先进的人力资源管理理念和知识体系，又总结了我国企业人力资源管理的实践经验和经典案例，特别是紧跟当前时代发展变化，对新时期企业人力资源管理的新方法、新技术、新趋势进行了比较全面系统的诠释和分析，非常贴近现阶段我国企业人力资源管理的实际。

招聘甄选与录用是人力资源管理流程中的第一个环节，是针对人员入口关的把控。在《招聘甄选与录用——理论、方法、实务》一书中，对招聘规划与管理、甄选技术、录用评估等环节进行了详细阐述，形成一个完整的招聘链条，可以让学生系统地掌握如何科学鉴别、选拔和录用适合组织发展需要、有培养潜质的人才。

组织通过培训传授给员工与工作相关的知识、技能，并通过开发挖掘员工潜能提高其终身职业能力。《人员培训与开发——理论、方法、实务》以学习原理为理论基础，围绕培训需求分析、培训计划、培训组织与实施、培训评估以及员工开发这一主线，系统阐述了需求调查、课程设计、培训外包、职业生涯规划等方面的理论知识和方法、技术，同时还提供了各类模拟训练、情景仿真等案例体验，并辅之以微信学习等新兴形式，使知识关联更为清晰，从而有利于提高学生的逻辑思维能力和实践操作能力。

绩效考核与管理是把组织管理与员工管理高效结合的一种系统化管理体系，是企业人力资源管理中的一项重要职能。在《绩效考核与管理——理论、方法、实务》一书中，既包括关于绩效目标、指标、方法、制度的设定以及绩效与薪酬、晋升、培训等其他人力资源模块的关系阐述，又提供了涵盖研发、生产、营销人员以及高管、团队等绩效考核实例，从而帮助学生以多维视角看待企业的绩效管理，避免陷入机械、僵化、空洞的绩效管理学习陷阱。

薪酬管理是组织建立和完善激励机制的核心内容，也是组织吸引和保持人力资源的重要保障。在《薪酬管理——理论、方法、实务》一书中，详细阐述了薪酬管理的基础理论、职位评价、制订流程以及奖金、福利、股权等设计方法，同时又论述了战略性薪酬和大数据时代的薪酬管理趋势，以帮助学生更好地确立移动互联网思维和前瞻意识，动态地掌握薪酬管理的解决方案和实施方法。

在人力资源管理实践体系中，找到合适的人并能达到"人事相宜、岗能相配"是非常关键的。《人才测评——理论、方法、实务》一书以人才测评标准的建立和指标体系的设计为基础，详细介绍了笔试测评、面试测评、心理测验等人才测评工具和方法，并且对基于胜任素质的管理能力、领导人员测评等进行了系统化分析，这样就有利于加深学生对人才测评理论的理解，更好地掌握人才测评的流程和方法。

这套丛书是全体编写人员和出版社编辑同志共同努力的结果。在编撰过程中，大家秉持编写出版一套精品系列教材的信念，投入了大量时间和精力，付出了很多心血和汗水，高质量完成了编写和出版工作。在此，再次向参加编写丛书的各位老师以及为本套教材的出版给予多方支持的有关人员表示衷心感谢。

本套教材由南京大学赵曙明教授和赵宜萱助理研究员担任主编，并负责对全套丛书进行框架设计、修改完善和付印校对。各分册的编写人员分别为：《人力资源管理——理论、方法、实务》由南京师范大学商学院白晓明老师负责编写；《招聘甄选与录用——理论、方法、实务》是由南京师范大学金陵女子学院张戌凡副教授负责编写；《人员培训与开发——理论、方法、实务》是由淮海工学院商学院张宏远老师负责编写；《绩效考核与管理——理论、方法、实务》是由南京财经大学工商管理学院秦伟平副教授负责编写；《薪酬管理——理论、方法、实务》是由西南交通大学经济管理学院唐春勇教授负责编写；《人才测评——理论、方法、实务》是由东南大学经济管理学院周路路副教授负责编写。

当今社会是一个不断创新快速发展的社会。随着国家创新驱动发展战略的深入实施，企业人力资源管理也面临着变革创新，以适应更加复杂多变的局面。如果本套教材的出版能够对人力资源管理及相关专业的广大师生、业界人士有所助益，则是我们最大的欣慰。

南京大学商学院名誉院长、特聘教授、博士生导师
赵曙明博士
南京大学商学院人力资源管理系助理研究员
赵宜萱博士
2016 年 11 月 18 日
于南京大学商学院